LOS TRES PILARES DEL ZEN

ámbar

ROSHI PHILIP KAPLEAU

LOS TRES PILARES DEL ZEN

ENSEÑANZA
PRÁCTICA
ILUMINACIÓN

ámbar

Las viñetas que aparecen al principio de cada sección del libro son de hace uno o cinco siglos y se llaman *kao*, "firmas" o siglas dibujadas con pincel que con frecuencia los monjes zen y otros japoneses cultos adoptan en sus vocaciones literarias artísticas. Los *kao* estaban vagamente relacionados con la ortografía y aquí se han utilizado, no por su significado, sino abstractamente, por su calidad decorativa.

LOS TRES PILARES DEL ZEN
Enseñanza, práctica, iluminación

Título original: THE THREE PILLARS OF ZEN. Teaching, Practice, and Enlightenment

Publicado según acuerdo con Vintage Anchor Publishing, un sello de Knopf Doubleday Group, una división de Penguin Random House LLC.

Traducción: Martha Carpio Carreón

Diseño de portada: Rafael Soria
Fotografía del autor: © Casey Frank

D.R. © 2025, Editorial Océano, S.L.U.
C/Calabria, 168-174 - Escalera B - Entlo. 2ª 08015
Barcelona, España
www.oceano.com

D. R. © 2025, Editorial Océano de México, S.A. de C.V.
Guillermo Barroso 17-5, Col. Industrial Las Armas
Tlalnepantla de Baz, 54080, Estado de México
info@oceano.com.mx

Primera edición: 2025

ISBN: 978-607-584-154-0

Impreso en México / Printed in Mexico

Dedicado con respeto y gratitud a mis maestros: Harada-roshi, abad difunto del monasterio Hosshin; Yasutani-roshi, maestro difunto del templo Teihei; y Nakagawa-roshi, abad retirado del monasterio Ryutaku. Todos ellos enseñaron desinteresadamente la verdad del Dharma por el bien de los hombres de Oriente y Occidente.

Índice

SEGUNDA PARTE. ILUMINACIÓN

Prefacio
por Huston Smith

Según la tradición, en el siglo VI llegó el budismo zen con el viaje de Bodhidharma de la India a China. Seiscientos años más tarde, en el siglo XII, volvió a viajar el zen e hizo su aparición en Japón. Ahora, después de otros seiscientos años, ¿ha de dar otro paso gigantesco hacia el Oriente para llegar esta vez a Occidente?

Nadie lo sabe. El interés actual de los occidentales en el zen tiene un aire de "moda", y si bien eso es parte del fenómeno, también tiene un sentido más profundo.

Y permítame el lector citar la influencia que el zen ha tenido en tres mentes occidentales notables: un psicólogo, un filósofo y un historiador.

El libro que C. G. Jung leía en su lecho de muerte era *Ch'an and Zen Teachings: First Series* de Charles Luk, y expresamente pidió a su secretaria que escribiera al autor comunicándole su entusiasmo... Cuando leyó a Hsu Yun, sintió que él habría podido decir lo mismo. ¡Era exactamente eso![1]

En filosofía, Martin Heidegger es citado como sigue: "Si he comprendido [al doctor Suzuki] correctamente, es lo mismo que he estado tratando de decir en todos mis escritos".[2]

Lynn White no ha tenido tanta influencia en el pensamiento moderno como Jung y Heidegger, pero no obstante es un excelente historiador y predice: "Bien puede ser que la publicación de la obra de D. T. Suzuki, *Essays in Zen Buddhism*, en 1927, sea considerada en generaciones futuras tan importante como la traducción de Aristóteles al latín por William

[1] De una carta inédita de la doctora Marie Louise von Franz a Charles Luk fechada el 12 de septiembre de 1961.

[2] En William Barrett (ed.), *Zen Buddhism: Selected Writings of D. T. Suzuki* (Garden City, N.Y.: Doubleday Anchor Books, 1956) p. XI.

de Moerbeke en el siglo XIII o la traducción de Platón por Marsiglio Ficino en el XV".[3]

¿Por qué Occidente, dominado como está actualmente por el pensamiento científico, habría de nutrirse de una perspectiva forjada antes del surgimiento de la ciencia moderna? Algunos piensan que se debe a que la cosmología budista anticipa lo que la ciencia contemporánea ha descubierto empíricamente. En este sentido los paralelismos son impresionantes. El tiempo y el espacio astronómicos que irrevocablemente derrumbaron la visión previa de Occidente acerca del mundo se encuentran perfectamente descritos en la cosmología budista.

Si pasamos del macrocosmos al microcosmos, de lo infinito a lo infinitesimal, nos encontraremos con esa misma preciencia misteriosa. Mientras los griegos proponían que los átomos eran eternos debido a que no estaban compuestos (*a-tomas*, indivisible, que no puede ser cortado), los budistas enseñaban que todo lo corpóreo es impermanente (*annica*) debido a que está constituido por *dharmas* tan minúsculos en duración como en espacio, como los bips fugaces de partículas que se registran en los osciloscopios de los científicos.

Regresando por un momento al microcosmos, los budistas no solamente preveían las dimensiones de la cosmología científica, sino también su forma. Los debates entre George Gamow y Fred Hoyle sobre las cosmologías del *big bang* y el *steady state* respectivamente, en los cuales el primero defiende que el universo es una consecuencia continua de la explosión de un átomo único primario, y el segundo, que el universo siempre ha estado en su estado actual, donde continuamente se produce hidrógeno nuevo para reemplazar el que se utiliza por medio de la recesión de las estrellas una vez que sobrepasan la velocidad de la luz, nos son familiares. Según el Monte Palomar, parece que ambas teorías son erróneas. Los reportes espectrográficos de galaxias lejanas sugieren que éstas están disminuyendo de velocidad. Esto sugiere una hipótesis de que el universo, después de expandirse por un tiempo, se contrae, repitiendo indefinidamente el ciclo. El astrónomo de Harvard, Harlow Shapley, lo explica diciendo que en vez de las teorías del *big bang* o el *steady state*, en realidad tenemos la teoría del "bang... bang... bang". "Muy interesante", diría el budista, a quien siempre le han enseñado esto en su cosmología.

[3] *Frontiers of Knowledge in the Study of Man* (Nueva York: Harper and Brothers, 1956), pp. 304-305.

Occidente puede pensar que estos ejemplos de la preciencia budista son sorprendentes, pero esto no explica la atracción actual hacia el budismo. Por una parte, Occidente no cree que tenga nada científico que *aprender* del budismo; lo más que puede hacer en este campo es concederle cierto crédito por sus precoces presentimientos. Pero además está el hecho de que no es el budismo en general lo que está intrigando a Occidente, sino en particular la escuela zen del budismo.

Podemos comprender la atracción tan concreta hacia el budismo zen si nos damos cuenta de hasta qué punto el Occidente contemporáneo está influido por la "fe profética", el sentido de lo sagrado, de lo que *debe ser*, lo atractivo que es pensar cómo deben ser las cosas, cómo podrían ser y que, sin embargo, no lo son. Esta fe tiene virtudes obvias, pero, a menos que vaya acompañada por un sentido de lo sagrado en el *es* que lo comprende, se vuelve verdaderamente difícil. Si nuestros ojos siempre están enfocados hacia mañana, el ahora se escapará sin que siquiera lo percibamos. Para el Occidente que, en su preocupación por rehacer el Cielo y la Tierra, corre el peligro de perder el presente de la vida —que al fin y al cabo es la única vida que tenemos— y dejarla escapar entre sus dedos, el zen se convierte en una advertencia de que si no aprendemos a percibir el misterio y la belleza de nuestra vida *presente*, nuestro momento *presente*, no podremos apreciar el valor de *ninguna* vida, de *ningún* momento. Además, con la pérdida de interés en la metafísica, la teología natural y la revelación objetiva, por primera vez Occidente, como civilización, se enfrenta al problema de vivir sin absolutos objetivamente convincentes, en una palabra, sin dogmas. Del mismo modo que Cristo caminó sobre las aguas, el Occidente contemporáneo tiene ahora que caminar sobre el mar de la nada flotando en la ausencia de soportes demostrables. Enfrentado con esta precaria tarea, el Occidente oye decir que hay hombres al otro lado del océano que durante siglos han hecho del vacío su morada, se han llegado a sentir allí como en su casa y han encontrado la felicidad. ¿Cómo puede ser? El occidental no comprende, pero esa Navidad de la que ha oído hablar parece ser algo con lo que de alguna manera tendrá que reconciliarse.

El zen nos dice que el *es* es lo sagrado y que el Vacío es el hogar, pero tales afirmaciones no son zen. Más bien, el zen es un método para alcanzar la experiencia directa de la verdad de estas afirmaciones. Esto nos lleva a la presente obra, pues no conozco ninguna otra que proporcione al lector una comprensión tan amplia de en qué consiste ese método. Por un lado, presenta por primera vez en inglés las *Pláticas de introducción a la práctica del zen* de Yasutani roshi que merecidamente han sido alabadas en Japón, y que presentan, como ha dicho Ruth Fuller Sasaki, directora de The First Zen Institute of America in Japan, "la mejor introducción al budismo zen que jamás haya sido escrita".

Pero el libro contiene además algo que lo hace más sorprendente aún. Hasta ahora ha sido imposible para aquellos que no han seguido una formación zen tener por lo menos una idea de qué es lo que sucede en una de las fases cruciales del proceso, el *dokusan*, la serie de solemnes entrevistas privadas en las que el roshi guía al estudiante en su meditación hacia la meta de la iluminación, pues la sustancia de estas entrevistas se ha considerado de carácter privado y no divulgable. Ahora, un roshi, convencido de que nuestra nueva era brinda la ocasión de crear nuevos procedimientos, ha permitido que se reproduzca una serie de estas entrevistas. Este tipo de material jamás ha aparecido antes, ni siquiera en japonés; el que ahora aparezca en inglés en este libro es verdaderamente un logro.

Nadie sino Philip Kapleau habría podido escribir este libro. Él conoce el zen como consecuencia de trece años de dedicado entrenamiento en Japón, tres de los cuales fueron en monasterios tanto Soto como Rinzai. Conoce a los japoneses, que han colaborado con él para que su material tan poco conocido fuera traducido impecablemente. Conoce el idioma japonés suficientemente bien para haber sido el intérprete del roshi en sus entrevistas con sus estudiantes occidentales. Tiene la experiencia de haber ejercido como reportero judicial durante muchos años permitiéndole transcribir rápidamente en taquigrafía el contenido de estas entrevistas, tan pronto como habían terminado.

Además, cuenta con un estilo literario lúcido y elegante. Esta combinación de talentos es única y ha producido un libro notable, que con seguridad ocupará un lugar permanente en la literatura zen publicada en idiomas occidentales.

Huston Smith
Profesor de filosofía, Massachusetts Institute of Technology

Prefacio del editor

Dicho sintéticamente, el zen es una práctica religiosa con un método particular de entrenamiento de cuerpo y mente cuyo objetivo es el despertar, es decir, la autorrealización. En este volumen he intentado transmitir el carácter religioso y el espíritu del zen: sus ritos y devociones, y su atractivo para el corazón así como para la mente, ya que, como camino budista de liberación, el zen es con toda seguridad una religión. El zen, basado en las más altas enseñanzas del Buda, pasó de la India a China, donde evolucionaron los métodos y prácticas característicamente zen, y más adelante, durante siglos continuó elaborándose en Japón, Corea y Vietnam. Por tanto, el budismo zen es la consumación de las experiencias espirituales de una serie de civilizaciones asiáticas. En el Japón de hoy, esta tradición se encuentra aún muy viva; en los templos zen, en los monasterios, en los hogares, hombres y mujeres de todo extracto, practican el zazen, la disciplina principal del zen.

En su sentido más profundo, el zen, como cualquier otra gran religión, trasciende sus propias enseñanzas y prácticas y al mismo tiempo no existe zen fuera de estas prácticas. Los intentos de Occidente por aislar el zen en el vacío del intelecto, separado de las disciplinas que con su propia *raison d'être*, han producido en algunos lugares un pseudozen, que no es más que una pequeña diversión para la mente.

La mejor forma de corregir esta distorsión me ha parecido que es compilar un libro que presente las auténticas doctrinas y prácticas del zen, tal como han sido demostradas por los maestros mismos —pues ¿quiénes si no ellos conocen mejor estos métodos?— así como mostrar cómo cobran vida estas doctrinas y prácticas en las mentes y cuerpos de los hombres y mujeres de hoy en día.

Esto lo he hecho fundamentalmente a través de un maestro Soto contemporáneo, Yasutani-roshi, un maestro Rinzai del siglo XIV, Bassui-zenji, y las historias de iluminación de seguidores del zen tanto japoneses como estadounidenses. Las pláticas introductorias a las prácticas del zen de Yasutani-roshi, su plática (*teisho*) sobre el koan Mu y su instrucción privada (*dokusan*) a diez de sus estudiantes occidentales forman una unidad que abarca toda la estructura del entrenamiento zen en su secuencia tradicional. El lector que carece de acceso a un roshi *bona fide* y que desea disciplinarse en el zen se dará cuenta de que este material representa un manual de autoinstrucción.

Ambas disciplinas, la Soto y la Rinzai, se presentan aquí por primera vez en lenguaje europeo como un cuerpo integral de enseñanza zen, y no académicamente sino como una experiencia viva. La meta y métodos del shikan-taza, que son el núcleo de la disciplina de meditación Soto, así como aquéllos del zazen con koan, la base de la secta Rinzai, se exponen con toda autoridad por Yasutani-roshi, quien los utiliza en sus propios sistemas de enseñanza.

En las introducciones he presentado material antecedente y suplementario que espero ayudará al lector a captar la sustancia de cada sección, aunque he resistido la tentación de analizar o interpretar las enseñanzas de los maestros, ya que esto invitaría al lector a reinterpretar e involuntariamente se encontraría atrapado en las arenas movedizas de la especulación y del engrandecimiento del ego, del cual, si alguna vez llegara seriamente a practicar zen, tendría que sustraerse dolorosamente. Precisamente por esto, el pensamiento intelectual ha sido desaprobado por los maestros zen.

Este libro debe mucho a numerosas personas. Primero y ante todo tiene una enorme deuda con el maestro de zen Yasutani-roshi, cuya enseñanza abarca más de la mitad de esta obra y que gentilmente permitió que se difundiera a un público más amplio. Mis colaboradores y yo mismo, todos sus discípulos, estamos profundamente agradecidos por su consejo sagaz y la magnanimidad de espíritu que nos inspiró a través de la práctica.

No puedo expresar con palabras mi gratitud hacia Kyozo Yamada-roshi, el heredero del Dharma de Yasutani-roshi. Maestro y amigo, posee una gran fortaleza sobre la cual uno puede apoyarse. De no ser por su sabio consejo y su generosa ayuda, mis esfuerzos habrían sido inmensamente más difíciles si no imposibles. Juntos colaboramos en traducciones de la plática del Dharma y las cartas de Bassui sobre la Mente Única, así como porciones de la correspondencia de Iwasaki, los Diez Versos del Boyero, las citas de Dogen y otros maestros antiguos, y el extracto del *Shobogenzo* de Dogen.

Akira Kubota, mi segundo colaborador, fue uno de los discípulos más destacados de Yasutani-roshi, con quien se entrenó quince años. Juntos tradujimos la plática sobre el koan Mu y parte de la correspondencia de Iwasaki y el cuarto y sexto testimonios de experiencias de iluminación. Reconozco mi inmensa deuda hacia él por su concienzuda labor.

Mi especial agradecimiento hacia la doctora Carmen Blacker, de la Universidad de Cambridge. Incorporé a estas obras traducciones en vivo de muchas de las pláticas de Yasutani-roshi sobre la práctica zen. Además, me he tomado la libertad de adoptar sin alteraciones varios párrafos de su propia traducción de algunos fragmentos de este mismo material publicado en la revista budista británica *The Middle Way*, dado que me pareció imposible mejorar su traducción.

También estoy profundamente agradecido al doctor Huston Smith, profesor de filosofía del Massachusetts Institute of Technology y autor de *The Religions of Man* por sus valiosos consejos y aliento durante la elaboración de las primeras etapas del manuscrito y por su Prefacio.

Brigitte D'Ortschy, una amiga en el Dharma, leyó minuciosamente el manuscrito y aportó muchas sugerencias valiosas que han mejorado este libro.

Los diez dibujos del Boyero del capítulo VIII se reproducen con el amable permiso de su autor, Germán Venegas.

Tengo también una gran deuda con mi esposa de Lancey. En todas las etapas de la redacción me animó y trabajó conmigo. Verdaderamente a lo largo de muchos años este trabajo constituyó su práctica de zazen más importante.

En nuestras traducciones hemos procurado evitar el mal de una traducción demasiado libre e imaginativa, o de una excesivamente literal. De haber cedido a la primera tentación, se hubiera logrado una elegancia estética de que esta obra carece, pero hubiera sido a expensas de la fuerza directa y de la repetición calculada característica de la enseñanza zen. Por otra parte, de habernos adherido a los textos al pie de la letra, inevitablemente hubiéramos violentado su espíritu y, por tanto, oscurecido su profundo sentido interno.

Nuestras traducciones son interpretativas en el sentido de que implican la elección constante de una de varias expresiones alternativas que el traductor juzga ha de reflejar el sentido original. El hecho de que las elecciones del traductor sean apropiadas depende, en las traducciones ordinarias, de una habilidad lingüística y de su familiaridad con el tema. Sin embargo, los textos zen caen en una categoría especial; puesto que invariablemente son muy sucintos y breves y los ideogramas en los que están escritos son susceptibles de una variedad de interpretaciones, con frecuencia un carácter clave ofrece todo un espectro particular, lo cual exige del traductor una agudeza filosófica y un amplio conocimiento académico del zen.

Desde nuestro punto de vista se requiere nada menos que un entrenamiento zen y la experiencia de la iluminación, elementos sin los cuales, casi con seguridad, el traductor distorsionará la claridad y el vigor del original.

Por tanto, no está fuera de lugar aclarar que cada uno de los traductores se ha entrenado en el zen durante un tiempo considerable con uno o más maestros reconocidos y ha abierto el ojo de su mente en alguna medida.

Puesto que este libro está dirigido al lector en general más que al estudioso o especialista en budismo zen, he evitado todos los signos diacríticos, probablemente molestos para aquellos no familiarizados con el japonés, el chino o el sánscrito. Sin embargo, se han insertado en la sección de vocabulario zen. Aun con el riesgo de cierta inconsistencia, he evitado usar itálicas lo más posible. En el cuerpo del libro he seguido la costumbre japonesa de escribir los nombres de maestros zen chinos y otros términos chinos según su pronunciación japonesa, por ejemplo: hablamos de budismo *zen* en vez de *Ch'an*, pero en las notas del vocabulario de la última sección he indicado en paréntesis la pronunciación china normalmente aceptada. A los estudiosos chinos que encuentren esta práctica irritante les suplico tomen en cuenta que el budismo zen llegó a Japón hace casi mil años y, por tanto, es una parte legítima de la vida y de la cultura japonesa. Difícilmente hubiera sobrevivido durante tanto tiempo y logrado un impacto tan fuerte entre los japoneses de no haberse abandonado la extraña y difícil pronunciación china.

Al escribir los nombres de los antiguos maestros japoneses me he adherido a la tradicional costumbre japonesa de nombrar primero el principal nombre budista. Sin embargo, en el caso del japonés moderno, sea maestro o lego, he seguido el estilo occidental, que por supuesto es exactamente al revés, ya que es la manera en que ellos mismos escriben sus nombres en inglés. En el caso en el que un título sigue a un nombre (por ejemplo, Yasutani-roshi o Dogen Zenji) en beneficio de la euforia, el nombre y el título zen se han escrito según el estilo tradicional japonés antes mencionado.

Los nombres zen técnicos y términos especiales budistas que no se definen en el texto se explican en la sección X, "Notas sobre vocabulario zen y doctrina budista".

La organización de este libro sigue el patrón natural de la enseñanza, la práctica y la iluminación; sin embargo, cada sección es una unidad por sí misma y puede ser leída independientemente de acuerdo con el gusto del lector.

Todas las notas al pie de página de esta obra son mías.

PHILIP KAPLEAU
Kamakura, 8 de diciembre de 1964

PRIMERA PARTE

Enseñanza y práctica

Capítulo I

Pláticas introductorias de Yasutani-roshi sobre el entrenamiento zen

Introducción del editor

Aquellos occidentales que desean practicar el zen y que sin embargo carecen de un maestro calificado se enfrentan con una gran desventaja: la ausencia de información escrita sobre qué es el *zazen* y cómo comenzar a practicarlo.[1] Pero esta ausencia no es exclusiva del idioma inglés y otros idiomas europeos. En los antiguos escritos de maestros zen chinos y japoneses que nos han sido legados hay muy poco sobre la teoría del zazen o sobre la relación de la práctica del zazen con la iluminación. Tampoco existe información detallada sobre temas tan elementales como las posturas para sentarse, la regulación de la respiración, la concentración de la mente y la incidencia de visiones y sensaciones de naturaleza ilusoria.

Esto no es raro. Sentarse a hacer zazen o meditar ha sido aceptado como el camino de emancipación espiritual en los países asiáticos, de modo que no había que convencer a ningún budista zen de que por medio del zazen desarrollaría sus poderes de concentración y alcanzaría la unificación y tranquilidad mental y, con el tiempo, si su aspiración era pura y fuerte, llegaría a la autorrealización. Por tanto, como aspirante, se le daban unas cuantas instrucciones orales sobre cómo colocar las

[1] Zazen no es "meditación" y por ello utilizamos dicha palabra a través de todo el texto. Su significado preciso se aclarará a medida que se avanza en el libro.

piernas, regular su respiración y concentrar su mente. Por medio del doloroso proceso de la prueba y el error y con encuentros periódicos (*dokusan*) con su maestro, con el tiempo aprendía de forma totalmente experimental no sólo la forma correcta de sentarse y de respirar, sino también el sentido interno y el significado del zazen.

Pero, como dice Yasutani-roshi, el hombre moderno carece de la fe y el ardor de sus predecesores en el zen. Necesita un mapa en el que su mente pueda confiarse y que guíe todo su viaje espiritual, antes de que pueda caminar con confianza. Por estos motivos, Harada-roshi, el maestro del propio Yasutani-roshi, diseñó hace algunos años una serie de pláticas introductorias sobre la práctica del zen, material que forma la base de las pláticas de Yasutani-roshi.

La presente traducción es una compilación de una serie de pláticas que Yasutani-roshi ha dado a principiantes en los últimos años. Ningún estudiante nuevo puede recibir dokusan hasta que las ha escuchado todas.

Estas pláticas son mucho más que un compendio de instrucciones sobre los aspectos formales del zazen, es decir, sentarse, respirar y concentrarse. Son una exposición fundamentada de los cinco niveles de zen, y de las metas y elementos esenciales del zazen y de la inmensa importancia de la relación entre zazen e iluminación. Con esto por mapa y brújula, el anhelante buscador no tendrá que internarse por los caminos peligrosos de lo oculto, lo psíquico y lo supersticioso, ya que son una pérdida de tiempo y a veces hasta resultan dañinos, sino que puede proceder directamente sobre un camino delineado y con el conocimiento de una meta garantizada.

Aquí no se encontrará la relación de la historia y el desarrollo del zen; no hay interpretaciones del zen desde el punto de vista filosófico o psicológico, ni tampoco hay evaluaciones sobre la influencia del zen en el tiro con arco, el judo, o el haiku o cualquier otro arte japonés. Por más valiosos que puedan ser estos estudios, no tienen un lugar legítimo en el entrenamiento zen y solamente cargarían la mente del aspirante con ideas que lo confundirían en cuanto a sus metas y lo alejarían de su deseo de practicar. Por ello, Yasutani-roshi las omite deliberadamente.

El énfasis que Yasutani-roshi pone en el aspecto religioso del budismo zen, es decir, en la fe como requisito para la iluminación, puede representar una sorpresa para el lector occidental, acostumbrado a las "imágenes intelectuales" de los estudiosos del zen que carecen de una verdadera penetración del zen. Esto proviene en su mayor parte de las enseñanzas de Dogen-zenji, una de las personalidades religiosas más importantes de la historia japonesa que trajo las doctrinas de la secta Soto del budismo zen desde China a Japón. Sin tener por lo menos un pequeño conocimiento de las circunstancias de la vida de Dogen que lo llevaron a convertirse en un monje zen y a viajar a China donde alcanzó el Gran Camino, sería muy difícil comprender la doctrina zen Soto que forma la base de las enseñanzas del propio Yasutani-roshi.

Miembro de una familia aristocrática, desde pequeño Dogen demostró tener una mente brillante. Se cuenta que a los cuatro años ya leía poesía china y a los nueve había leído una traducción china de un tratado sobre el Abhidharma. El dolor que sintió a la muerte de sus padres —su padre cuando solamente tenía tres años y su madre a los ocho— sin duda imprimió sobre su mente sensible la impermanencia de la vida y lo motivó a convertirse en monje. A temprana edad se inició en la vida monacal budista y comenzó su noviciado en el monte Hiei, centro del budismo escolástico del Japón medieval, y durante varios años estudió las doctrinas Tendai del Budismo. A los quince años una pregunta ardiente se había convertido en el núcleo alrededor del cual giraba su esfuerzo espiritual. "Si, como dicen los sutras, nuestra naturaleza esencial es Bodhi (perfección), ¿por qué todos los budas tienen que luchar por la iluminación y la perfección?" No satisfecho con las respuestas que recibió en el monte Hiei, más adelante fue a ver a Eisai-zenji, que había traído de China a Japón la enseñanza de la secta Rinzai del budismo zen. La respuesta de Eisai fue "ningún buda es consciente de su existencia (es decir, de su naturaleza esencial), mientras los gatos y los bueyes (es decir, los tremendamente equivocados) lo están. En otras palabras, los budas, precisamente por ser budas, ya no piensan en si tienen o no una naturaleza perfecta. Solamente los equivocados piensan en estos términos. Ante estas palabras, Dogen tuvo una realización interna que resolvió su enraizada duda. Muy probablemente este intercambio sucedió en un encuentro formal (dokusan) entre Eisai y Dogen. Hay que considerar que este problema seguramente inquietó a Dogen durante algún tiempo, sin darle tregua alguna, y que lo único que necesitaba eran las palabras de Eisai para disparar su mente hacia un estado de iluminación.

A partir de entonces, Dogen comenzó lo que habría de ser un breve periodo de estudio como discípulo de Eisai, que murió un año después y fue sucedido por su más antiguo discípulo, Myozen. Durante los ocho años que Dogen estuvo con Myozen pasó un número considerable de koans y finalmente recibió *inka*. A pesar de este logro, Dogen seguía sintiéndose insatisfecho espiritualmente. Esta inquietud lo llevó a emprender el entonces peligroso viaje a China en busca de una paz mental absoluta. Se alojó en todos los monasterios conocidos y practicó con muchos maestros; sin embargo, su sed de liberación no estaba saciada. Con el tiempo, en el famoso monasterio T'ient-t'ung, que contaba con un nuevo maestro, alcanzó el despertar total, es decir, la liberación de cuerpo y mente a través de las palabras que pronunció el maestro Ju-ching: "Abandona cuerpo y mente".

Se dice que Ju-ching dijo estas palabras al comenzar el zazen formal de la mañana mientras caminaba inspeccionando a los meditantes. Al ver que uno de los monjes cabeceaba, el maestro lo reprendió por su débil esfuerzo. Entonces, dirigiéndose a todos los monjes, continuó: "Deben esforzarse con todas sus fuerzas, incluso arriesgando sus vidas. Para realizar la iluminación perfecta deben dejar caer cuerpo y mente (es decir, vaciarse de todas las concepciones de cuerpo y mente)". Cuando Dogen escuchó esta última frase, el ojo de su mente se expandió de pronto inundándose de luz y comprensión.[2]

Después Dogen fue a la habitación de Ju-ching, prendió una varita de incienso (gesto ceremonial reservado generalmente para ocasiones notables) y se postró ante el maestro en la forma acostumbrada.

—¿Por qué prendes incienso? —preguntó Ju-ching.

Huelga decir que Ju-ching, un maestro de primera que muchas veces había recibido a Dogen en dokusan y por tanto conocía el estado de su mente, pudo de inmediato percibir, por la forma de caminar de Dogen, sus postraciones y su mirada de comprensión, que había alcanzado una gran iluminación. Sin embargo, Ju-ching sin duda quería oír la respuesta a esta pregunta aparentemente inocente para conocer la profundidad del satori de Dogen.

—He experimentado el abandono de cuerpo y mente —respondió Dogen.

Ju-ching exclamó:

—¡Has abandonado cuerpo-mente, y cuerpo y mente han sido abandonados de verdad!

[2] En la p. 144 aparece una explicación sobre lo significativo de una palabra o frase para precipitar la iluminación.

Pero Dogen protestó:

—No me des tu sanción tan anticipadamente.

—No te estoy sancionando anticipadamente.

Cambiando los papeles, Dogen exigió:

—*Muéstrame* que no me estás sancionando de manera anticipada.

Y Ju-ching repitió:

—*Esto* es cuerpo y mente abandonados.

Y lo demostró, con lo cual Dogen se postró nuevamente ante su maestro en gesto de respeto y gratitud.

—Eso es "abandonar" el abandono —agregó Ju-ching.

Hay que añadir que incluso después de esta profunda experiencia, Dogen continuó su entrenamiento de zazen en China durante dos años más antes de regresar a Japón.

Cuando Dogen alcanzó su gran despertar estaba practicando *Shikan-taza*,[3] una forma de zazen que no involucra ni un koan ni contar ni seguir las aspiraciones. La base del shikan-taza es la fe inamovible de que al sentarse como lo hizo el Buda, con la mente vacía de toda concepción, toda creencia o punto de vista, se actualiza o descubre la Mente-bodhi inherentemente iluminada con la cual todo ser está dotado. Al mismo tiempo, en esta práctica uno se sienta con la fe de que algún día esto culminará en la percepción repentina y directa de la verdadera naturaleza de esta Mente —en otras palabras, la iluminación—. Por tanto, esforzarse conscientemente para alcanzar satori o algún otro beneficio del zazen es algo innecesario y hasta indeseable.[4]

En el shikan-taza auténtico no es posible prescindir de estos dos elementos de fe. Excluir el satori del shikan-taza implicaría necesariamente que los grandes esfuerzos del Buda por lograr la iluminación no tuvieron sentido y fueron incluso masoquistas, impugnándose lo mismo con respecto a las dolorosas luchas de los patriarcas y de Dogen. Esta relación del satori con el shikantaza es muy importante. Desgraciadamente con frecuencia se ha malentendido, sobre todo por aquellos a quienes les resultan inaccesibles las obras completas de Dogen. Por tanto, no es raro que estudiantes occidentales lleguen a un templo Soto o a un monasterio que utiliza koanes en su enseñanza y se

[3] Véase p. 77 para comentarios de Yasutani-roshi sobre shikan-taza.

[4] El pensamiento consciente "debo iluminarme" puede ser un impedimento tan fuerte como cualquier otro pensamiento.

muestren reticentes a trabajar en koanes, argumentando que, puesto que todos los seres están intrínsecamente iluminados, no tiene sentido buscar el satori. Así pues, piden practicar shikan-taza, que suponen no implica la experiencia de la iluminación.[5]

Esta actitud revela no sólo una falta de fe en el criterio del maestro, sino una concepción fundamentalmente errónea tanto de la naturaleza como de la dificultad del shikan-taza, por no mencionar los métodos de enseñanza empleados en los templos y monasterios Soto. Una cuidadosa lectura de estas pláticas introductorias y de los encuentros de Yasutani-roshi con diez occidentales mostrará con claridad por qué el novicio no puede emprender con éxito el shikan-taza genuino, ya que primero debe aprender a sentarse con estabilidad y ecuanimidad y su ardor debe verse fortificado regularmente por la meditación en comunidad o por el apoyo del maestro y, ante todo, debe establecer una fe firme en su propia Mente-bodhi unida a una fuerte resolución de experimentar su realidad en la vida diaria.

Los maestros de zen dicen que hoy en día los devotos en general no tienen tanta sed por la verdad y que los obstáculos que pone la vida moderna para practicar son más numerosos; por consiguiente, muy rara vez un maestro Soto asignará shikan-taza a un principiante. Prefieren que éste unifique su mente concentrándose en la cuenta de sus respiraciones, o si el principiante tiene un fuerte deseo de iluminación puede agotar el intelecto discursivo a través de un tipo especial de problema zen (es decir, un koan), preparando así el camino al kensho.

Por tanto, el sistema de koanes de ninguna manera está restringido a la secta Rinzai, como muchos suponen. Yasutani-roshi es solamente uno de una serie de maestros Soto que utilizan los koanes en su enseñanza. Genshu Watanabe-roshi, antiguo abad de Soji-ji, uno de los dos principales templos de la secta Soto en Japón, empleaba koanes con regularidad, y en el monasterio Soto de Hosshin-ji, del cual el ilustre Harada-roshi fue abad durante su vida, los koanes se empleaban ampliamente.

Incluso Dogen mismo, como hemos visto, se disciplinó con el zen de koanes durante ocho años antes de ir a China y practicar shikan-taza. Y aunque al regresar a Japón escribió mucho acerca del shikan-taza y lo recomendaba a sus propios discípulos, no debemos olvidar que estos discípulos eran dedicados buscadores de la verdad, para quienes los

[5] Para la actitud de tal novicio, véase p. 165.

koanes eran un aliciente innecesario a su práctica. Sin menospreciar este énfasis en el shikan-taza, Dogen compiló trescientos koanes muy conocidos,[6] agregándola a cada uno su propio comentario. A partir de esto y del hecho de que su obra más importante, el *Shobogenzo* (Tesoro del Ojo del Verdadero Dharma), contiene un número de koanes, podemos suponer que los utilizó en su enseñanza.

El despertar-satori, como Dogen lo veía, no era el todo ni el fin de todo. Más bien lo concebía como los cimientos de una magnífica construcción cuya superestructura de diversos pisos correspondería al carácter y personalidad perfeccionadas del individuo desarrollado espiritualmente, el hombre de virtud moral, de compasión, de sabiduría y que todo lo abarca. Dogen enseñaba que una estructura tan importante podría erigirse solamente a través de años de fiel zazen establecido bajo la sólida base del conocimiento interno inmutable que confiere el satori.

Entonces, ¿qué es el zazen y cómo se relaciona con el satori? Dogen enseñaba que el zazen es la "puerta de la liberación total" y Keizan-zenji, uno de los patriarcas japoneses Soto, expresó que sólo por medio del zen sentado "se ilumina la mente del hombre". Dogen también escribió[7] que "hasta el Buda, que nació sabio, se sentó durante seis años en zazen hasta alcanzar su iluminación suprema, y una figura espiritual de la superioridad de Bodhidharma se sentó durante nueve años frente a la pared".[8] Y de la misma forma se sentó Dogen y todos los demás patriarcas. Por medio del ordenamiento e inmovilización de pies, piernas, manos, brazos, tronco y cabeza en la posición tradicional del loto,[9] la regulación de la respiración, el freno metódico de los pensamientos y la unificación de la mente a través de formas especiales de concentración, el desarrollo de un control sobre las emociones y el fortalecimiento de la voluntad, y el cultivo de un silencio profundo en los rincones más hondos de la mente, en otras palabras, a través de la práctica del zazen, se establecen las precondiciones óptimas para mirar la mente-corazón y descubrir ahí la verdadera naturaleza de la existencia.

[6] En *Nempyo Sambyaku Soku* (Trescientos koanes con comentarios).

[7] En su *Fukan Zazengi* (Promoción universal de los principios del zazen).

[8] Siguiendo el ejemplo de Bodhidharma, los devotos Soto miran hacia una pared o cortina al hacer zazen. En la tradición Rinzai, los practicantes se sientan de cara los unos a los otros en dos filas, con la espalda hacia la pared.

[9] Véanse p. 55 y la sección IX.

Aunque el fundamento del zazen es sentarse, no se trata de un sentarse ordinario. No solamente debe estar la espalda erecta, la respiración regulada apropiadamente y la mente concentrada más allá del pensamiento, sino que, según Dogen, uno debe sentarse con un sentido de dignidad y grandeza como una montaña o un pino gigantesco, y con un sentimiento de gratitud hacia el Buda y los patriarcas, quienes hicieron manifiesto el Dharma. Además, debemos estar agradecidos por nuestro cuerpo humano, por medio del cual tenemos la oportunidad de experimentar la realidad del Dharma en toda su profundidad. Este sentido de dignidad y gratitud no se limita a sentarse, sino que debe ser parte de cada actividad, pues en la medida en que cada acto surge de la Mente-bodhi cuenta con la pureza y dignidad inherentes a la budeidad. Esta dignidad innata del hombre se manifiesta fisiológicamente en su espalda recta, puesto que solamente él, de todas las criaturas, tiene la capacidad de sostener la columna vertebral vertical. Una espalda recta también se relaciona en otras maneras importantes con la forma apropiada de sentarse; de esto se hablará más adelante en esta sección.

En un sentido amplio, el zazen abarca más que sentarse correctamente. Involucrarse totalmente en cada actividad con atención absoluta y con clara conciencia no es un zazen menos importante. El consejo para lograr esto lo dio Buda mismo en uno de los primeros sutras: “En lo que se ve sólo debe haber lo visto; en lo que se escucha sólo debe haber lo escuchado; en lo que se percibe (come, olfato, saber y tacto) solamente debe haber lo percibido; en lo que se piensa solamente debe haber lo pensado”.[10]

La importancia de esta mente única, de esta atención desnuda, se ilustra en la siguiente anécdota:

> Cierto día un hombre común dijo al maestro zen Ikkyu:
>
> —Maestro, ¿podría escribirme algunas máximas sobre la más alta sabiduría?
>
> Ikkyu inmediatamente tomó su pincel y escribió la palabra *atención*.
>
> —¿Eso es todo? —preguntó el hombre. ¿No podría agregar algo más?
>
> Ikkyu entonces escribió: “Atención, atención”.
>
> —Bueno —comentó el hombre, algo irritado—. No veo mucha profundidad o sutileza en lo que ha escrito.
>
> Entonces Ikkyu escribió:

[10] Udana I, 10 (traducción por Nyanaponika Thera).

—Atención, atención, atención.

Enojado, el hombre exigió:

—En todo caso, ¿qué significa la palabra *atención*?

Ikkyu contestó suavemente:

—Atención significa atención.[11]

Para el hombre ordinario cuya mente es un tablero de ajedrez de reflexiones cruzadas, opiniones, prejuicios, la atención desnuda es virtualmente imposible; por tanto, su vida está centrada no en la realidad misma, sino en la idea que tiene sobre ésta. Al concentrar totalmente la mente en cada objeto y acción, el zazen la desembaraza de pensamientos extremos y le permite acceder a una identificación total con la vida.

El zazen sentado y el zazen en movimiento son dos funciones igualmente dinámicas y que se refuerzan mutuamente. Aquel que a diario se sienta con devoción, con la mente libre de pensamientos discriminatorios, se relaciona más fácilmente y de todo corazón con sus labores diarias, y aquel que realiza cada acto con una atención total y con conciencia clara encontrará menos difícil vaciar su mente durante los periodos de meditación.

Para el estudiante, la práctica del zazen comienza por contar sus inhalaciones y exhalaciones mientras se encuentra en la postura inmóvil del zazen. De modo que es el primer paso en el proceso de inmovilizar las funciones del cuerpo, acallar el pensamiento discursivo y fortalecer la concentración. Se asigna como el primer paso debido a que al contar las respiraciones, inhalando y exhalando, en su ritmo natural y sin forzarse, la mente tiene un andamio que la sostiene. Cuando la concentración en la respiración se transforma de modo que la atención en la cuenta se vuelve clara y no se pierde, el siguiente paso es ligeramente más difícil. Entonces hay que seguir las inhalaciones y las exhalaciones con el ojo de la mente, de nuevo, dentro de un ritmo natural. El maravilloso estado que surge de la concentración en la respiración y el valor de respirar en términos de un desarrollo espiritual son expresados con lucidez por el lama Govinda:[12] "A partir de este estado

[11] De *Zenso Mondo* (Diálogo de los maestros zen), traducido por Kuni Matsuo y E. Steinilber-Oberlin.

[12] *Foundations of Tibetan Mysticism*, por el lama Govinda (Nueva York: E.P. Dutton, 1960), pp. 151-152.

de perfecto equilibrio mental y físico y de armonía interna resultante, surge la serenidad y felicidad que inunda el cuerpo por completo con un sentimiento de suprema felicidad, como la frescura de un manantial que penetra el lago de una montaña... la respiración es el vehículo de la experiencia espiritual, el mediador entre el cuerpo y la mente. Es el primer paso hacia la transformación del cuerpo de un estado de órgano físico que funciona más o menos pasiva e inconscientemente, a un vehículo o una herramienta de una mente perfectamente desarrollada e iluminada, como lo demuestra el resplandor y perfección del cuerpo del Buda... El resultado más importante de la práctica de concentrarse en la respiración es la realización de que el proceso de la respiración es un vínculo entre el consciente y el subconsciente, entre un material fino y un material burdo, entre las funciones voluntarias e involuntarias y, por tanto, la más perfecta expresión de la naturaleza de toda la vida".

Hasta aquí hemos estado hablando del zazen sin koan. El zazen que se practica con un koan involucra tanto el zazen sin movimiento, donde la mente intensamente busca penetrar el koan, y el zazen en movimiento, donde continúa la absorción en el koan mientras uno trabaja, juega o está dormido. A través de un intenso autocuestionamiento preguntando, por ejemplo: "¿Qué es Mu?", la mente gradualmente se va desnudando de sus ideas erróneas que al principio obstaculizan sus esfuerzos de ser uno con el koan. A medida que estas nociones abstractas van cayendo, la concentración en el koan se fortalece.

Podría preguntarse: "¿cómo puede uno concentrarse devotamente en un koan y al mismo tiempo enfocar la mente en el trabajo de una naturaleza exacta?" Lo que sucede al practicar es que una vez que el koan se fija en el corazón y en la mente, y su poder de fijarse está en proporción a la fuerza de la urgencia de liberación, la pregunta continúa incesantemente en el subconsciente. Mientras la mente se ocupa de un trabajo en particular, la pregunta se borra de la conciencia, surgiendo naturalmente en cuanto la acción termina, como un arroyo que desaparece de la superficie para volver a aparecer y reasumir su curso abierto sin interrumpir su flujo de corriente.

El zazen no debe confundirse con lo que tradicionalmente se conoce como meditación. La meditación implica poner algo en la mente, sea una imagen, una palabra sagrada que se visualiza, o un concepto en el que se piensa o se reflexiona, o ambos. En ciertos tipos de meditación, el meditante visualiza, o contempla y analiza ciertas formas elementales, sosteniéndolas en la mente y excluyendo todo lo demás. O puede contemplar en estado de adoración una imagen de un Buda o un Bodhisattva, esperando evocar en su propia mente estados paralelos.

Puede reflexionar sobre cualidades abstractas, como la bondad amorosa y la compasión. En el budismo tántrico, las mandalas contienen diversas sílabas básicas del alfabeto sánscrito —como *om*— que se visualizan o que se piensan de cierta manera.

Las mandalas, que consisten en arreglos especiales de budas, bodhisattvas y otras figuras, también se emplean para propósitos de meditación.

La particularidad del zazen es la siguiente: la mente se libera del lazo que la ata a *todas* las formas de pensamiento, visión, objeto y formas imaginativas, por más sagradas y elevadas que sean, y se transporta a un estado de vacuidad total desde el cual un día ha de percibir su propia y verdadera naturaleza, o la naturaleza del universo.

Ejercicios iniciales como contar y seguir la respiración no pueden, estrictamente hablando, llamarse meditación, puesto que no involucran la visualización de un objeto o la reflexión sobre una idea. Por esto mismo, el zazen con koanes no puede llamarse meditación. Si uno está buscando la unidad con un koan, por ejemplo, o preguntándose intensamente: "¿Qué es Mu?", en el sentido técnico de la palabra no está meditando.

El zazen que lleva a la autorrealización no es un ensoñamiento ocioso ni una inactividad vacía, sino una forma interna e intensa de ir ejercitando control sobre la mente para después utilizarla, como un proyectil silencioso, con el fin de penetrar la barrera de los cinco sentidos y del intelecto discursivo (es decir, el sexto sentido). Exige energía, determinación y valentía. Yasutani-roshi lo llama "una batalla entre las fuerzas opuestas del engaño y el bodhi".[13] Este estado mental ha sido vívidamente descrito en las palabras que se dice fueron pronunciadas por el Buda mientras, sentado bajo el árbol Bo, hacía su supremo esfuerzo; palabras que se repiten con frecuencia en el *zendo* durante *sesshin:* "Aunque no queden sino mis huesos, tendones y piel, aunque mi sangre

[13] Esta afirmación se hace desde el punto de vista de la práctica o el entrenamiento. Desde el punto de vista de la Mente-buda fundamental no hay engaño ni bodhi.

y mi carne se sequen y se marchiten, no me moveré de este sitio hasta no haber alcanzado la iluminación absoluta".

El deseo de la iluminación se nutre, por una parte, de sentir un doloroso lazo interno —una frustración en la vida, un miedo a la muerte o ambos— y, por otra parte, de la convicción de que a través del despertar uno alcanzará la liberación. Pero es en el zazen donde la fuerza y el vigor del cuerpo-mente se agrandan y movilizan para nacer en ese nuevo mundo de liberación. Las energías que antes se malgastaban en deseos compulsivos y acciones sin sentido, ahora, al sentarse correctamente en zazen, se conservan y canalizan hacia una unidad. Y en la medida en que la mente logra una concentración en un solo objeto a través del zazen, consigue dejar de dispersar su fuerza en la proliferación incontrolada de pensamientos ociosos. Todo el sistema nervioso se relaja y calma, se eliminan las tensiones internas y se refuerza la tonicidad de todos los órganos. Además, se han hecho electrocardiogramas y otros estudios a individuos después de practicar zazen durante uno o dos años, y se ha demostrado que el zazen proporciona una mayor estabilidad del cuerpo-mente a través de una regulación del corazón, el pulso, la respiración y el metabolismo.[14] En pocas palabras, al realinear las energías física, mental y psíquica por medio de una respiración adecuada, la concentración y el zazen, se establece un nuevo equilibrio de cuerpo-mente que tiene su centro de gravedad en el *hara*.

Hara literalmente quiere decir el estómago, el abdomen y las funciones de digestión, absorción y eliminación relacionadas con estas zonas. Pero tiene también un paralelo psíquico[15] y un significado espiritual. Según los sistemas yogui, hindú y budista, existe una serie de centros psíquicos en el cuerpo por medio de los cuales fluye la fuerza vital cósmica o energía. De los dos centros que se encuentran en el hara, uno se asocia con el plexo solar, cuyo sistema nervioso gobierna los procesos digestivos y los órganos de eliminación. El hara es, por tanto, una fuente de energías vitales psíquicas. Harada-roshi, uno de los más celebrados maestros de su tiempo,[16] al exhortar a sus discípulos a concentrar el ojo de su mente[17] (es decir, la *atención*, el punto

[14] *Psychological Studies on Zen*, editado por Yoshiharu Akishige.

[15] "Psíquico" se refiere aquí no a los fenómenos o poderes extrasensoriales, sino a la energía y a los estados de cuerpo-mente que no pueden ser clasificados como fisiológicos o psicológicos.

[16] Para mayor información sobre él, véanse pp. 306-308.

[17] Véase "mente" en la sección del vocabulario.

donde se suma el ser total) en su hara, decía: "Deben realizar, es decir, hacer real que el centro del universo es su vientre".

Para facilitar su experiencia en esta verdad fundamental, el novicio en el zen recibe instrucciones de enfocar su mente de forma constante en lo profundo de su hara (específicamente entre el ombligo y la pelvis) y radiar todas las actividades mentales y corporales desde esa región. Con el equilibrio del cuerpo-mente centrado en el hara, gradualmente se establece ahí un foco de conciencia, un centro de energía vital que influye sobre todo el organismo.

Esa conciencia de ningún modo está limitada al cerebro, como lo demuestra el lama Govinda al escribir: "Mientras que, según la concepción occidental, el cerebro es el asiento exclusivo de la conciencia, la experiencia yogui muestra que nuestra conciencia cerebral es *una* entre muchas posibles formas de conciencia y que éstas, de acuerdo con su función y naturaleza, pueden localizarse o centrarse en órganos diversos del cuerpo. Estos órganos, que recogen, transforman y distribuyen las fuerzas que fluyen por ellos, se llaman *cakras* o centros de energía. De ahí se radian corrientes secundarias de energía psíquica, comparables a los rayos de una rueda, o de un paraguas, o a los pétalos del loto. En otras palabras, estos *cakras* son los puntos donde las fuerzas psíquicas y las funciones corporales se unen las unas con las otras. Son los puntos focales donde las energías cósmicas y psíquicas se cristalizan en cualidades corporales y donde las cualidades corporales se disuelven o trasmutan de nuevo en fuerzas psíquicas".[18]

Asentar el centro de gravedad del cuerpo abajo del ombligo, es decir, establecer un centro de conciencia en el hara, automáticamente relaja las tensiones que surgen del hábito de levantar los hombros, tensar el cuello y apretar el estómago. A medida que la rigidez va desapareciendo, se experimenta una mayor vitalidad y un nuevo sentido de libertad en todo el cuerpo y mente, que más y más se van sintiendo como una unidad.

El zazen ha demostrado con claridad que con el ojo de la mente concentrado en el hara, la proliferación de pensamientos disminuye y que se acelera el proceso de concentración de la mente en un punto único, debido a que tiene lugar un riego de sangre de la cabeza al abdomen que refresca el cerebro y calma el sistema nervioso autónomo. Esto, a su vez, conduce a un mayor grado de estabilidad mental y emocional.

[18] *Foundations of Tibetan Mysticism*, p. 135.

Por tanto, la persona que funciona desde el hara no es afectada fácilmente por las circunstancias. Es, además, más capaz de actuar con mayor rapidez y decisión en cualquier emergencia, debido al hecho de que su mente, anclada en el hara, no vacila.

Con la mente en el hara, el pensamiento estrecho y egocéntrico es superado por una visión más amplia y una magnanimidad de espíritu. Esto se debe a que la forma de pensar producida desde el centro vital del hara, libre de la mediación del limitado intelecto discursivo, es espontánea y tiene un carácter de aceptación total. La percepción desde el hara tiende hacia la integración y la unidad, en vez de la división y la fragmentación. En resumen, es un pensar que ve las cosas con quietud y totalidad. La figura del Buda sentado en su trono de loto, sereno, estable, que todo lo sabe y todo lo abarca, radiando luz y compasión ilimitada es el más alto ejemplo del hara expresado a través de la iluminación perfecta. El *Pensador* de Rodin, por otra parte, una figura solitaria, "perdida" en el pensamiento y corporalmente contorsionada, remota y aislada de sí misma, tipifica el estado opuesto.

La capacidad de pensar y actuar desde el hara está, como el joriki, indirectamente relacionada con el satori y no es su sinónimo. El satori es "voltear la mente", una experiencia psicológica que confiere sabiduría interna, mientras que el hara no es otra cosa sino lo que ya se ha indicado. Los maestros de las artes tradicionales japonesas han logrado actuar y pensar desde el hara; de no ser así no merecerían el título de "maestro", pero muy pocos alcanzan el satori sin un entrenamiento zen. ¿Por qué no?, porque ellos cultivan el hara esencialmente para perfeccionar su arte, y no para lograr el satori, cuya obtención presupone, como lo dice Yasutani-roshi en sus pláticas introductorias, una fe en la realidad de la iluminación del Buda y en su propia naturaleza búdica inmaculada.

Con el cuerpo y la mente consolidados, encauzados y activados, las emociones responden con aumentada sensibilidad y pureza, y la voluntad se ejerce con mayor fuerza. Ya no somos dominados por el pensamiento a expensas del sentimiento, ni arrastrados por las emociones sin dominio del pensamiento o la voluntad. Con el tiempo el zazen lleva a una transformación de la personalidad y el carácter. La sequedad, rigidez y egocentrismo dan lugar a una calidez que fluye, una flexibilidad y una compasión, mientras que la autoindulgencia y el miedo se convierten en el control de uno mismo y en valentía.

Debido a que los maestros japoneses conocen este poder transformador del zazen durante siglos de experiencia, han dependido de éste para inculcar la conducta moral en sus discípulos en vez de imponer desde fuera una serie de preceptos. En realidad tanto los preceptos como el zazen, basados en la naturaleza búdica idéntica, fuente de toda pureza y bondad, se refuerzan mutuamente. Una mayor resolución de mantener los preceptos, en el mejor de los casos, funciona sólo esporádicamente si no se sustenta en el zazen; y el zazen, divorciado de una vida disciplinada que se nutre de su sincero esfuerzo de observar los preceptos, no puede ser sino débil e incierto. En todo caso, contra lo que se cree en algunas sectas del budismo, los preceptos no son simples mandamientos morales que cualquiera puede entender y observar fácilmente. En realidad, su sentido relativo-absoluto no puede captarse como una realidad viviente, excepto después de un zazen largo y dedicado. De aquí que a los estudiantes de zen no se les dé normalmente el libro de problemas llamado *Jujukinkai*, que trata de los diez preceptos cardinales desde el punto de vista de las doctrinas Hinayana y Mahayana, de la naturaleza búdica misma, desde el punto de vista de Bodhidharma y de Dogen, hasta el final de su entrenamiento cuando su iluminación y poder de zazen han profundizado y madurado. En verdad los maestros japoneses y chinos subrayan que solamente con una iluminación total puede uno en verdad conocer el bien del mal, y a través del poder del zazen traducir esta sabiduría en acciones cotidianas.

Yasutani-roshi hizo ver muy claramente que un fuerte sentido social y una responsabilidad personal son inherentes a la libertad espiritual del hombre que ha alcanzado el satori, cuando respondió a la pregunta que le planteó un grupo de estudiantes estadounidenses: "Si, como se nos ha dicho, el satori aclara que el pasado y el futuro no son reales, ¿no puede uno vivir libremente el presente, sin preocuparse del pasado e indiferente al futuro?".

Como respuesta, Yasutani-roshi dibujó un punto en una pizarra, explicando que ese punto aislado representaba el concepto de "aquí y ahora". Para mostrar la parcialidad de esta visión dibujó otro punto sobre el cual trazó una línea horizontal y una vertical. Entonces explicó que la línea horizontal representaba el tiempo del pasado sin principio y del futuro sin fin y que la línea vertical representaba el espacio ilimitado. El "momento presente" del hombre iluminado que se encuentra en esta intersección abarca estas dimensiones de tiempo y espacio.

Del mismo modo, la realización por medio del satori de que uno es el foco de tiempo pasado y futuro del espacio, inevitablemente produce un sentido de hermandad y responsabilidad hacia la familia y la sociedad en su totalidad tanto en lo que respecta a los que ya pasaron como a los que han de venir. La libertad del hombre zen liberado está muy lejos de la "libertad" del hombre zen libertino, impulsado por sus deseos ególatras incontrolados. El vínculo inseparable con todos los seres humanos que la persona verdaderamente iluminada experimenta excluye este comportamiento centrado en uno mismo.

Además de enriquecer la personalidad y fortalecer el carácter, el zazen ilumina las tres características de existencia que proclamó el Buda: primero, que todas las cosas (incluso nuestros pensamientos, sentimientos y percepciones) son impermanentes y surgen cuando causas y condiciones particulares las hacen surgir; asimismo, éstas desaparecen al surgir nuevos factores causales; segundo, que la vida es dolor; tercero, que en última instancia nada es autosubsistente, que todas las formas en su naturaleza esencial están vacías, es decir, son patrones de energía en flujo mutuamente dependientes y al mismo tiempo tienen una realidad provisional o ilimitada en el tiempo y en el espacio, del mismo modo que las acciones de una película tienen una realidad sólo en los términos de la película misma, pero que de otra manera son insustanciales e irreales.

A través del zazen, la primera verdad vital —que todas las cosas son efímeras, nunca las mismas de un momento al siguiente, manifestaciones pasajeras en un caudal de transformación incesante— se convierte en una cuestión de experiencia personal directa. Llegamos a ver la concatenación de nuestros pensamientos, emociones y estados de ánimo; cómo surgen, cómo florecen momentáneamente y cómo mueren. Llegamos a saber que esta muerte es la vida de todo, así como la vida de la vela está constituida por la llama misma que la consume.

El hecho de que nuestro sufrimiento está enraizado en un aferramiento egoísta y en miedos y temores que surgen de la ignorancia de la verdadera naturaleza de la vida y la muerte resulta claro para cualquiera motivado por el zazen a enfrentarse al desnudo consigo mismo. Con la misma claridad, el zazen demuestra que lo que llamamos "sufrimiento" es nuestra evaluación del dolor, del cual estamos separados; pero el dolor cuando se acepta con valentía es un medio de liberación, puesto que libera nuestras simpatías naturales y nuestra compasión y a la vez nos permite experimentar el placer y la alegría con nueva profundidad y pureza.

Finalmente, con la iluminación, el zazen trae consigo el conocimiento de que el sustrato de la existencia es una vacuidad de la cual surgen incesantemente todas las cosas y a la cual incesantemente regresan; que este vacío es positivo y está lleno de vida y de hecho no es otro que la vitalidad de un atardecer o las notas de una gran sinfonía.

Este surgimiento en la conciencia de la naturaleza búdica resplandeciente representa el "tragarse" el universo, el arrasar con todo sentimiento de oposición y separación. En este estado de subjetividad incondicional, Yo *sin* Yo, soy supremo. De esta forma Buda Shakyamuni pudo exclamar: "A través del cielo y la tierra, sólo yo soy El Reverenciado". Sin embargo, ya que el despertar significa también dar fin a la posesión de la idea del yo, también se trata de un mundo de objetividad pura. Por tanto, Dogen escribió: "Aprender el camino del Buda es aprender sobre uno mismo. Aprender sobre uno mismo es olvidarse de uno mismo. Olvidarse de uno mismo es experimentar el mundo como un objeto puro. Experimentar el mundo como un objeto puro es abandonar el propio cuerpo y mente y el cuerpo y mente del yo otro".[19]

Para ayudarnos a despertar a este mundo de naturaleza búdica, los maestros zen emplean otra modalidad de zazen: los cantos de dharanis y sutras. El dharani se ha descrito como "una cadena de palabras o nombres más o menos sin significado que tienen el poder mágico de ayudar al que las repite en un momento de necesidad extrema".[20] Los dharanis, como transliteraciones fonéticas de palabras sánscritas, sin duda han perdido mucho de su significado profundo por la inevitable alteración de los sonidos originales. Sin embargo, cualquiera que los ha recitado durante tiempo considerable sabe que su efecto sobre el espíritu no es insignificante. Al cantarse con sinceridad y energía imprimen sobre el corazón-mente los nombres y virtudes de budas y bodhisattvas que enumeran, limpiando los obstáculos para hacer zazen y dando al corazón una actitud de reverencia y devoción. Los dharanis también son una expresión simbólica en forma de sonido y ritmo de la verdad esencial del universo que yace detrás del intelecto discriminativo. Son valiosos igualmente para entrenar la mente, dejar de aferrarse a su modo dualístico de pensar en la medida en que la mente discursiva cese de operar al recitarlos.

[19] *Shobogenzo*, primer capítulo, llamado "Genjo Koan".

[20] *A Buddhist Bible*, editado por Dwight Goddard (Nueva York: E. P. Dutton, 1952), p. 662.

El canto de sutras, otra modalidad de zazen, cumple también con otro propósito. Como son las palabras y sermones del Buda, los sutras de alguna forma ejercen cierto atractivo sobre el intelecto. De modo que para aquellos cuya fe en el camino del Buda es superficial, el canto repetido de los sutras con el tiempo les da una medida de comprensión, que fortalece la fe en la verdad de las enseñanzas del Buda.

En otro sentido, el canto de sutras puede compararse con una pintura oriental a tinta, digamos de un pino, donde la mayor parte de la pintura consiste en espacio blanco. Este espacio vacío corresponde a los niveles más profundos de significado de los sutras, más allá de las palabras. Del mismo modo que en la pintura, nuestra mente toma mayor conciencia del espacio blanco gracias al árbol; al recitar los sutras podemos ser conducidos a la realidad que yace más allá de ellos; a la vacuidad hacia la cual apuntan.

Durante el canto de sutras y dharanis, cada uno de los cuales varía en ritmo, los que cantan pueden estar sentados, de pie, arrodillarse y hacer postraciones o hacer circunvalaciones por el templo.

Con frecuencia la entonación de sutras y dharanis es acompañada por el golpe acompasado del *mokugyo*, o realizado por la sonora reverberación del *keisu*.* Cuando el corazón y la mente son verdaderamente uno con ellos, esta combinación de cantos y palpitación de los instrumentos puede despertar los sentimientos más profundos y hacer surgir un sentido de conciencia vibrante y elevado. Igualmente estos cantos representan una variedad en lo que podría convertirse una disciplina sombría y rigurosa de zen sentado sin descanso. En una semana de *sesshin* muy pocos podrían soportar estar sentados hora tras hora. Aunque no fuese terriblemente difícil, sin duda sería muy aburrido, excepto para los más ardientes. Al ofrecer varios tipos de zazen —es decir, sentado, caminando, cantando y haciendo labor manual— los maestros zen no solamente reducen el riesgo de aburrimiento, sino que además aumentan la efectividad de cada clase de zazen.

Dogen confería gran importancia a las posturas, gestos y movimientos adecuados del cuerpo durante el canto, así como a todas las otras modalidades de zazen, debido a la repercusión que tienen sobre la mente. En el budismo tántrico se evocan ciertas cualidades de los budas y bodhisattvas al adoptar con las manos ciertas posiciones (llamadas mudras), así como ciertas posturas corporales, y este aspecto de la

* Los cuatro votos. (*N. del T.*)

enseñanza de Dogen probablemente se deriva del tantra. En todo caso estas posturas inducen a estados relacionados con la mente. De modo que, al cantar *Las cuatro promesas* de rodillas y con las manos en *gassho* (palma con palma), como se hace en la secta Soto, se evoca un estado mental de reverencia que se sentirá menos al recitar estas mismas promesas sentado o de pie, como se hace en la secta Rinzai. De igual manera, al tocar ligeramente los pulgares cuando se está sentado en zazen, se crea un sentimiento de equilibrio y serenidad que no se alcanzaría fácilmente con las manos entrelazadas.

De manera recíproca, cada estado mental también provoca en el cuerpo su propia respuesta. El acto de postrarse ante un Buda sin nociones ególatras solamente es posible bajo el ímpetu de la reverencia y la gratitud. Esta "horizontalización del mástil del ego" limpia el corazón-mente y lo hace flexible y expansivo, abriendo el camino a la comprensión y a la apreciación de la mente exaltada y de las innumerables virtudes del Buda y los patriarcas. De modo que surge en nosotros un deseo de expresar nuestra gratitud y mostrar nuestro respeto ante sus figuras mediante los rituales apropiados. Cuando se accede a estas devociones de manera espontánea, con una mente no discriminativa, la figura del Buda cobra vida. Lo que antes era sólo una imagen se convierte ahora en una realidad viva con el poder singular de borrar la conciencia del yo y del Buda en el momento de la postración. En este gesto no pensado, nuestra Mente-bodhi resplandece; nos sentimos refrescados y regenerados.

A la luz de estas observaciones sobre la interacción del cuerpo y mente podemos ahora considerar con mayor detalle las razones por las cuales los maestros zen siempre han hecho hincapié en una espalda erecta y en la clásica posición de loto. Es bien sabido que una espalda encorvada evita que la mente tenga la tensión adecuada y entonces es invadida rápidamente por pensamientos e imágenes al azar; en contraste, una espalda erecta, al fortalecer la concentración, disminuye la incidencia de pensamientos azarosos y, por tanto, acelera el samadhi. Así, cuando la mente se libera de las ideas, la espalda tiende a enderezarse sin ningún esfuerzo consciente.

Si la espalda está encorvada, con la consecuente multiplicación de pensamientos, la respiración armoniosa con frecuencia es sustituida por una respiración acelerada y discontinua, dependiendo de la naturaleza de los pensamientos. Esto se refleja rápidamente en tensiones nerviosas y musculares. En estas pláticas, Yasutani-roshi también hace notar cómo una espalda encorvada mina el vigor y la claridad de la mente induciendo a la fatiga y el aburrimiento.

Esta rectitud de la espalda tan importante y la tensión paralela de la mente son más fáciles de mantener durante largos periodos si las piernas están en una postura de medio loto o de loto completo y cuando la atención se concentra en la región que está justamente debajo del ombligo.[21]

Además, ya que el cuerpo es el aspecto material de la mente y ésta el aspecto inmaterial del cuerpo, al unir manos, brazos, pies y piernas en una unidad, en un punto central donde las manos unidas descansan sobre los talones de las piernas entrelazadas, como sucede en postura de flor de loto, se facilita la unificación de la mente. Por último, la postura del loto, donde las rodillas y el asiento forman una base triangular de gran estabilidad, crea un sentido de arraigo en la tierra junto con un sentimiento de unidad que lo abarca todo, vacío de sensaciones de fuera o dentro. Esto es cierto, sin embargo, sólo cuando puede adoptarse esta posición y mantenerse sin incomodidad.

Por todo esto, el zen, la personificación de la enseñanza y la práctica esencial del Buda, ha seguido a través de su larga historia el método del Buda de sentarse como la forma más directa y práctica de alcanzar la vacuidad de la mente y, en última instancia, la iluminación.

Esto no implica que el zazen no pueda practicarse o que no se llegue a la iluminación, a menos de que uno se siente en las posturas medio loto o loto completo. El zazen de hecho puede ser efectivo incluso en una silla o en un banquillo, de rodillas, siempre y cuando la espalda permanezca erecta.[22] En última instancia, lo que asegura el éxito en la búsqueda de la iluminación no es una postura en particular sino un intenso deseo de la verdad por la verdad misma, que por sí sola lo lleva a uno a sentarse regularmente en cualquier postura y a realizar los actos de cada día con devoción y con una clara atención. Pero el zazen siempre se ha considerado una disciplina fundamental del zen, simplemente debido a que la experiencia de siglos demuestra que es la forma más sencilla de acallar la mente y de llevarla a una unidad de concentración de tal modo que pueda emplearse como un instrumento de autodescubrimiento. En la larga historia del zen, miles y miles de personas han llegado al despertar a través del zazen, mientras que muy

[21] El *hara* (véase p. 94).

[22] Véase sección IX para las diversas posturas correctas.

pocas experiencias de iluminación genuinas se han dado sin éste.[23] Si incluso el Buda y Bodhidharma, como nos recuerda Dogen, tuvieron la necesidad de sentarse, con seguridad ningún aspirante puede prescindir del zazen. *Kensho* (o satori) no es sino la primera visión de la Verdad, y ya sea que se trate de un leve asomo o de una profunda y aguda vista, puede ampliarse inmensamente a través del zazen. Además, se debe recordar que, a menos de que se fortalezca con el *joriki* —es decir, la fuerza del samadhi, el poder particular que se desarrolla por medio del zazen—,[24] la visión de Unidad que se alcanza con la iluminación, especialmente si no fue una experiencia muy profunda, con el tiempo se nubla y a la larga se borra y se convierte en un recuerdo agradable, en vez de permanecer como una realidad omnipresente que moldea nuestra vida diaria. Sin embargo, lo que no podemos perder de vista es que el zazen es más que un medio para la iluminación o un método para sostenerla y ampliarla; es la *actualización* de nuestra Verdadera naturaleza. De aquí su valor absoluto. Yasutani-roshi aclara este punto vital en estas pláticas, así como en sus encuentros con diez occidentales.

No hay duda de que para la mayoría de los occidentales que por naturaleza parecen ser más activos e inquietos que los asiáticos, sentarse perfectamente quietos en zazen, incluso en una silla, es doloroso tanto física como mentalmente. El no querer soportar este dolor y esta incomodidad, aunque sea por periodos muy cortos, proviene sin duda de una convicción muy arraigada de que no solamente es absurdo sino masoquista aceptar el dolor deliberadamente cuando existen formas de escapar de él o de mitigarlo. No es raro que algunos comentadores, que obviamente desconocen el zen en profundidad, traten de demostrar que el sentarse a hacer zazen no es indispensable a la disciplina zen. En su obra *The Way of Zen* (pp. 101, 103), Alan Watts trata de probar, citando un diálogo muy conocido, que los maestros zen han impugnado el sentarse. He aquí nuestra traducción de ese diálogo:

> Ma-tsu diariamente hacía zazen en su choza en el monte Nanyueh. Al observarlo un día, Huai-jang, su maestro, pensó: "Llegará a ser un gran monje", y preguntó:

[23] El Sexto Patriarca Hui-neng (638-713) es la excepción más notable. En su autobiografía relata cómo alcanzó la iluminación en su juventud al escuchar el sutra del Diamante que recitaba un monje. Evidentemente, no había practicado zazen antes.

[24] Véanse pp. 70-71 para una explicación sobre *joriki*. Véase también "Samadhi" en la sección de vocabulario.

—Honorable señor, ¿qué tratas de lograr sentándote?

Ma-tsu respondió:

—Trato de convertirme en Buda.

Entonces Huai-jang tomó un pedazo de teja y empezó a tallarlo contra una piedra.

—Maestro, ¿qué haces? —preguntó Ma-tsu.

—Pulo la teja para convertirla en espejo —repuso Huai-jang.

—¿Cómo puede hacerse un espejo puliendo una teja? —preguntó Ma-tsu.

—¿Cómo puede hacerse un Buda sentándose en zazen?

Ma-tsu preguntó:

—¿Qué debo hacer entonces?

Huai-jang respondió:

—Si estuvieras conduciendo una carreta y ésta no se moviera, ¿golpearías a la carreta o al buey?

Ma-tsu no respondió.

Huai-jang continuó:

—¿Te estás entrenando en zazen? ¿Estás esforzándote para ser un Buda sentado? Si te estás entrenando en zazen, déjame decirte que la sustancia del zazen no es sentarse ni acostarse. Si te estás entrenando para ser un Buda sentado, déjame decirte que Buda no tiene una única forma de sentarse. El Dharma, que no tiene permanencia fija, no permite distinciones. Tratar de convertirse en un Buda sentado es no menos que matar al Buda. Si te aferras a la forma sentada, no obtendrás la verdad esencial.

Al escuchar esto, Ma-tsu se sintió tan refrescado como si hubiera bebido un néctar exquisito.

A su propia traducción el señor Watts añade (p. 113): "Ésta parece ser la doctrina consistente de todos los maestros T'ang desde Hui-neng (el sexto Patriarca) hasta Lin-chi (Rinzai). En ninguna parte de sus enseñanzas he podido encontrar instrucciones o recomendaciones del tipo de zazen que es hoy la ocupación principal de los monjes zen". Es evidente que Watts pasó por alto *La enseñanza zen de Huang Po* (según la traducción de John Blofeld), donde encontramos a Huang Po, que murió en 850, aconsejando (p. 131): "Cuando practiquen el control de la mente [zazen o dhyana] siéntense en posición correcta, permanezcan completamente tranquilos y no permitan que el menor movimiento de sus mentes los distraiga". Ciertamente, ésta es una prueba clara de que el zazen como se lleva a cabo hoy en Japón era una práctica establecida en la época T'ang, como de hecho también lo era en tiempos de Buda.

Más aún, interpretar el diálogo citado arriba como una condenación del zazen es violentar el espíritu completo del koan. Lejos de implicar que sentarse en zazen es tan útil como tratar de hacer un espejo puliendo una teja —aunque es fácil para quien nunca ha practicado el zen llegar a esa conclusión— Huai-jang de hecho trata de enseñar a Ma-tsu que la budeidad no existe fuera de él como un objeto por el cual hay que luchar, ya que todos somos budas desde el principio. Es obvio que Ma-tsu, quien más tarde fue un gran maestro, en ese momento tenía la ilusión de que la budeidad era algo diferente de él. De hecho, Huai-jang dice: "¿Cómo podrías convertirte en Buda sentándote si no fueras Buda desde el principio? Esto sería tan imposible como tratar de hacer un espejo puliendo una teja".[25] En otras palabras, el zazen no otorga la budeidad; descubre una naturaleza búdica que siempre ha existido. Aún más, mediante el acto de pulir la teja, Huai-jang concretamente revela a Ma-tsu que pulir es en sí la expresión de su naturaleza búdica, que trasciende todas las formas, incluso la de sentarse, pararse o acostarse.

Para prevenir que los discípulos se aferren a la posición sentada, los maestros zen incorporan el zazen en movimiento a su formación. Es totalmente falso que, como declara el señor Watts, hoy la principal ocupación de los monjes zen es sentarse. Excepto por un total de más o menos seis semanas al año en las que están en *sesshin*, los monjes zen japoneses que están formándose pasan la mayoría de su tiempo trabajando, no sentados. En Hos-shinji, que es representativo de los monasterios zen japoneses en este sentido, los monjes en general se sientan una hora y media en la mañana y de dos a tres horas en la noche. Y ya que normalmente duermen como cinco o seis horas, las otras doce o trece horas del día las pasan haciendo labores como trabajar en los campos de arroz y en las hortalizas, cortando leña y bombeando agua, cocinando, sirviendo la comida y limpiando el monasterio. Otras veces atienden las tumbas del cementerio adjunto al monasterio y cantan sutras y dharanis por los muertos en las casas de los devotos y del monasterio. Adicionalmente, los monjes zen pasan muchas horas caminando por las calles, mendigando comida y otras actividades para aprender la humildad y la gratitud, como parte de su entrenamiento

[25] El Sexto Patriarca en el sutra de la Plataforma dice: "Si uno no tuviese dentro de sí la Mente-buda, ¿dónde entonces buscaría uno al verdadero Buda?".

religioso. Todas esas actividades se consideran práctica de zazen en movimiento, ya que deben hacerse con atención, con un total involucramiento. La famosa expresión de Hui-hai: “Un día sin trabajar es un día de no comer” anima el espíritu de los monasterios zen de hoy con más fuerza que nunca.

Sin el zazen, ya sea su variedad estática o móvil, no podemos hablar de entrenamiento zen, disciplina o práctica. El koan de Huai-jang y todos los demás apuntan a la mente búdica con la cual estamos dotados, pero no enseñan *cómo* realizar la realidad de esta Mente. La realización de esta gran verdad exige dedicación y esfuerzo sostenido, es decir, una práctica pura y ferviente de zazen. El intento de descartar al zazen como no esencial es en el fondo una racionalización de no estar dispuesto a esforzarse por la verdad, con la obvia implicación de que de hecho no existe un deseo real por la verdad. En el *Shobogenzo*, Dogen señala a aquellos que se identifican con los más altos ideales de Buda y que, sin embargo, evaden el esfuerzo que se requiere para ponerlos en práctica:

> El gran camino del Buda y los patriarcas implica la forma más alta de esfuerzo que va incesantemente en ciclos desde la primera aurora de verdad religiosa a través de la prueba de disciplina y práctica a la iluminación y el Nirvana. Es un esfuerzo sostenido que avanza sin interrupción de ciclo en ciclo...
>
> Este esfuerzo sostenido no es algo que los hombres de este mundo amen o deseen naturalmente y, sin embargo, es el último refugio. Sólo a través del esfuerzo de los budas en el pasado, el presente y el futuro, los budas del pasado, el presente y el futuro se convierten en realidad. Por este esfuerzo se realiza la budeidad y aquellos que no se esfuerzan cuando pueden esforzarse son los que odian al Buda, odian servirlo y odian el esfuerzo; no desean vivir y morir con Buda, no lo quieren como maestro y compañero...[26]

Nota biográfica sobre Yasutani-Roshi (1885-1973)

A los ochenta años de edad, el maestro zen Hakuun[27] Yasutani llegó a los Estados Unidos de América para exponer el Dharma del Buda. Al

[26] Citado en *Sources of Japanese Tradition*, editado por William Theodore de Bary (Nueva York: Columbia University Press, 1961), pp. 250-251.

[27] Nombre zen que significa “Nube Blanca”. Véase “nubes y agua” en la sección X.

hacerlo, evocó el espíritu del formidable Bodhidharma, quien a avanzada edad dio la espalda a su tierra natal y viajó a lugares distantes para plantar la semilla viva del budismo. Sin embargo, para Yasutani-roshi esto no era sino otro notable acontecimiento de una vida marcada por logros muy especiales.

Después de cumplir los setenta y cinco años, escribió y publicó cinco volúmenes completos de comentarios sobre las colecciones de koanes conocidos, respectivamente, como el *Mumonkan* y el *Hekigan-roku*, el *Shoyo-roku* y el *Denkoroku* así como los *Cinco Grados de Tozan* (*Go-i* en japonés). En su conjunto, esto representa una hazaña única en la historia del zen moderno.

Esta actividad literaria no era sino una faceta de su amplia actividad de enseñanza. Además de dirigir *sesshines* mensuales de tres a siete días de duración en su propio templo en los suburbios de Tokio, y sesshines periódicos en Kyushu y Hokkaido, en los extremos sur y norte de Japón, semanalmente dirigía una serie de sesshines de un solo día (*zazenkai*) en la zona de Tokio. Entre otros lugares, éstos incluían las grandes universidades, diversas fábricas, la Academia de Defensa Personal y una serie de templos. En dos ocasiones había viajado a Occidente. En su primer viaje a los Estados Unidos de América, dirigió sesshines de cuatro a siete días en Honolulú, Los Ángeles; Clairmont, California; Wallingford, Pennsylvania; Nueva York, Boston y Washington, D.C. Al año siguiente repitió sus sesshines en los Estados Unidos, expandiendo sus actividades al incluir pláticas sobre zen en Inglaterra, Francia y Alemania.

Esposo, padre, maestro de escuela y, en última instancia, maestro zen, Hakuun Yasutani no alcanzó su distinción presente evitando los dolores y alegrías de la vida del hombre ordinario, sino experimentándolos y trascendiéndolos. En esto, su vida refleja el ideal Mahayana de que la autorrealización puede pertenecer tanto al padre de familia como al monje célibe.

Yasutani-roshi nació de una piadosa madre budista y un padre dueño de una pastelería en un pequeño pueblo. A los cinco años le afeitaron la cabeza como símbolo de su introducción a la vida monacal budista, después de lo cual sus padres, siguiendo la costumbre de las familias devotas de su época, lo mandaron a vivir en un templo para que pudiese absorber la atmósfera religiosa y ser influido hacia el sacerdocio.

Permaneció en el templo hasta los doce años, realizando los trabajos del neófito, asistiendo a la escuela primaria y recibiendo del monje principal una educación en las bases del budismo. A los trece años se convirtió en novicio de un templo Soto importante. Después realizó dos años más de estudios en una escuela pública, cinco años de seminario bajo la secta Soto y a la larga cuatro años en una escuela para maestros.

A los treinta años, Hakuun Yasutani se casó y comenzó a formar una familia, que con el tiempo quedó integrada por cinco hijos. Nominalmente sacerdote, trabajó en una escuela primaria como maestro para sostener a su numerosa familia, puesto que no contaba con un templo. Durante seis años continuó enseñando y cuatro más fue director de la misma escuela.

A pesar de las dificultades para mantener una familia y cinco hijos y de las exigencias de su trabajo, a través de los años continuó, con diversos maestros, el zazen que había emprendido muchos años antes, a los quince años para ser exactos. A pesar de que estos maestros generalmente eran reconocidos como los más distinguidos de la secta Soto, el hecho era que trataban el satori como una vaga generalidad, por lo cual la realización parecía algo remoto y quimérico. Yasutani-roshi siempre anheló un verdadero maestro, una figura como la de Buda que lo colocara en el camino verdadero. A los cuarenta años, por fin la encontró en el monasterio de Harada-roshi, Hosshin-ji. En su segundo sesshin alcanzó el *kensho* trabajando en el koan Mu.

Yasutani-roshi tenía cincuenta y ocho años cuando Harada-roshi le otorgó su sello de aprobación (*inka shomei*) y lo nombró su sucesor en el Dharma. Este honor implicaba que su penetración espiritual era muy profunda, su carácter moral alto, y su capacidad de enseñar estaba probada.

Al igual que su modesto templo, Yasutani-roshi era sencillo y sin afectaciones. Sus dos comidas del día no incluían carne, pescado, huevo, ni alcohol. Con frecuencia se le veía a paso ligero por las calles de Tokio, con una vieja túnica y un par de zapatos tenis camino a alguna reunión de zazen, los libros colgando a la espalda dentro de una bolsa, o de pie en algún tren de segunda abarrotado de gente. Con su extrema sencillez, su indiferencia a lo refinado, a la riqueza y a la fama, siguió los pasos de una larga línea de distinguidos maestros zen.[28]

[28] Yasutani-roshi murió en su templo en Tokio el 28 de marzo de 1973, a los ochenta y ocho años de edad. Iba a tomar su desayuno cuando se desplomó y murió sin dolor. Una semana antes le habían comenzado a fallar las fuerzas, así que había descansado un poco de su pesado horario de enseñanza. Tres días antes de expirar dio los

Las pláticas

1. Teoría y práctica del zazen

Lo que les voy a decir ahora está basado en las enseñanzas de mi respetado maestro, Daiun[29] Harada-roshi. Aunque él mismo pertenecía a la secta Soto, no pudo encontrar un maestro verdaderamente avanzado en esa secta y fue a entrenarse primero a Shogen-ji y después a Nanzen-ji, dos monasterios Rinzai. En Nanzen-ji con el tiempo captó el más íntimo secreto del zen bajo la guía de Dokutan-roshi, un maestro sobresaliente.

Aunque es verdad que uno debe pasar por el entrenamiento zen para comprender la verdad del zen, Harada-roshi sentía que la mente moderna está más despierta y que para cualquier principiante, pláticas de este tipo pueden ser muy provechosas como una preparación para la práctica. Harada-roshi combinó lo mejor de cada secta y estableció un método particular de enseñanza zen. En ningún lugar de Japón encontrarán la enseñanza zen expuesta tan sucinta y profundamente, tan adecuada a la mente moderna, como en su monasterio. Gracias a que fui su discípulo durante unos veinte años, pude en cierto grado abrir el ojo de mi mente.

Antes de comenzar sus pláticas, Harada-roshi las preambulaba con ciertos consejos sobre cómo escuchar. Su primer punto era que todo mundo debía escuchar con los ojos abiertos y mirándole, es decir, con todo su ser, debido a que la impresión recibida solamente al escuchar puede ser bastante superficial, algo así como escuchar la radio. Su segundo punto era que cada persona debía escuchar estas pláticas como si le estuvieran hablando solamente a él, como idealmente debería ser. La naturaleza humana es tal que si dos personas escuchan, cada una se siente responsable por la mitad de la comprensión, y si son diez, sienten que son responsables sólo la décima parte. Sin embargo, ya que hay tantas personas en este momento y lo que tengo que decir es exactamente lo mismo para todos, les he pedido que vengan como grupo.

preceptos a doce personas en una ceremonia de cuarenta y cinco minutos llamada *jukai*. Más tarde le dijo a uno de sus discípulos más cercanos: "Éste es mi último jukai. Lo terminé a base de pura voluntad".

29 Nombre zen que significa "Gran Nube". Véase "nubes y agua" en la sección X. Su otro nombre es Sogaku.

Pero deben escuchar como si estuvieran absolutamente solos y sentirse responsables de atender a todo lo que les diga.

Esta plática está dividida en doce partes, que cubriremos más o menos en ocho sesiones. La primera es sobre la parte intelectual del zazen y los métodos directos de práctica, la siguiente será sobre ciertas precauciones especiales y las siguientes pláticas sobre los problemas particulares que surgen del zazen, junto con sus soluciones.

En realidad no es necesario un conocimiento teórico de los principios del zazen como prerrequisito para practicar. Aquel que se entrena bajo un maestro competente inevitablemente captará la teoría poco a poco a medida que su práctica madure. Los estudiantes modernos tienen una mayor sofisticación intelectual que sus predecesores en el zen, y no siguen instrucciones sin reservas; primero desean conocer las razones que hay detrás. Por tanto, me siento obligado a tratar temas teóricos. El problema de la teoría es que es infinita. Las escrituras budistas, la doctrina budista y la filosofía budista no son sino fórmulas intelectuales del zazen y éste es su demostración práctica. De este campo tan amplio sustraeré lo más esencial para su práctica.

Empecemos con el Buda Shakyamuni.[30] Como supongo que todos saben, el Buda comenzó por el camino del ascetismo, sometiéndose a torturas y austeridades que nadie antes de él había intentado, incluyendo el ayuno prolongado. Pero por estos medios no pudo llegar a la iluminación, así que medio muerto de hambre y cansancio, se dio cuenta de la futilidad de seguir un camino que solamente terminaría con la muerte. Así que bebió la leche de arroz que una joven campesina le ofreció; de modo gradual fue recuperando sus fuerzas, y finalmente decidió dirigirse por un camino medio entre la tortura y la indulgencia. Entonces se dedicó sólo al zazen durante seis años,[31] y a la larga, la mañana del ocho de diciembre, en el instante en que miró el planeta Venus brillando en el cielo, alcanzó la iluminación perfecta. Creemos que todo esto es históricamente cierto.

Las palabras que el Buda pronunció involuntariamente en ese momento han sido registradas en las escrituras budistas. Según el sutra

[30] El término tradicional japonés es O-Shaka-sama. Es tanto de respeto como de cariño. *O* y *sama* son honoríficos y en vez de intentar una traducción arbitraria he seguido la forma usual en español de dicho título (véase "Buda" en la sección X).

[31] Otros relatos dicen que pasaron seis años después que dejó su hogar hasta su iluminación suprema.

Kegon (Avatamsaka), al momento de su iluminación exclamó espontáneamente en voz alta: "¡Maravilla de maravillas! Intrínsecamente todos los seres vivientes son budas, dotados de sabiduría y virtud, pero debido a que la mente de los hombres se ha trastocado por el pensamiento ilusorio no pueden percibirlo". La primera exclamación del Buda parece haber sido de reverencia y sorpresa al mismo tiempo. Sí, qué maravilloso que todos los seres humanos, inteligentes o tontos, hombres y mujeres, feos o bellos, tal como son, sean completos y totales. Es decir, que la naturaleza de todo ser no tiene inherentemente falta alguna, es perfecta, sin diferencias entre la de Amida o cualquier otro Buda. La primera declaración del Buda Shakyamuni es también la conclusión fundamental del budismo. Sin embargo, el hombre, inquieto y ansioso, lleva una vida medio loca debido a que su mente engañada vive en la confusión. Por tanto, debemos retornar a nuestra perfección original, ver la falsa imagen que tenemos de nosotros mismos como algo incompleto o pecaminoso, y despertar a nuestra pureza y unidad inherentes.

El medio más efectivo para lograr esto es por medio del zazen. No sólo el mismo Buda Shakyamuni sino muchos de sus discípulos alcanzaron el despertar total a través del zazen. Además, durante los 2500 años que han pasado desde la muerte del Buda, innumerables devotos en la India, China y Japón han captado esto, han resuelto para sí la pregunta más fundamental de todas: ¿cuál es el significado de la vida y la muerte? Aun en nuestros días hay muchas personas que, habiéndose despojado de la preocupación y la ansiedad, se han emancipado a través del zazen.

Entre un Buda perfeccionado de manera suprema y nosotros, que somos seres ordinarios, no existe diferencia alguna en cuanto a sustancia. Esta "sustancia" puede semejarse al agua. Una de las principales características del agua es su capacidad de adaptarse: al verterse en un recipiente redondo, se vuelve redonda; al verterse en un recipiente cuadrado se vuelve cuadrada. Nosotros tenemos esa misma adaptabilidad, pero al vivir atados y encadenados por no conocer nuestra verdadera naturaleza, hemos perdido esa libertad. Siguiendo con la metáfora anterior, podemos decir que la mente de un Buda es como el agua quieta, profunda, transparente, sobre la cual la "Luna de la verdad" se refleja total y perfectamente. Por otra parte, la mente del hombre ordinario es como el agua turbia, que constantemente se revuelve por las tempestades del pensamiento ilusorio y que, por tanto, es incapaz de reflejar la luz de la verdad. Sin embargo, la Luna sigue brillando con constancia sobre las olas, pero las aguas están turbias y no nos es posible ver el reflejo. De aquí que vivamos vidas frustrantes y sin sentido.

¿Cómo iluminar totalmente nuestras vidas y nuestra personalidad con la Luna de la verdad? Primero es necesario purificar esta agua, calmar las agitadas olas cesando los vientos del pensamiento discursivo. Dicho con otras palabras, debemos vaciar nuestra mente de lo que el sutra Kegon (Avatamsaka) llama el "pensamiento conceptual del hombre". La mayoría de las personas dan mucho valor al pensamiento abstracto, pero el budismo claramente demuestra que el pensamiento discriminativo yace en la raíz de lo ilusorio. En una ocasión escuché a alguien decir: "El pensamiento es la enfermedad de la mente humana". Desde el punto de vista del budismo esto es cierto. Con seguridad el pensamiento abstracto es útil cuando se emplea sabiamente, lo cual quiere decir, cuando se comprenden apropiadamente su naturaleza y sus limitaciones, pero mientras el ser humano siga siendo esclavo de su intelecto y esté movido y controlado por éste, se le puede considerar enfermo.

Todos los pensamientos, nobles o viles, son mutables e impermanentes; tienen un principio y un fin aun en el momento en que están sucediendo; y esto es cierto tanto del pensamiento de una época como de un individuo. El budismo se refiere al pensamiento como "la corriente de la vida y la muerte". Es importante distinguir la relación entre el papel del pensamiento transitorio y el papel de los conceptos fijos. Las ideas casuales son relativamente inocuas; pero las ideologías, creencias, opiniones y puntos de vista, por no mencionar el conocimiento de datos acumulados desde nuestro nacimiento (a los cuales nos aferramos), son la sombra que oscurece la luz de la verdad.

Mientras los vientos del pensamiento continúen moviendo las aguas de nuestra naturaleza, no podremos distinguir la verdad de la mentira. Por tanto, es imperativo tranquilizar estos vientos. Al acallarlos las olas cesan, lo turbulento se aclara y nos damos cuenta de que la Luna de la verdad nunca ha dejado de existir. El momento de tal realización es el *kensho*, es decir, la iluminación, la aprehensión de la verdadera sustancia de nuestra propia naturaleza. A diferencia de los conceptos morales y filosóficos, que son variables, la penetración interna es imperecedera. Ahora por primera vez podemos vivir con paz interior y dignidad, libres de perplejidad e inquietud, y en armonía con nuestro ambiente.

He hablado brevemente de este tema, pero espero haber transmitido la importancia del zazen. Hablemos ahora de la práctica.

El primer paso es seleccionar una habitación tranquila para sentarse. Pongan una estera o alfombra mullida de un metro cuadrado y encima un cojín circular de 30 cm de diámetro, o un cojín cuadrado doblado en dos. De preferencia no se deben usar pantalones ni calcetines, puesto que éstos estorban para cruzar las piernas y colocar los pies. Por una serie de razones lo mejor es sentarse en la posición de loto completa. Para sentarse en esta posición, se coloca el pie derecho sobre el muslo izquierdo, y el pie izquierdo sobre el muslo derecho. Lo importante de este método particular de sentarse es que al establecer una base amplia y sólida con ambas piernas cruzadas y las rodillas tocando la estera, se logra un reposo y estabilidad absolutos. Cuando el cuerpo está inmóvil, los pensamientos no son activados por los movimientos físicos y la mente se aquieta más fácilmente.

Si tienen dificultad en sentarse en la posición de loto completa, se pueden sentar en medio loto. Esto se hace poniendo el pie izquierdo sobre el muslo derecho y la pierna derecha bajo el muslo izquierdo. Para las personas que no están acostumbradas a sentarse con las piernas cruzadas, incluso esta postura puede ser difícil de mantener. Probablemente les cueste trabajo mantener las dos rodillas sobre la estera teniendo que bajarlas una y otra vez hasta poder mantenerlas ahí. Tanto en la posición de loto completa como en la de medio loto, se puede alternar la pierna que se encuentre arriba cuando se cansen las piernas.

Para quienes encuentren difíciles estas posiciones tradicionales de hacer zazen, existe una posición alternativa, que es la tradicional japonesa de sentarse sobre las pantorrillas y los talones. Esta postura puede mantenerse por un tiempo más largo si se coloca un cojín entre los talones y las nalgas. Una ventaja de esta postura es que la espalda se mantiene recta con facilidad. Sin embargo, en caso de que todas estas posturas resulten demasiado dolorosas, es posible utilizar una silla.[32]

A continuación se coloca la mano derecha en el regazo con la palma hacia arriba y se pone la mano izquierda con la palma hacia arriba sobre la palma derecha. Las puntas de los dedos pulgares deben tocarse ligeramente de modo que se forme un óvalo con las palmas y pulgares. El lado derecho del cuerpo es el activo, mientras que el izquierdo es el pasivo. Del mismo modo, durante la práctica reprimimos el lado activo al colocar pie y mano izquierdos sobre los miembros derechos como

[32] Véase la sección IX para ilustraciones sobre todas estas posturas, incluyendo una muy popular en los países budistas del sudeste de Asia.

una ayuda para alcanzar el más alto nivel de quietud. Sin embargo, si observamos la figura de un Buda, veremos que la posición de sus miembros es exactamente la opuesta. Esto significa que un Buda, a diferencia de todos nosotros, está activamente dedicado a la tarea de liberación.

Una vez que hayan cruzado las piernas, inclínense hacia delante echando las nalgas hacia fuera; entonces lentamente regresen el tronco a una postura erecta. La cabeza debe estar derecha; vista de perfil, las orejas deben estar alineadas con los hombros y la punta de la nariz con el ombligo. De la cintura hacia arriba, el cuerpo debe sentirse ligero, libre de presiones y tensión.[33] Mantengan los ojos abiertos y la boca cerrada. La punta de la lengua debe tocar ligeramente la parte delantera del paladar. Si cierran los ojos caerán en un estado soñoliento; por tanto, sólo hay que bajar la mirada sin enfocarla en nada en particular, teniendo cuidado de no inclinar la cabeza hacia delante. La experiencia nos muestra que la mente se tranquiliza con una menor fatiga y esfuerzo cuando los ojos se bajan de esta forma.

La columna vertebral debe mantenerse erecta en todo momento. Esto es muy importante, pues si el cuerpo se encorva, no solamente se presionan los órganos internos evitando su libre funcionamiento, sino que las vértebras pueden pellizcar ciertos nervios provocando tensiones de uno y otro tipo. Ya que la mente y el cuerpo son uno, cualquier impedimento de las funciones fisiológicas inevitablemente involucrará la mente disminuyendo su claridad y atención en un solo punto, condiciones esenciales para una concentración efectiva. Desde un punto de vista únicamente psicológico, una espalda demasiado rígida es tan indeseable como una posición encorvada, puesto que una es la consecuencia de un orgullo inconsciente, y la otra de un sentimiento de abatimiento: ambas se basan en el ego y son, por tanto, un obstáculo para la iluminación.

Tengan cuidado de mantener la cabeza recta; si se inclina hacia delante, hacia atrás o al lado y permanecen ahí por un tiempo considerable, más adelante tendrán dolor en el cuello. Una vez adoptada la postura correcta, inhalen lenta y silenciosamente. Repitan esto dos o tres veces, siempre respirando por la nariz. Después de eso, respiren naturalmente. Una vez acostumbrados a esta rutina, bastará con

[33] El centro de gravedad del cuerpo-mente debe ser más o menos cinco centímetros por debajo del ombligo.

respirar profundamente una sola vez. Después respiren naturalmente sin manipular su respiración. Ahora inclinen el cuerpo primero a la derecha ampliamente y luego a la izquierda unas siete a ocho veces de modo que formen al principio arcos amplios y después más pequeños hasta que el cuerpo naturalmente encuentre su posición en el centro.

Ya están listos para concentrar su mente.[34] Existen muchos métodos de concentración que nos legaron nuestros predecesores del zen. El más fácil para los principiantes es contar inhalaciones y exhalaciones. El valor de este ejercicio en particular reside en que se excluye todo razonamiento y la mente discriminativa se acalla, de modo que las olas del pensamiento se aquietan y se logra la concentración gradual de la mente en un solo punto.

Para comenzar, cuenten tanto las inhalaciones como las exhalaciones. Al inhalar concéntrense en uno; al exhalar en dos, y así hasta llegar a diez. Entonces regresen a uno contando nuevamente hasta diez y así sucesivamente. Si pierden la cuenta, regresen a uno: es así de simple.

Como he indicado antes, los pensamientos pasajeros que naturalmente fluctúan en la mente no son en sí mismos un impedimento. Por desgracia no todos se dan cuenta de esto. Incluso entre los japoneses que han estado practicando zen durante cinco años o más existen muchos que entienden erróneamente la práctica del zen como detener la conciencia. De hecho hay un tipo de zazen que persigue esto,[35] pero no es el zazen tradicional del budismo zen.

Deben comprender que por más atentamente que cuenten sus respiraciones continuarán percibiendo lo que está frente a su línea de visión puesto que sus ojos están abiertos, y continuarán escuchando los sonidos normales puesto que sus oídos no están tapados. Y ya que su cerebro no está dormido pasarán por su mente diversos pensamientos. Esto no obstaculizará ni disminuirá la efectividad de su zazen, a menos que al evaluarlos como "buenos" se aferren a ellos o al decidir que son "malos" traten de controlarlos o eliminarlos. No deben considerar ninguna percepción o sensación como una obstrucción a su zazen ni tampoco deben buscarlas. Yo enfatizo lo siguiente: "buscar" significa que en el acto de ver, la mirada se fija en los objetos; que al escuchar, la atención se fija en los sonidos, y que en el proceso de pensar la mente se adhiere a las ideas. Si se distraen así, su concentración en la cuenta

[34] Para información adicional sobre cómo concentrar la mente, véanse pp. 160-161.

[35] Shojo zen, véase p. 68.

de sus respiraciones se verá impedida. Resumiendo: dejen que los pensamientos casuales surjan y se desvanezcan como sea, ni los consientan ni los repelan, sino concentren toda su energía en contar sus inhalaciones y exhalaciones.

Al finalizar un periodo de zazen no se pongan de pie rápidamente. Comiencen por mecerse de lado a lado primero en arcos pequeños y luego en arcos más grandes unas seis veces. Observarán que en este ejercicio los movimientos son al revés de los que se hacen al comenzar el zazen. Levántense lentamente y caminen en silencio con los demás en lo que se llama *kinhin*, una forma de hacer zazen caminando.

El kinhin se realiza poniendo el puño derecho con el pulgar dentro, sobre el pecho y cubriéndolo con la palma izquierda, manteniendo ambos codos en ángulo recto. Mantengan los brazos en línea recta y el cuerpo erecto, descansando los ojos en un punto a unos dos metros frente a ustedes. Al mismo tiempo continúen contando sus respiraciones mientras caminan. Comiencen caminando con el pie izquierdo de manera que el pie se hunda en el piso, primero el talón y después la planta. Caminen tranquila y acompasadamente con porte y dignidad. No se debe caminar con distracción; la mente debe estar abierta mientras se concentran en su cuenta. Es aconsejable caminar de esta forma por lo menos cinco minutos después de haber estado sentados de veinte a treinta minutos.

Deben pensar que esta forma de caminar es zazen en movimiento. En el Rinzai y Soto difieren considerablemente en sus formas de hacer kinhin. En el Rinzai se camina rápida y enérgicamente, mientras que el tradicional Soto es lento y acompasado: de hecho con cada respiración se avanza solamente unos quince centímetros. Mi propio maestro Harada-roshi recomendaba un término medio entre los dos y ése es el que hemos estado practicando aquí. Además, la secta Rinzai coloca la mano izquierda sobre la derecha mientras que el Soto ortodoxo coloca la mano derecha encima. Harada-roshi sentía que el método Rinzai de colocar la mano izquierda encima era mejor, y lo adoptó en su enseñanza. Ahora bien, aunque este caminar alivie las piernas adoloridas, tal alivio debe considerarse como un producto secundario y no como el principal objeto del kinhin. Aquellos que cuentan sus respiraciones deberán continuar haciéndolo durante kinhin, mientras que los que trabajan en un koan deben seguir con su koan.

Con esto terminamos la primera plática. Continúen contando sus respiraciones como les he indicado hasta que nos volvamos a ver.

2. *Precauciones que se deben observar en el zazen*

En esta segunda plática cambiaré ligeramente su ejercicio de respiración. Esta mañana les dije que contaran uno al inhalar y dos al exhalar. De aquí en adelante quiero que cuenten solamente uno en la exhalación de modo que una respiración completa (inhalación y exhalación) sea uno. No cuenten las inhalaciones: sólo cuenten en la exhalación, empezando con uno, dos... hasta el diez.

Es recomendable hacer zazen mirando hacia la pared, cortina o algo parecido. No se sienten demasiado lejos de la pared ni demasiado cerca; la distancia ideal es entre 70 cm y un metro. De igual manera, no se sienten donde tengan una vista panorámica porque se distraerán, ni se sienten frente a un paisaje agradable, pues tendrán la tentación de admirarlo abandonando su zazen. Recuerden que aunque sus ojos están abiertos, no se trata de ver algo. Por estas razones, lo más prudente es sentarse mirando a una pared. Sin embargo, si alguna vez hacen zazen en un templo Rinzai, deberán sentarse mirándose unos a otros, puesto que ésta es la costumbre establecida por esta secta.

Al principio, si es posible, elijan una habitación tranquila, limpia y ordenada: un lugar que puedan considerar especial. A veces surge la pregunta de si está bien hacer zazen en la cama mientras la habitación se encuentre en orden y tranquila. Para la persona sana ordinaria, la respuesta es no; existen motivos suficientes por los cuales es difícil mantener la mente bajo la tensión apropiada al estar en la cama. Sin embargo, una persona que por enfermedad se encuentra confinada a la cama, no tiene otra alternativa.

Quizá se den cuenta de que los sonidos naturales, como los de los insectos, pájaros o agua corriente, no les molestarán, ni tampoco el tic-tac rítmico del reloj, ni el sonido de un motor. Sin embargo, los sonidos repentinos, como el de un avión, son molestos. Se pueden aprovechar los sonidos rítmicos. Uno de mis estudiantes alcanzó la iluminación utilizando el sonido del trillar del arroz mientras hacía zazen. Los sonidos menos convincentes son los de voces humanas, ya sea que se escuchen directamente o por la radio o televisión. Por tanto, al comenzar su zazen, busquen una habitación lejana a estos sonidos.

Sin embargo, al madurar su práctica, ningún ruido les molestará. Además de mantener su habitación para zazen limpia y ordenada, deberán decorarla con flores y quemar incienso, pues esto, al transmitir una sensación de algo puro y sacro, facilita el relacionarse con el zazen y calmar y unificar la mente con mayor rapidez. Vistan ropas sencillas y cómodas que les den una sensación de dignidad y pureza. Por la noche es mejor no utilizar ropa de dormir, pero si hace calor y es una cuestión de hacer zazen en pijama o no hacer zazen, usen la pijama pero traten de estar limpios y en orden.

La habitación no debe tener poca ni mucha luz. Se puede poner una cortina más oscura si hay mucha luz, o un foco pequeño si está muy oscuro. El efecto de un cuarto oscuro es el mismo que el de cerrar los ojos: se pierde claridad. La mejor luz es la parecida a la del crepúsculo. Recuerden: el zazen budista no busca la inactividad de la mente, sino acallarla y unificarla en medio de la actividad.

Una habitación con suficiente aire fresco, que no esté demasiado caliente en el invierno, ni demasiado fría en el verano, es ideal. El propósito del zazen no es castigar el cuerpo, de modo que no es necesario luchar contra los extremos del frío o el calor. Sin embargo, la experiencia nos demuestra que uno puede hacer mejor zazen cuando se siente ligeramente fresco; una habitación demasiado caliente hace que uno se adormezca. A medida que su ardor por el zazen se profundice, naturalmente dejará de importarles el frío o el calor. Sin embargo, es prudente cuidar la salud.

Ahora hablemos de la mejor hora para hacer zazen. Para los dispuestos y decididos, cualquier hora del día y cualquier estación del año es igual de buena. Pero para aquellos que trabajan o ejercen una profesión, la mejor hora es por la mañana, por la tarde o, mejor aún, ambas horas. Traten de sentarse todas las mañanas, de preferencia antes del desayuno y justamente antes de ir a la cama por la noche. Pero si solamente pueden sentarse una sola vez —deberán sentarse por lo menos una vez al día—, tendrán que considerar las ventajas relativas de la mañana y la tarde. Cada una tiene sus ventajas y desventajas. Si sienten que la mañana y la tarde son igualmente buenas para sentarse y me preguntan que cuál les recomiendo (pues sólo se pueden sentar una vez al día), diría que la mañana es mejor por las razones siguientes: por la mañana no llega nadie de visita, eso es más probable por la tarde. Asimismo, en la ciudad las mañanas son más tranquilas que las tardes. Además, por la mañana uno está descansado y tiene algo de apetito, buenas condiciones para el zazen, mientras que por la tarde, cuando ya está cansado y ha cenado, es probable sentirse aletargado. Puesto que es difícil hacer zazen con el estómago lleno, lo mejor es no sentarse después de comer cuando uno es principiante. Sin embargo, es bueno practicar zazen antes de una comida. A medida que su entusiasmo aumente, no importará a qué hora se sienten: puede ser antes, después o durante una comida.

¿Cuánto zazen se puede hacer en una sola sentada? No hay una regla general, pues varía conforme al grado de nuestro entusiasmo y la madurez de nuestra práctica. Para los principiantes un tiempo más corto es mejor. Si se sientan devotamente cinco minutos al día durante un mes o dos, querrán aumentar su tiempo a diez minutos o más a medida que su entusiasmo aumente. Cuando puedan sentarse, digamos durante treinta minutos, con su mente concentrada, sin dolor ni incomodidad, apreciarán la sensación de tranquilidad y bienestar que brinda el zazen y querrán practicar con regularidad. Por todo esto, recomiendo que los principiantes se sienten por periodos más cortos. Por otra parte, si uno se esfuerza en sentarse durante largos periodos desde el principio, el dolor en las piernas se volverá insoportable antes de poder calmar la mente. De modo que rápidamente se cansarán del zazen, sentirán que es una pérdida de tiempo, o estarán todo el tiempo mirando el reloj. A fin de cuentas, terminarán por aborrecer el zazen y dejarán de sentarse. Esto es lo que sucede con mucha frecuencia. Aunque se sienten sólo diez minutos al día, pueden compensar la brevedad del tiempo concentrándose intensamente en la cuenta de sus respiraciones, aumentando de este modo su efectividad.

No deben contar distraída ni mecánicamente, como si fuera un deber.

Aunque puedan sentarse durante una hora o más con una sensación de exquisita serenidad, es prudente limitar sus periodos de meditación a treinta y cinco o cuarenta minutos cada uno. Normalmente no es aconsejable hacer zazen más tiempo que éste de una sola sentada, ya que la mente no puede sostener su vigor y tensión y entonces el valor del zazen disminuye. Aunque nosotros no nos demos cuenta de ello, tiene lugar una disminución gradual de la capacidad de concentración de la mente. Por ello, es mejor alternar periodos de meditación de treinta o cuarenta minutos de zazen sentado con cinco minutos de zazen caminando. Al seguir este sistema, uno puede hacer zazen un día completo o incluso una semana con buenos resultados. Sin embargo, cuanto más largo es el zazen sentado, más prolongado debe ser también el zazen caminando. Es más, uno puede agregar periodos de trabajo manual a esta rutina para hacerla más provechosa, tal como se ha hecho en los templos zen desde la antigüedad. Huelga decir que es necesario mantener la mente en un estado de atención clara durante el trabajo manual y no permitir relajamiento o distracción.

Unas palabras sobre la comida: es mejor no comer más del ochenta por ciento de nuestra capacidad. Un proverbio japonés dice que las ocho partes del estómago sustentan al hombre y las otras dos al médico. El *Zazen Yojinki* (Precauciones a Observar en el Zazen), compilado hace más o menos 650 años, dice que uno debe comer a dos terceras partes de su capacidad. Además dice que se deben escoger vegetales nutritivos —no comer carne es una tradición del budismo y era un tabú cuando el *Yojinki* fue escrito— como papas, ajonjolí, ciruelas pasas, frijoles negros, champiñones y la raíz de la flor del loto; también recomienda diversas algas de alto contenido nutricional y que dejan en el cuerpo un residuo alcalino. No soy ninguna autoridad en cuanto a vitaminas, minerales y calorías, pero es un hecho que la mayoría de las personas hoy en día hacen una dieta que crea demasiado ácido en la sangre y en este sentido la carne produce dicha reacción. Coman más vegetales del tipo que hemos mencionado, con efecto alcalino. En la antigüedad había una dieta *yin-yang*. El *yang* era lo alcalino y el *yin* lo ácido, los libros antiguos advertían que no había que comer demasiado *yin* ni demasiado *yang*. Esto es lo que sustancialmente les he dicho.

Llegará un momento en que cuando se sienten comenzarán a tener una serie de revelaciones sobre sí mismos. Por ejemplo, ciertas relaciones que antes les resultaban incomprensibles, de pronto se aclararán, los problemas personales difíciles se resolverán abruptamente. Si no escriben las cosas que quieran recordar, el tratar de recordarlas interferirá con su concentración. Por ello, cuando se sienten ustedes solos, tengan a la mano un lápiz y papel.

3. *Visiones y sensaciones ilusorias*

Ésta es la tercera plática. Antes de comenzar les asignaré una nueva forma de concentración. En vez de contar como antes sus exhalaciones, de ahora en adelante cuenten uno en la primera inhalación, dos en la siguiente inhalación, y así hasta diez. Esto es más difícil que contar las exhalaciones porque toda la actividad mental y física se realiza en la exhalación. Por ejemplo, antes de atacar, un animal inhala. Esto es algo bien conocido en el kendo y el judo, donde se enseña que el observar detenidamente la respiración del oponente nos sirve para poder predecir su ataque. Aunque sea difícil, deben practicar este ejercicio como otro medio de concentrar su mente. Hasta que no los vuelva a ver, concéntrense en contar las inhalaciones de su respiración no en voz alta sino en su mente. Sin embargo, no es recomendable seguir esta práctica durante mucho tiempo. Si están trabajando solos, una semana es suficiente.

Makyo son los fenómenos —visiones, alucinaciones, fantasías, revelaciones, sensaciones ilusorias— que el practicante de zen puede experimentar en cierta etapa de su práctica. *Ma* significa "diablo", y *kyo* "el mundo objetivo". De modo que makyo son los fenómenos inquietantes o "diabólicos" que aparecen durante el zazen. Estos fenómenos no son en sí malos. Solamente se volverán un problema serio en la práctica si se desconoce su verdadera naturaleza y se deja uno envolver por ellos.

La palabra *makyo* se usa tanto en su sentido general como específico. En un sentido amplio, la vida entera del hombre ordinario es makyo. Bodhisattvas como Monju y Kannon, a pesar de su altísimo nivel de desarrollo, aún tienen vestigios de makyo; de otra manera serían budas supremos, libres del makyo. Aquel que se aferra a lo que ha realizado a través del satori aún vive en el mundo del makyo. Así, como ven, aun después de la iluminación hay makyo, pero en esta plática no nos ocuparemos de este tema. En un sentido específico, el número de makyos que pueden aparecer es ilimitado, variando según la personalidad y temperamento del que medita. En el Ryogon [Surangama] sutra, el Buda nos previene de cincuenta formas diferentes, pero sólo se está refiriendo a los más comunes. Si ustedes asisten a un sesshin de entre cinco y siete días de duración y se aplican en él asiduamente, en el tercer día será posible que experimenten makyo de diversas intensidades. Además de los makyo relacionados con la visión, hay muchos otros vinculados con el sentido del tacto, el olfato o el oído, o algunos que provocan que el cuerpo se mueva de un lado a otro o hacia el frente y hacia atrás, o dan la sensación de que uno se hunde o se eleva. No es raro que surjan palabras de manera incontrolable o que uno imagine que huele a una fragancia en particular. Aun hay casos en que sin conciencia se escriban cosas que resulten proféticamente ciertas.

Las alucinaciones visuales son muy comunes. Uno está haciendo zazen con los ojos abiertos, cuando de pronto la esterilla de paja frente a uno empieza a ondearse como si fuera una ola, o de improviso todo se vuelve blanco u oscuro, ante nuestros ojos. Un nudo en la madera de una puerta puede aparecer como una bestia, demonio o ángel. Uno de mis discípulos solía ver visiones de máscaras de demonios o de bufones. Le pregunté si había tenido alguna experiencia particular con máscaras y me dijo que las había visto en el festival de Kyushu[36] cuando era niño. Otro hombre que conocí se veía acosado en su práctica por visiones del Buda y sus discípulos caminando alrededor de él recitando sutras, y solamente pudo liberarse de esta alucinación saltando en un estanque de agua helada y quedándose dentro de él dos o tres minutos.

Muchos makyo tienen que ver con el oído. Uno puede escuchar el sonido de un piano o ruidos muy fuertes, como una explosión (que por supuesto nadie más escucha), y hasta brincar a causa del ruido. Uno de mis discípulos escuchaba una flauta de bambú mientras hacía zazen. Muchos años antes, había aprendido a tocar la flauta de bambú pero hacía tiempo que no la tocaba; sin embargo, escuchaba el sonido cada vez que se sentaba.

El *Zazen Yojinki* dice lo siguiente acerca del makyo: "El cuerpo puede sentirse caliente o frío, o como si fuera de cristal o muy duro, pesado o ligero. Esto sucede porque la respiración no está bien armonizada [con la mente] y necesita regularse cuidadosamente". También dice: "Uno puede experimentar la sensación de hundirse o de flotar, o alternadamente de sentirse confuso o agudamente despierto. La disciplina puede desarrollar la facultad de ver a través de objetos sólidos como si fuesen transparentes, o experimentar el cuerpo como una sustancia transparente. El sujeto puede ver Budas o Bodhisattvas. De pronto puede tener revelaciones penetrantes o comprender con claridad los sutras que antes le resultaban particularmente difíciles. Todas estas visiones y sensaciones anormales son sólo síntomas de una sincronización defectuosa entre la mente y la respiración".

En otras religiones se da mucha importancia a las experiencias de visiones de Dios o de santos, o escuchar voces celestiales, hacer milagros, recibir mensajes divinos o purificarse por medio de diversos ritos y drogas. En la secta Nichiren, por ejemplo, el devoto repite en voz alta y repetidamente el nombre del sutra del Loto, acompañándose de movimientos vigorosos, sintiéndose así purificado de sus pecados. En grado variable, tales prácticas inducen un sentimiento de bienestar; sin

[36] La isla más al sur de las principales del Japón.

embargo, desde el punto de vista del zen, todos estos estados anormales están vacíos de un verdadero significado religioso y, por tanto, no son nada más que makyo.

¿Cuál es la naturaleza esencial de estos fenómenos inquietantes que llamamos makyo? Son estados temporales que surgen durante el zazen cuando nuestra habilidad de concentración se ha desarrollado hasta cierto punto y nuestra práctica comienza a madurar. Cuando las ondas de los pensamientos que crecen y decrecen en la superficie de la mente se calman poco a poco, los elementos residuales de experiencias pasadas "alojados" en los niveles más profundos de la conciencia saltan a la superficie de la mente de manera esporádica, comunicando la sensación de una realidad más grande o más extensa. Por tanto, los makyo son una mezcla de lo real y lo irreal y se asemejan a los sueños cuando hemos dormido profundamente; y los makyo no les ocurren a aquellos que se encuentran en profunda concentración o samadhi. Nunca piensen que estos fenómenos son reales o que las visiones mismas tienen algún significado. Tener una visión maravillosa de un Buda no significa que estemos más cerca de convertirnos en uno, del mismo modo que el soñar en ser millonario no lo hace a uno más rico. Así que no existe motivo alguno para dejarse llevar por estos makyo. De igual manera, si se le aparecen a uno monstruos terribles no debemos alarmarnos. Ante todo, no se dejen envolver por las visiones de budas o dioses que los bendicen o que les comunican mensajes divinos, o por makyos que tratan de profecías que después resultan ser ciertas. Esto es gastar sus energías persiguiendo tontamente lo inconsecuente.

Pero estas visiones ciertamente son una señal de que uno se encuentra en un punto crucial de la práctica y de que, si uno se esfuerza al máximo, podrá con seguridad experimentar el kensho. La tradición cuenta que incluso Shakyamuni Buda antes de su despertar experimentó makyos que llamó "demonios obstructivos". Cuando aparezca un makyo, simplemente ignórenlo y continúen sentándose de todo corazón.

4. *Las cinco variedades de zen*

Ahora enumeraré los diferentes tipos de zen. A menos que aprendan a diferenciarlos, podrán equivocarse en puntos decisivos, tales como si el satori es o no indispensable en el zen, si el zen implica la ausencia absoluta del pensamiento discursivo y otros temas parecidos. Lo cierto es que entre los diversos tipos de zen hay algunos profundos y otros superficiales, algunos que llevan a la iluminación y otros que no. Se dice que durante los tiempos de Buda existían noventa o noventa y cinco escuelas de filosofía o religión. Cada escuela tenía su modalidad particular de zen, y cada una era ligeramente distinta de las otras.

Todas las grandes religiones contienen una cierta dosis de zen, puesto que la religión necesita de la oración y la oración requiere una concentración de la mente. Las enseñanzas de Confucio, Mencio, Lao-tzu y Chang-tzu tienen elementos de zen. De hecho, el zen se extiende a muchas actividades, como la ceremonia del té, el Noh, el kendo, el judo. En Japón, desde la Restauración Meiji, hace menos de cien años, hasta la fecha, ha surgido una serie de enseñanzas y disciplinas con elementos de zen. Entre otros, recuerdo el sistema de Okada de Sentarse en tranquilidad, y el método de Emma del Cultivo de mente y cuerpo. Recientemente un tal Nakamura Tempu ha estado propagando con entusiasmo una forma de Yoga zen hindú. Todos estos métodos diversos de concentración, casi ilimitados en número, están dentro de la denominación muy amplia del zen. En vez de tratar de especificar cada uno, hablaré de las cinco divisiones principales de zen según la clasificación de Keiho-zenji, uno de los primeros maestros de zen en China, cuyas categorías, me parece, aún son válidas y útiles. Vistas desde fuera, estas cinco categorías son difíciles de diferenciar.

Puede haber ligeras variantes en cuanto a la manera de cruzar las piernas, la manera en que se pueden colocar las manos o la regulación de la respiración, pero lo común a todas estas formas son los tres elementos básicos siguientes: una postura erecta al estar sentado, un control correcto de la respiración y la concentración [unificación] de la mente. Los principiantes deben tener en cuenta, sin embargo, que en la *sustancia* y *propósito* de estas categorías hay diferencias muy claras. Estas diferencias serán cruciales cuando vengan ante mí individualmente y expongan cuál es su aspiración, pues les permitirá definir su meta con claridad y así yo podré asignarles apropiadamente la práctica que más les conviene.

La primera de estas categorías es la que se llama *bompu* o zen "ordinario" si se compara con los otros cuatro, cada uno de los cuales puede considerarse un tipo de zen adecuado para las aspiraciones particulares de los diferentes individuos. El zen bompu, al estar libre de cualquier forma filosófica y religiosa, es para todos. Es un zen que se practica con la creencia de que puede mejorar la salud tanto física como mental. Ya que casi con seguridad no produce malos efectos, cualquiera puede practicarlo sin importar el credo religioso que tenga, si es que tiene uno. El zen bompu elimina las enfermedades de tipo psicosomático y mejora la salud en general.

A través de la práctica del zen bompu, uno aprende a concentrarse y a controlar la mente. A casi nadie se le ocurre que hay que aprender a controlar la mente, y por desgracia este entrenamiento básico no está incorporado a la educación contemporánea, puesto que no pertenece a lo que llamamos la adquisición de conocimientos. Sin embargo, sin este aprendizaje de la concentración, lo que aprendemos es difícil de retener puesto que lo aprendemos de forma inapropiada, desperdiciando en el proceso mucha energía. En verdad, estamos virtualmente lisiados a menos que sepamos cómo restringir nuestro pensamiento y concentrar nuestra mente. Además, al practicar este excelente modo de entrenamiento mental, verán cómo aumenta su capacidad de resistir a las tentaciones a las cuales sucumbían fácilmente con anterioridad y podrán romper con los apegos que los han atado por tanto tiempo. Esto tiene como consecuencia un enriquecimiento de la personalidad y un fortalecimiento del carácter, puesto que los tres elementos básicos de la mente —es decir, el intelecto, el sentimiento y la voluntad— se desarrollan en armonía. La práctica de quietud del confucianismo parecía subrayar principalmente estos efectos de la mente en concentración. Sin embargo, no deja de ser cierto que el zen bompu, aunque es mucho más benéfico para el cultivo de la mente que la lectura de muchos libros sobre ética y filosofía, no resuelve el problema fundamental del hombre en relación con el universo. ¿Por qué? Porque no puede ver a través del engaño fundamental del hombre sobre sí mismo, separado del resto del universo.

La segunda categoría del zen se llama *gedo*. Literalmente gedo significa "camino externo" y, por tanto, implica, desde el punto de vista budista, enseñanzas que no son budistas. Éste es un zen relacionado con la religión y la filosofía, pero no es budismo zen. El yoga hindú, el confucianismo y su quietud, las prácticas contemplativas en el cristianismo, pertenecen a la categoría de zen gedo.

Otra característica del zen gedo es que se practica con frecuencia para cultivar poderes o habilidades supranormales, o para dominar ciertas artes que están más allá del alcance del hombre ordinario. Un buen ejemplo de ello es Tempu Nakamura, la persona que mencioné antes. Se dice que es capaz de hacer que otras personas actúen sin que él mismo mueva un solo músculo o diga una sola palabra. La meta del método Emma es lograr cosas como caminar descalzo sobre hojas de sables o mirar fijamente a los pájaros de modo que queden paralizados. Todo esto se logra cultivando el *joriki*, que es el poder o fuerza que surge de la extenuante práctica de la concentración mental, de la cual hablaré en detalle más adelante. Aquí diré solamente que el zen, cuya única meta es el cultivo del joriki para esos fines, no es budismo zen. El zen se cultiva también para renacer en paraísos diversos. Sabemos que ciertas sectas practican el zen para renacer en el paraíso. Éste no es el objetivo del budismo zen. Aunque el budista zen no descarta la idea de que existen varios niveles de universos y la creencia de que uno puede renacer en esos universos a través de ciertos actos meritorios, éste no aspira a renacer en uno de estos paraísos. Las condiciones en esos paraísos son demasiado agradables y confortables, alejarían al individuo del zazen. Además, cuando su mérito en ese paraíso expira, puede acabar en el infierno. De aquí que los budistas zen crean preferible nacer en un mundo humano y practicar zazen con la meta de llegar a ser en última instancia un Buda.

Nos detendremos aquí, y en la próxima plática concluiremos con los cinco tipos de zen.

Ya hablamos de los dos primeros tipos de zen: el bompu y el gedo. Antes de seguir con los otros tres, voy a darles otro método de concentración: experimentar su respiración. Por ahora dejen de contar sus inhalaciones y concéntrense en seguir sus inhalaciones y exhalaciones, tratando se experimentarlas con claridad. Deben continuar con esta práctica hasta que nos volvamos a ver.

El tercer tipo de zen es el *shojo*, que literalmente significa "pequeño vehículo". Éste es el vehículo de enseñanza que ha de llevarlos de un estado mental [engaño] a otro [la iluminación]. Este pequeño vehículo se denomina así debido a que está diseñado para uno solo. Puede quizá compararse con una bicicleta. El gran vehículo [Mahayana], por otra parte, se asemeja a un automóvil o a un camión: puede llevar a otros también. Por tanto, el zen shojo es el que se ocupa de manera exclusiva de la propia paz mental.

Éste es un zen budista que a pesar de ser zen no está de acuerdo con las más altas enseñanzas del Buda. Más bien se trata de un zen expedito para aquellos incapaces de captar el significado más profundo de la iluminación del Buda, es decir, que la existencia es un todo inseparable donde todos abrazamos el cosmos en su totalidad. Siendo esto cierto, no se puede lograr una paz mental genuina al buscar nuestra propia salvación mientras permanecemos indiferentes al bienestar de los demás.

Sin embargo, hay ciertas personas —y quizá sea el caso de algunos que me están escuchando— que no pueden llegar a creer en la realidad de un mundo total. Por más que se les enseñe que el mundo relativo de las distinciones y opuestos al que se aferran es ilusorio y producto de una visión errónea, no pueden dejar de creerlo. Para esas personas, el mundo parece ser inherentemente malo, lleno de pecado, sufrimiento y dolor, de matar o ser matado, y en su desesperación tratan de escapar de él.

La cuarta categoría se llama *daijo*, gran vehículo (Mahayana) zen, y ése es un verdadero budismo zen, pues tiene como propósito esencial el *kensho-godo*, es decir, ver la propia naturaleza esencial y realizar el Camino en la vida diaria. Para quienes son capaces de comprender la importancia de la iluminación de Buda y desean romper con sus propias visiones ilusorias del universo y experimentar la realidad absoluta e indiferenciada, el Buda enseñó esta modalidad de zen. El budismo es esencialmente una religión de iluminación. El Buda, después de su despertar supremo, pasó unos cincuenta años enseñando a los demás cómo podían alcanzar la realización de su Naturaleza propia. Sus métodos se han transmitido de maestro a discípulo hasta nuestros días. Así pues, podría decirse que el zen que niega o devalúa la iluminación no es un budismo zen daijo verdadero.

En la práctica del zen daijo, la meta inicial es despertar a la propia naturaleza, pero después de la iluminación uno se da cuenta de que el zazen es más que un medio para llegar a la iluminación: es la actualización de nuestra Naturaleza verdadera. En este tipo de zen, cuyo objetivo es el despertar-satori, es fácil confundir el zazen como un medio solamente. Sin embargo, un maestro sabio hará notar desde el principio que el zazen es de hecho la actualización de la naturaleza búdica innata y no solamente una técnica para alcanzar la iluminación. Si el zazen fuera sólo una técnica, no sería necesario continuar haciéndolo después del satori. Pero como el mismo Dogen-zenj dijo, cuanto más profundamente se experimenta el satori, más se percibe la necesidad de la práctica.[37]

[37] Véase p. 299.

El zen *saijojo* es el último de los cinco tipos, el más alto vehículo, la culminación y coronación del budismo zen. Éste fue el zen que practicaron todos los budas del pasado —concretamente Shakyamuni y Amida—[38] y es la expresión de la Vida Absoluta, la vida en su forma más pura. Es el zazen que Dogen-zenji recomendaba principalmente e implica no intentar alcanzar el satori ni ningún otro objeto. Lo llamamos shikan-taza y de esto hablaré más detalladamente en nuestra próxima plática.

En esta práctica, la más alta de todas, se funden los medios y el fin. El zen daijo y el zen saijojo son, de hecho, complementarios. La secta Rinzai coloca al daijo por encima del saijojo, mientras que la secta Soto coloca al revés estas categorías. Cuando el saijojo se practica correctamente, uno se sienta con la firme convicción de que el zazen es la actualización de nuestra Naturaleza verdadera inmaculada, *y al mismo tiempo uno se sienta con la fe total de que llegará el día en que tras exclamar "¡Ah! ¡Esto era!" realizaremos inequívocamente esta Naturaleza verdadera.* De aquí que no sea necesario esforzarse conscientemente por la iluminación.

Hoy día, muchos seguidores de la secta Soto sostienen que, debido a que todos somos budas innatamente, el satorio es innecesario. Este error terrible reduce el shikan-taza, que es la forma más alta de sentarse en zazen, a nada más que el zen bompu, el primero de los cinco tipos de zen.

Con esto terminamos las cinco variedades de zen, pero, a menos que les hable de los tres objetivos del zazen, mi presentación de las cinco categorías de zen, especialmente las dos últimas, estará incompleta.

5. *Las tres metas del zazen*

Los objetivos del zazen son tres: *1*) desarrollar el poder de concentración (*joriki*), *2*) el despertar satori (*kensho-godo*) y *3*) actualización del Camino Supremo en nuestra vida diaria (*mujodo no taigen*). Los tres forman una unidad inseparable, pero por motivos de análisis me veo obligado a tratarlos individualmente.

Joriki, el primero de éstos, es el poder o fuerza que surge cuando la mente se ha unificado y ha llegado a la concentración en un solo punto. Esto es más que la capacidad de concentrarse, en el sentido usual de la palabra. Es un poder dinámico que, una vez movilizado, nos permite,

[38] Véase "Amida" en la sección X.

aun en la situación más repentina e inesperada, actuar instantáneamente, sin tiempo alguno para intelectualizar, de una manera absolutamente apropiada con las circunstancias. Al desarrollar el joriki no somos esclavos de las pasiones ni nos encontramos a merced del medio. Podemos controlarnos a nosotros mismos y las circunstancias de la vida, y movernos con perfecta libertad y ecuanimidad. El joriki también hace posible cultivar ciertos poderes supranormales, así como un estado en que la mente se vuelve como el agua: clara y serena.

Los primeros dos tipos de zen a los que me he referido antes dependen por completo del joriki. Ahora bien, aunque el poder del joriki puede ampliarse infinitamente por medio de una práctica regular, éste irá disminuyendo y terminará por desvanecerse si dejamos de practicar zazen. Y mientras es cierto que muchos poderes extraordinarios surgen del joriki, también es cierto que con estos poderes exclusivamente es imposible romper las raíces de la visión ilusoria del mundo. El poder de la concentración, por sí solo, no es suficiente para los más altos tipos de zen: concomitantemente debe existir el despertar satori. En un documento muy poco conocido del Patriarca Sekito-Kisen, fundador de una de las primeras sectas de zen, se cita lo siguiente: "En nuestra secta lo importante es la realización de la naturaleza búdica y no sólo la devoción o el poder de concentración".

El segundo de estos objetivos es el kensho-godo, es decir, ver la propia naturaleza verdadera y al mismo tiempo ver la naturaleza última del universo "y sus diez mil cosas". Es la realización repentina de que "siempre, desde el principio, he sido completo y perfecto. ¡Qué maravilloso! ¡Cuán milagroso!". Si se trata de un kensho verdadero, su sustancia será siempre la misma para cualquiera que lo experimente, sea el Buda Shakyamuni, el Buda Amida o cualquiera de los que están reunidos aquí en este templo. Pero esto no quiere decir que todos podemos experimentar el kensho en el mismo grado, puesto que existen grandes diferencias en la claridad, la profundidad y la totalidad de la experiencia. Tomemos como ejemplo a una persona ciega de nacimiento que gradualmente comienza a recobrar la vista. Primero verá con dificultad y sólo podrá captar los objetos cercanos. A medida que su vista mejore, será capaz de distinguir objetos a un metro de distancia, y después a diez metros, a cien metros, hasta que finalmente pueda reconocer cualquier cosa hasta un kilómetro de distancia. En cada una de estas etapas, el mundo de los fenómenos es el mismo, pero las diferencias en la claridad y precisión de su captación visual son tan grandes como las diferencias entre la nieve y el carbón. Lo mismo sucede con las diferencias de claridad y profundidad en el kensho.

El último de los tres objetivos es el *mujodo no taigen*, la actualización del Camino Supremo a través de nuestro ser entero y nuestras actividades diarias. En este punto no se distinguen los fines de los medios. El saijojo, al cual me he referido como el quinto y más alto tipo de zen, corresponde a esta etapa. Cuando uno se sienta con la mayor seriedad y sin sentido del ego, de acuerdo con las instrucciones de un maestro competente —con la mente del todo consciente y, sin embargo, libre y pura de pensamiento, como una hoja blanca de papel e inmaculada— tiene lugar un desdoblamiento de la propia naturaleza búdica intrínseca, se haya o no alcanzado el satori. Respecto a esto debo poner énfasis en que sólo con el despertar verdadero aprehenderán de manera directa la verdad de su naturaleza búdica y se darán cuenta de que el saijojo, el más puro tipo de zen, no es distinto del que practican los budas.

La práctica del budismo zen debe comprender estos tres objetivos puesto que todos se encuentran interrelacionados. Hay, por ejemplo, una conexión esencial entre el joriki y el kensho. El kensho es "la sabiduría asociada naturalmente con el joriki", que es el poder que surge de nuestra concentración. El joriki también está conectado al kensho de otra manera. Muchas personas jamás podrán alcanzar el kensho hasta que no hayan cultivado antes cierta cantidad de joriki, pues de otra manera estarán demasiado inquietas, nerviosas e inciertas para perseverar en su zazen. Además, a menos que sea fortalecida por el joriki, una sola experiencia de kensho no tendrá un efecto apreciable en su vida y con el tiempo se desvanecerá como un recuerdo. Pues aunque a través de la experiencia del kensho uno ve la unidad subyacente del cosmos con el ojo de la Mente, sin el joriki no se puede actuar con toda la fuerza del ser que resulta de la visión interna que uno ha revelado.

Del mismo modo hay una interconexión entre el kensho y el tercero de estos objetivos: el *mujodo no taigen*. El kensho manifestado en todas sus acciones es *mujodo no taigen*. Con la iluminación perfecta (*anuttara samyak-sambodhi*) nos damos cuenta de que es falsa nuestra concepción del mundo dual y antitética y, como consecuencia, el mundo de la Unidad, de la verdadera armonía y paz finalmente se revela.

La secta Rinzai tiende a hacer del satori el objetivo final del zazen y pasa superficialmente por el joriki y el *mujodo no taigen*. Así, la práctica continua después de la iluminación se minimiza y el estudio de koanes, no apoyado por el zazen y poco relacionado con la vida diaria, se vuelve en esencial un juego intelectual en lugar de un medio para ampliar y fortalecer la iluminación.

Por otra parte, mientras la práctica recomendada por la secta Soto oficial hoy día pone énfasis en el *mujodo no taigen*, de hecho se ha convertido en nada más que la acumulación de joriki, que, como dije antes, "se escapa" o disminuye desapareciendo finalmente, a menos que el zazen se practique con regularidad. El argumento de la secta Soto de nuestros días de que el kensho no es necesario y que basta con llevar a cabo las actividades diarias con la mente del Buda es engañoso, puesto que sin el kensho no es posible saber en realidad qué es la Mente búdica.

Estos desajustes por parte de ambas sectas[39] de nuestros tiempos han obstaculizado desafortunadamente la calidad de la enseñanza zen.

Aquí concluimos la plática sobre los tres objetivos del zazen.

6. *Instrucción individual*

Continúen practicando el ejercicio que les asigné la vez pasada, es decir, concentrarse en sus inhalaciones y exhalaciones, tratando de experimentarlas con toda claridad.

Esta plática tratará sobre el *dokusan* (instrucción individual), el momento indicado para plantear al roshi, en privado, los problemas referentes a la práctica. Esta tradición de la enseñanza individual comenzó con el honorable Shakyamuni y ha continuado hasta nuestros días. Sabemos esto porque uno de los grandes maestros Tendai, Chisha-daishi, en su sistematización de los sutras bajo las Ocho Enseñanzas y los Cinco Periodos, cita la Enseñanza Secreta, que corresponde al dokusan.

Sin esta guía individual no podemos decir que nuestra práctica de zazen es auténtica. Por desgracia, desde el periodo Meijo, hace casi cien

[39] Puede ser interesante el siguiente texto inédito del difunto Nyogen Senzaki, donde se hace una descripción poética de las diferencias entre el Rinzai y el Soto: "Entre los estudiantes zen se dice que 'la enseñanza Rinzai es como la escarcha de fines de otoño que lo hace temblar a uno, mientras que la enseñanza Soto es como la brisa primaveral que acaricia al capullo ayudándolo a abrirse'. Hay otro dicho: 'La enseñanza Rinzai es como un valiente general que mueve su regimiento sin demora, mientras que la enseñanza Soto es como un campesino que cuida su sembradío de arroz pacientemente, planta por planta' ".

años, el dokusan virtualmente se ha extinguido en la secta Soto, continuando solamente en la tradición Rinzai. Si comparamos el zazen con un viaje que algunos emprenden rápidamente para después aminorar la marcha y otros comienzan despacio para después acelerar el paso, donde algunos encuentran ciertas etapas del camino más difíciles que otras y todos llevan consigo una carga diferente (es decir, ideas preconcebidas), podremos comenzar a entender por qué no es posible prescindir de la guía en dokusan.

Se podría preguntar ¿por qué es necesario mantener en secreto lo que sucede en el dokusan? Si nada tiene de inmoral, ¿por qué no puede abrirse al público? Ante todo, puesto que somos seres ordinarios, con ego, en la presencia de otros tendemos a querer parecer mejores de lo que somos. No podemos entonces desnudar nuestras almas y mostrarnos desnudos, tal como somos. Asimismo, no nos atrevemos a decir toda la verdad por temor a que otros se rían de nosotros. O si el roshi nos regaña, usando un lenguaje severo, nos podría preocupar lo que los otros pensaran en vez de escuchar con una mente completamente abierta.

Hay otro motivo también para mantener el dokusan privado. Después de la primera experiencia de kensho, uno pasa de koan en koan a medida que la comprensión se va profundizando, y si hubiera otras personas presentes al demostrar los koanes y escucharan las respuestas del roshi, pensarían: "¡Ah! Ésa es la respuesta" sin comprender totalmente el significado del koan. Obviamente, esto sería nocivo para la práctica de los que escuchan, pues en vez de llegar a su propia realización y presentarla ante el roshi, recordarían la respuesta que pareció aceptable y, por tanto, para su propio perjuicio, la práctica de los koanes degeneraría en una pura intelectualización. Por esta razón no deben contestar si alguien les pregunta sobre un koan que ustedes ya han pasado. El hablar irresponsablemente también tiene otras consecuencias nocivas. Pueden correrse rumores, por ejemplo, de que a uno se le golpea salvajemente en dokusan, creándole al zen una reputación inmerecida. Por tanto, no comenten sus koanes con nadie, ni siquiera con su mejor amigo o con miembros de su familia.

Es precisamente esta violación del secreto que antiguamente se guardaba sobre el sistema de koanes lo que ha hecho que la secta Rinzai esté sufriendo una degeneración paulatina en su enseñanza. Lo que voy a decir ahora en realidad no se aplica a los legos que por lo general son serios en su práctica. Pero en los monasterios donde hay monjes que resienten todo el sistema de entrenamiento y que se encuentran allí para cumplir con los requerimientos para heredar el sacerdocio de un templo, este problema es muy serio. En los monasterios donde la disciplina es deficiente, un monje más viejo puede preguntar a uno joven: "¿En qué koan estás trabajando?". Al contestarle, el monje le dirá "¿Y lo comprendes?". "No". "Está bien, yo te puedo decir la respuesta", le dirá el monje más viejo, "si me compras unos pastelillos a cambio". El roshi puede decir si una respuesta es o no auténtica, pero si él mismo se vuelve poco exigente, puede aceptar una respuesta que verdaderamente no es la del monje. Esta costumbre puede no tener repercusiones muy dañinas si el monje pasa solamente dos o tres años en el monasterio antes de convertirse en sacerdote de un templo, puesto que sus deberes allí no requerirán que evalúe el kensho de otros. Pero puede ser que no haya plazas abiertas al terminar su entrenamiento y que, por tanto, deba permanecer en el monasterio ocho o diez años, pasando entonces por todo el sistema de koanes con respuestas que no son las suyas. Finalmente, como es costumbre en la secta Rinzai, cuando uno termina todos sus koanes recibe el título de maestro. De esta manera una persona sin una comprensión verdadera recibe el título de "calificado" para guiar a otros. Esta costumbre perniciosa está minando la enseñanza zen. Los estudiosos de la secta Soto, quienes miran el zen académicamente, atacan con razón el sistema de koanes por esto.

El siguiente punto trata de cuáles son las preguntas adecuadas durante dokusan. Todas las preguntas deben relacionarse con los problemas que surgen directamente de la práctica. Esto naturalmente excluye problemas de índole personal. Pueden pensar que la privacía del dokusan ofrece una excelente oportunidad para tratar problemas personales o de índole teórico, pero deben recordar que hay otros esperando el dokusan y que al plantear uno de estos problemas en dokusan se está perjudicando a otros. Propiamente se puede preguntar, por ejemplo, sobre si su estómago les está molestando, sobre su dolor de muelas que les impide comer, o sobre alguna visión que estén experimentando. Sin embargo, no deben preguntar sobre la doctrina budista o sobre filosofías comparadas o las diferencias entre los sutras. Pueden preguntar lo que sea, siempre y cuando surja directamente de su propia práctica.

La costumbre es que un nuevo estudiante debe dar al roshi una ofrenda monetaria antes de tener dokusan. Se preguntarán por qué tanta formalidad. El dokusan no es una cuestión frívola. Aunque todos somos libres de practicar el zazen y de escuchar los comentarios del roshi durante el sesshin, el carácter esencial del dokusan es crear un lazo kármico entre el maestro y el discípulo, y esto en el budismo tiene un significado muy profundo. Por tanto, el dokusan no debe tomarse a la ligera. Además, puesto que lo que sucede entre el roshi y el estudiante en dokusan trata de problemas de una naturaleza profunda, solamente se habla con la verdad. Con frecuencia en una reunión pública uno evita decir cosas que puedan ofender a otros. Esto no sucede en dokusan, donde prevalece siempre la verdad absoluta. Por estas razones, las conversaciones que establecen esta relación no deben tomarse a la ligera.

Lo indicado es vestir con ropas ceremoniales para dokusan, pero ya que no se pone mucho énfasis en este punto hoy en día, pueden vestir cualquier cosa que resulte presentable. Cuando se anuncie el dokusan fórmense en línea atrás de la campana que está fuera del salón de zazen. Cuando sea su turno y escuchen mi campanilla, suenen dos veces la campana que está frente a ustedes y entren en esta habitación. No deben entrar corriendo porque se confundirían y no tendrían la actitud mental adecuada para beneficiarse del dokusan. Tampoco entren con toda parsimonia, porque hay otros esperando. Antes se acostumbraba hacer tres postraciones en el umbral de la puerta, tres postraciones frente al roshi y tres más frente a la puerta en el momento de salir, pero esto ahora se ha abreviado a tres postraciones en total, una en cada uno de los sitios mencionados.

Al hacer sus postraciones deben tocar el tatami con su cabeza, las manos extendidas frente a su cabeza con las palmas hacia arriba. Entonces, flexionando los brazos, levanten las palmas, varios centímetros sobre su cabeza. Este gesto de recibir los pies del Buda, la parte más humilde de su cuerpo, simboliza que aceptan en su vida el Camino del Buda con humildad y gratitud. A menos que humillen su ego, les será imposible hacer esto. Tomen en cuenta que el roshi no es simplemente un representante del Buda, sino que en realidad está tomando su lugar. Al hacer estas postraciones, de hecho están venerando al Buda, como si él mismo estuviese sentado ahí, y al Dharma.

Después, acomódense a unos treinta centímetros frente a mí y digan cuál es su práctica. Simplemente digan: "Estoy practicando shikantaza". Cualquier pregunta que tengan, háganla breve y directamente. Si tengo algo que decirles, lo haré una vez que hayan terminado. Pero no entren y pierdan el tiempo preguntándose sobre qué hablar. Recuerden: hay otros que quieren verme. Cuando yo toque mi campanilla es la señal para que hagan una reverencia y se vayan. Si recuerdan algo que deseaban decirme, deben esperar al próximo dokusan, puesto que la persona siguiente ya estará entrando.

7. *Shikan-taza*

Hasta ahora se han estado concentrando en su respiración, tratando de experimentar vívidamente sus inhalaciones sólo como inhalaciones y sus exhalaciones sólo como exhalaciones. Ahora quiero que intenten el shikan-taza que voy a describir.

No es ni usual ni deseable cambiar de práctica con tanta frecuencia, pero he seguido este método para poderles dar una prueba de cada una de las modalidades de concentración.[40] Después de estas pláticas introductorias, cuando me vengan a ver individualmente, les asignaré una práctica que corresponda a la naturaleza de su aspiración y al grado de su determinación.

Esta plática tratará sobre el shikan-taza. *Shikan* quiere decir "nada más que" o "solamente"; *ta* significa "pegar" y *za* significa "sentarse". Así pues, el shikan-taza es una práctica en la que la mente está inmersa con absoluta intensidad en sólo sentarse. La mente que no tiene el apoyo previo de haber contado o seguido sus respiraciones se distrae con facilidad en este tipo de zazen. Es de suma importancia que la mente tenga el temple correcto. En el shikan-taza la mente no debe sentirse apresurada; ha de estar sosegada y centrada con firmeza, como el monte Fuji, digamos. Pero también debe estar alerta, tensada, como la cuerda de un arco que se estira. Así pues, el shikan-taza es un estado intensificado de una atención concentrada, donde uno no está tenso ni apresurado y mucho menos descuidado. Es la mente de alguien que enfrenta la muerte. Imaginemos que están en un duelo de espadas de los que solía haber en el antiguo Japón. Mientras se enfrentan a su oponente, están atentos, vigilantes, listos. Si relajaran esta vigilancia aunque fuera solamente por un instante les cortarían la cabeza al momento. Una multitud se reúne a ver la pelea. Como no están ciegos, pueden verlos con el rabillo del ojo y pueden escucharlos ya que no

[40] Si trabajan sin maestro, no cambien de un ejercicio al siguiente hasta que sean capaces de contar de uno a diez sin perderse o distraerse durante unos quince minutos.

están sordos. Pero ni por un instante su mente se deja capturar por estas impresiones de los sentidos.

Este estado no se puede mantener por mucho tiempo; de hecho, no deben hacer shikan-taza durante más de media hora seguida. Después de treinta minutos, levántense y caminen en kinhin y después continúen su práctica. Si verdaderamente están haciendo shikan-taza, en media hora estarán sudando, incluso en invierno y en una habitación sin calefacción, debido al calor que genera esta intensa concentración. Cuando se sienta uno demasiado tiempo, la mente pierde vigor, el cuerpo se cansa y los esfuerzos son menos provechosos que si uno restringe su práctica a periodos de treinta minutos.

En contraste con un espadachín poco hábil, el maestro usa su espada sin esfuerzo. Pero no siempre fue así, pues en un principio tuvo que esforzarse al máximo para salvar su vida, debido a su técnica imperfecta. El shikan-taza es algo así. Al principio la tensión es inevitable, pero con la experiencia este zazen tenso madura en un sentarse relajado y totalmente atento al mismo tiempo. Y así como un maestro de la espada desenvaina sin esfuerzo en una emergencia y ataca plenamente concentrado, el adepto del shikan-taza se sienta sin esforzarse, alerta y concentrado. Pero ni por un instante piensen que esto puede lograrse sin una práctica larga y dedicada.

Esto concluye mi plática sobre el shikan-taza.

8. *La parábola de Enyadatta*

En la segunda parte de esta plática trataré la historia de Enyadatta, que viene del sutra Ryogon (Surangama).[41] Ésta es una parábola excepcionalmente sutil, y el reflexionar sobre ella con cuidado les aclarará muchos puntos oscuros sobre el budismo.

Se cuenta que esta historia sucedió en los tiempos del Buda. No podría asegurarse si es una historia legendaria o cierta. En todo caso, Enyadatta era una bellísima doncella que solamente gozaba de verse en el espejo cada mañana. Un día, al mirarse en el espejo no vio reflejada su cabeza. El sutra no cuenta por qué sucedió en aquella mañana en particular. En todo caso, el susto fue tan grande que, desesperada,

[41] En el viaje de India a Japón, Vajradatta, el campesino medio loco mencionado en el sutra, misteriosamente se convirtió en la bella doncella Enyadatta.

empezó a correr exigiendo saber dónde estaba su cabeza. "¿Quién tiene mi cabeza? ¡Moriré si no la encuentro!", lloraba. Aunque todos le decían: "No seas tonta, tu cabeza está sobre tus hombros, en donde debe estar", ella no lo creía. "¡No está! ¡Alguien debió habérsela llevado!", gritó continuando con su frenética búsqueda. Después de un rato, sus amigas, creyéndola loca, la arrastraron hasta su casa y la ataron a una columna para que no se hiciera daño.

Enyadatta atada se puede comparar con quien comienza a hacer zazen. Con la inmovilización del cuerpo, la mente alcanza cierta medida de tranquilidad. Y aunque esté todavía distraída, como estaba Enyadatta cuando creía que no tenía cabeza, por lo menos se evitaba que su cuerpo desperdiciara energías.

Lentamente, sus amigas la convencieron de que siempre había tenido cabeza y poco a poco lo fue creyendo. Su mente subconsciente comenzó a aceptar el hecho de que tal vez estaba engañada al pensar que había perdido su cabeza.

Al recibir la seguridad de sus amigas, Enyadatta puede compararse con escuchar los comentarios del roshi (*teisho*). Al principio son difíciles de entender, pero al escuchar con atención, cada palabra se sumerge en el subconsciente, hasta alcanzar el punto en que se empieza a creer: "¿Es eso verdaderamente cierto?... Me pregunto... Sí, debe serlo".

De pronto una de sus amigas le dio un terrible golpe en la cabeza y Enyadatta gritó dolorida y sorprendida "¡Ay!". "Ésta es tu cabeza, ahí está!", exclamó su amiga e inmediatamente Enyadatta se dio cuenta de que había estado engañada al pensar que había perdido su cabeza cuando en realidad siempre la había tenido.

De la misma manera los golpes en zazen son muy valiosos. Recibir un golpe físico con el kyosaku o un golpe verbal de parte de un maestro perceptivo en el momento adecuado —si es prematuro no será efectivo— puede provocar la autorrealización. El kyosaku no sólo es valioso como acicate, sino que cuando se ha alcanzado una etapa decisiva en el zazen, un golpe fuerte puede precipitar a la mente a una conciencia de su naturaleza verdadera: en otras palabras, la iluminación.

Cuando esto le sucedió a Enyadatta se puso tan contenta que empezó a correr por todas partes exclamando: "¡La tengo, después de todo tengo mi cabeza! ¡Estoy tan contenta!".

Éste es el regocijo del kensho. Si la experiencia es genuina, durante dos o tres noches no se puede dormir de la felicidad. Sin embargo, aún es un estado de medio locura. Alegrarse por haber encontrado la cabeza que siempre se tuvo es, desde luego, raro. No es menos raro el regocijarse al descubrir su naturaleza esencial, de la que nunca hemos prescindido. El éxtasis es en verdad genuino, pero este estado mental no puede llamarse natural hasta haberse desembarazado de la noción "Estoy iluminado". Fíjense bien en esto, porque con frecuencia se comprende mal.

A medida que su alegría fue pasando, Enyadatta se recuperó de su estado de semilocura.

Lo mismo sucede con el satori. Cuando el delirio de la alegría termina, llevándose consigo todos los pensamientos de realización, uno se centra en una vida realmente natural y esto no tiene nada de raro. Hasta que no alcancen este punto, sin embargo, es imposible vivir en armonía con su ambiente o continuar el curso de una práctica verdaderamente espiritual.

Ahora explicaré con más detalle el significado de la primera parte de la historia. Puesto que la mayoría de las personas son indiferentes a la iluminación, ignoran la posibilidad de tal experiencia. Son como Enyadatta cuando no tenía conciencia de su cabeza. Esta "cabeza", por supuesto, corresponde a la naturaleza búdica o a nuestra perfección innata. El hecho de poseer una naturaleza búdica es algo que jamás se le ocurre a la mayoría de las personas hasta que escuchan *Shujo honrai hotoke nari:* "Todos los seres están dotados desde el principio con la naturaleza búdica". De pronto exclaman: "¡Entonces yo también debo tener la naturaleza búdica! Pero ¿en dónde está?". Entonces, como Enyadatta cuando sintió que no tenía cabeza y comenzó a buscarla inician la búsqueda de su naturaleza verdadera.

Comienzan escuchando varios teishos, que parecen contradictorios y confusos. Escuchan que su naturaleza esencial no es diferente de la del Buda, aún más que la sustancia del universo se extiende a su propia naturaleza búdica; sin embargo, como su mente está confusa por el engaño, se ven confrontados por un mundo de entidades individuales. Una vez que llegan a creer firmemente en la realidad de su naturaleza búdica se sienten impulsados a descubrirla con toda la fuerza de su ser. Como Enyadatta, que siempre tuvo su cabeza, nosotros nunca estamos separados de nuestra naturaleza búdica esencial, estemos o no iluminados, pero no tenemos conciencia de ello. Somos como Enyadatta cuando sus amigas le dijeron: "No seas absurda, siempre has tenido tu cabeza. Pensar lo contrario es una ilusión".

El descubrimiento de nuestra naturaleza verdadera puede compararse con el momento en que Enyadatta descubrió su cabeza. Pero ¿qué hemos descubierto? ¡Solamente que nunca nos ha faltado! Sin embargo, nos extasiamos como ella cuando encontró su cabeza. Cuando el éxtasis pasa nos damos cuenta de que no hemos adquirido nada extraordinario y ciertamente nada peculiar. Sólo que ahora resulta tan natural.

9. *La causa y el efecto son uno*

La naturaleza exaltada del zen no podría entenderse sin comprender esta plática sobre *inga ichinyo*, es decir, que la causa y el efecto son uno. Esta expresión viene del *Canto en Alabanza al Zazen* de Hakuin-zenji. Tomen en cuenta que esta plática no será una explicación de la causa y el efecto en un sentido amplio, sino en relación con la práctica del zazen.

No hay que pensar en el zazen en términos de tiempo. Aunque en general es cierto que si se hace zazen durante un año los resultados equivaldrán al esfuerzo de un año y que si se practica zazen durante diez años tendremos un efecto proporcional a esos diez años, los resultados del zazen en términos de iluminación no pueden medirse por el tiempo de la práctica. El hecho es que algunos han alcanzado una profunda iluminación después de pocos años de práctica, mientras que otros han practicado durante más de diez años sin alcanzar la iluminación.

Desde el principio de la práctica uno avanza hacia arriba en etapas claramente diferenciadas que pueden considerarse una escalera de causa y efecto. La palabra *inga*, que significa causa y efecto, implica tanto grado como diferenciación, mientras que *ichinyo* significa igualdad o unidad. Así pues, hay muchas etapas correspondientes al tiempo de la práctica y en cada una de ellas la sustancia de la mente es igual a la de Buda. De ahí que digamos que la causa y el efecto son uno. Sin embargo, hasta el despertar-satori, no podemos esperar tener una profunda comprensión del inga.

Relacionemos esto con la parábola de Enyadatta, de la cual hablé antes. Cuando no vio su cabeza reflejada en el espejo y empezó a correr como loca buscándola, podría considerarse el primero o más bajo escalón. Cuando sus amigas la ataron a la columna e insistieron en que tenía su cabeza comenzó a pensar: "Posiblemente sea así"; cuando le pegaron y gritó, se dio cuenta de que, después de todo, tenía su cabeza y cuánto se regocijó al encontrarla; cuando finalmente su alegría cesó y tener su cabeza se volvió algo tan natural, dejó de pensar en ello. Todos éstos son escalones o grados de progresión —esto es, al ser vistos en retrospectiva—. En todas estas etapas no le faltaba la cabeza, pero no se dio cuenta de ello hasta que la "encontró".

Así, después de la iluminación nos damos cuenta de que desde el principio nunca nos faltó la naturaleza búdica. Y del mismo modo que Enyadatta tuvo que pasar por todas esas etapas para comprender que siempre había tenido cabeza, también nosotros debemos pasar por etapas sucesivas de zazen para captar directamente nuestra naturaleza verdadera. Estas etapas sucesivas están relacionadas causalmente pero el hecho de que intrínsecamente seamos Buda, que la parábola de Enyadatta corresponde a darse cuenta de que siempre había tenido cabeza, esto es la igualdad o indiferenciación.

Por tanto, Dogen-zenji dice en su *Shobogenzo:* "Hasta el zazen de los principiantes manifiesta el todo de su naturaleza esencial". Está diciendo que el zazen es la actualización de nuestra Mente-bodhi, la Mente de la que todos estamos dotados. Esto es zazen saijojo, cuando el camino de Buda inunda por completo el ser y penetra la totalidad de su vida. Aunque al principio no tengamos conciencia de esto, a medida que nuestra práctica avanza adquirimos poco a poco comprensión y penetración y finalmente, con la iluminación, despertamos al hecho de que el zazen es la actualización de nuestra naturaleza búdica pura inherente, estemos o no iluminados.

10. *Unidad y pluralidad*

Al tener kensho se ve el mundo de la unidad o de la igualdad y esta realización puede ser superficial o profunda; por lo general al principio el kensho es superficial, pero en ambos casos al principio no se comprende el mundo de las diferenciaciones, el mundo que ordinariamente todos asumen comprender. A medida que se continúa la práctica con koanes subsecuentes, la conciencia del mundo de la unidad, de la no diferenciación, se vuelve más clara y puesto que es a través de este mundo de unidad como se ve el mundo de la diferenciación, este último también se clarifica.

Al principio la percepción de la unidad no es clara; aún existe la idea de que "algo me confronta". Gradualmente esta barrera se disuelve por medio de la práctica, que se vuelve más profunda. Aun así, la sensación de que en realidad los otros son uno es bastante débil, particularmente cuando hablamos de otras personas que tienen características que nos disgustan. Con un kensho superficial, aún resistimos el hecho de que esas personas son en realidad nosotros mismos. Con un entrenamiento posterior, sin embargo, es posible vivir una vida de igualdad y ver que las personas en quienes vemos características negativas no son nada menos que nosotros mismos. Cuando en verdad nos damos cuenta del mundo de la unidad, no es posible pelear contra otro, aunque quisiera matarnos, pues esa persona no es sino la manifestación de uno mismo. Ni siquiera sería posible pelear con esa persona. El que ha tomado conciencia del mundo de la igualdad verá con compasión hasta a las personas que tengan intenciones homicidas, porque en un sentido fundamental ellas y él tienen el mismo valor. De la misma forma, toda la naturaleza, las montañas, los ríos, se ven como uno mismo. En esta concientización más profunda de la unidad se siente el valor precioso de cada objeto del universo, sin rechazar nada, puesto que las cosas como las personas son vistas como aspectos esenciales de uno mismo. Esta conciencia más profunda, les advierto, llega solamente una vez que su práctica ha madurado.

Tomemos el cuerpo como un ejemplo concreto de la igualdad absoluta de las cosas. Al tomar conciencia del aspecto de igualdad, de que cada objeto tiene el mismo valor, su cara y las plantas de sus pies no son diferentes, una no es más alta ni las otras más bajas. Igualmente, un ofensor de la ley no es inherentemente malo, ni una persona que sigue la ley es un pilar de virtud.

Sin embargo, para que la ley funcione en armonía, las personas que van en contra de las leyes establecidas —que matan o roban, por ejemplo— deben ser segregadas para la protección de los otros. Al ser esto cierto resulta claro que hay otro aspecto, el de la relatividad, en este caso, de distinción moral.

No es fácil comprender y actuar a partir de las diferencias. Por ejemplo, la persona que verdaderamente comprendiera la diferenciación y pudiese funcionar de acuerdo con ello jamás comería en exceso; sólo comería cuando tuviera hambre, y entonces lo suficiente para saciar su hambre. La persona ordinaria que aún no ha despertado piensa que comprende el mundo común y relativo de las distinciones, pero sólo se puede dar el verdadero entendimiento cuando el aspecto de unidad se ha realizado en profundidad. Al experimentar el mundo de la igualdad a través del kensho, uno empieza a ver las diferencias en el aspecto de la igualdad.

Cuando apenas llegué a Norteamérica y veía a las personas, todas me parecían iguales. Ahora puedo diferenciar con mucha facilidad sus caras. Uno solamente puede ayudar a los demás cuando es capaz de reconocer y aceptar las diferencias entre las personas y viendo a cada una a la luz de sus cualidades únicas. El poder hacerlo representa un avanzado estado de entrenamiento.

Incluso después del kensho, cuando uno percibe que todo es uno y ya no se siente confrontado por el mundo externo, todavía no es posible vivir a través de esa experiencia. De alguna manera, uno sigue regresando al estado mental anterior. Sin embargo, si uno continúa con koanes subsecuentes, cada vez que se resuelve otro koan, la experiencia se reafirma y se regresa al mundo de la no dualidad con mayor claridad. Gradualmente la claridad y capacidad de vivir en este mundo de unidad mejora.

De modo que hay tanto lo repentino como lo gradual en el entrenamiento zen. La experiencia de despertar es repentina, pero la integración de esta experiencia a la vida es gradual.

El despertar rápido no es necesariamente ventajoso y que el despertar tome algo de tiempo tampoco es necesariamente desventajoso. Cuando se practica con fervor cada día, uno actualiza en su vida el aspecto de unidad. Aunque no estemos luchando por la iluminación, gradualmente nos hacemos conscientes del mundo de la igualdad a través de un zazen hecho de todo corazón y con una mente del todo concentrada.

Al oír esto último podrían pensar: "Si a través de un zazen serio se está actualizando el estado del kensho en nuestra vida diaria, ¿qué necesidad hay de pensar en el kensho?". Como me han escuchado decir muchas veces, cuando uno está involucrado en el zazen al punto de autotrascendencia, esto es la manifestación de la iluminación. Por tanto, en el zen se dice: "Un minuto de sentarse, un minuto de ser un Buda". El zazen es la causa de la cual la iluminación es el efecto. Pero puesto que esta causa y efecto son simultáneos, uno no es consciente de tal iluminación. *Tomar conciencia* de esta iluminación intrínseca exclamando de pronto: "¡Ah, esto es!", es algo diferente. Esto último es un efecto particular, diferente de "causa y efecto son uno" y para ser conscientes de ello hay que tener mucha fe en que uno puede despertar a su naturaleza verdadera. No debe pasarse por alto este punto vital.

11. *Los tres elementos esenciales de la práctica zen*

Lo que estoy a punto de decir se aplica sobre todo al zen daijo, que se dirige especialmente al satori, aunque en menor grado también abarca el saijojo.

El primero de los tres elementos de la práctica zen es una fe profunda (*daishinkon*) que va más allá de una creencia. El ideograma de *kon* significa "raíz" y el de *shin* "fe". Por tanto, la frase implica una fe firme y profundamente enraizada, inamovible, como un árbol inmenso o una roca enorme. Es una fe, además, sin los tintes de la creencia en lo sobrenatural o en la superstición. El budismo con frecuencia ha sido descrito a la vez como una religión racional y como una religión de sabiduría. Pero lo que la hace una religión es este aliento de fe, sin el cual sería solamente una filosofía. El budismo comienza con la iluminación suprema del Buda, a la que llegó después de extenuantes esfuerzos. Por tanto, nuestra fe surge de su profunda iluminación, de toda la existencia, es intrínsecamente completa, sin fallas, omnipresente, en una palabra, perfecta. Sin una fe inamovible en el corazón de la enseñanza del Buda, es imposible llegar lejos con la práctica.

La segunda cualidad indispensable es una sensación de fuerte duda (*daigidan*).[42] No es una simple duda, dense cuenta, sino una "masa de duda" —que inevitablemente surge de una fe profunda. Es una duda de por qué el mundo y nosotros parecemos tan imperfectos, tan llenos de ansiedad, sufrimiento, dolor, cuando de hecho nuestra fe profunda nos dice que exactamente lo contrario es cierto. Es una duda que nos deja sin tregua; es como si supiéramos muy bien que somos millonarios y, sin embargo, inexplicablemente nos encontramos en extrema necesidad sin un centavo en la bolsa. Una gran duda, entonces, existe en proporción a una fe profunda.

Puedo ilustrar este estado mental con un ejemplo muy simple. Piensen en un hombre que está sentado fumando y de pronto ya no encuentra la pipa que hace un momento tenía en la mano. Empieza a buscarla con la absoluta certeza de que la hallará. Estaba allí hace un momento, nadie se ha acercado, no pudo haber desaparecido. Cuanto más tarda en encontrarla, mayor es su energía y determinación de hallarla.

[42] En el zen, "duda" no implica escepticismo sino un estado de perplejidad, de un preguntarse profundo, de un intenso autocuestionamiento.

De esta sensación de duda surge naturalmente el tercer elemento esencial: una fuerte determinación (*dai-funshi*). Es una determinación avasalladora de deshacerse de esa duda con toda nuestra energía y voluntad. Al creer con todos los poros de nuestro cuerpo en las palabras del Buda y su verdad de que todos estamos dotados de una Mente-bodhi inmaculada, nos decidimos a descubrir y experimentar la realidad de esta Mente en nosotros.

El otro día una persona que había malentendido el estado mental que se necesita para estos tres elementos esenciales me preguntó: "¿Creer que somos budas no sería igual que aceptar que el mundo es perfecto tal cual es, como uno acepta que los sauces son verdes y los claveles rojos?" Es evidente el error de esto. Si no nos preguntamos por qué existen la ambición y el conflicto, por qué el hombre ordinario actúa como cualquier cosa menos como un Buda, no surgirá en nosotros determinación alguna para resolver la contradicción obvia entre lo que creemos como fe y lo que nuestros sentidos nos dicen como algo exactamente opuesto y, por tanto, nuestro zazen no tendría esa fuente de poder primordial.

Ahora relacionaré estos tres elementos esenciales con el zen daijo y saijojo. Mientras todos éstos están presentes en el daijo, la duda es el acicate principal para el satori, puesto que no da tregua alguna. De modo que por medio del zen daijo experimentamos más rápidamente la resolución de la duda y el satori.

Por otra parte, en el zen saijojo el elemento de fe es más fuerte. No existe una duda fundamental del tipo de la que ya hemos mencionado, así pues no nos vemos impulsados a resolverla, pues nos sentamos con la fe absoluta de que inherentemente somos budas. A diferencia del zen daijo, el zen saijojo, que ustedes recordarán es el tipo de zen más puro que no requiere una lucha ansiosa por la iluminación, es un zazen que al madurar naturalmente culmina en la iluminación. Pero a la vez, el saijojo es el zazen más difícil de todos, ya que exige que nos sentemos resuelta y dedicadamente.

Sin embargo, en muchos tipos de zazen los tres elementos son indispensables y los antiguos maestros han dicho que mientras estén presentes simultáneamente, es más fácil fallar en tocar el suelo al darle un golpe con el pie que no alcanzar la iluminación perfecta.

12. *Aspiración*

Aunque todos hagamos zazen, nuestras aspiraciones individuales no son las mismas. Estas aspiraciones podrían definirse en cuatro grupos o niveles principales.

El primer nivel y el más superficial no implica fe ni una somera comprensión del budismo zen. Uno simplemente se entera de que existe el budismo zen y decide que le gustaría sentarse a hacer zazen en grupo o en un sesshin. Sin embargo, el hecho de que una persona, de entre los millones de seres engañados que desconocen el budismo, se sienta atraída por la enseñanza de 2500 años consecutivos no es, desde el punto de vista budista, ninguna casualidad, sino una circunstancia kármica y, por tanto, tiene un significado espiritual profundo.

El segundo nivel de aspiración es aquel en que el deseo no va más allá de alcanzar un mejoramiento físico o mental o ambos. Esto, como recordarán, pertenece a la primera de las cinco clasificaciones de zen, concretamente el zen bompu (ordinario).

En el tercer nivel encontramos a las personas que, ya no contentas con aumentar su bienestar físico y mental, desean seguir el camino del Buda. Reconocen lo exaltado de la cosmología budista, que ve la existencia no limitada a una vida sino evolucionando infinitamente, vida tras vida, completándose el destino humano al alcanzar la budeidad. Además, han establecido una fe en la realidad de la iluminación y aunque su decisión de alcanzarla aún no ha despertado, su deseo de seguir el Camino del Buda es claro y real.

El cuarto nivel comprende a aquellos decididos a realizar su verdadero yo. Saben que esta experiencia es una realidad viva porque conocen gente que la ha tenido y están convencidos de que ellos también la pueden alcanzar. Al llegar ante el maestro tienen una mente abierta y un corazón humilde, listos para seguir el rumbo que les indique, con el conocimiento de que al hacerlo pueden alcanzar su meta en el menor tiempo posible.

Ahora resumiré brevemente estas cuatro clases de aspirantes: los que sin ninguna fe particular en el zen llegan a él por circunstancias kármicas afortunadas; aquellos que practican zazen solamente con el deseo de mejorar su salud física o mental o ambas; aquellos que practican zen basados en la naturaleza exaltada de la enseñanza del Buda, y aquellos que tienen la fuerte determinación de iluminarse. Después, cada uno de ustedes vendrá ante mí y les preguntaré cuál es la naturaleza de su aspiración, es decir, en cuál de las cuatro categorías se encuentran. Díganme sus sentimientos con honestidad. No agreguen nada por orgullo, ni quiten nada por falsa modestia. Dependiendo de lo que me digan, les asignaré el tipo de zazen que les resulte más adecuado.

No hay una práctica definitiva que se aplique a todos. Hablando en general, a aquel que se coloca en la primera clase se le asignará contar sus respiraciones; al que se encuentra en la segunda se le asignará seguir sus respiraciones; en la tercera clase, shikan-taza; y en la cuarta un koan, generalmente Mu.[43]

Cuando un estudiante viene a verme individualmente por vez primera, con frecuencia da respuestas curiosas. Algunos dicen: "Creo que estoy *entre* la primera y la segunda clases". Otros me dicen: "Tengo problemas estomacales crónicos, ¿podría asignarme un tipo de zazen que me ayude con esto?". O a veces la persona dirá: "Estoy medio neurótico, ¿qué tipo de zazen es bueno para eso?".

Dependiendo del tipo de persona y la fuerza de su determinación asigno lo que creo será la práctica más adecuada. A un individuo sólido es bueno motivarlo con el kyosaku, mientras que alguien nervioso y sensible puede practicar un zazen mejor sin esa ayuda. Sólo si me hablan con franqueza puedo seleccionar la práctica más efectiva para cada uno.

[43] No es bueno asignarse uno mismo un koan. Sólo un maestro que le haya dado dokusan y, por tanto, conozca su temperamento, aspiración y capacidad podrá asignarle un koan adecuado y, sobre todo al principio, darle la guía necesaria.

Caligrafía "Mu" de Harada-roshi

Capítulo II

Comentario (Teisho) de Yasutani-roshi sobre el koan Mu

Introducción del editor

Desde que Chao-chou (Joshu), uno de los grandes maestros zen chinos de la era T'ang respondió ásperamente "¡Mu!"[1] a un monje que le preguntó si los perros tenían naturaleza búdica, las reverberaciones de este incidente han hecho eco en los salones de los monasterios y templos zen a través de los siglos. Aún en nuestros días, ningún koan se asigna con tanta frecuencia como éste. La opinión general de los maestros japoneses es que es un koan insuperable para quebrar la mente de la ignorancia y abrir el ojo de la verdad.

En el *Mumonkan* (La barrera sin puerta), compilado por el maestro zen Wu-men (Mumon), el koan Mu encabeza la colección de cuarenta y ocho koanes. ¿Cuál es la fuente de poder de Mu, que es lo que le ha permitido colocarse en primer lugar durante miles de años? Mientras koanes como "¿Cuál es el sonido de una sola mano?" y "¿Cuál es tu rostro antes del nacimiento de tus padres?" atormentan la mente discursiva y excitan la imaginación, Mu se mantiene fríamente por encima tanto del intelecto como de la imaginación. Por más que se intente, la razón no es capaz de captar en lo más mínimo el Mu. De hecho, tratar de resolver racionalmente a Mu, nos dicen los maestros, es como "tratar de atravesar una pared de hierro rompiéndose el puño". Debido a que Mu es absolutamente impermeable a la lógica y a la razón, y

[1] Literalmente "no", "no tiene" o "nada".

además es fácil de pronunciar, ha demostrado ser un bisturí excepcionalmente maniobrable para extirpar de lo más profundo del inconsciente el crecimiento del "yo" y del "no yo" que envenena la pureza inherente de la Mente y que le impide funcionar dentro de su totalidad fundamental.

Cada koan es una expresión única de la naturaleza búdica viva e indivisible que no puede captarse por medio del intelecto. A pesar de la incongruencia de los elementos diversos de un koan, éstos son profundamente significativos, cada uno apuntando hacia el rostro del hombre antes del nacimiento de sus padres, a su verdadero yo. Para quienes valoran las letras por encima del espíritu, el koan es algo desconcertante, pues en su planteamiento los koanes deliberadamente echan arena a los ojos del intelecto forzándonos a abrir el ojo de la Mente y ver el mundo y todo lo que en él existe sin las distorsiones propias de nuestros conceptos y juicios.

Los koanes toman por temas objetos tangibles y concretos como un perro, un árbol, un rostro, un dedo que nos hace ver, objetos que por una parte tienen un valor absoluto y por otro evitan que el intelecto se atasque en conceptos abstractos. Pero el significado de cada koan es el mismo: demuestra que el mundo es un Todo interdependiente y que cada uno de nosotros es ese Todo.

Los maestros zen chinos, esos genios espirituales que crearon diálogos paradójicos, no vacilaron en burlarse de la lógica y del sentido común en sus creaciones maravillosas. Al provocar el intelecto a buscar soluciones imposibles por ese medio, los koanes nos revelan las limitaciones inherentes de la mente lógica como un instrumento para realizar la verdad última. En el proceso liberan la mente de la trampa del lenguaje, que "es como una camisa de fuerza que imponemos a la experiencia", nos libera de los dogmas y prejuicios a los que estamos firmemente aferrados y nos vacía de la falsa noción de yo-y-el-otro, hasta que un día podamos llegar a percibir que el mundo de Perfección no es nada diferente de nuestro comer y excretar, llorar y reír.

Cuando le preguntaron al maestro de zen Chung-feng por qué las enseñanzas de los budas y patriarcas se llamaban koanes, respondió: "...los koanes no representan la opinión privada de un solo hombre, sino el principio más alto... Este principio está de acuerdo con la fuente espiritual, corresponde con el significado, no puede ser transmitido con palabras, no puede explicarse por la escritura, no puede medirse con la razón... Debido a los elementos esenciales de trascendencia absoluta, de emancipación final, de penetración total y logro idéntico, nada puede superar al koan".[2]

El gran mérito de los koanes, que se encuentran a través de la vastísima enseñanza Mahayana, es que nos impulsan de una manera ingeniosa y a veces dramática a aprender estas doctrinas no solamente con la cabeza sino con todo nuestro ser, sin permitirnos teorizar infinitamente en el campo de lo abstracto. Lo que Heinrich Zimmer dice sobre ciertos tipos de meditación es especialmente cierto en cuanto a los koanes, cuyo espíritu debe demostrarse ante el roshi y no únicamente explicarse: "El conocimiento es la recompensa de la acción... pues es a través de hacer cosas que uno se transforma. Al ejecutar un gesto simbólico, es decir, al vivir un papel particular hasta sus últimas consecuencias, uno llega a darse cuenta de la verdad inherente en dicho papel. Al sufrir sus consecuencias uno explora y agota su contenido...".[3]

Sin embargo, no debe suponerse que se llega a este punto fácilmente o sin una generosa dosis de frustración. En *Zen Comments on the Mumonkan* (p. 101), el maestro zen contemporáneo Shibayama cita lo que su maestro dijo respecto a la función del koan: "Supongamos que hay un hombre completamente ciego que va caminando apoyándose sobre su bastón y dependiendo de su intuición. El papel del koan es quitarle el bastón sin merced alguna y empujarlo hacia delante después de haberle hecho dar varias vueltas. Ahora el ciego ha perdido todo su apoyo e intuición y no sabe a dónde ir ni cómo proceder. Caerá en el abismo de la desesperación. De la misma forma, el koan nos arrebata sin merced nuestro intelecto y conocimiento. En pocas palabras, el papel del koan no es conducirnos fácilmente al satori, sino hacer que nos perdamos y lleguemos a la desesperación".

La solución completa de un koan implica el movimiento de la mente de un estado de ignorancia (engaño) a la vibrante conciencia interna de la verdad viva. Esto implica que la Mente bodhi inmaculada, que es lo contrario de la mente ilusoria, emerge a la conciencia. La determinación de luchar con un koan se genera en primer lugar por la fe en la realidad de la Mente-bodhi, siendo la lucha misma el esfuerzo de esta Mente por deshacerse de las cadenas de la ignorancia y llegar al propio Autoconocimiento.

[2] Citado en *Zen Dust* por Miura y Saski, p. 5.
[3] *Philosophies of India*, por Heinrich Zimmer, editado por Joseph Campbell (Princeton, N.J.: Princeton University Press, 1969), p. 544.

El presente comentario fue presentado por el maestro zen Yasutani, sin seguir nota alguna, a unas treinta y cinco personas legas en un sesshin en 1961. Se reproduce aquí exactamente cómo lo ofreció, salvo por ciertas correcciones de edición de unas cuantas repeticiones o expresiones confusas que inevitablemente se dan en el lenguaje extemporáneo. Es un comentario que enriquece al novicio y al estudiante avanzado, debido a su claridad, agudeza, inspiración y guía y es, por tanto, un comentario maestro sobre este koan tan respetado a través del tiempo.

Un comentario vívido y penetrante (aparte del comentario que acompaña el koan) es valiosísimo para cualquier aspirante que desee adoptar el koan como su ejercicio espiritual. El comentario familiariza al estudiante con los antecedentes de los personajes, expone en lenguaje contemporáneo términos oscuros y alusiones metafóricas comunes en la China antigua donde se sitúan los koanes y los comentarios y, sobre todo, demuestra en un lenguaje conciso y vigoroso el espíritu del koan. Alguien extraño a esta orientación encontraría que el koan es algo ajeno y hasta raro. Puesto que el comentario no es una plática ordinaria o un sermón dirigido a cualquier persona, sino que es parte integral del entrenamiento zen, normalmente se ofrece sólo durante sesshin para beneficio de aquellos que practican zazen.[4] En el monasterio, el comentario que se hace por lo menos una vez al día y con frecuencia dos veces se anuncia con el solemne golpe del *hansho*, uno de los más grandes tambores, campanas y gongs empleados en el zen. Con esta señal, todos salen del salón de zazen al salón principal. Una vez ahí las personas se dividen en dos grupos que se sientan uno frente al otro en ángulos rectos con respecto al altar, sobre el tatami en la postura japonesa tradicional (*seiza*). Entonces aparece el roshi acompañado por su ayudante, que lleva su libro de koanes[5] envuelto en una tela ceremonial de seda que sirve tanto como una forma de respeto como para protección. Todos los presentes inclinan la cabeza en señal de humildad frente al maestro mientras éste se dirige al *butsudan* ("santuario de los budas") a encender una varita de incienso y colocarla ante la imagen del Buda. Entonces, encabezados por el roshi, todos se levantan, miran hacia el butsudan y se postran tres veces. Al terminar

[4] Ocasionalmente se permite a los adeptos escuchar el comentario aunque no participen en el sesshin. En algunos monasterios, el comentario formal se da en otros momentos además de sesshin, pero es primordialmente para los monjes residentes.

[5] Para el nombre de estos libros véase "koan" en la sección X.

estas devociones de gratitud, reverencia y humildad hacia los budas y patriarcas, el roshi se sienta en un cojín grande sobre una plataforma mirando hacia el butsudan, cruza las piernas en la postura de loto e inicia, seguido por el grupo, el canto de una breve selección de un sutra. A continuación está listo para comenzar su comentario.

Como el canto del sutra que lo precede, el comentario es una ofrenda al Buda y es por ello que el roshi mira hacia el butsudan y no a sus oyentes durante el desarrollo de su comentario. Al dirigirse al Buda, el roshi de hecho está diciendo: "ésta es mi expresión de la verdad de tu enseñanza; ahora te la ofrezco esperando que te sea satisfactoria".

El comentario no es un discurso erudito sobre el "significado" del koan, puesto que el roshi sabe que las explicaciones, por muy complejas o sutiles que sean, no pueden llevar a la comprensión interna que por sí sola permite a uno demostrar el espíritu del koan con certeza y convicción. De hecho, los maestros zen consideran que las definiciones y explicaciones son secas y sin vida y que en última instancia confunden debido a su limitación inherente. La palabra *¡Imbécil!* que surge desde las entrañas expresa mucho más que cien palabras que la definan. Tampoco atosiga el roshi a sus oyentes con una plática puramente filosófica sobre la doctrina budista o sobre la naturaleza metafísica de la realidad última.

El objetivo del roshi es revivir el espíritu y drama del koan y vivificar a través de elocuentes palabras y gestos la verdad inherente en los papeles de los diversos protagonistas. Al estar agudamente consciente de los distintos niveles de comprensión de sus oyentes, modula su comentario de modo que cada uno lo reciba de acuerdo con su capacidad de comprensión y relaciona el espíritu del koan con la experiencia de la vida diaria de cada uno. En términos zen, el roshi "lima" el koan contra su *hara*, esperando que las chispas de verdad que emite iluminen la mente de sus oyentes.

Desde el hara, el roshi emite su comentario para que éste resplandezca con el espíritu y la fuerza de todo su ser. De igual forma, los oyentes deben enfocar su mente en el hara si desean captar y absorber directa y completamente la verdad palpitante que el roshi les está lanzando. Escuchar el comentario es en realidad otra forma de zazen, es decir, un estado de concentración ininterrumpida que conduce a una absorción total. De ahí que la mente concentrada no debe interrumpirse tomando notas o moviendo los ojos de un lado a otro. En un monasterio donde la disciplina es estricta, el monje principal reprenderá a los principiantes que intenten tomar notas o cuyos ojos recorran el salón mirando a los demás.

Particularmente para aquellos cuyo ejercicio espiritual es el koan, el comentario ofrece numerosas "claves" y una oportunidad sin igual de penetrar directamente en la esencia del koan. Si el oyente ha logrado extinguir sus pensamientos concentrando su mente por completo y ha alcanzado una unidad absoluta con el koan, una frase del roshi puede convertirse en la flecha que de pronto e impredeciblemente encuentre su blanco, rasgando el manto de la oscuridad y bañando la mente de luz y comprensión interna. Para aquel cuya mente aún no está madura —en otras palabras, que aún está envuelta en pensamientos engañosos— el comentario es una rica fuente de indicadores para la práctica futura. Pero para todos, sin importar su estado mental, un comentario incisivo ofrece inspiración y estímulo.

Al terminar su plática, el roshi cierra silenciosamente su libro de koanes mientras todos juntos cantan con él los Cuatro Votos. En ningún momento se abre un espacio para preguntas. La enseñanza zen considera que las preguntas teóricas no conducen a una experiencia directa de la verdad. Esta actitud se remonta hasta el Buda mismo, que guardaba un "noble silencio" cuando se le hacían preguntas como "¿Son finitos o infinitos el universo y el alma?" o "¿Existe o no un santo después de la muerte?". Y el budismo zen, que es la esencia misma de la enseñanza del Buda, a su vez, rehúsa tratar con preguntas que en última instancia no tienen respuesta o con preguntas cuya respuesta sólo puede comprenderla una mente bañada por la luz de la conciencia, es decir, por la iluminación perfecta. Cuando se hacen preguntas abstractas y teóricas en el dokusan (como a veces sucede) con frecuencia el roshi las devuelve en forma de preguntas a su interrogador, tratando de hacernos ver la fuente de donde surgen y de esa manera relacionarlo con dicha fuente.

Pero hay aun otros motivos por los que no se aceptan las preguntas. Al preocuparnos por las preguntas, éstas toman el lugar del zazen y de la comprensión que sólo puede provenir del zazen. Además, al estimular el intelecto se hace más difícil tranquilizar y vaciar la mente, lo cual es esencial para el kensho. Vale la pena repetir la respuesta clásica del Buda a un monje que amenazaba con abandonar la vida religiosa a menos que el Buda le contestara si un santo existe o no después de la muerte:

"Es como un hombre que ha sido herido por una flecha envenenada; sus amigos y compañeros, sus parientes y conocidos buscan un médico; y el hombre enfermo dice: 'No permitiré que me saquen esta flecha hasta que no sepa si el hombre que me hirió era un guerrero o un Brahmin... hasta que no sepa si era alto o bajo, o de estatura mediana; si era negro, moreno o de piel amarilla; si era de tal pueblo o ciudad... si era una flecha ordinaria o con una cabeza especial...'. Ese hombre moriría sin llegar a saber todo eso jamás".[6]

Y en otro diálogo el Buda dijo: "La vida religiosa no depende del dogma de que el mundo es o no eterno, infinito o finito, que el alma y el cuerpo son idénticos o diferentes o del dogma de que el santo existe o no después de la muerte... No tiene ningún provecho ni tiene que ver con lo fundamental de la religión ni hace que la pasión se desvanezca... ni lleva a la sabiduría suprema ni al Nirvana".[7]

El comentario

Hoy tomaré el primer caso del *Mumonkan* titulado "Joshu y [La naturaleza inherente de] un perro". Leeré primero el koan y después el comentario de Mumon:

> Un monje, con toda seriedad, preguntó a Joshu: "¿Tiene un perro o no naturaleza búdica?". Joshu contestó abruptamente: "¡Mu!".
>
> *El comentario de Mumon:* en la práctica del zen debes atravesar la puerta de la barrera[8] impuesta por los patriarcas. Para realizar esta cosa maravillosa llamada iluminación debes romper con todo pensamiento [discriminativo]. Si no puedes pasar por la barrera y agotar los pensamientos que surgen, eres como un fantasma aferrado a los árboles y los matorrales.
>
> ¿Cuál es pues la barrera impuesta por los patriarcas? Es Mu, la única barrera de la enseñanza suprema. En última instancia es una barrera que no es barrera. El que la ha traspasado no sólo puede ver a Joshu cara a cara, sino que puede caminar dando la mano a toda la línea de patriarcas. Frente con

[6] Majjhima Nikaya, p. 63.
[7] Majjhima Nikaya, p. 72.
[8] En la antigua China se colocaban puertas en los caminos principales que llevaban a algún pueblo o ciudad importantes, donde uno debía pasar una inspección antes de poder entrar; se podrían comparar con las casetas de peaje actuales o con las estaciones de migración y aduana.

frente puede verdaderamente escuchar con los mismos oídos y ver con los mismos ojos.

¡Qué maravilloso! ¿Quién no querría pasar esta barrera? Para ello deberás concentrarte día y noche en Mu con cada uno de tus 360 huesos y tus 84000 poros. No interpretes a Mu como la nada ni lo concibas en términos de existencia y de no existencia. [Debes alcanzar el punto en que sientas] como si hubieses tragado una bola de hierro candente que no puedes vomitar a pesar de tus esfuerzos. Cuando te hayas deshecho de todos los pensamientos ilusorios y discriminativos y cuando el dentro y el fuera sean como uno, serás como un mudo que ha tenido un sueño [pero que no puede hablar de él]. Una vez que estalles en la iluminación, sorprenderás al cielo y estremecerás la tierra. Como si hubieses capturado la espada del general Kuan,[9] podrás matar al Buda si lo encuentras [y te obstruye el paso] y deshacerte de todos los patriarcas si los hallaras [y te obstaculizaran]. Al enfrentar la vida y la muerte eres absolutamente libre; en los Seis Ámbitos de la Existencia y las Cuatro Modalidades de Nacimiento te desplazas en un samadhi de inocente deleite.

¿Cómo entonces, lograr esto? Dedícate con energía y de todo corazón a Mu. Si continúas por este camino sin tregua, tu mente, como una luz que se enciende de pronto en la oscuridad, se alumbrará. ¡Maravilloso de verdad!

El verso de Mumon:

¡Un perro, naturaleza búdica!

¡Ésta es la presentación del todo, el imperativo absoluto! En cuanto comienzas a pensar "tiene" o "no tiene", estás muerto.

El protagonista de este koan es Joshu, un conocido maestro zen chino. Sería mejor referirse a él como el patriarca Joshu. Como mi comentario sobre el koan de hoy será bastante largo no hablaré sobre la vida de Joshu. Baste decir que fue, como todos ustedes saben, un gran patriarca del zen. Existen numerosos koanes centrados alrededor de Joshu; sin embargo, el koan más conocido donde aparece es sin duda éste. El maestro Mumon trabajó intensamente en este koan durante seis años y por fin alcanzó la Autorrealización. Es evidente que lo impresionó de manera profunda, pues lo colocó al principio

[9] Véase p. 105.

de la colección de cuarenta y ocho koanes. En realidad no hay ningún motivo para que este koan sea el primero —cualquiera podría estar al principio— pero Mumon sentía algo muy íntimo por este koan y así pues lo colocó al principio.

La primera línea dice: "Un monje *con toda seriedad* preguntó a Joshu...". Es decir, su pregunta no era frívola ni casual, sino que había sido pensada profundamente.

El siguiente fragmento: "¿Tiene o no un perro naturaleza búdica?" plantea la pregunta: ¿qué es la naturaleza búdica? Un pasaje muy conocido del sutra del Nirvana dice que todos los seres sintientes tienen naturaleza búdica. La expresión "todos los seres sintientes" significa toda la existencia. No solamente los seres humanos sino los animales e incluso las plantas son seres sintientes. De tal manera que un perro, un mono, una libélula y un gusano también tienen naturaleza búdica, según el sutra del Nirvana. En el contexto del koan, sin embargo, se puede considerar que dicho término se refiere solamente a los animales.

¿Qué es entonces la naturaleza búdica? Brevemente, diremos que la naturaleza de todas las cosas es tal que puede convertirse en Buda. Ahora bien, algunos de ustedes pueden pensar que hay algo dentro de nosotros llamado naturaleza búdica y preguntarse dónde se encuentra. Pueden tratar de equipararlo con la conciencia que todos, incluso los malos, se supone poseen. Jamás comprenderán la verdad de la naturaleza búdica mientras tengan ese tipo de imagen. El patriarca Dogen explicó esta expresión del sutra del Nirvana diciendo que lo que resulta intrínseco a todos los seres sintientes es la naturaleza búdica y no que todos los seres sintientes tienen algo llamado naturaleza búdica. Por tanto, desde el punto de vista del patriarca Dogen sólo la naturaleza búdica existe y nada más.

En el budismo la expresión "naturaleza búdica" tiene un carácter íntimo, mientras que "naturaleza dharma" es de carácter impersonal. Pero aunque digamos naturaleza búdica o naturaleza dharma estamos hablando de la misma esencia. Aquel que se ha iluminado al Dharma es un Buda; por tanto, Buda surge de Dharma. El sutra del Diamante dice que todos los budas y su iluminación provienen de este Dharma. Por consiguiente, el Dharma es la madre de la budeidad. En realidad no hay madre ni hijo, pues como he dicho es lo mismo decir Buda que Dharma.

¿Cuál es el Dharma de la naturaleza dharma? Dharma significa fenómeno. La que ordinariamente llamamos fenómeno —es decir, lo que resulta evidente a los sentidos— en budismo se llama Dharma. La palabra *fenómeno* tiene una connotación limitada ya que está relacionada solamente con las características observables sin referirse a las causas que lo hacen surgir. Estos fenómenos se denominan Dharma (o Ley) simplemente porque no aparecen por accidente ni por la voluntad de algún agente especial que rija el universo. Todos los fenómenos son el resultado de la operación de la ley de causa y efecto. Surgen cuando las causas y condiciones que los gobiernan han madurado. Cuando una de estas causas o condiciones se altera, los fenómenos cambian de acuerdo con eso. Cuando la combinación de causas y condiciones se desintegra completamente, la forma misma desaparece. Toda existencia, al ser la expresión de la ley de causa y efecto, tiene como consecuencia que todos los fenómenos son igualmente esta Ley, este Dharma. Ahora bien, así como hay múltiples maneras de existencia también hay múltiples dharmas que corresponden a esas existencias. La sustancia de estos dharmas polifacéticos la llamamos naturaleza dharma. Sea que digamos naturaleza dharma o que usemos el término más personal naturaleza búdica, estas expresiones se refieren a una misma realidad. Dicho de otra forma, todos los fenómenos son las transformaciones de la naturaleza búdica a dharma. Todo, por su mismísima naturaleza, está sujeto al proceso de infinita transformación, ésta es la naturaleza búdica o naturaleza dharma.

¿Cuál es la sustancia de esta naturaleza búdica o naturaleza dharma? En el budismo se llama *ku* (*shunyata*). Ahora bien, ku no es meramente vacío. Es aquello que está vivo, que es dinámico, carente de materia, más allá de lo individual o de la personalidad, la base de todos los fenómenos. Éste es un principio fundamental o doctrina o filosofía del budismo.

Para el Buda Shakyamuni, ésta no era una mera teoría sino una verdad que experimentó directamente. Con la experiencia de la iluminación, que es la fuente de la doctrina budista, se capta el mundo del ku. Este mundo —cambiante, sin materia, más allá de lo individual o de la personalidad— está fuera del ámbito de la imaginación. De la misma forma, la verdadera sustancia de las cosas, es decir, su naturaleza búdica o naturaleza dharma, es inconcebible e inescrutable. Puesto que todo lo imaginable participa de forma y color, cualquier cosa que uno imagine que es la naturaleza búdica necesariamente será irreal. En verdad, aquello que pueda concebirse no es sino un retrato de la naturaleza búdica, pero no la naturaleza búdica misma. Pero mientras la naturaleza búdica está más allá de la concepción y la imaginación debido a que nosotros mismos somos intrínsecamente naturaleza búdica, es posible que despertemos a ella. Sin embargo, sólo a través de la experiencia de la iluminación puede uno afirmar esto con el Corazón. Por tanto, la iluminación lo es todo.

Una vez que uno experimenta el mundo del ku comprenderá fácilmente la naturaleza del mundo fenoménico y dejará de aferrarse a él. Lo que vemos es ilusorio, sin sustancia, como las travesuras de una marioneta en escena. ¿Tienes miedo de morir? No debes tenerlo. Pues sea que mueras de forma natural o te maten, la muerte no tiene mayor sustancialidad que la del movimiento de esos muñecos. O, por decirlo de otra forma, no es más real que cortar aire con un cuchillo, o burbujas que estallan para reaparecer una y otra vez.

Al haber percibido una vez el mundo de la naturaleza búdica, podemos ser indiferentes a la muerte, puesto que sabemos que habremos de renacer, partiendo de la afinidad con un padre y una madre. Renacemos cuando nuestras relaciones kármicas nos impelen a renacer. Morimos cuando nuestras relaciones kármicas dictan que hemos de morir. Y nos matan cuando nuestras relaciones kármicas nos conducen a que nos maten. Somos manifestaciones de nuestras relaciones kármicas en cada momento y al modificarse éstas, nosotros cambiamos consecuentemente. Si no cambiamos, estamos sin vida. Crecemos y envejecemos, puesto que estamos vivos. La evidencia de que hemos vivido es que morimos. Morimos porque estamos vivos. Vivir significa nacer y morir. Creación y destrucción significan vida.

Cuando comprendan en verdad este principio fundamental ya no sentirán ansiedad por su vida o su muerte. Entonces tendrán una mente tranquila y serán felices en su vida diaria. Aunque el cielo y la tierra se volteen al revés, no tendrán miedo. Y si explotara una bomba nuclear, no temblarían de terror. Si se vuelven uno con la bomba, ¿qué han de temer? "Imposible", dicen ustedes. Pero, quiéranlo o no, necesariamente tendrían que volverse uno con la bomba, ¿no es así? De la misma manera, si quedaran atrapados en un holocausto inevitablemente se quemarían. Por tanto, ¡sean uno con el fuego cuando no es posible escapar de él! Si caen en la pobreza, vivan de ese modo sin quejarse; entonces su pobreza no será un peso. Del mismo modo si son ricos, vivan con sus riquezas. Éste es el funcionamiento de la naturaleza búdica. En pocas palabras, la naturaleza búdica tiene la cualidad de una adaptabilidad infinita.

Regresando al koan debemos plantearnos con cuidado la pregunta de si un perro tiene o no naturaleza búdica porque no sabemos si el monje es ignorante o si finge ignorancia para probar a Joshu. Si Joshu respondiera "La tiene", estaría mal. ¿Ven por qué? Porque lo que aquí importa no es el "tiene" o "no tiene". Al ser todo naturaleza búdica, cualquiera de las dos respuestas sería absurda. Pero en este "duelo Dharma", Joshu tiene que desviar el golpe. Entonces lo hace replicando vivamente "¡Mu!". Aquí termina el diálogo.

En otras versiones del diálogo entre Joshu y el monje, éste continúa preguntando: "Por qué un perro no tiene naturaleza búdica cuando el sutra del Nirvana dice que todos los seres sintientes la tienen?"[10] Y Joshu contesta: "Porque tiene ignorancia y apego". Lo que esto significa es que la naturaleza búdica del perro no es otra que karma. Los actos realizados con una mente ilusoria producen resultados dolorosos. Esto es el karma. En palabras más sencillas, un perro es perro como resultado del condicionamiento de su karma pasado que lo convirtió en perro. Éste es el funcionamiento de la naturaleza búdica. Así que no digan que hay algo particular llamado "naturaleza búdica". Ésta es la implicación del Mu de Joshu. Entonces resulta claro que el Mu nada tiene que ver con la existencia o la no existencia de la naturaleza búdica, sino que es la naturaleza búdica misma. El grito "¡Mu!" expone y al mismo tiempo lanza completamente ante nosotros la naturaleza búdica. Aunque no comprendan totalmente lo que estoy diciendo, ya no se equivocarán si captan la naturaleza búdica en esta forma.

La naturaleza búdica no puede ser captada por el intelecto. Para experimentarla de modo directo, deben buscar en su mente con la mayor devoción hasta que estén absolutamente convencidos de su existencia, pues, después de todo, ustedes mismos son esa naturaleza búdica. Cuando les dije antes que la naturaleza búdica era ku-impersonal, sin materia, cambiante y capaz de infinita transformación, simplemente les di un bosquejo de ella. Es posible *pensar* en la naturaleza búdica en esos términos, pero deben comprender que cualquier cosa que imaginen o conciban necesariamente será lineal. Por tanto, no hay otra manera de experimentar la verdad sino a través de su propia mente. Este camino nos lo ha mostrado Mumon con la mayor bondad.

Consideremos ahora el comentario de Mumon. Comienza diciendo: "En la práctica del zen...". Zazen, recibir dokusan [es decir, instrucción

[10] Evidentemente el monje interpretó el "¡Mu!" de Joshu como "no tiene".

privada], escuchar los teishos, todo esto es la práctica zen. El estar atentos a los detalles de su vida diaria también es entrenarse en el zen. Cuando su vida y el zen son uno, realmente se vive el zen. Y si el zen no está de acuerdo con sus actividades diarias, será sólo un adorno. Deben tener cuidado en no ser ostentosos con respecto al zen sino entretejerlo en su vida sin mayores pretensiones. Demos un ejemplo completo de atención: cuando uno se quita los zapatos a la entrada o en la cocina, o se quita las zapatillas en el baño, deben tener cuidado de ponerlas en su sitio para que la siguiente persona pueda encontrarlas con facilidad y usarlas. Tal atención es una demostración práctica de zen. Si uno coloca los zapatos distraídamente no se está prestando atención. Al caminar deben hacerlo cuidadosamente sin tropezar o caer. ¡No se vuelvan negligentes!

Pero me estoy desviando del tema. Continuemos. "...debes traspasar la puerta de la barrera impuesta por los patriarcas". Mu es tal barrera. Les he indicado que, desde el principio, no hay barrera. Ya que todo es naturaleza búdica, no puede haber barreras por las cuales salir o entrar. Pero para despertar a esta verdad de que todo es naturaleza búdica, los patriarcas colocaron tales barreras y nos estimulan a que las traspasemos. Condenan nuestra práctica errónea y rechazan nuestras respuestas incompletas. A medida que aumente su sinceridad, un día de pronto alcanzarán la Autorrealización. Cuando esto suceda podrán pasar fácilmente esta barrera. El *Mumonkan* es un libro que contiene cuarenta y ocho de estas barreras.

La siguiente línea comienza: "Para realizar esta cosa maravillosa llamada iluminación...". Observen la palabra *maravillosa*. Debido a que la iluminación es algo inexplicable e inconcebible se describe como maravillosa "...debes romper con todo pensamiento [discriminativo]". Esto significa que es inútil acercarse al zen desde el punto de vista de la suposición de la lógica. Jamás se puede alcanzar la iluminación a través de la inferencia, la cognición o la conceptualización. ¡Dejen de aferrarse a estas formas de pensar! Subrayo esto porque es el punto central de la práctica zen. Particularmente no cometan el error de pensar que la iluminación es esto o aquello.

"Si no puedes pasar por la barrera y agotar los pensamientos que surgen, eres como un fantasma aferrado a los árboles y a la hierba". Los fantasmas no aparecen durante el día sino que furtivamente salen durante la noche y se dice que abrazan la tierra o se cuelgan de los sauces llorones. Dependen de estos apoyos para su existencia. En un sentido, los seres humanos también somos como fantasmas, puesto que la mayoría de nosotros no podemos funcionar al margen del dinero, la posición social, el honor, la compañía, la autoridad; o si no, necesitamos identificarnos con alguna organización o ideología. Si uno fuera un hombre de verdadero valor y no un fantasma, caminaría recto y por sí mismo, sin depender de nada. Cuando se abrigan conceptos filosóficos o creencias o ideas religiosas de uno u otro tipo, también somos como fantasmas, pues inevitablemente uno se ata a esto. Sólo cuando la mente está vacía de esas abstracciones existe la verdadera independencia y libertad.

Las dos líneas siguientes dicen: "¿Cuál es pues la barrera impuesta por los patriarcas? Es Mu, la única barrera de la enseñanza suprema". La enseñanza suprema no es un sistema moral sino aquello que yace en la raíz de estos sistemas, es decir, el zen. Sólo aquello que está hecho de una pureza absoluta, libre de supersticiones o de lo sobrenatural, puede llamarse la raíz de todas las enseñanzas y, por tanto, supremo. En el budismo, el zen es la única enseñanza que no está, en una u otra medida, coloreada por elementos de lo sobrenatural, por tanto, el zen por sí solo puede llamarse la enseñanza suprema y Mu la única barrera de esta enseñanza suprema. Pueden definir "única barrera" como la barrera o una de muchas. En última instancia no hay barrera.

"El que la ha traspasado no sólo puede ver a Joshu cara a cara...". Como vivimos en otra época es obvio que no podemos ver a Joshu físicamente. "Ver a Joshu cara a cara" significa comprender su Mente "sino que puede caminar dando la mano a toda la línea de patriarcas". La línea de patriarcas comienza con Maha-Kashyapa, quien sucedió al Buda, sigue con Bodhidharma, el vigesimoctavo, y continúa hasta el presente. "...frente con frente..." es una metáfora que implica gran intimidad. "...escuchar con los mismos oídos y ver con los mismos ojos" quiere decir la capacidad de ver las cosas desde el mismo punto de vista del Buda y Bodhidharma. Implica, por supuesto, que hemos captado claramente el mundo de la iluminación.

"¡Qué maravilloso!" ¡Maravilloso de verdad! Sólo aquellos que reconocen lo preciado del Buda, el Dharma y los patriarcas pueden apreciar esta exclamación. Sí, ¡cuán verdaderamente maravilloso! Aquellos a quienes no les importa el Buda y el Dharma pueden no sentir esta maravilla, y en ese caso no se puede hacer nada.

"¿Quién no querría pasar esta barrera?" —esta frase es para animarnos a buscar esta verdad dentro de nosotros mismos—. "Para ello deberás concentrarte en Mu día y noche con cada uno de tus 360 huesos y tus 84 000 poros". Estas cifras reflejan el pensamiento de los antiguos, quienes creían que el cuerpo estaba compuesto de esa manera. En todo caso, a lo que se refiere es a todo el ser. Deja que todo tu ser se convierta en una masa de duda y de pregunta. Concéntrate y penetra completamente el Mu. Penetrar el Mu significa lograr una unidad absoluta con él. ¿Cómo lograr esta unidad? ¡Tomando al Mu tenazmente durante el día y la noche! ¡No se separen de él bajo ninguna circunstancia! Constantemente concentren su mente en Mu. "No interpretes Mu como la nada ni lo concibas en términos de existencia y no existencia". No debes, en otras palabras, pensar en Mu como un problema que involucra la existencia o la no existencia de la naturaleza búdica. Entonces, ¿qué hacer? Dejar de especular y concentrarse en ese Mu totalmente; sólo Mu.

No decaigan, practiquen con cada gramo de energía. "Debes alcanzar el punto en que sientas como si hubieses tragado una bola de hierro candente...". Por supuesto, se dice tragarse una bola de hierro candente en sentido metafórico; con frecuencia, tragar un pastelillo de arroz caliente, al alojarse en la garganta, provoca una gran incomodidad. Una vez que se traguen Mu será igual e intensamente incómodo y tratarán con desesperación de desalojarlo, "...la cual no puedes vomitar a pesar de tus esfuerzos". Esto describe el estado de aquellos que trabajan en este koan. Debido a que la autorrealización es algo tan tentador, no se puede abandonar; pero tampoco pueden captar el significado de Mu inmediatamente. Así que no hay ningún otro camino sino concentrarse en Mu "hasta ponerse morados".

La comparación con una bola de hierro candente es adecuada. Deben derretir sus ilusiones con la bola de hierro candente de Mu que tienen pegada a su garganta. Las opiniones que tienen y su conocimiento del mundo son sus ilusiones. También se incluyen aquí los conceptos filosóficos y morales sin importar cuán elevados sean, así como las creencias y dogmas religiosos, por no mencionar los pensamientos inocentes y comunes. En breve, todas las ideas concebibles se abarcan en este término "ilusiones" y como tales son un obstáculo a la realización de su naturaleza esencial. ¡Así que disuélvanlas con la bola de fuego de Mu!

No deben practicar por rachas: jamás alcanzarán lo que buscan si hacen zazen sólo cuando les place y lo dejan con facilidad. Deben trabajar constantemente durante uno, dos, tres, o aun cinco años sin parar, en una vigilancia constante. Así gradualmente se purificarán. Al principio no podrán poner todo su corazón en Mu. Se les escapará rápidamente, pues su mente comenzará a vagar. Tendrán que concentrarse más fuerte: sólo "¡Mu, Mu, Mu!". De nuevo se les escapará. Una vez más intentarán enfocarse en Mu y otra vez fracasarán. Éste es un patrón normal en las primeras etapas de la práctica. Aun cuando Mu no se escape, su concentración se verá interrumpida por diversas impurezas de la mente. Estas impurezas desaparecen con el tiempo, pero puesto que no han alcanzado la unidad con Mu, aún se encuentran lejos de la madurez. Unidad absoluta con Mu, absorción sin pensar sino en Mu, esto es la madurez. Al alcanzar esta etapa de pureza, tanto el dentro como el fuera se funden de forma natural. "Fuera y dentro" tienen varios matices de significado. Se pueden comprender como la subjetividad y la objetividad o la mente y el cuerpo. Cuando uno se absorbe totalmente en Mu, lo externo y lo interno se unen en una sola cosa. Pero al no poder hablar sobre ella, serán como "un mudo que ha tenido un sueño". El que es mudo no puede hablar sobre el sueño que tuvo la noche anterior. Del mismo modo saborearán el samadhi por ustedes mismos, pero no podrán contárselo a nadie.

En esta etapa, la Autorrealización ocurrirá de manera abrupta. ¡Instantáneamente! "Estallar a la iluminación" no requiere sino un instante. Es como si hubiese ocurrido una explosión. ¡Cuando esto suceda, experimentarán tantas cosas! "Sorprenderás al cielo y estremecerás la Tierra". Todo parecerá tan diferente que uno pensaría que el cielo y la Tierra se han volteado al revés. Desde luego, esto no es literal. Con la iluminación uno ve el mundo de la naturaleza búdica, pero esto no significa que todo se vuelva radiante como un halo. Más bien cada cosa *tal como es* toma un significado o valor enteramente nuevo. Como por un milagro, todo se transforma radicalmente aunque permanece tal cual es.

Así lo describe Mumon: "Como si hubieses capturado la espada del general Kuan..." El general Kuan era un militar muy valiente, invencible durante el combate con su espada, el "dragón azul". Así que Mumon dice que se volverán tan poderosos como el que captura la espada del "dragón azul" del general Kuan. Esto quiere decir que nada puede sucederles más adelante. A través de la Autorrealización uno alcanza seguridad en uno mismo y una fuerte presencia. Cuando uno llega ante el roshi, el gesto implicará: "Pruébeme de la manera que desee", tal es la seguridad que uno podría golpear al maestro.

"...podrás matar al Buda si lo encuentras y deshacerte de todos los patriarcas si los hallases". Los tímidos se sorprenderán al escuchar esto y denunciarán al zen como un instrumento del diablo. Otros, menos susceptibles pero igualmente incapaces de comprender el espíritu de estas palabras, se inquietarán. El budismo nos inspira el mayor respeto posible hacia los budas. Pero al mismo tiempo exige que con el tiempo uno se libere del aferramiento hacia ellos. Cuando hemos experimentado la Mente de Buda Shakyamuni y cultivado sus virtudes incomparables, hemos realizado la más alta meta del budismo. Entonces nos despedimos de él asumiendo también la misión de propagar su enseñanza. Jamás he conocido una actitud así en las religiones que enseñan la creencia en Dios. Mientras la meta del budista es convertirse en Buda, sin embargo, por decirlo muy directamente, se puede matar al Buda y a todos los patriarcas. Los que alcancen la iluminación podrán decir: "Si el honorable Shakyamuni y el gran Bodhidharma aparecieran, les cortaría el paso al instante", exigiendo: "¿Adónde van? ¡Ya no se les necesita!". Así de fuerte será su decisión.

"Al enfrentar la vida y la muerte eres absolutamente libre; en los Seis Ámbitos de Existencia y las Cuatro Modalidades de Nacimiento te desplazas en un samadhi de deleite inocente". Podrán enfrentar la muerte y el renacimiento sin ansiedad. Los Seis Ámbitos son los ámbitos de maya, es decir, el infierno, los mundos de los pretas [espíritus hambrientos], de los animales, de los asuras [demonios en combate], los seres humanos, los devas [seres celestiales]. Las Cuatro Modalidades de Nacimiento son: nacimiento por la matriz, nacimiento por el huevo fuera del cuerpo, nacimiento por humedad y nacimiento por metamorfosis. Nacer en el cielo o el infierno, puesto que no se requieren progenitores físicos, es el nacimiento por metamorfosis. ¿Quién supo alguna vez de un ser celestial que tuviese que pasar por el trauma de nacer? En el cielo y el infierno no hay parteras ni médicos obstetras. La misma alegría y felicidad de los niños cuando juegan —esto es lo que significa "samadhi de deleite inocente"—. Samadhi es la absorción completa. Una vez que estén iluminados podrán descender al infierno más profundo o subir al paraíso más alto con libertad y éxtasis.

"¿Cómo, entonces, lograr esto?". Con zazen. "Dedícate con energía y de todo corazón a Mu". Persevera con toda la fuerza de tu cuerpo y tu espíritu. "Si continúas por este camino sin tregua..." debes comenzar y no dejarlo para después. Debes llevarlo hasta el fin, como una gallina sentada sobre su huevo hasta que lo empolla. Deben concentrarse en

Mu decididamente, no darse por vencidos hasta no alcanzar el kensho. "...tu mente, como una luz que se enciende de pronto en la oscuridad, se alumbrará. ¡Maravilloso de verdad!". Con la iluminación de la mente, liberada de la oscuridad de su pasado infinito, inmediatamente se alumbrará. "¡Maravilloso de verdad!", se agrega, puesto que nada podría ser más maravilloso.

La primera línea del verso de Mumon dice: "Un perro, naturaleza búdica" —no hay necesidad de "naturaleza"—. "Un perro *es* Buda" —"es" es superfluo—. "Un perro, Buda" —aun es redundante—. "¡Perro!" —¡es suficiente!—. O simplemente "¡Buda!". Han dicho demasiado si dicen "Un perro *es* Buda". "¡Perro!" —eso es todo—. Es completamente Buda.

"¡Ésta es la presentación del todo, el imperativo absoluto!". Es decir, es el decreto auténtico de Shakyamuni Buda, es el Dharma correcto. ¡Ustedes son este Dharma de perfección! No se esconde: ¡se revela totalmente! "En cuanto comiences a pensar 'tiene' o 'no tiene' estás muerto". ¿Qué significa "estás muerto"? Simplemente que su preciosa vida [de Unidad] se desvanece.

Philip Kapleau, reportero principal del tribunal en los juicios de guerra de Núremberg, 1946

Soen Nakagawa-roshi en Ryutaku-ji

Philip Kapleau, Soen Nakagawa-roshi y Bernard Phillips
(un amigo estadounidense) en Ryutaku-ji, 1953

Harada Daiun Sogaku Roshi

Philip Kapleau con Harada-roshi, Hosshin-ji, 1954

Tangen-san y Philip Kapleau, Hosshin-ji, 1954

Ordenación completa de Tangen-san (sosteniendo un batidor blanco), Bukkoku-ji, 1955

Yasutani Hakuun Roshi (fotografía de Francis Haar)

Philip Kapleau traduciendo durante el dokusan con Yasutani-roshi

Yasutani-roshi y Philip Kapleau, Kamakura, 1957

Kyozo Yamada-roshi y
Yasutani-roshi, 1965

Yasutani-roshi, 1958

Ordenación de Philip Kapleau por Yasutani-roshi, 1958

Philip Kapleau haciendo mochi (pasteles de arroz dulces), Kita Kamakura, 1958

Philip y deLancey Kapleau con su hija Rama, Kamakura, 1962

Philip Kapleau trabajando en *Los tres pilares del zen*, Kamakura, 1963

Philip Kapleau, maestro zen

Roshi Philip Kapleau, principios de la década de 1970

Yaeko Iwasaki

Maestro zen Bassui,
Kogaku-ji, Yamanashi

Capítulo III

Entrevistas privadas de Yasutani-roshi con diez occidentales

Introducción del editor

La curiosidad tan extendida y el interés práctico que el budismo zen ha despertado en Occidente desde la Segunda Guerra Mundial —interés que es de seguro uno de los fenómenos culturales y religiosos más significativos de nuestro tiempo— ha producido una considerable cantidad de literatura en diversos idiomas europeos. Algunos de los libros más populares en inglés están incluidos en el prefacio del libro de Alan Watts, *The Way of Zen*. Primero indica que ni siquiera el maestro Suzuki ha dado "una relación completa del zen que incluya sus antecedentes históricos y su relación con el pensamiento chino e hindú", ni ha escrito sobre la "relación del zen con el taoísmo chino o el budismo hindú"; dice que el libro de R. H. Blyth, *Zen in English Literature and Oriental Classics*, "carece de información que ofrezca antecedentes" y "no intenta hacer una presentación ordenada sobre el tema [zen]"; dice además que Christmas Humphreys, en su obra *Zen Buddhism*, "ni siquiera coloca el zen en su contexto cultural". Finalmente concluye que la confusión de los occidentales con respecto al zen se debe a la falta de "una relación fundamental, ordenada y comprensible sobre el tema".

Esta conclusión es verdaderamente errónea. Para las personas con mentalidad académica y curiosidad intelectual, un acercamiento teórico al zen puede ser muy estimulante, pero para el aspirante que busca intensamente la iluminación, esto es peor que fútil, es francamente peligroso. Cualquier persona que haya intentado practicar zen con seriedad después de leer esos libros sabe que lo han preparado pobremente para hacer zazen y que, de hecho, lo han obstaculizado llenándole la cabeza de fragmentos de pasajes irrelevantes de filosofía, psicología, teología y poesía que se revuelven en el cerebro, y hacen mucho más difícil acallar la mente y alcanzar un estado de samadhi. Es por esta razón que los maestros de zen chinos y japoneses advertían sobre la futilidad del acercamiento artificial y cerebral a la experiencia iluminativa del satori genuino.

Lo que en verdad conduce a la Autorrealización no es un conocimiento del pensamiento chino, hindú u otros, sino los métodos adecuados para practicar basados en las auténticas enseñanzas de los maestros. El corazón de la disciplina zen es el zazen. Al quitar el corazón, no queda sino un cadáver. A pesar de esto, ni los libros enumerados por el señor Watts ni sus propios libros sobre zen contienen más que una información superficial —y algunos ni esto— sobre este tema vital. Este adherirse a un zen filosófico y teórico es algo demasiado aparente que se refleja en el índice de una reciente antología del maestro Suzuki. En esta obra de casi 550 páginas existen sólo dos referencias sobre el zazen: una es un pie de página y la otra no ocupa más que tres líneas de texto.

Ciertos exponentes del zen, tanto asiáticos como occidentales, han confundido también a sus lectores de otra forma. En su gusto por lo dramático exageran de una forma totalmente desproporcionada los gritos y golpes de los antiguos maestros chinos y captan la atención de sus lectores con citas tan sorprendentes y paradójicas como: "¡Debes matar al Buda!" y "¡Si dices algo te daré treinta golpes con el palo; y si no dices nada te daré treinta golpes con el palo!". ¿Será posible que intenten aturdir a sus lectores para que acepten un zen iconoclasta y esotérico con el fin de entrar en los secretos más íntimos a los cuales sólo unos cuantos tienen acceso? ¿Con qué fin algunos escritores quizá menos dramáticos pero con un entusiasmo inoportuno desentierran koanes inéditos hasta entonces en inglés, "resolviéndolos" para el beneficio de sus lectores menos iluminados?

Sin embargo, estos escritores han guardado un extraño silencio con respecto a temas como el zen que verdaderamente se practica hoy en día y en particular sobre cómo el maestro enseña y guía a sus estudiantes y discípulos cotidianamente, en momentos en que el entrenamiento zen no tiene nada de dramático y hasta es ocasionalmente árido y desalentador, o sobre la naturaleza de los problemas que los estudiantes contemporáneos plantean al maestro.

Esta distorsión sobre el zen y no la falta de una "presentación escolástica y sistemática" es el verdadero motivo de la confusión actual. Un número nada reducido de occidentales ha sido desviado por este camino académico hacia un zen hipotético, que es el producto de la teoría y la especulación y no de la experiencia personal, logrando apartarlos del zen debido a las fórmulas enigmáticas y aparentemente sin sentido de los koanes y al comportamiento en apariencia cruel o sin sentido de los antiguos maestros zen. Como resultado, el zen ha sido rechazado como una disciplina rara y ajena, totalmente en desacuerdo con la mente occidental. Otros han aprovechado la libertad que el zen proclama para inclinarse hacia el libertinaje y se han permitido, gracias a la publicación indiscriminada e irresponsable de koanes aislados del cuerpo de enseñanzas completo del zen, rebajar y pervertir el zen.

Esperamos que la exposición de lo que realmente sucede entre un maestro zen y sus estudiantes no sólo desvanezca por completo esta noción errónea del zen como algo ajeno o "místico" o como un estudio cultural interesante aunque extraño, sino que también revele que el zen es, sobre todo, una enseñanza directa y práctica que al comprenderse y practicarse apropiadamente es capaz de liberar al hombre de sus miedos y ansiedades profundamente enraizadas, de modo que pueda vivir y morir en nuestra era nuclear con tanta paz y dignidad como en el pasado.

Esta compilación de instrucciones y guías privadas a diez occidentales —tanto americanos como europeos—, junto con sus preguntas y respuestas, es seguramente la primera presentación que se hace en el idioma inglés o en cualquier otro idioma [y en español] de los verdaderos métodos de enseñanza de un maestro de zen en el curso del entrenamiento zen. En total son ochenta y cinco entrevistas (dokusan). Se recopilaron en un periodo de dos años y varían entre una y veinticuatro entrevistas por cada estudiante. El diálogo que aparece entre asteriscos es una transcripción de una entrevista completa con el roshi desde el momento en que el estudiante entró en la habitación hasta el instante en que salió. De modo general, el dokusan de un estudiante en particular tiene la secuencia cronológica según el orden en que se fue dando y no es un registro fragmentado de cada entrevista con el roshi. El dokusan que consistía en unas cuantas palabras de aliento o el dokusan que no contenía un interés general fueron omitidos. En el caso de una serie de dokusanes de un solo estudiante puede haber pasado un periodo de uno a dos meses entre cada dokusan.

Cada uno de estos dokusanes tuvo lugar durante periodos de entrenamiento en retiro llamados sesshin (que serán descritos con amplitud en una sección más adelante). El dokusan, aunque en general es bastante breve puesto que se da a unas treinta y cinco o cuarenta personas tres veces al día, está determinado en su longitud no por una limitación arbitraria de tiempo, sino por las necesidades del individuo.

Todas estas personas eran principiantes en el sentido de que ninguno, excepto uno,[1] había pasado su primer koan (es decir, había experimentado el despertar) y todos se habían estado entrenando en el zen durante periodos que varían entre varias semanas y dos años. Es posible, en casos individuales, discernir un patrón de desarrollo en la comprensión aunque ésta no haya madurado en la iluminación.

Preguntas concernientes a la teoría o a la doctrina —por ejemplo, "¿cuál es la diferencia entre el shikan-taza y el zazen con un koan?"— no se plantean normalmente en dokusan, pero, debido a que estos casos son de occidentales extranjeros a la cultura budista, el roshi las respondió.

El material habla por sí mismo y cualquier intento de analizarlo o interpretarlo sería no solamente superfluo sino presuntuoso. Sin embargo, para los lectores que carecen de un maestro de zen competente, cierta información de fondo relativa a la práctica del dokusan en el Japón actual, especialmente en la medida en que afecta a los occidentales, les puede permitir utilizar al máximo en su propia práctica espiritual el consejo e instrucciones del roshi como se revela en estas entrevistas.

El zazen, el comentario formal (teisho) y el dokusan forman conjuntamente el trípode sobre el cual descansa el entrenamiento tradicional zen. Para el principiante, este encuentro privado "ojo a ojo" con el roshi dentro de su habitación puede ser una experiencia maravillosamente enriquecedora e inspiradora que le dé ímpetu y dirección a su práctica o una obligación atemorizante de creciente frustración, dependiendo de la fuerza de su ardor, el punto de maduración de su zazen y, sobre todo, la personalidad del roshi y sus métodos de enseñanza.

Una vez que el estudiante entra a la habitación privada del roshi y hace sus postraciones como señal de respeto y humildad, tiene la completa libertad de decir y hacer cualquier cosa siempre que sea una expresión genuina de su búsqueda por la verdad y esté legítimamente

[1] El estudiante H. Ha sido incluido para que el lector pueda comparar el enfoque diferente que utiliza el roshi con un estudiante de nivel más avanzado.

conectada con su práctica. Al principio, cuando el estudiante aún no tiene control sobre los pensamientos caprichosos a su egocentrismo y éste no ha desaparecido, sobre todo si tiene inclinaciones filosóficas, es común que intente involucrar al roshi en alguna discusión abstracta y teórica. Pero a medida que el tiempo pasa y su mente, a través de la práctica constante y del zazen, se tranquiliza y se concentra, pierde interés en las discusiones vacías y se vuelve más receptivo de una manera integral al roshi y a las instrucciones de éste.

Con más zazen, poco a poco y aunque sólo sea momentáneamente, comenzará a experimentar la armonía y unidad subyacente (en especial después de periodos de samadhi) que comenzarán a reemplazar los sentimientos de enajenación y confusión que antes sentía. Ahora al acudir frente al roshi y ser probado, responderá con vigor y entusiasmo mientras que antes sus respuestas eran confusas y titubeantes. Incluso puede llegar a gritarle al roshi no por enojo o resentimiento, sino porque, liberado en gran medida de sus limitaciones mentales y emocionales que hasta ahora lo ataban, puede utilizar las energías físicas y psíquicas que antes tenía dormidas. A medida que el zazen se profundice puede tomar la iniciativa de arrebatar de pronto el bastón del roshi y golpear la estera como respuesta a cierta pregunta. O al preguntársele sobre una demostración concreta a su comprensión sobre un koan puede, sin recurrir a conceptos o teoría, responder con todo su ser. El que puede demostrar de esta forma su comprensión está en el límite del despertar aunque él mismo no se dé cuenta. Sólo el roshi, con sus largos años de experiencia y su ojo perspicaz, puede medir el grado exacto de su comprensión y darle las indicaciones y aliento necesarios en este punto crítico.

Un roshi experimentado no vacilará en emplear cualquier método o estrategia, sin excluir golpes con su bastón omnipresente (kotsu), cuando crea que ello despertará la mente del estudiante de su estado de inconsciencia hacia la realización repentina de su verdadera naturaleza. No es raro que durante sesshin algún novicio no quiera ir ni una sola vez a dokusan. En vez de correr rápidamente hacia la línea donde se encuentra la campana de dokusan,[2] se queda sentado, pegado a su

[2] Aquellos que asistieron a su primer sesshin con frecuencia se sienten confundidos y sorprendidos ante esto y lo suponen parte de algún ritual convencional. En realidad no es así. El sonido repentino de la campana para dokusan permite liberar tensión acumulada durante el esfuerzo intensivo de concentración. Simultáneamente hay un

cojín por miedo a que lo reprendan si no tiene una solución a su koan. Los monjes (en un monasterio) o los monitores (en un centro) pueden ignorarlo fríamente como si no valiera siquiera la pena golpearlo para animarlo, o pueden levantarlo de su asiento y arrastrarlo al dokusan. Cuando totalmente descorazonado aparece por fin ante el roshi, éste puede reprenderlo por su tibieza y después despedirlo sin hacer una sola pregunta o comentario. O puede golpear al estudiante con su bastón cuando se está postrando y después ordenarle que salga mientras toca su campanilla, dejando al estudiante dolido y confuso, reflexionando sobre los motivos por los que lo haya corrido perentoriamente.

Esta estrategia de ponerlo en una situación desesperada, en la cual se le empuja sin tregua por un lado y se le rechaza por otro, con frecuencia crea presiones en el estudiante que lo llevan a una explosión interna sin la cual el verdadero despertar rara vez ocurre.

Sin embargo, estas medidas tan extremas no son de ninguna manera universales en el zen. Generalmente son más comunes en la secta Rinzai que en la Soto. Son menos frecuentes en los templos que en los monasterios donde la disciplina externa es rígida y con frecuencia severa. En todo caso, es raro el sesshin en que no resuenan los gritos de aliento de los monitores y los golpes de kyosaku. Aquellos a quienes el uso del kyosaku les repele les sorprende siempre saber no sólo que éste fue usado implacablemente sobre aquellos que alcanzaron kensho en sesshin, sino también que éstos mismos lo solicitaban.

En el *Shobogenzo Zuimonki* uno de los discípulos de Dogen lo cita diciendo que mientras se encontraba en China escuchó lo siguiente de boca de un maestro de zen con respecto al zazen: "...Cuando era joven solía visitar a los superiores de varios monasterios y uno de ellos me explicó: 'Antes solía golpear tan fuerte a los monjes que encontraba durmiendo que casi me rompí el puño. Ahora estoy viejo y débil, así que no les puedo pegar suficientemente fuerte. Es por esto que es difícil producir buenos monjes. En muchos monasterios hoy en día los superiores no ponen suficiente énfasis en sentarse con energía, de modo que el budismo está decayendo. Cuanto más les pegues, mejor, me aconsejó' ".[3]

---

deseo urgente de correr al roshi para ser probado. En ocasiones el estudiante que llega primero a la campana no espera la señal del roshi que entra inmediatamente a la habitación donde se encuentra.

[3] Citado en *Sources of Japanese Tradition*, editado por William Theodore de Bary, p. 259.

Todos los grandes maestros han enseñado que se debe generar una gran energía interna para poder producir el tremendo esfuerzo para alcanzar la iluminación, sean instigados desde fuera por el kyosaku o desde dentro por la voluntad. El mismo Buda lo dice en uno de los primeros sutras: "...Uno debe, con los dientes apretados y la lengua presionando el paladar, subyugar, aplastar y conquistar la mente con la mente, del mismo modo que un hombre fuerte tomando a uno débil por la cabeza o los hombros lo subyuga, aplasta y conquista. Entonces los malos pensamientos relacionados con el deseo, el odio y la ignorancia pasarían, desaparecerían".[4]

El hecho de que haya maestros Rinzai en Japón que rara vez utilizan el kyosaku y maestros Soto que persistentemente lo usan sólo prueba, en última instancia, que es la personalidad del roshi, junto con el entrenamiento que él mismo ha recibido, lo que determina sus métodos, y no la circunstancia de la secta a la que pertenece.

El roshi genuino, capaz de predicar el Dharma del Buda con una convicción que nace de su propia y profunda experiencia de la verdad, representa la corporización de la autoridad y la sabiduría del zen. Ese roshi es un guía y maestro cuyo espíritu-corazón-mente es idéntico al de todos los budas y patriarcas aunque estén separados por siglos. Sin él, el pasado del zen no tiene vida y su futuro es "impotente para nacer". Zen es una transmisión de mente a mente, que ama la verdad pulsante y viva —la verdad en acción—. Como el sonido captado por un disco o una cinta que necesitan energía eléctrica y ciertos aparatos para reproducirlo, del mismo modo el Corazón-mente del Buda, enterrado en los sutras, necesita la fuerza viva de un roshi iluminado para recrearlo.

En dokusan, el roshi tiene el doble papel del padre y la madre. Unas veces es el padre estricto y exigente que empuja y castiga y otras la madre amante que consuela y anima. Cuando el estudiante flaquea en su esfuerzo lo acicatea, cuando se muestra orgulloso, lo reprende; y opuestamente, cuando le surgen dudas y llega a la desesperación lo alienta y levanta el ánimo. Un roshi experimentado, además de tener confianza en sí mismo y un aire de mandato, combina el desapego severo con un cálido interés, flexibilidad y ausencia de ego que jamás

[4] El Satipatthana Sutta del Majjhima Nikaya (traducido por lord Chalmers en *Further Dialogues of the Buddha*, parte 1).

deben ser confundidos con una falta de voluntad o una actitud débil. Debido a que sus palabras contienen la fuerza de su personalidad liberada, lo que dice tiene el poder de rejuvenecer el espíritu decaído del estudiante y de revigorizarlo en su búsqueda de la iluminación a pesar del dolor, la frustración o el aburrimiento temporal.

Pero aquello a lo que el estudiante responde con mayor viveza es la evidencia de la mente liberada del roshi: su espontaneidad como la de un niño, su luminosidad, su preocupación por los demás. Un novicio que observa a su roshi de setenta y ocho años demostrar un koan con sorprendente agilidad y total concentración y que observa la gracia fluida y sin esfuerzo con la que se relaciona con cada situación y con todos los demás, sabe que está observando uno de los mejores productos de un sistema único de desarrollo de mente y carácter y es posible que en sus momentos de desesperación llegue a decir: "Si con la práctica del zen puedo aprender a experimentar la vida con esa misma conciencia, ningún precio será demasiado alto".

Todas las capacidades y compasión del roshi entran en juego cuando intuye que la mente del estudiante está madura, es decir, vacía de pensamientos discriminativos y claramente atenta —en otras palabras—, en un estado de unidad absoluta, lo cual se revela en la manera en que el estudiante toca la campana de dokusan, cómo entra al cuarto de dokusan, cómo se postra y cómo mira y actúa durante el dokusan. En una variedad de formas, el roshi empujará esta mente para que haga el salto final hacia el despertar. Hasta ese momento el principal esfuerzo del roshi se dirige a inspirar y motivar al estudiante para que se entregue con energía y concentración absoluta sin dejarse vencer por el cansancio o el abatimiento. Pero ahora toma otra táctica, le lanza preguntas agudas exigiendo respuestas instantáneas o le pega con su bastón o golpea sobre la estera, todo con el fin de abrir la mente engañada del estudiante.

Estos empujones del roshi tienen un efecto en la mente del estudiante similar a una lluvia intermitente sobre una tierra seca o a rayos momentáneos de luz en una habitación oscura y ayudan a que su mente avance hasta el siguiente punto crítico, la etapa donde se siente aprisionado en un "bloque de hielo" o en un "palacio de cristal".[5]

5 Estas metáforas se utilizan con frecuencia en el zen para describir la etapa del "sabor previo". Es posible permanecer "atascado" en este punto durante semanas, meses e incluso años.

Ahora virtualmente ve la verdad, pero no puede salir y escaparse para alcanzarla. El estudiante sabe que el roshi tampoco puede predecir el momento preciso del despertar ni "otorgarle" el satori. Ni él puede hacer otra cosa sino luchar con energía para extinguir su pensamiento y alcanzar un estado de no pensamiento, como de un niño (es decir, la vacuidad de la mente).[6] Sin embargo, el paso final, el "salto mortal" decisivo y repentino de la mente que llega a la iluminación, aún debe ocurrir. En esta coyuntura crucial, la tentación, siempre potencial, de anticipar el despertar, como un rayo surgido de la nada ocurrirá para bien o para mal.[7] Es la última maniobra desesperada del ego para interrumpir la mente concentrada, plagarla de pensamientos y evitar el último salto: el abandono del yo completo y total hacia la libertad. El roshi, consciente de que el estudiante puede ser empujado a dar ese salto por medio de un golpe, una frase, o algún sonido, pero únicamente si la mente está vacía, se esforzará en prevenirle de esta tentación advirtiéndole de no caer en los devaneos del ego.

La iluminación puede suceder donde sea, no sólo en dokusan. De hecho muchos estudiantes la experimentan mientras escuchan el comentario formal del roshi. Su mente se adhiere a una frase en particular que ya han escuchado muchas veces de boca del roshi, pero ahora, debido a que la mente está madura, toma un significado nuevo y sorprendente y sirve de chispa a la explosión interna que anuncia la apertura del ojo de la Mente. Algunos han llegado al despertar en un tren, o en un camión después de sesshin. Usualmente, pero no siempre, el kensho ocurre después de un periodo de concentración y absorción intensa.

En vista de lo anterior, las misteriosas palabras con que muchos koan o *mondo* concluyen: "Con la cual el monje de pronto se iluminó", o "Entonces se abrió el ojo de la Mente del monje", se verán como algo menos imaginario que al principio. Los estudiantes confusos con frecuencia preguntan: "¿Cómo es posible alcanzar satori tan fácil y rápidamente como lo hacen suponer estos koanes?". Lo que es importante observar aquí es que la frase o golpe crucial del maestro que destruyó a la mente engañada del discípulo tuvo efecto debido a que ocurrió

[6] Luchar con fuerza para alcanzar la no mente puede parecer una contradicción, pero se trata de una contradicción lógica, no existencial.

[7] Algunos tienen un miedo inconsciente al kensho, pensando que puede tener efecto nocivo sobre la mente. Huelga decir que se trata de un temor injustificado.

en el momento en que la mente del discípulo estaba madura para este tipo de estímulo y que esta madurez sin duda fue el resultado de un largo periodo de zazen y de numerosos dokusanes con el maestro. En otras palabras, los koanes revelan en su formulación las circunstancias de precipitación exclusivamente; no mencionan los años de búsqueda ansiosa y sin tregua por la verdad que los llevó a esta experiencia suprema.

La prueba del despertar del estudiante está en su capacidad de responder instantáneamente en una forma "viva" las preguntas que exigen una demostración concreta del espíritu del koan.[8] Lo que convence al roshi no son únicamente las palabras o gestos o el silencio (que pueden ser todos igualmente efectivos) sino la convicción y seguridad con que se hace, es decir, una mirada que indica haber comprendido, la decisión en su tono de voz y la espontaneidad, libertad y cuidado en sus gestos y movimientos. Por tanto, es posible que dos personas diferentes, una iluminada y otra no, respondan con los mismos gestos y palabras en dokusan y que el roshi acepte las respuestas de uno y rechace las del otro.

Cuando el roshi acepta las demostraciones de un estudiante confirma tácitamente que el estudiante ha tenido un despertar genuino, aunque pueda ser superficial, como lo son las primeras experiencias. El zen se diferencia radicalmente de otras disciplinas budistas precisamente en la insistencia de que el estudiante demuestre su comprensión "más allá de la comprensión" y que no sólo la verbalice. Lo que el zen valora son los gestos, movimientos y frases expresivas que de manera espontánea surgen del nivel más profundo del ser total y no las explicaciones áridas, por más sutiles que sean. Un roshi experimentado puede determinar con una sola pregunta —o si la experiencia es profunda por medio de una mirada— si el estudiante se ha iluminado y al pedirle que se someta a una prueba puede establecer a su satisfacción, como a la del estudiante, la profundidad y límites de su despertar.

Con frecuencia se dice que la iluminación genuina debe ser validada por uno mismo y que, por tanto, no hay necesidad de prueba alguna. Pero el engaño es aquí tan peligroso como en otros ámbitos del comportamiento humano y quizás aún más, debido a la naturaleza misma de la iluminación. Es demasiado fácil para un novicio confundir con el

[8] Para entender la naturaleza de algunas de estas preguntas, véanse pp. 242-244.

kensho las visiones, trances, alucinaciones, clarividencias, revelaciones, éxtasis e incluso una serenidad mental. El sentimiento de totalidad que cierto tipo de neuróticos experimentan también se confunde con la iluminación porque provoca una sensación de unidad con el universo. Por todos estos motivos y especialmente por el daño que tal decepción puede causar a la personalidad, la enseñanza zen siempre ha insistido en que el kensho se pruebe y confirme por un maestro cuya propia iluminación ha sido sancionada también por otro maestro iluminado.

Si es posible engañarse a uno mismo en cuanto al kensho, también es posible experimentar el kensho y no pensar que sea un despertar. Yasutani-roshi cuenta la historia de uno de sus discípulos que vivía en la región sur de Japón y a quien veía en sesshin una vez al año. En el intervalo de la visita anual del roshi, este hombre había tenido una realización interna pero, dado que en esos momentos no había tenido la reacción emocional de lágrimas de felicidad, jamás pensó que había tenido el kensho. Al interrogarlo en dokusan, el roshi sintió que la percepción y comprensión interna del estudiante eran tales que debían probarse, de modo que le lanzó varias preguntas de "prueba". Para sorpresa del individuo mismo, pudo responder apropiadamente y el roshi confirmó su realización. Aunque se trató de una experiencia superficial, el kensho fue real. Debe observarse aquí que la naturaleza de la reacción a la iluminación depende no sólo de la profundidad de la iluminación, sino de la composición emocional y mental individuales.

Hay que distinguir este tipo de prueba de las pruebas que tenían lugar en los "duelos Dharma" (*hossen*) entre los monjes zen de China y Japón hasta la época de Hakuin hace unos doscientos años. Monjes y legos[9] con diferentes grados de fuerza espiritual hacían peregrinaciones espirituales por el país buscando maestros y monjes zen profundamente iluminados con los cuales poder confrontar su "habilidad" en el Dharma con el fin de profundizar y redondear su propia iluminación y al mismo tiempo para desarrollar técnicas de enseñanza al probar la fuerza espiritual de su "adversario". Los golpes y contragolpes verbales que constituían estos enfrentamientos han sido escritos y recopilados en colecciones de koanes utilizados todavía hoy en día por los estudiantes de zen en Japón.

[9] De los cuales el lego P'ang (Ho) es el más famoso. Han surgido muchas historias y leyendas basadas en su vida fascinante. Con respecto a uno de sus "duelos Dharma" véanse pp. 182-185; véase también "Ho-koji" en la sección X.

Al pasar su primer koan, el estudiante entra en una nueva etapa del dokusan. La lucha tensa e intensa, alternada con sentimientos de inseguridad, desilusión y desesperación que hasta entonces caracterizaban su aparición ante el roshi, da paso a un compañerismo más relajado, seguro y de mayor igualdad con el roshi. El roshi deja de ser el padre y la madre y se convierte en un sabio hermano mayor. Los movimientos del discípulo aún son titubeantes y discontinuos, como los de un cachorro que apenas ha abierto los ojos al mundo y ha dado sus primeros pasos, pero "el muro de hierro y la montaña de plata" ya no lo confrontan a cada instante; previamente si el dokusan no era temible, era penoso; pero ahora, pasando de koan en koan y tragando de una sola vez ríos enteros y recreando el cielo y la tierra al alzar un dedo se experimenta[10] un sentido de poder y libertad cada vez mayor. Pues al captar el espíritu de los koanes y lanzarse de todo corazón en los diversos papeles creados por éstos, se es capaz de expresar vivamente y con fuerza la verdad que se ha perdido en situaciones concretas. Pero quizá el milagro mayor es el sentimiento de gratitud hacia los maestros, los Budas y Bodhisattvas, hacia todos los que ofrecieron una mano amiga y una palabra de aliento en las horas de necesidad. Ahora el voto tan frecuentemente repetido de alcanzar la iluminación perfecta para el bien de la humanidad cobra un sentido nuevo y profundo.

Por lo que se ha dicho, es evidente que el papel del roshi en el entrenamiento del zen es trascendente. Nada ni nadie pueden tomar el lugar del maestro iluminado y verdaderamente el estudiante cuyo karma lo lleva a entrar en contacto con uno puede considerarse afortunado. Pero es muy difícil hoy en día encontrar maestros sabios y compasivos —quizá como siempre lo ha sido—. ¿Es entonces imposible practicar el zen sin un maestro? De ninguna manera. En el material que comprende esta sección, el estudiante serio encontrará que cada pregunta que pueda surgirle relacionada con la práctica está respondida por un maestro de zen contemporáneo excepcional. Una lectura minuciosa de esta sección, junto con la lectura de otras secciones en donde los pasos a seguir en la práctica se explican claramente, permitirá a cualquiera comenzar su viaje por el camino de la iluminación.

[10] Una referencia al decimonoveno caso de la *Colección de la Roca Azul* (y también al tercero del *Mumonkan*), llamado "el Dedo de Gutei". Dice la introducción de este koan: "Cuando surge una mota de polvo, todo el universo está implicado en ello. Al abrirse un capullo, el mundo entero se manifiesta".

Unas palabras sobre cómo fue recopilado el material de dokusan: hace algunos años tuve el privilegio de servir de intérprete a Yasutani-roshi, circunstancia que me puso en la posición tan especial de tener acceso a los problemas de los occidentales que se entrenaban en el zen con él en Japón, así como de estar presente cuando les daba consejos e instrucciones. Se me ocurrió que si estas preguntas y respuestas pudiesen ser registradas serían de incalculable valor para los estudiantes occidentales y de otros lugares que quisieran disciplinarse en el zen y que, sin embargo, no tuviesen un maestro competente. Además, este tipo de registro podría disipar la creencia tan difundida de que el zen es una mistificación deliberada o una "expresión sádica de la cultura japonesa", como algunos críticos mal informados lo han llamado.

El empleo de una grabadora para registrar el dokusan no era posible, ya que la presencia de este aparato habría hecho que el estudiante se sintiera demasiado consciente de lo que estaba pasando y habría interferido con su dokusan, motivos por los cuales Yasutani-roshi jamás lo habría aceptado. Por otra parte, si hubiera intentado tomar notas durante el dokusan, las mismas objeciones se habrían aplicado, aunque de todos modos esto habría sido imposible si quería hacer una interpretación adecuada. Por consiguiente, tuve la idea de tomar notas en taquigrafía después de cada dokusan, mientras el diálogo aún estaba fresco en mi memoria.

A pesar de que mi conocimiento del japonés no era perfecto, creo que he logrado una transcripción fiel de la sustancia del diálogo entre Yasutani-roshi y sus diez estudiantes occidentales. Siempre que tenía alguna duda la aclaraba cuidadosamente con él. De todas maneras es posible que no haya captado plenamente el sentido o sabor de algún comentario del roshi y, por tanto, asumo total responsabilidad por cualquier omisión en ese sentido.

Quisiera mencionar que la decisión de publicar este material de dokusan no fue fácil. El dokusan normalmente es un asunto privado entre el roshi y el estudiante, ya que ambos deben saber que todo lo que suceda en el cuarto de dokusan no será divulgado con el fin de que haya una franqueza total entre el maestro y el estudiante. Sin embargo, Yasutani-roshi consintió en publicar este material al asegurársele que ayudaría mucho a corregir los malos entendidos que aparecen en otros libros sobre zen en inglés que tratan sobre la naturaleza y propósito del dokusan. Puso, no obstante, la condición de que no se publicaran las soluciones a ningún koan con el fin de que los estudiantes que practiquen más tarde con un roshi no sean perjudicados por haber leído dicha información. Esta condición ha sido respetada.

Las entrevistas

1. Estudiante A (mujer, 60 años de edad)

Estudiante: Me siento prisionera de mi ego y deseo escaparme. ¿Puedo hacerlo a través del zazen? ¿Podría decirme, por favor, el propósito del zazen?

Roshi: Primero hablemos de la mente. Tu mente puede compararse con un espejo[11] que refleja todo lo que aparece ante él. Desde el momento en que empezaste a pensar, sentir y ejercer tu voluntad, se empezaron a reflejar sombras sobre tu mente que distorsionaban estos reflejos. Esta condición es lo que llamamos pensamientos ilusorios, que es la enfermedad fundamental de los seres humanos. El efecto más grave de esta enfermedad es que crea un sentido de dualidad y, por consiguiente, hablamos del "yo" y el "no yo". La verdad es que todo es Uno, que por supuesto no es un uno numérico. Lo que crea antagonismo, codicia e inevitablemente sufrimiento es el verse a uno mismo falsamente confrontado por un mundo de existencias separadas. El propósito del zazen es limpiar estas sombras o impurezas de la mente de modo que se pueda experimentar íntimamente nuestra solidaridad con la vida. El amor y la compasión entonces surgen natural y espontáneamente.

Estudiante: Me estoy sentando en shikan-taza como usted me indicó. Me duelen las piernas, pero es algo soportable. No me molestan los numerosos pensamientos que tengo y mi concentración es bastante buena, pero verdaderamente no sé cuál es el propósito de sentarse así.

Roshi: La primera meta al sentarse es unificar la mente. Para la persona ordinaria cuya mente es atraída en muchas direcciones, la concentración sostenida es virtualmente imposible. A través de la práctica del zazen, la mente se concentra en un solo punto de modo que es

[11] El roshi, como Hui-neng, el Sexto Patriarca, compara la mente no con la forma de un espejo, puesto que la mente no tiene forma, sino con la capacidad de reflejar del espejo. El verso de Hui-neng dice: "Fundamentalmente no existe árbolbodhi /ni el marco de brillante espejo. / Puesto que desde el principio todo es vacuidad / ¿dónde puede posarse el polvo?".

posible controlarla. Este proceso podría compararse con concentrar los rayos del sol con una lupa. Cuando los rayos del sol se enfocan en la lupa, se vuelven más intensos. La mente humana también funciona con más eficiencia cuando está centrada y unificada. Aparte de que quieras o no ver tu Propia-naturaleza, puedes apreciar el efecto en tu bienestar y en la integración de tu mente.

Estudiante: Sí, claro. Ahora me senté en silencio a hacer zazen y entonces empecé a tener mucho dolor. No sabía si debía soportar el dolor o darme por vencida. Mi verdadero problema en otras palabras es éste: ¿debo utilizar mi voluntad para forzarme o debo sentarme pasivamente?

Roshi: Éste es un problema importante. Con el tiempo llegarás al punto en que te puedas sentar confortablemente, libre de la presión o el dolor. Pero como durante muchos años hemos tenido el hábito de utilizar mal nuestro cuerpo y mente, al principio debemos usar nuestra voluntad hasta poder sentarnos con facilidad y equilibrio. Y esto inevitablemente implica dolor.

Cuando se establece el centro de gravedad del cuerpo en la región justamente abajo del ombligo, todo el cuerpo funciona con una mayor estabilidad. El centro de gravedad en la persona ordinaria se encuentra en los hombros. Además, en vez de sentarse y caminar con la espalda erecta, la mayoría de la gente se encorva forzando de manera antinatural todas las partes del cuerpo.

Del mismo modo empleamos mal la mente al abrigar y jugar con toda clase de pensamientos sin sentido. Por eso debemos tomar la decisión de esforzarnos por utilizar adecuadamente nuestra mente y nuestro cuerpo. Al principio el dolor es inevitable, pero si uno persevera poco a poco, el dolor dará paso a una sensación de bienestar. Te volverás más fuerte físicamente y más despierta mentalmente. Ésta es la experiencia de todos aquellos que hacen zazen con regularidad y devoción.

Roshi: ¿Quieres preguntar algo?

Estudiante: Sí, tengo varias preguntas. La primera es: ¿por qué puso sobre mi lugar una señal diciendo que no se me golpeara con el kyosaku? ¿Acaso piensa que no hay esperanzas para mí?

Roshi: Pensé que, como la mayoría de los occidentales, no te gustaría que te golpearan. El monitor principal ha estado pegando muy fuerte y pensé que ello podría interferir con tu zazen. ¿Te importa que te peguen?

Estudiante [sonriendo]: Bueno, la mayoría del tiempo no, si no es demasiado fuerte.

Roshi: Ayer golpearon muy fuerte a una joven japonesa que se sienta detrás de ti para estimularla, desde luego. Era la primera vez que le pegaban y se sorprendió tanto que abandonó el sesshin de inmediato. Afortunadamente regresó hoy y me contó lo que le había pasado, así que puse una señal sobre su lugar diciendo que no se le golpeara.

Estudiante: En todo caso, me alegro que no piense que soy un caso imposible.

Éste es mi siguiente punto: Al sentir mucha energía esta mañana, comencé a pensar: "Debo vaciar mi mente de pensamientos inútiles para que pueda entrar la sabiduría". Entonces me di cuenta de que esto lo producía el ego y me sentí muy descorazonada. Me sentí como un burro que solamente se mueve si le colocan enfrente una zanahoria.

Roshi: ¿Deseas alcanzar la iluminación?

Estudiante: No sé lo que es la iluminación. Ayer le dije que quería deshacerme de mi ego para poder ser un poco más sabia. Creo que me interesa más deshacerme del ego que alcanzar la iluminación.

Roshi: Intrínsecamente no hay ego; es algo que nosotros mismos creamos. Sin embargo, este ego creado por nosotros mismos es lo que nos lleva a hacer zazen, así que no debemos despreciarlo. El zazen, como probablemente ya te habrás dado cuenta, produce un agotamiento del ego. También puedes deshacerte del ego siguiendo las reglas del sesshin en vez de seguir las inclinaciones propias. Por ejemplo, al no quererte levantar cuando suena la campana para levantarse y caminar, estás sirviendo y reforzando el ego. Lo mismo sucede cuando comes. Te rindes a tu ego cada vez que no quieres comer en comunidad y te vas a comer sola. Ahora bien, como el ego está enraizado en el subconsciente, la única manera de desenraizarlo es llegando a la iluminación.

Estudiante: Estoy muy cansada y las piernas me duelen muchísimo. Ya no puedo hacer zazen. No sé qué hacer.

Roshi: El zazen requiere una considerable cantidad de energía. Si el cuerpo no está acostumbrado, el zazen intensivo se vuelve difícil. Hasta que recuperes tu fuerza siéntate de manera confortable, sin forzarte. Cuando te sientas fuerte, esfuérzate de nuevo. Después es una cuestión de determinación, de utilizar la voluntad. Se necesita energía y una determinación inquebrantable.

Estudiante: He estado trabajando en el koan "¿cuál era tu Rostro antes de nacer?". Creo que tengo la respuesta, pero me gustaría que la confirmara usted. He pensado, por ejemplo, en cómo era antes de nacer y cómo eran mis padres. También he pensado cómo seré después de la muerte. Es más, en mi imaginación ya he enterrado mis cenizas en mi sitio preferido. ¿He estado trabajando correctamente en este koan?

Roshi: No. Lo que me estás diciendo es una visión hipotética del koan. Para trabajar verdaderamente en él debes contestar preguntas como: si el mundo fuese destruido, ¿sería el Rostro original destruido también? Y si es así, ¿de qué manera?

Estudiante: No puedo contestar esas preguntas.

Roshi: El koan no es diferente de Mu. Por ahora continúa con el shikan-taza hasta que llegues al punto en que anheles el kensho intensamente. Entonces un koan como "¿cuál es mi Rostro antes del nacimiento de mis padres?" o "¿qué es Mu?", será apropiado.

Estudiante: Al hablar de makyo usted ha dicho que incluso las percepciones psicológicas sobre uno mismo son makyo. Esto no sólo me confunde sino que me descorazona. Durante el sesshin he tenido varias intuiciones sobre mí misma que me han encantado. Ahora me siento confundida y no sé qué pensar.

Roshi: A medida que tu práctica avance aparecerán muchos makyos. Por sí solos no son dañinos y hasta cierto punto pueden ser beneficiosos. Pero si te apegas o te dejas encantar por ellos, te obstruirán. En un sentido más profundo se puede decir que hasta el Bodhisattva Kannon está *apegado* a la compasión, ya que si no estuviera sería un Buda, libre de todo apego. La persona obsesionada por la idea de ayudar se siente obligada a ayudar a otros que quizás estarían mejor sin su ayuda. Por ejemplo, si a una persona con pocos recursos que vive de manera muy sencilla le dan cosas materiales innecesarias para su forma de vida le destruirán su vida. Esto de ninguna manera sería un acto de bondad. Un Buda es compasivo, pero no está *obsesionado* por el deseo de salvar a otros.

Por supuesto que es valioso descubrir cosas sobre uno mismo, pero tu meta es ir más allá de esto. Si te paras a felicitarte sobre lo que has conocido, frenarás el avance hacia la realización de tu naturaleza búdica. En un sentido más amplio, cualquier cosa que no es la iluminación verdadera es makyo. No te preocupes ni te dejes fascinar por el makyo. No permitas que lo que esencialmente son experiencias transitorias te desvíen. Continúa devotamente con tu práctica.

Estudiante: Hace como una hora durante el zazen de pronto el dolor de las piernas desapareció y las lágrimas empezaron a correr sin darme cuenta y sentí como si me derritiera por dentro. Al mismo tiempo me sentí envuelta por un sentimiento de amor. ¿Qué significa todo esto?

Roshi: Al practicar zazen con energía y devoción, se destruye nuestro sentido de separación de las personas y las cosas. El hombre ordinario piensa dualísticamente: piensa en términos de sí mismo y aquello opuesto a él y esto es lo que causa su sufrimiento, puesto que da pie al antagonismo y al aferramiento, que a su vez llevan al sufrimiento. Pero a través del zazen esta dicotomía poco a poco se desvanece. Entonces la compasión se profundiza y amplía naturalmente, puesto que tus pensamientos y sentimientos ya no estarán enfocados en un "yo" no existente. Esto es lo que te está pasando. Por supuesto que es muy gratificante pero debes ir más lejos. Continúa concentrándote de todo corazón.

Estudiante: Mi práctica es shikan-taza.

Roshi: ¿Quieres preguntar algo?

Estudiante: Sí, ayer cuando intentaba sentarme con vigor, como me instó a que lo hiciera, sentí que mi esfuerzo era mecánico porque tenía que empujar, por decirlo así, para alcanzar ese estado. Sin embargo, me senté como se me dijo que me sentara y cuando el monitor me pegó con el kyosaku varias veces, me dijo que me estaba sentando muy bien. Sin embargo, yo sentía que me sentaba mecánicamente. Esta mañana en vez de empujar sentí que algo me empujaba. Mi fuerza surgió naturalmente y sentí que la calidad de mi zazen era mejor que cuando estaba "empujando". No obstante, cuando el monitor me pegó esta mañana me dijo: "¡Tu esfuerzo está decayendo! ¡Anímate!". Estoy verdaderamente confundida.

Roshi: Ante todo no retengas en la mente las palabras de la persona que trata de ayudarte. Escucha lo que te dice y después olvídalo. Por supuesto que el zazen que se logra con un vigor que fluye naturalmente sin tener que "empujar" es mejor. Por desgracia no siempre es posible mantener ese vigor. Por ello es necesario esforzarse a sentarse con firmeza cuando la energía no surge tan espontáneamente. Toma en cuenta que existe una relación causal entre sentarse mecánicamente, como tú lo llamas, y el zazen natural y fácil que experimentaste más tarde. En todo caso, el practicante muchas veces no es el mejor juez de la calidad de su zazen. Lo importante es que no relajes tu esfuerzo, que no permitas que el cansancio o el aburrimiento se apoderen de ti.

Estudiante: Tuve la sensación de tener un objeto en mi frente, entre los ojos. Era tan fuerte que automáticamente mi atención se fue hacia esa zona. Pero como usted me ha dicho que me concentre en el fondo de mi abdomen, regresé mi mente a esa zona. ¿Debo continuar?

Roshi: Si tu mente se dirige natural y espontáneamente hacia un punto entre los ojos, está bien dirigir tu concentración hacia ese sitio. Es otra forma de concentrarse.

Roshi: ¿Te ha sucedido algo en particular?

Estudiante: He tenido la sensación de que la parte posterior de mi cabeza está siendo empujada hacia arriba por mi respiración y que mi respiración se me va a la espalda. ¿Es un makyo? ¿Qué debo hacer?

Roshi: Sí, éste es también un tipo de makyo. Estas cosas no tienen un significado particular —no son buenas ni malas—. No te apegues a ellas, sólo continúa asiduamente con tu práctica. Surgen, como te he dicho, cuando nuestra concentración es intensa.

Estudiante: Pero ¿por qué surgen?

Roshi: Los pensamientos surgen constantemente en la superficie de nuestra mente como olas en el mar y son el resultado del funcionamiento de nuestros seis sentidos.[12] Ahora bien, en nuestro subconsciente se encuentran todas las impresiones residuales de las experiencias de nuestra vida, incluyendo aquellas de vidas previas desde tiempos inmemoriales. Cuando el zazen penetra tan profundamente que los niveles superficiales e intermedios de la conciencia se tranquilizan, elementos de estos residuos surgen en la mente consciente. Esto se llama makyo.

Pero no te dejes fascinar por ellos cuando sean agradables ni te asustes cuando sean extraños. Si te aferras a ellos —si los admiras o los temes— pueden volverse un obstáculo.

Estudiante: Tengo mucho dolor en las piernas. ¿Qué puedo hacer?

Roshi: Si tienes demasiado dolor es difícil concentrarse, pero cuando la concentración es fuerte, en vez de molestarte, te estimulará para que sigas con mayor energía.

Estudiante: Tengo otra pregunta. ¿Qué puedo hacer cuando me da sueño?

Roshi: Depende de la naturaleza de tu sueño. Si sólo te sientes adormilada puedes hacer lo siguiente: oscila el cuerpo ligeramente de lado

[12] El sexto sentido, según el budismo, es la facultad de discriminar.

a lado varias veces o frótate los ojos. Si es un sueño pesado debido a que no dormiste la noche anterior, entonces puedes sumergir la cara en agua fría y frotarla vigorosamente. Para despertar un espíritu decaído es bueno hacer lo siguiente: piensa que la muerte puede llegar en cualquier momento ya sea por accidente repentino o por enfermedad y, por tanto, decídete a alcanzar la iluminación sin demorarte más.

Estudiante: Me temo que lo hice muy mal en mi primer sesshin. He sido incapaz de concentrarme en absoluto. Mi mente se ha distraído y alterado por los gritos de los más avanzados que reciben el kyosaku, por el sonido mismo del kyosaku, por los coches y camiones que pasan, por el bebé que llora en la casa de al lado, por los perros que ladran. No sé por qué me imaginé que vendría a un templo tranquilo e idílico, pero ha sido bastante diferente de lo que pensaba. Además de mi desilusión, me siento avergonzada de no haberlo hecho mejor.

Roshi: No debes sentirte así. Al principio es muy difícil para todo el mundo concentrarse porque la mente está acostumbrada a distraerse fácilmente. Es obvio que lo ideal es ir a un lugar callado cuando se empieza a hacer zazen. Por esto muchos monjes zen iban y todavía van a las montañas solitarias a retirarse. Pero no es bueno quedarse demasiado tiempo en una atmósfera así. A medida que los poderes de concentración crecen y se hacen fuertes, uno es capaz de hacer zazen en cualquier sitio —cuanto más ruidoso, mejor—. Al cultivar fuertes poderes de concentración, uno puede ir a la parte más ruidosa del Ginza[13] y hacer zazen allí mismo.

Estudiante: Tengo una pregunta muy larga que me tomará un rato largo plantear. Sé que hay muchas personas esperando para verlo, pero como es algo muy importante para mí, espero que me permita hacerla.

Roshi: Adelante.

Estudiante: Desde mi último sesshin he tenido una serie de pensamientos y sentimientos desagradables en mi meditación sobre mí misma —y no eran makyos— sobre lo que podría llamar mi *falsa* naturaleza. En su plática de esta mañana dijo que cuando vaciamos nuestra mente de todo pensamiento, la verdadera sabiduría aparece. También habló de sólo ver cuando miramos y escuchar cuando oímos. No he podido hacer esto porque mi ego siempre se interpone. Ahora bien, no sé lo que es el kensho, pero si se trata de ver mi verdadera naturaleza, me

[13] La parte más transitada del centro de Tokio.

parece que lo estoy haciendo exactamente al revés porque lo que estoy viendo es mi *falsa* naturaleza.

Roshi: Antes de hacer zazen pensamos que somos seres superiores, pero a medida que nos vemos más claramente, somos más humildes y reconocemos en nosotros pensamientos y malas acciones. Pero esta comprensión es un reflejo de la verdadera naturaleza. Si caminamos en la oscuridad, digamos, y llegamos a un pino no podremos verlo. Pero al salir un fragmento de Luna observamos las agujas del pino en la tierra. A medida que la Luna se agranda, vemos el tronco del árbol y cuando la Luna está llena podemos ver el árbol completo. Nuestra percepción de todo es un reflejo de nuestro verdadero yo.

Estudiante: ¿Puedo hacer otra pregunta? He visto y he hablado con personas que parecen haber tenido algún tipo de experiencia de iluminación. Sin embargo, con frecuencia parecen tener problemas con lo que he llamado la naturaleza falsa. ¿Cómo es posible esto?

Roshi: Es cierto que hay personas que han tenido una experiencia de kensho y que, sin embargo, parecen ser, moralmente hablando, inferiores a las que no lo han tenido. Tú me preguntaste por qué. Estas personas iluminadas han percibido la verdad de que toda la vida en su naturaleza esencial es indivisible, pero como no se han liberado de los sentimientos engañosos, cuyas raíces están profundamente en el subconsciente, no pueden actuar de acuerdo con su visión interna. Sin embargo, si continúan haciendo zazen, gradualmente su carácter mejorará y se limpiará de estas impurezas y con el tiempo se convertirán en individuos sobresalientes.

Por otra parte, aquellos que nunca han tenido la experiencia del kensho y que, sin embargo, parecen humildes y poco egoístas ocultan, por decirlo así, la verdadera condición de su mente. En apariencia estos últimos parecen ser más virtuosos y equilibrados, pero como no han experimentado la verdad y por tanto aún no ven al universo como una parte de ellos mismos, al sentir una gran presión no pueden mantener su buena conducta y su comportamiento deja mucho que desear.

Estudiante [llorando]: Hace unos cinco minutos tuve una experiencia aterradora. De pronto sentí que todo el universo chocaba contra mi estómago y me puse a llorar. Ni siquiera ahora puedo parar de llorar.

Roshi: Suceden muchas experiencias extrañas cuando haces zazen. Algunas son agradables y otras, como ésta, son atemorizantes. Pero no tienen un significado especial. Si te fascinas por una experiencia

agradable y te aterras por una horrible, ambas experiencias te obstaculizarán. Pero si no te aferras pasarán de forma natural.
Estudiante: Ayer le conté cómo sentí que todo el universo se precipitaba desde mi cabeza hasta el estómago y que tuve convulsiones de llanto terribles. Después de pensarlo, creo que me pasó porque me estaba forzando. Si no me hubiese forzado no hubiera pasado.

Roshi: Si quieres hacer zazen de una forma fácil y relajada, también está bien. Podemos hacer esta comparación. Tres personas tratan de alcanzar la cima de una montaña desde la cual hay una vista excepcional. La primera no se esfuerza, quiere pasear y, por consiguiente, le llevará más tiempo llegar a la cima. La segunda, con mayor prisa, camina con pasos largos, impulsándose con los brazos y gana terreno rápidamente. La tercera, como en un salto, llega rápidamente a la cima y exclama, "¡Oh, qué vista más magnífica!".

Estudiante: ¿Cuál es la mejor forma?

Roshi: Todo depende de tu estado mental. Si tienes mucho tiempo, la primera es satisfactoria. Pero si deseas llegar a la cima rápidamente, una de las dos últimas es la mejor. Huelga decir que para moverse con rapidez se necesita más energía. Además, cuando uno se esfuerza con una intensidad apasionada pueden ocurrir experiencias inesperadas, unas atemorizantes, otras agradables; en otras palabras, lo que has estado experimentando.

Estudiante: Quisiera darle las gracias. También quiero decirle que regreso la semana que entra a Estados Unidos y que éste será mi último sesshin. Aunque estos sesshines han sido dolorosos de muchas maneras, también han sido inmensamente reveladores. Sin este último no hubiese llegado a comprenderme tan bien como ahora y no sabría cómo seguir adelante. Le estoy muy agradecida por la gran ayuda que me ha dado.

2. Estudiante B (hombre, 45 años de edad)

Estudiante: Mi koan es Mu.

Roshi: Para comprender el espíritu de Mu debes, sin desviarte, viajar por una vía de hierro que va hasta el infinito. Una sola parada impedirá la iluminación. La separación más ínfima de Mu se convierte en una separación de kilómetros. Así que, ¡ten cuidado y vigila! Mientras estés sentado, parado, caminando, comiendo o trabajando, no sueltes a Mu ni un instante.

Estudiante: Parece que no estoy llegando a ningún lado con Mu. No sé qué es lo que tengo que comprender o no comprender.

Roshi: Si verdaderamente pudieras decir "no comprendo", después de una profunda reflexión, sería convincente, puesto que en verdad nada hay que entender. En el sentido más profundo no entendemos nada. Lo que puede saberse a través de los filósofos o científicos que razonan es una fracción del universo. Si imaginamos que esta pluma de escribir que tengo en mis manos es el universo entero, lo que se sabe intelectualmente es sólo la punta de la pluma. ¿Puede un filósofo o un científico decir verdaderamente por qué las flores se abren o por qué la primavera sigue al invierno? Cuando no estamos conceptualizando, la parte más profunda de nosotros está funcionando.

Estudiante [interrumpiendo]: Sí, eso lo veo claramente, pero...

Roshi [continuando]: Así que si honestamente puedes decir "no comprendo", comprenderás muchísimo. Ahora regresa y trabaja en este koan con más intensidad.

Estudiante [excitado]: ¡Sé qué es Mu! Éste es Mu en una situación [levantando el bastón de roshi]. En otra esto sería Mu [levantando otro objeto]. Fuera de eso no sé.

Roshi: No está mal. Si realmente supieras lo que quieres decir con "no sé", tu respuesta sería mejor aún. Es obvio que piensas en ti como un ente separado totalmente de otros entes.

Esta mañana se dio un resumen en inglés de mi plática a todos los extranjeros. ¿Estuviste presente?

Estudiante: Sí, estuve.

Roshi: Entonces sabes lo imperativo que es abandonar las ideas de "yo" opuesto a "otros". Ésta es una ilusión producida por una visión falsa de las cosas. Para llegar a la Autorrealización debes experimentar directamente que el universo y tú son uno. Por supuesto que esto lo entiendes teóricamente, pero la comprensión teórica es como una foto: no es la cosa misma sino una representación de ella. Debes abandonar el razonamiento lógico y captar lo verdadero.

Estudiante: Eso lo puedo hacer. ¡Sí puedo!

Roshi: Muy bien. ¿Cuál es el tamaño de tu verdadero Yo?

Estudiante [haciendo una pausa]: Bueno... depende de las circunstancias. En una situación puede ser una cosa y en otra sería otra cosa.

Roshi: De haber realizado la verdad hubieses dado inmediatamente la respuesta concreta.

Cuando estiro los brazos de esta manera [demostrándolo], ¿a qué distancia se extienden? ¡Responde inmediatamente!

Estudiante [pausando]: No sé. Sólo sé que a veces siento que soy el palo y a veces siento que soy otra cosa; no sé muy bien qué.

Roshi: Ya casi estás ahí. Ahora no te vayas a relajar, ¡haz todo cuanto puedas!

3. *Estudiante C (hombre, 43 años de edad)*

[Al entrar a dokusan cada estudiante normalmente le dice al roshi cuál es su práctica. La práctica de este estudiante es Mu, pero la frase "mi práctica es Mu" se ha omitido para evitar una repetición obvia].

Estudiante: Siento que Mu es todo y nada. Siento que es como el reflejo de la Luna en el lago, sin Luna ni lago, sólo el reflejo.

Roshi: En teoría tienes una comprensión aguda de Mu, un *retrato* muy claro en tu mente; ahora necesitas captarlo directamente. Un famoso maestro de zen escribió lo siguiente al iluminarse: "Cuando escuché la campana del templo, de pronto no hubo campana ni yo, solamente el sonido". En otras palabras, ya no estaba consciente de la distinción entre sí mismo, la campana, el sonido y el universo. Éste es el estado que debes alcanzar. ¡No te detengas, sigue adelante!

Estudiante: Tengo una queja. Anoche mientras esperaba para ir a dokusan, se me empujó y grité bruscamente. Sé que fue para animarme, pero al mismo tiempo me sentí ofendido.

Roshi: Te ofendes porque piensas de ti mismo como un "yo". Si tu cuerpo y tu mente estuvieran cien por ciento unidos con Mu, *¿quién* se ofendería? En ese momento serías como un bobo o como la bolsa llena de arena que el boxeador golpea: irías hacia cualquier lado que se te empujara porque tu ego, tu voluntad, se hubieran desvanecido. Entonces es cuando puedes realizar a Mu directamente. Al llegar a esa etapa estás libre de resentimientos.

Estudiante: Ayer alcancé el punto más alto de mi esfuerzo; mi entusiasmo, me dijo usted, estaba a noventa y cinco por ciento. Pero hoy el deseo ardiente me ha abandonado. Me siento completamente desanimado y no sé por qué.

Roshi: No te desanimes, así pasa con todo mundo. Si fueras una máquina podrías funcionar con constancia a un ritmo elevado, pero un ser humano no puede hacerlo. Piensa en una persona que monta a caballo. Si es un buen jinete, no hace galopar al caballo en seguida y después lo hace ir al trote y después al paso. Si lleva al caballo a un trote constante tiene mejores posibilidades de hacerlo ir más de prisa cuando quiera.

Si te relajas por completo y continúas caminando indefinidamente o, lo que es peor, si te paras de vez en vez te tomará mucho más tiempo llegar a tu destino. El problema es que quizá consciente o inconscientemente estás pensando: "Si no tengo kensho en este sesshin, lo tendré en el siguiente". Pero si éste fuese tu último sesshin en Japón, llegarías a la desesperación y esto te arrastraría hasta la iluminación.

Mira a estas personas que están en este sesshin especial[14] contigo. Solamente tienen una oportunidad al año de ir a sesshin y sienten que si no alcanzan el kensho esta semana, tendrán que esperar otro año hasta el siguiente sesshin. Así que hacen zazen con una energía tremenda y con gran devoción. Tres del grupo ya han tenido kensho.

No relajes tu esfuerzo, pues te tomará mucho más tiempo alcanzar lo que buscas.

Estudiante: Mi mente está mucho más libre de pensamientos ahora que en lo que he pasado del sesshin, pero todavía me molestan algunas ideas que ocurren repetidamente. Supongo que se debe a que he leído tanto sobre el zen en el pasado y esto se está reflejando ahora.

Roshi: Sí. Realizarás tu verdadera naturaleza después de que tu mente se haya vaciado de pensamientos y esté pura como un papel en blanco, inmaculado. Sólo se trata de concentrarte en Mu de una forma tan absorbente que no haya sitio alguno para otros pensamientos de ningún tipo, incluyendo al Mu mismo.

Roshi: No te descuides ni un solo instante. Si estás atento mientras te sientas en zazen y, sin embargo, permites que tus ojos y tu mente se paseen cuando te levantas, interrumpes esa mente concentrada. ¿Entiendes lo que te digo?

Estudiante: Sí, pero esto no tiene nada que ver conmigo. Siempre estoy atento.

[14] Yasutani-roshi lleva a cabo este sesshin de siete días una vez al año en Hokkaido, la isla más al norte de Japón.

Roshi: Bueno, es posible no estar atento sin que uno se dé cuenta. Además, hay grados de atención. Si en un tren estás atento de que no te roben la cartera, es una clase de conciencia. Pero si estás en una situación en que te pueden matar en cualquier instante —durante la guerra digamos— el grado de atención es mucho mayor.

Si te relajas aunque sea un instante, te separarás de Mu. Incluso al ir a la cama continúa absorbiéndote en Mu y cuando despiertes, despierta con la mente enfocada en Mu. En cada momento toda tu atención debe estar concentrada en penetrar Mu hasta el punto de estar poseído como un amante. Sólo entonces podrás despertar.

Roshi: Sabes cómo hacer zazen adecuadamente. Tienes también un excelente retrato mental de Mu. Pero para experimentar a Mu debes deshacerte en realidad de esta imagen que guardas en la mente discursiva. Las raíces que fortalecen las ideas del ego están profundamente plantadas en la mente subconsciente, lejos del alcance de la conciencia ordinaria, así que es difícil deshacerse de ellas. Para deshacerse de ellas debes volverte uno absolutamente con Mu, al caminar, al comer, al trabajar, al dormir, al ir al baño.

No sólo debes concentrar tu mente, sino también controlar tus ojos, pues cuando los ojos no se mantienen bajos surgen pensamientos, la mente se agita y antes de haberte dado cuenta te habrás alejado de Mu.

Como ya he dicho, sabes cómo concentrarte pero tu concentración es aún débil. Tienes una tendencia a distraerte o a ocuparte de cosas externas. Aunque esto no sea malo en sí, resulta fatal para el que aspira a realizar su verdadera naturaleza, puesto que la mente se distrae constantemente. Sólo te iluminarás después de haber puesto toda la vitalidad de tu ser en la unidad con Mu.

Estudiante: Lucho con todas mis fuerzas por ser uno con Mu, pero como eso que no es Mu es igual de fuerte, Mu no prevalece. Es más, cuanto más fuerte es Mu, más fuerte es la fuerza que se opone, así que me siento "entre dos mundos, uno muerto y el otro incapaz de nacer". Francamente estoy en un punto donde no sé qué hacer. Es necesaria una energía aún mayor de la que poseo, estoy convencido de eso.

Roshi: Lo que estás tratando de hacer podría compararse con esto (empuja una mano con la otra). Una vez que tomes conciencia de Mu, sabrás que nada puede oponerse a Mu, puesto que todo es Mu. Ahora puedes apreciar por qué se utiliza el kyosaku para ayudarte a esforzarte más allá de tu capacidad normal. Pero ya que el kyosaku no te agrada puedo decir al monitor que te pegue con la mano de vez en cuando en la espalda. Así podrías movilizar mayor energía de la que has movilizado hasta el momento.

Roshi: Si éste fuera un gran monasterio, al llegar a dokusan como lo haces en este momento, el roshi te exigiría severamente: "¡Muéstrame a Mu!". Si no pudieras hacerlo, te advertiría que no regresaras hasta que pudieras hacerlo. Consternado, buscarías excusas para no ir a dokusan por miedo a ser reprendido por no tener una respuesta para Mu. Por otra parte, si no fueras a dokusan voluntariamente, los monjes te levantarían de tu asiento y te arrastrarían a dokusan. Sin saber a dónde dirigirte, por pura desesperación, encontrarías la respuesta a Mu.

Por una serie de razones no empleamos esas medidas aquí, pero ejerce esa presión sobre ti mismo. Ven ante mí sintiendo que, pase lo que pase, tienes que demostrarme la verdad de Mu. Ahora regresa a tu lugar y ¡haz lo mejor que puedas!

Roshi: Veo que aún no has penetrado el Mu... ¿Por qué no?... Comienzas concentrándote intensamente y después te relajas. Durante un rato te agarras a Mu como estoy agarrando mi bastón (lo toma fuertemente, con ambas manos). Después te relajas así (deja caer el bastón). ¡Así nunca lo conseguirás! Cuando caminas, sólo Mu camina; cuando comes, sólo Mu come; cuando trabajas, sólo Mu trabaja, y cuando vienes a verme sólo Mu aparece. Al postrarte, Mu se postra. Al hablar, Mu habla. Al dormirte, Mu duerme y se despierta. Al llegar al punto en que tu ver, tu escuchar, tu tocar, tu oler, tu saborear y tu pensar no son sino Mu, de pronto percibirás a Mu directamente.

Roshi: Para realizar a Mu debes volverte como un amante cuya mente sólo existe para el amado. La persona ordinaria se preocupa por una serie de detalles: la hora del día, su vestido diario, los pensamientos triviales que entran en su mente. Pero el amante, con toda su mente centrada en su amada, está como en un estado de trance. Es como un bobalicón que sólo puede enfocar su mente en una dirección. Si alcanzas esta unidad de mente con Mu, con toda seguridad te iluminarás.

Estudiante: En diferentes ocasiones me ha dicho que cada objeto es Mu. Que yo soy Mu y así. ¿Qué debo hacer con estas pistas? ¿Pensar en ellas durante mi zazen y de qué manera?

Roshi: No, no pienses en ellas durante zazen; estas pistas son sólo expresiones del momento. Si te ayudan a abrir tu mente a una conciencia directa de Mu, está bien. Si no, olvídalas y regresa a tu pregunta "¿Qué es Mu?"

Estudiante: Hace rato cuando me concentraba sólo en Mu mi poder de concentración era bastante fuerte. Podía enfocar mi mente en Mu con facilidad sin la interferencia de diversos pensamientos. Pero desde que me dijo que debo pensar en el significado de Mu preguntándome "¿Qué es Mu?", mi mente ha dado paso a una avalancha de pensamientos que impiden mi concentración.

Roshi: Puedes reducir el "¿Qué es Mu?" a Mu solamente, porque la pregunta completa ya ha penetrado en el subconsciente y este Mu abreviado producirá en tu mente el eco de toda la frase.

Tu propósito al hacer zazen es experimentar el kensho. Aunque el kensho y joriki, que es el nombre en japonés para la energía que produce el zazen, se relacionan íntimamente, son dos cosas distintas. Hay personas que durante años hacen zazen con un joriki muy fuerte y, sin embargo, no llegan a despertar. ¿Por qué no? Porque en su inconsciente más profundo no pueden deshacerse de la idea de que el mundo no es parte de ellos y que son una individualidad independiente y opuesta a otras individualidades. Renunciar a tales concepciones es encontrarse en "la oscuridad".[15] Ahora bien, el satori proviene de esa "oscuridad" y no de la "luz" de la razón y de nuestro conocimiento del mundo. Al preguntarte intensamente "¿qué es Mu?" conduces a la mente que razona a un callejón sin salida y la vacías de todo pensamiento destruyendo gradualmente las raíces tenaces del yo y el no yo de la mente subconsciente. Este autopreguntarse dinámico es la forma más rápida para llegar a la Autorrealización.

El joriki es, por supuesto, esencial pero si sólo persigues eso, puedes hacer zazen durante años sin acercarte para nada a tu meta del despertar. Por otra parte, hay personas con un joriki comparativamente débil que han abierto el ojo de su mente.

Estudiante: Entonces, ¿por qué debo preocuparme en desarrollar el joriki?

Roshi: Solamente porque no es posible llevar a cabo una práctica espiritual sin que tus pensamientos y emociones estén bajo un control

[15] En el zen se dice: "el grandioso y redondo espejo de la sabiduría es tan negro como la brea".

natural. Una vez que logres dicho control natural a través del joriki ya no te moverás compulsivamente. Podrás experimentar o ignorar libremente vistas y sonidos atractivos, sin consecuencias posteriores de remordimiento o apego. Sin embargo, hasta que no llegues a la iluminación, tu visión del mundo y tu relación con él estará nublada, es decir, estará dominada todavía por ideas de "yo" y "otro" y tu visión imperfecta hará que te desvíes.

La Autorrealización puede llegar, como he dicho, con sólo un poco de zazen y correspondientemente con un poco de joriki, pero sin el joriki es difícil cambiar la dirección de las acciones habituales de modo que estén de acuerdo con la verdad que aún no has experimentado. Sólo después del despertar dejamos de ver el mundo y a uno mismo como dos cosas y llegamos a desarrollar nuestro potencial al máximo, siempre y cuando continuemos haciendo zazen para aumentar el joriki.

Estudiante: Puedo apreciar todo esto, pero mi problema es: ¿cómo puedo mantener la pregunta "¿Qué es Mu?" cuando no tiene ningún significado para mí? Ni siquiera me puedo formular la pregunta así que mucho menos resolverla. Si yo le dijera "¿Qué es *baba*?",[16] no tendría ningún significado para usted. Igualmente encuentro sin sentido a Mu.

Roshi: ¡Precisamente por eso Mu es una práctica excelente! Para realizar tu Propia Naturaleza tienes que romper con el fondo de la lógica y el análisis. La pregunta ordinaria exige una respuesta racional pero tratar de contestar "¿Qué es Mu?" con la razón es como tratar de golpear una pared de hierro con la mano. Esta pregunta te obliga a entrar en un ámbito más allá del razonamiento. Pero tu esfuerzo por resolverlo no carece de significado. Lo que en realidad estás tratando de descubrir es "¿cuál es mi verdadero ser?". A través del camino que te he descrito lo puedes descubrir. Si prefieres, puedes preguntarte: "¿Cuál es mi Verdadero ser?".

Estudiante: O, ¿qué soy? o ¿quién soy?

Roshi: Sí, exactamente.

Estudiante [entra corriendo, jadeando]: Tengo que decirle lo que me pasó hace un rato. Prácticamente se me oscureció todo.

Roshi: ¿Quieres decir que todo se puso negro y no podías ver nada?

Estudiante: No exactamente. Todo se oscureció, pero había como un agujero de luz en esa oscuridad. Esto me ha pasado varias veces. ¿Tiene algún significado?

[16] Casualmente, el estudiante eligió una palabra que en japonés tiene varios significados.

Roshi: Es un makyo que demuestra que has llegado a un punto crítico. Los makyos no ocurren cuando uno está distraído, ni tampoco cuando la práctica ha madurado; indican la intensidad de tu concentración. Es muy importante que no te separes ni un instante de tu koan. No te descuides ni por un momento. No dejes que nada rompa tu concentración. ¡Debes ser Mu! ¡Sólo "un paso más!".

Estudiante: Mi mente está totalmente concentrada. He estado en un profundo samadhi. Con mi cabeza y mi corazón me he estado preguntando "¿qué es Mu?".

Roshi: Excelente.

Estudiante: Pero tengo esta dificultad. De pronto mi corazón comienza a latir de prisa. Otras veces mi respiración desaparece de mi nariz y la siento en el estómago. No sé si preocuparme o no. También cuando oigo al monitor principal golpeando a todos con el kyosaku, gritándoles que se concentren con toda su energía y escucho a todo mundo respirar y jadear, no sé si continuar con mi propia forma, meditando en silencio, o si tensar y empujar como todos los demás.

Roshi: Sólo puedo repetirte: has llegado a un punto crucial. Cuando estaba practicando en Hosshin-ji hace muchos años, yo también llegué a un punto en que mi corazón latía violentamente y no sabía qué hacer. Como sabes, el kyosaku se usaba sin piedad en ese monasterio y a todos se les exhorta continuamente a trabajar al máximo. Cuando le planteé el problema a Harada-roshi no dijo nada, absolutamente nada. Esto significa que yo debía buscar mi propio camino, pues nadie me podía decir qué hacer. Si continuaba sentía como si me fuera a desmayar. Por otra parte, si relajaba mi esfuerzo sabía que retrocedería. Te diré esto: si te sientas en silencio dejando pasar el tiempo, jamás llegarás a la Autorrealización. Para llegar a la iluminación debes penetrar a Mu con cada gramo de energía; tu absorción debe ser completa y no puedes decaer. Profundamente en nuestro subconsciente la concepción de "yo" y "otro" es muy fuerte. Pensamos: "Estoy aquí; lo que no soy yo es lo de allá afuera". Esto es una ilusión; inherentemente no existe tal dicotomía. Por supuesto que todo esto lo sabes en teoría pero este "yo" está arraigado con tal fuerza que no puede desenraizarse por medio de la razón. Al concentrarse totalmente en Mu, uno deja de estar consciente del "yo", que se opone al "no yo". Si la absorción en Mu continúa sin interrupción, el sentido del yo muere en la mente subconsciente. De pronto, "¡Plap!" deja de haber dualidad. Experimentar esto directamente es kensho. No titubees. Estás en un momento crucial. ¡Siéntate con devoción!

Roshi: Aún no has penetrado a Mu, ¿verdad?...

Estudiante: Siento que la campana junto a usted, el árbol allá afuera y yo debemos ser uno, pero de alguna manera no puedo experimentar directamente esa unidad. Siento como si estuviese atado con cadenas en una prisión de la cual no puedo escapar. Simplemente no puedo romper esa dualidad.

Roshi: Son esas nociones las que están frustrando tu realización de Mu. ¡Deshazte de ellas! Solamente a través de una absorción *sin pensar* puedes alcanzar la Unidad.

Déjame hacerte una pregunta: cuando mueres, ¿todo lo que está a tu alrededor también muere?

Estudiante: No lo sé, no he tenido esa experiencia todavía.

Roshi: Cuando mueres, todo muere contigo porque ya no estás consciente de las cosas, éstas sólo existen de manera relativa a ti, ¿no es así?

Estudiante: Sí, supongo que sí.

Roshi: Por tanto, cuando desapareces, el universo entero desaparece y cuando el universo se desvanece, tú te desvaneces con él.

Recuerda, cualquier estímulo puede producir la realización repentina de Mu, siempre que la mente esté vacía y que tú no estés consciente de ti mismo. Quedan cinco horas antes del final del sesshin. Si te concentras con toda tu mente, con seguridad alcanzarás la iluminación.

Roshi: Parece como si casi hubieras captado el Mu.

Mira este ventilador eléctrico que está junto a mí; lo prendo [demostrando]. Las aspas giran. ¿De dónde viene la rotación? Ahora lo apago. ¿Que ha pasado con la rotación? ¿Acaso no es eso Mu? Cuando pido a mis estudiantes que me muestren Mu, algunos toman mi bastón, otros levantan un dedo y otros me abrazan así (abraza al estudiante).

Estudiante: Sé todo eso, pero si lo hiciera sería premeditado, no espontáneo.

Roshi: Eso es cierto. Cuando experimentes a Mu, realmente podrás responder con espontaneidad. Pero debes dejar de razonar y concentrarte en Mu.

Estudiante: Eso también lo comprendo y estoy tratando de hacerlo. Sentí a Mu el otro día al gritarle al monitor por golpearme a pesar de que en mi sitio había una señal para que no me golpearan.

Roshi: ¿Acaso no fue maravilloso el sentimiento de Mu? En el momento en que le gritaste no había dualidad ni conciencia de ti o de él: sólo el grito. Pero como la comprensión fue parcial, desapareció. De haber sido completa, hubiera sobrevivido. No sueltes a Mu, pase lo que pase. ¡Sigue adelante! ¡Practica con devoción!

Estudiante: No tengo ninguna pregunta. Sólo quiero decir que hoy me siento muy apagado. Mi mente está confusa y no me puedo concentrar.

Roshi: Así pasa con los seres humanos. A veces la mente está clara y aguda y otras adormilada y confusa. Lo importante es que no dejes que eso te preocupe o represente un obstáculo. Sólo sigue resueltamente con tu zazen.

Roshi: Aún no has llegado a la realización, y me pregunto por qué.

Te he dicho muchas veces que abandones el razonamiento, que dejes de analizar, que pares tu intelecto. Libera tu mente de nociones, creencias y suposiciones. Te golpeo con mi bastón (golpeando al estudiante) y gritas "¡Ay!". Este ¡Ay! es todo el universo. ¿Qué más hay? ¿Mu es diferente de eso? Si esto fuera fuego y lo tocases, gritarías y alejarías la mano, ¿no es así?

La mayoría de la gente *piensa* en el fuego como un elemento que produce calor o como un proceso que viene de la combustión, etcétera. Pero el fuego es simplemente fuego, cuando te quemas y gritas "¡Ay!" sólo hay ese "¡Ay!".

Estudiante: ¿Qué me falta? Usted está iluminado y yo no. ¿Cuál es la diferencia entre que usted toque fuego y yo lo toque?

Roshi: ¡No hay absolutamente ninguna diferencia! Un verso del *Mumonkan* dice: "Cuando el sol brilla, sus rayos se extienden por toda la tierra. Cuando llueve, la tierra se humedece". En esto no hay belleza ni fealdad, ni virtud ni maldad, nada absoluto, nada limitado.

Estudiante: Quiero verlo así, quiero aceptar la vida de esa forma pero no puedo.

Roshi: No hay nada que aceptar. Todo lo que tienes que hacer es *simplemente* ver cuando ves, y simplemente oír cuando oyes. Pero el hombre ordinario no puede hacerlo. Siempre está entretejiendo ideas y bordando nociones sobre lo que experimenta. Sin embargo, cuando tocas una estufa al rojo vivo y gritas "¡Ay!", el hecho simple y obvio es "¡Ay!" ¿Hay algún significado más allá de esto?

Estudiante: Todo esto lo entiendo intelectualmente pero no me ayuda.

Roshi: Toma tu comprensión simplemente como comprensión. Debes deshacerte de todas las ideas...

Estudiante [interrumpiendo]: Antes de venir aquí no tenía ideas, solamente me estaba concentrando en Mu con todas mis fuerzas y no pensaba en nada más.

Roshi: Muy bien. Regresa a tu lugar y en vez de luchar por alcanzar la unidad con Mu, pregúntate profundamente: "¿Por qué no puedo comprender que cuando escucho no hay otra cosa sino escuchar? ¿Por qué no puedo comprender que cuando miro no hay otra cosa sino ver?"

Estudiante: Sé lo que *tengo* que hacer pero no puedo hacerlo.

Roshi: No hay nada que *tengas* que hacer, nada que *tienes* que entender. Solamente hay que captar el hecho de que cuando llueve la tierra se humedece y cuando el sol brilla, la tierra se ilumina. Toma la comprensión como comprensión y como nada más. Si piensas "no *debo* comprender" o "*debo* comprender" estás agregando otra "cabeza" a la que ya tienes.[17] ¿Por qué no puedes aceptar las cosas como son sin proyectar tus propios valores o juicios sobre ellas?

Estudiante: Supongo que ése es mi problema: subconscientemente pienso: "Yo soy un individuo y usted es otro".

Roshi: Pero si te deshaces de este error fundamental en un instante llegará el kensho y exclamarás: "¡Oh, lo tengo!".

Roshi: ¿Qué es esto? [tocando al estudiante en el hombro con su bastón]. [No hay respuesta].

Es Mu, ¡sólo Mu! Cuando aplaudo [aplaude] es sólo Mu. No hay nada que tengas que "resolver" o especular. Si tratas de hacer la más pequeña deducción o el análisis más insignificante, jamás llegarás a realizar Mu.

Estudiante: Siento que estoy empujando contra mí mismo todo el tiempo.

Roshi: ¡Deja de especular sobre ello! Sólo hazte uno con Mu y sin duda llegarás a la Autorrealización.

En realidad no hay un "yo" contra el cual empujar. Mu lo es todo. Mu es nada. Mientras sigas pensando consciente o inconscientemente que tú y todo lo demás son cosas diferentes, jamás penetrarás en el Mu. Estás cerca del kensho. ¡Un paso más solamente! ¡Permanece alerta! Que no haya entre tú y Mu ni siquiera el grosor de una hoja de papel!

17 Es decir, multiplicar los pensamientos innecesariamente.

Estudiante: Como resultado de la explicación que me dio ayer ya no asocio "yo" con mi cuerpo o acciones. Pero cuando me pregunto "¿Quién es el que sabe todo eso?", concluyo que yo soy quien lo sabe. ¿Estoy donde empecé?

Roshi: Lo siguiente es vital, así que escucha con cuidado. Tu mente, como un espejo, refleja todo: esta mesa, esta estera; cualquier cosa que veas. Si no percibes nada, el espejo se refleja a sí mismo. Ahora, la mente de cada persona es distinta. La forma como mi mente refleja los objetos es diferente de la manera que lo hace la tuya. Cualquier cosa que esté en tu mente es el reflejo de tu mente, por tanto eres tú. Así que cuando percibes esta estera o esta mesa, te estás percibiendo a ti mismo. De nuevo, cuando tu mente está vacía de toda concepción —opiniones, ideas, puntos de vista, valores, nociones, suposiciones— tu mente se refleja a sí misma. Ésta es la condición de indiferenciación de Mu.

Ahora, todo esto es solamente un retrato. Lo que tienes que hacer es captar directamente esto de modo que puedas decir: "¡Ah, claro!". Esto es el despertar.

Roshi: Aún no has captado a Mu. ¡Qué lástima!

Estudiante: No lo he captado, siento decirlo.

Roshi: Mu no es nada que puedas sentir o paladear, tocar u oler. Y si tiene forma no es Mu. Lo que tienes en tu mente es un mero retrato de Mu. Debes desecharlo...

Estudiante [interrumpiendo]: ¡Puedo asegurarle que no tengo ningún retrato en mi mente!

Roshi: Mu está más allá del significado o del no significado. No puede conocerse ni a través de los sentidos o por la mente discursiva. Deshazte de tus nociones falsas y el Despertar te llegará abruptamente. Pero debes aplicarte con más fervor. Debes aferrarte a Mu aún con mayor tenacidad, como se aferra un perro hambriento a su hueso. Concéntrate en ¡Mu! ¡Mu! ¡Mu! con todo tu corazón.

Roshi: Puedo decir por la manera en que entraste aquí que aún no eres uno con Mu. Estás titubeando; tu mente está distraída. Si fueras uno con Mu te presentarías ante mí con paso firme y sin prisa, totalmente absorto, como si llevaras el tesoro más precioso del mundo.

Estudiante: Pero ahora ya no estoy en la dualidad de antes. Ahora cuando me río no pienso "*yo* me estoy riendo", sino "*simplemente reír*". Lo mismo cuando siento dolor y lo mismo cuando hago todo lo demás.

Roshi: Eso está bien, pero si quieres realizar tu verdadera naturaleza, no debes detenerte para felicitarte. Si lo haces, te separas de Mu y caes en la misma dualidad de la que estás tratando de escapar. Para llegar a la iluminación lo único que tienes que hacer es alcanzar una unidad total con Mu, nada más. Debes vaciar tu mente de toda noción engañosa y volverte como un sonámbulo que lleva consigo un frágil tesoro que podría romperse con cualquier tropiezo. No debe haber el más mínimo tambaleo.

Estudiante: Siento que no estoy lejos de la iluminación, pero de alguna forma no puedo dar ese último empujón.

Roshi: La realización de la propia naturaleza puede compararse con esto [coloca una palma sobre la otra palma]. Esta mano de arriba es como una gran piedra. Representa la mente de la persona ordinaria, una mente dominada por el pensamiento ilusorio. La mano de abajo representa la iluminación. En realidad éstos son dos aspectos del Uno. Ahora, para voltear la mano de abajo se necesita una fuerza tremenda, pues esta mente está cargada de pensamientos ilusorios. "Fuerza" significa una concentración inquebrantable. Si sólo "levantas" esta mente de arriba ligeramente y la dejas "caer" de nuevo, jamás experimentarás tu verdadera naturaleza. Tienes que darle toda la vuelta de un solo giro [demostrando con un movimiento vigoroso y rápido]. ¡Y he aquí la mente de la iluminación viva e inmaculada! ¡No decaigas! ¡Haz el máximo esfuerzo!

Roshi: ¿Tienes algo que decir, verdad?

Estudiante: Sí.

Roshi: Adelante.

Estudiante: Me dijo que me preguntara: "¿Por qué no puedo simplemente ver lo que miro? ¿Por qué no puedo simplemente escuchar lo que oigo? ¿Por qué no puedo comprender que cuando me pega con su bastón y grito ¡Ay!, ese ¡Ay! es todo el universo?". Mi respuesta es que veo el bastón, por ejemplo, como un bastón en su aspecto limitado y nada más. Solamente veo esta estera como estera. Escucho un sonido como sonido y nada más.

Roshi: Estás viendo las cosas sólo desde un lado. Suponte que cubro mi cabeza con la túnica y alzo las manos. Si sólo ves mis manos podrías pensar que no son sino dos objetos. Pero si me descubro también ves que soy una persona y no solamente dos manos. De esta manera debes darte cuenta de que ver los objetos como entidades separadas es sólo la mitad de la verdad.

Ahora vayamos un paso más adelante. Considera este ventilador que está junto a mí. Está relacionado con su base, la base con la mesa, la mesa con el piso, el piso con la habitación, la habitación con la casa, la casa con la tierra, la tierra con el cielo, el cielo con el universo. Así que el ventilador no existe por sí solo; está relacionado con todo el universo y cuando se mueve, todo el universo se mueve. Por supuesto que lo que te he dicho no es una expresión de la realidad sino una explicación.

De nuevo, toma un círculo con su centro. Sin el centro no hay círculo y sin el círculo no hay centro. Tú eres el centro y el círculo es el universo. Si existes, el universo existe, y si desapareces, el universo desaparece.[18] Todo está relacionado y es interdependiente. Esta caja que está en la mesa no tiene una existencia independiente. Existe en referencia a mis ojos, que la ven de forma diferente de como tú la ves y asimismo distinto de como la vería otra persona. Del mismo modo, si fuera ciego esa caja no existiría para mí.

Tomemos otro ejemplo. Tú dices: "Está amarga", pero otra persona dice: "Es azúcar y es dulce". Para ti, sin embargo, el azúcar está amarga. La amargura del azúcar entonces también es relativa a tu gusto, sus cualidades dependen de ti. Toda la existencia es relativa; sin embargo, cada uno de nosotros creamos nuestro propio mundo; cada uno percibe de acuerdo con el estado de su propia mente.

Estudiante: Todo eso lo entiendo teóricamente. Puedo darme cuenta de que si el Sol desaparece, yo desaparezco, pero no puedo concebir que yo soy el Sol y todo el universo.

Roshi: Pero lo eres. Si cuando mueres el universo muere contigo, entonces el universo y tú no son dos cosas separadas y aparte. La iluminación no es sino la conciencia de que el mundo de la discriminación y el mundo de la no diferenciación no son dos. Cuando experimentes esto directamente y con seguridad, estarás iluminado.

Estudiante: Entonces, ¿qué es Mu? ¿Es tomar conciencia de lo no diferenciado?

Roshi: Tomar conciencia de lo indiferenciado es un paso necesario, pero esta conciencia estaría incompleta si no se va más allá. Después de ver tu verdadera naturaleza —es decir, la iluminación— ves todos los objetos como fenómenos temporales que están sufriendo

[18] Comparar: "Porque soy, el Cielo permanece y la Tierra se sostiene. Porque soy, el Sol y la Luna giran. Las cuatro estaciones vienen una tras otra, todas las cosas nacen, porque soy, es decir, debido a la Mente" (Eisai-zenji en *Kozen-GokukuRon*).

constantes cambios, pero los ves a través del aspecto de igualdad. Entonces comprendes que sin lo indiferenciado no puede haber la existencia individual.

Puedo ilustrar lo que digo con este abanico. Un lado tiene muchas franjas, como ves; del otro lado es todo blanco. El lado blanco puede llamarse lo indiferenciado y el lado de las franjas es el discriminativo. Lo que hace que las franjas se vean como franjas es lo blanco, o la parte indiferenciada del abanico. Por otra parte, lo que hace del blanco algo significativo son las franjas. Son dos aspectos del Uno. Pero mientras el aspecto discriminativo está sujeto a transformación incesante, aquello que es indiferenciado no cambia.

Como eres una persona con una mente filosófica de aquí en adelante ya no tratarás de ser uno con Mu, sino que meditarás sobre lo que te he dicho hasta que percibas tu propia naturaleza. ¿Está claro? De aquí en adelante ésa será tu práctica.

4. Estudiante D (mujer, 40 años de edad)

Roshi: Ayer vi que estabas sentada con las manos fuertemente entrelazadas en tu regazo, forzándote mucho. En shikan-taza no es necesario forzarse.

Estudiante: Todos los demás se estaban forzando y empujando, así que pensé que yo también debía hacerlo.

Roshi: La mayoría son principiantes que trabajan en su primer koan. Si no se fuerzan, cualquier fuerza de concentración que logren se disipa rápidamente, de modo que tienen que luchar por mantenerlo constante. Es como aprender a escribir ideogramas chinos. Al principio se necesita hacerlo con fuerza mientras se forman los caracteres con dificultad, pero cuando has aprendido, los puedes escribir sin esfuerzo. Tú ya tienes experiencia en el zazen, así que no debes forzarte.

Estudiante: Debo admitir que hay ocasiones en que mi concentración es muy fuerte sin esforzarme. Pero para llegar al satori, ¿no es necesario hacer zazen con fuerza?

Roshi: El shikan-taza se practica con la fe de que el zazen es la actualización de tu naturaleza búdica pura, así que no es necesario luchar conscientemente por el satori.[19] Debes sentarte con una mente

[19] Comparar: "Iluminación y práctica son una", Dogen.

alerta y al mismo tiempo sin prisas y bien centrada. Esta mente debe ser como las cuerdas de un piano bien afinado: tenso pero no demasiado. Además, recuerda que en sesshin recibes la ayuda de todos al sentarte en comunidad, así que no tienes que forzarte.

Anoche vi que te reías y llorabas. ¿Experimentaste algo fuera de lo normal?

Estudiante: No tenía la más mínima voluntad. Me sentía como si hubiese aplastado todo y no quedase nada y estaba contenta.

Roshi: Dime, ¿alguna vez has sentido ansiedad ante la muerte?

Estudiante: No, nunca.

Roshi: Las personas que normalmente sienten ansiedad ante la muerte se liberan de esa ansiedad a través de una experiencia como la tuya. ¿Cambió de alguna forma tu manera de ver las cosas?

Estudiante: No, siento decir que cuando se terminó no sentí diferencia alguna [sonriendo tristemente].

Roshi: ¿Desapareció, aunque fuera momentáneamente, el sentimiento de oposición entre tú y el mundo externo?

Estudiante: Mi sentimiento fue simplemente de una tremenda felicidad, porque sentí que todo se reducía a nada.

Roshi: Después de eso, ¿volvió tu estado mental anterior?

Estudiante: Sí.

Roshi: Está bien, sigue trabajando sin tensarte.

5. *Estudiante E (hombre, 44 años de edad)*

Estudiante: Estoy haciendo shikan-taza.

Roshi: ¿Quieres decir o preguntar algo?

Estudiante: Sí; cuando me pegó uno de los monitores tuve una reacción muy desfavorable. Sentí que estaba disfrutando al pegarme, así que no pude levantar las manos en señal de gratitud como lo hago con los otros monitores. No quisiera que él me golpeara durante el resto del sesshin. No me importa que me peguen los otros monitores puesto que sus golpes me estimulan y me animan, pero cuando esta persona en particular me pega, el efecto es exactamente el opuesto.

Roshi: Cuando te pegan no debes pensar "Fulano me está pegando en tal y tal forma" ni tratar de evaluar tu reacción. Simplemente levanta las manos, palma con palma, en señal de gratitud. Hay muchas personas a quienes no les gusta ser golpeadas y no pueden hacer buen zazen si se les golpea. Cuando así lo piden se les pone una señal sobre su lugar diciendo que no deben ser golpeadas. Puedo hacer esto en tu caso, si así lo deseas.

Estudiante: No me importa que los otros me peguen. Para probar mi reacción le pedí a otro de los monitores que me pegara. Cuando lo hizo no tuve ninguna reacción adversa como la que tuve con esta persona en particular. De hecho, me fue fácil alzar las manos palma con palma. Pero fue muy diferente con el otro hombre.

Roshi: Los monitores deben cuidar de pegar solamente la parte suave del hombre y no el hueso. Además como estamos en verano, no deben pegar muy fuerte porque todos llevan vestimentas muy ligeras. De hecho, ayer se fabricaron nuevos kyosakus y fueron hechos de madera suave para que no dolieran. Pero uno puede ser golpeado demasiado fuerte.

Estudiante: No sé, pero quizá mi reacción es una especie de makyo. Naturalmente haré lo que usted sugiera, pero pensé que debía decírselo.

Roshi: Lo importante es que esto no se convierta en un problema.

Estudiante: He estado practicando como me ha indicado. No tengo preguntas. Vine porque éste es mi último dokusan y quiero agradecerle su bondad.

Roshi: Aunque no tengas ninguna pregunta está bien venir a dokusan por esta razón: al sentarse solo hay la tendencia a relajarse. Al venir ante mí, la práctica se despierta, de modo que se practica con mayor energía y determinación.

6. Estudiante F (mujer, 45 años de edad)

Estudiante: Cuando vengo ante usted siento una tensión por todas partes. No sé qué me pasa.

Roshi: Esto es algo mental. No pienses ni te preocupes de ti misma durante el zazen. Sólo practica con la mente concentrada, calmada y profunda, libre de tensión.

Entonces tu sensación de tensión desaparecerá y te sentirás relajada. ¿Puedes hacer bien shikan-taza?

Estudiante: No, nada bien.

Roshi: En ese caso, debes regresar al ejercicio de seguir tu respiración hasta que puedas hacerlo bien; después podrás regresar al shikan-taza.

Estudiante: Lo intenté pero fue demasiado doloroso. Sentí mucho dolor en el pecho cuando hice eso. Lo que pasa es que durante muchos años he tenido problemas de respiración.

Roshi: Entonces cuenta tus respiraciones. ¿Puedes hacer eso fácilmente?

Estudiante: Sí, creo que sí.

Roshi: Cuando puedas concentrarte en ese ejercicio sin dolor o molestia, trata de seguir el ejercicio y experimentar tu respiración. Una vez que lo hayas dominado, regresa al shikan-taza.

Estudiante: ¿Podría decirme otra vez cómo contar la respiración y cómo seguir la respiración?

Roshi: Hay varias formas de contar la respiración, como ya te lo he explicado antes, pero la mejor forma es ésta: en la primera exhalación cuenta en silencio "uno", en la segunda exhalación cuenta "dos" y así hasta diez. Entonces regresa otra vez a uno y cuenta hasta diez. Cuando pierdas la cuenta, regresa al uno y empieza de nuevo.

Seguir las respiraciones se hace de la siguiente forma: con el ojo de tu mente tratas de visualizar la respiración que entra, es decir, te haces uno con ella y después haces lo mismo con la exhalación. Eso es todo lo que hay que hacer.

Estudiante: Anoche nos dijo: "Cuando se vayan a la cama, aquellos que estén contando la respiración sigan haciéndolo de modo que la cuenta continúe en su mente subconsciente". Sin embargo, me olvido de contar cuando mi respiración es rítmica, y cuando no lo es cuento para que sea rítmica otra vez. ¿Debo continuar contando aunque sea más natural para mí no hacerlo?

Roshi: Continúa contando al irte a la cama y te dormirás naturalmente. Pero contar la respiración no es el estado natural de la mente. Sólo es el primer paso para concentrar la mente. El siguiente paso es seguir la respiración, es decir, tratar de ver con claridad cada inhalación y exhalación. Esto es más difícil porque no tienes la cuenta sobre la cual apoyarte cuando la mente comienza a divagar. La idea es unificar la mente a través de pasos progresivos de concentración hasta que llegue el punto en que puedas practicar shikan-taza, que, como sabes, no tiene que ver con contar o seguir la respiración. Es la forma más pura de zazen y la respiración es natural. Pero el shikan-taza también es la forma de zazen más difícil puesto que no hay muletas sobre las cuales apoyarse. Cuando tu práctica haya madurado y tu concentración sea muy fuerte, puedes comenzar con shikan-taza.

Si te fijas cuidadosamente en los retratos del Buda en la postura de Nirvana, verás que descansa sobre su lado derecho, con la mano bajo la cabeza y las piernas juntas. Ésta es la posición para dormir.

No debes irte a la cama con un suspiro de alivio diciendo: "Ah, me alegro de que el día haya terminado y ya me puedo olvidar del zazen". Ésta es una actitud errónea.

Para contestar directamente a tu pregunta, no necesitas continuar contando si puedes concentrarte sin hacerlo.

Estudiante: Quizá no me expliqué bien. Lo que quiero decir es esto: cuando mi respiración sea rítmica, ¿puedo dejar de contar? ¿Está bien si no lo hago?

Roshi: Sí. Del mismo modo experimenta tu respiración solamente cuando tengas que hacerlo. Después de eso haz zazen puro. Esto no exige contar ni seguir la respiración, sino respirar de forma natural.

7. *Estudiante G (hombre, 25 años de edad)*

Estudiante: ¿Cuál es la relación entre el zazen y los preceptos? Me gustaría entender mejor eso.

Roshi: Sea cual sea la secta, la enseñanza y práctica del budismo comprende tres aspectos: *kai* o los preceptos, *jo* o el zazen y *e* o sabiduría-satori. En el sutra del Bommo se explica la relación entre estos tres aspectos. Los preceptos se asemejan a los cimientos de una casa. Si uno vive de manera no apropiada, creando por tanto inquietudes en sí mismo y en otros, los cimientos de su esfuerzo en la realización espiritual se ven minados. Zazen es el espacio donde se habita, las habitaciones. Es el sitio donde uno encuentra descanso. La sabiduría-satori se compara con los muebles y la decoración. Los tres están interrelacionados. En el zazen naturalmente uno observa los preceptos y a través del zazen uno llega a la sabiduría-satori. Por tanto, todos los aspectos del budismo se encuentran en estos tres.

Estudiante: Antes de venir aquí estaba haciendo shikan-taza o por lo menos creo que eso era. ¿Podría decirme qué es shikan-taza?

Roshi: Si vienes al próximo sesshin y escuchas las pláticas generales sabrás en detalle lo que es el shikan-taza. Ahora te diré algo brevemente.

Shikan-taza es la forma más pura de zazen, la práctica que utiliza la secta Soto del zen. Contar o seguir las respiraciones son métodos convenientes porque una persona que no puede caminar bien requiere de un apoyo y estos métodos funcionan como apoyos. Pero a la larga uno debe deshacerse de ellos y caminar solo. El shikan-taza es un tipo de zazen en el que la mente, intensamente involucrada en sólo sentarse, no tiene nada en qué apoyarse. Por tanto, es una práctica muy difícil. Al contar o experimentar las respiraciones con el ojo de la mente sabemos en seguida si lo estamos haciendo apropiadamente, pero con el shikan-taza es muy fácil relajarse, puesto que no hay modo de comprobarse a uno mismo la práctica.

Lo que es de vital importancia en el shikan-taza es la forma en que uno se sienta. La espalda debe estar absolutamente derecha y el cuerpo firme, pero no tenso. El centro de gravedad debe ser la región justamente debajo del ombligo. Si puedes, siéntate con las piernas cruzadas en la posición de loto completo o medio loto, porque tendrás mayor estabilidad y equilibrio, así como la dignidad y grandeza del Buda.

Estudiante: ¿Cómo puedo realizar mi propia naturaleza? Sé tan poco sobre este tema.

Roshi: Ante todo debes estar convencido de que lo puedes hacer. La convicción crea determinación y la determinación empuje. Pero si, para empezar, te falta esta convicción y piensas: "*Quizás* pueda alcanzarla, *quizás* no", o lo que es peor: "Esto está más allá de mí", jamás despertarás a tu verdadera naturaleza sin importar cuán frecuentemente vengas a sesshin o cuánto tiempo hayas practicado.

Estudiante: ¿Cuál es la diferencia entre el zazen con un koan y el shikan-taza?

Roshi: El zazen con un koan tiene dos metas: el despertar y su actualización en tu vida diaria. Los koanes son como golosinas para atraer al niño que vacila. Con shikan-taza, por otra parte, se debe practicar sólo durante cinco, diez o incluso más años porque no se recibe ningún tipo de aliciente. En el shikan-taza uno se sienta con la convicción de que la propia naturaleza esencial no es diferente de la del Buda; así pues, no existe una lucha expresa para alcanzar el kensho. Sin embargo, uno debe creer que al sentarse con el tiempo un día llegará el despertar. En el zazen con koanes, uno comprende con la iluminación que el zazen cuando se practica correctamente es la actualización de la naturaleza búdica y en este sentido culmina, igual que el shikan-taza, en la iluminación.

En el shikan-taza en particular, la concentración debe ser absoluta. La mente, como la persona que apunta con una pistola, debe estar enfocada intensamente, sin ningún pensamiento fortuito que intervenga. Cualquier desviación, por más ligera que sea, es fatal.

Estudiante: Antes dije que el shikan-taza requiere una concentración y una postura adecuadas. Lo mismo sucede con el yoga. ¿Existe entonces alguna diferencia?

Roshi: No sé mucho sobre yoga; creo que el propósito del yoga como se practica hoy en día es cultivar la salud física y mental o alcanzar la longevidad y hay diversas posturas para lograrlo. Sin duda, las formas más altas del yoga tienen que ver con uno u otro tipo de iluminación; sin embargo, esta iluminación necesariamente será diferente de la iluminación budista. La diferencia en esencia sería su meta. El shikan-taza no busca conscientemente el satori. Más bien se practica el zazen con una fe inamovible en que por ese medio se logra la actualización de la mente intrínsecamente pura y que un día se percibirá de forma directa la naturaleza de esa mente búdica.

Roshi: ¿Puedes contar bien tus respiraciones?

Estudiante: Lo puedo hacer pero no sé si lo hago bien. ¿Qué quiere decir por "bien"?

Roshi: Hacerlo bien significa tener una impresión clara y definida de cada número cuando lo cuentas. También significa no perder la cuenta.

Estudiante: Lo puedo hacer sin perder la cuenta, pero no siempre es clara.

Roshi: Al principio es difícil porque la tendencia es hacerlo mecánicamente. Debes absorberte por completo en la cuenta. Conozco a un hombre que enseña a usar el ábaco, que, como sabes, es un instrumento para contar. Es un experto y, sin embargo, le resulta difícil contar bien sus respiraciones. Si te entregas con energía y devoción a este ejercicio, poco a poco te será más fácil.

Estudiante: Estoy contando mis respiraciones.

Roshi: ¿Puedes contar con claridad y precisión?

Estudiante: No, quisiera saber si puedo contar mis respiraciones y hacer shikan-taza al mismo tiempo.

Roshi: No, no se puede. Puedes contar tus respiraciones por la mitad del periodo y hacer shikan-taza la otra mitad, pero no puedes hacerlo simultáneamente.

Estudiante: He estado tratando de hacer eso sin éxito. También he estado tratando de contar mis respiraciones solamente, pero ni siquiera puedo hacer eso.

Roshi: No debes contar distraídamente, como si estuvieras soñando. Debes poner todo tu corazón en ello. Debes experimentar cada número con claridad y agudeza. ¿Perdiste la cuenta en algunas ocasiones?

Estudiante: Sí, maestro. Probablemente el problema es que no veo la relación que hay entre contar mis respiraciones y el budismo.

Roshi: El propósito de contar tus respiraciones es acallar olas incesantes de pensamientos puestos en movimiento por el hábito de pensar que ha persistido durante mucho tiempo. Al acallarla, la mente se concentra y podemos percibir directamente nuestra naturaleza esencial. Contar la respiración es un paso necesario al principio. Otro método es preguntarse: "¿Cuál es mi verdadera naturaleza?" o "¿Dónde está mi verdadera naturaleza?". Pero, a menos que tengas la firme convicción de que puedes descubrir tu Verdadera-naturaleza de esta forma, tu práctica degenerará en una repetición mecánica y tu esfuerzo será inútil.

Dices que no puedes ver la conexión entre contar tu respiración y el budismo. El Buda enseñaba que sólo captando directamente nuestra propia naturaleza podemos saber quiénes somos. La pureza y claridad fundamentales de la mente se oscurecen por las olas incesantes de pensamientos y, en consecuencia, nos vemos equivocadamente como existencias individuales confrontadas por el universo lleno de multiplicidad. El zazen significa acallar estas olas para que nuestra visión interna pueda enfocarse con mayor precisión, así que contar las respiraciones es un tipo de zazen.

Estudiante: Dice que debo poner más energía en mi práctica. Lo he intentado, pero no puedo concentrarme durante más de quince minutos sin que mi mente comience a divagar. Hacia el final del último sesshin me pude concentrar bastante bien, pero cuando me senté yo solo no podía concentrarme en lo más mínimo.

Roshi: Es muy difícil sentarse solo, especialmente al principio. Por esto tenemos sesshines. El zazen en comunidad es más fácil porque hay un apoyo y refuerzo mutuo. Al practicar zazen en vez de escuchar pláticas sobre el zazen pruebas por primera vez lo que es el zen y a través de esta experiencia llegas a la verdadera comprensión del ser. Así pues, siéntate con devoción. Tu concentración se fortalecerá y te sentirás mejor mental y físicamente.

Estudiante: Me gustaría preguntarle otra vez sobre mi respiración. Me ha explicado cómo debo contar mis respiraciones, pero no me ha dicho cómo seguirlas. ¿Podría explicármelo?

Roshi: Después de dejar de contar tus respiraciones, el siguiente paso es seguirlas. Simplemente sigues cada inhalación con el ojo de tu mente sin permitir que tu atención se desvíe. Cuando exhalas haces lo mismo. Eso es todo. "Seguir" significa simplemente experimentar o unificarse.

Estudiante: ¿Y el estómago? ¿Debe moverse hacia fuera y hacia dentro? He escuchado que en vez de mover el estómago hacia arriba y hacia abajo, es hacia dentro y hacia fuera.

Roshi: Hay diversas técnicas de respiración. Lo que me estás describiendo pienso que es la forma de respiración de ciertos tipos de yoga. Puede ser algo satisfactorio, pero no es el tipo de respiración que se busca aquí.[20] No trates de manipular tu respiración; solamente mantenla en la región abajo del ombligo. Tu mente debe estar en el punto donde pones tu atención. Si te concentras en tu dedo, tu mente estará en tu dedo; si en tu pierna, en ese lugar. Con tu mente concentrada abajo del ombligo, la energía vital gradualmente se estabilizará en esa región.

Siente aquí [apuntando hacia el bajo vientre].

[El estudiante coloca la mano en el lugar indicado por el roshi].

Cuando puse presión ahí, estaba duro, ¿no?

Estudiante: ¡Realmente sí!

Roshi: Cuando te concentras en esa área durante mucho tiempo, la energía se va colocando ahí de manera fácil y natural debido a que el centro de gravedad ya no está cerca de la cabeza y los hombros, y puedes ejercer presión en esa región a voluntad. Anclados en esa parte baja, no es tan fácil enojarse y perder los estribos; nuestros pensamientos y emociones están bajo un control natural.

Estudiante: Tengo otra pregunta: ¿es cierto que en la secta Soto el caminar se armoniza con la respiración?

Roshi: Sí. Con una inhalación y exhalación se mueve el pie izquierdo aproximadamente la mitad del largo del pie derecho, y al siguiente movimiento con la siguiente respiración se mueve el pie derecho la mitad del largo del otro pie. En la secta Rinzai se camina muy rápido.

Estudiante: Pero en este sesshin el método parece estar entre el Soto y el Rinzai.

[20] Véanse pp. 39-40.

Roshi: Así es. Utilizamos el sistema de mi maestro, Harada-roshi, quien tuvo un largo entrenamiento en la secta Rinzai, pero que pertenecía a la secta Soto y, por tanto, combinó ambas.

Roshi: ¿Tienes alguna pregunta?

Estudiante: Lo único que puedo decir es que estoy confundido.

Roshi: ¿En qué consiste tu confusión?

Estudiante: No veo la conexión entre el contar las respiraciones y el shikan-taza.

Roshi: Son dos cosas diferentes, ¿por qué buscar una conexión? ¿Tu problema consiste en que al contar tus respiraciones te parece mecánico y aburrido?

Estudiante: Sí, supongo que eso es.

Roshi: A muchas personas les pasa lo mismo. Quizá en vez de contar tus respiraciones o hacer shikan-taza sea mejor que te hagas una pregunta como "¿Qué soy?", o "¿De dónde vine?", o "¿El budismo enseña que todos somos de manera innata perfectos?; ¿de qué manera soy perfecto?". El nombre técnico para tales preguntas es *Honrai no Memmoku*. Otro ejemplo es: "¿cuál era mi Rostro antes de que mis padres nacieran?".

Estudiante: ¿Eso es un koan?

Roshi: Sí. De aquí en adelante deja de contar tus respiraciones y dedícate a este koan.

Roshi: ¿Tienes alguna pregunta?

Estudiante: No tengo duda alguna, pero quisiera decirle algo. Anoche me dije: "Afortunadamente, no tengo que luchar por la iluminación pues ya estoy iluminado".

Roshi: Si bien es cierto que de manera innata eres Buda, hasta que no hayas percibido en concreto tu naturaleza búdica estás hablando con frases prestadas al hablar de iluminación. El propósito de tu práctica es llevarte a esa experiencia.

Estudiante: Me gustaría sentarme con un sentimiento de gratitud genuina y no tener que pensar en un koan.

Roshi: Muy bien, entonces intenta sentarte en shikan-taza. Si lo haces con sinceridad, experimentarás un sentimiento de gratitud. Es un hecho que cuando te sientas en la postura del loto como se sentó el Buda y te concentras totalmente, se da un desdoblamiento gradual de tu corazón búdico. Ésta es una expresión del budismo vivo, del cual crece una verdadera gratitud. Además, aunque no tengas un deseo de iluminación al sentarte, dedicada y ardientemente desarrollarás poderes de concentración y lograrás control sobre tu mente y tus emociones, con el resultado de que tu salud física y mental mejorarán enormemente.

Estudiante: Antes de venir a este templo solía decir: "Si voy a un sesshin y hago zazen, acumularé buen karma". Ahora que estoy aquí no veo de dónde pueda venir algún mérito.

Roshi: Estés o no consciente, estás creando buen karma todo el tiempo que estás aquí. Al sentarte abarcas los tres elementos fundamentales del budismo, es decir, los preceptos, el poder de concentración y la sabiduría-satori. Es obvio, entonces, que se fortalece la concentración y se desarrolla una estabilidad mental; para ti puede ser menos evidente cómo al sentarte sinceramente y de todo corazón el ojo de la verdadera sabiduría gradualmente se va abriendo a medida que tu intrínseca naturaleza pura se limpia de su engaño e impurezas. En cuanto a los preceptos, es obvio que uno no puede matar ni robar ni mentir durante el zazen. En un sentido más profundo, sin embargo, observar los preceptos está implícito en el zazen, debido a que a través del zazen uno poco a poco se está deshaciendo del engaño básico que lleva al hombre a cometer el mal, es decir, pensar que el mundo y uno son dos cosas separadas y distintas. Inherentemente no existe tal dicotomía. El mundo no está fuera de mí: ¡*es* yo! Ésta es la realización de naturaleza búdica y de la cual seguir los preceptos surge natural y espontáneamente. Cuando hayas realizado tu Verdadero-yo, todo esto tendrá sentido para ti, pero sin esa experiencia es muy difícil de entender lo que acabo de decir.

Estudiante: No tengo intención alguna de iluminarme.

Roshi: Esto también está bien. Sentarse para fortalecer los poderes de concentración también vale la pena.

Estudiante: Pienso que estoy mejor sin buscar la iluminación.

Roshi: El zazen es la expresión del budismo vivo. Puesto que innatamente eres un Buda, si te sientas con ardor y concentración, estarás actualizando tu naturaleza búdica. Eso es cierto.

Estudiante: Parece que no podemos estar en desacuerdo en nada, ¿verdad? [riéndose].

Roshi: Ahora, regresa a tu lugar y aplícate con más seriedad.

Estudiante: ¿Podría decirme qué es lo más importante del shikan-taza?

Roshi: La calidad de cómo te sientas es de importancia vital. La espalda debe estar erecta y la mente alerta, incluso vigilante. Un cuerpo encorvado crea una mente con la misma calidad, y viceversa. La mente debe estar muy alerta, aunque no tensa. Si ves la pintura del Bodhidharma que hizo Sesshu y estudias con sus ojos, verás lo que quiero decir. Bodhidharma está haciendo shikan-taza. Ése es el grado de alerta que se requiere: si te sentaras en una esquina de la habitación haciendo shikan-taza y la puerta en el otro lado se abriera en silencio dos centímetros, inmediatamente lo sabrías.

Estudiante: Éste será mi último sesshin, pues tengo que regresar a los Estados Unidos el mes entrante. ¿Estaría bien entrenarse allí con un sacerdote Soto?

Roshi: Sí, pero te aconsejaría que no te dejes guiar por él en cuanto al satori, a no ser que esté iluminado. Muy pocos sacerdotes Soto de nuestros tiempos han realizado su verdadera naturaleza y, por tanto, desdeñan la experiencia, argumentando: "Al poseer todos la mente Buda estamos inherentemente iluminados; entonces, ¿por qué es necesario el satori?". Pero este argumento no es válido porque hasta que no perciban directamente su Mente-Buda, en realidad no saben que la poseen.

Estudiante: Entonces, ¿es posible continuar con mi práctica sin un maestro?

Roshi: Si en tu país no cuentas con un maestro o tienes uno que es mediocre, puedes continuar disciplinándote en el zen siguiendo lo que has aprendido en este tiempo. Cualquier maestro, incluso si no está iluminado, puede supervisar tu práctica. Puede revisar tu postura, por ejemplo, y tu respiración y podrá guiarte en otros aspectos. Pero no debe tratar de probarte para ver si ya has llegado al satori, a menos que él mismo lo haya tenido y haya sido verificado por su maestro.

Estudiante: Ah, sí; eso me recuerda algo que quería preguntarle. Esta mañana en su plática habló sobre la necesidad de que la propia iluminación fuese confirmada por el maestro porque sólo de esta forma se transmite el zen correctamente. No comprendo. ¿Por qué alguien tiene que autentificarla?

Roshi: Comenzando desde los tiempos del Buda Shakyamuni, el budismo correcto se ha transmitido de maestro a discípulo. Al ser auténtica la iluminación del maestro y al haber sido verificado por *su* maestro, él ha podido a su vez verificar la iluminación de sus discípulos utilizando como una guía su propia experiencia sobre la iluminación.

Me preguntas por qué esto es necesario. Es necesario, ante todo, para asegurar la transmisión del budismo verdadero de maestro a discípulo. Si esto no se hiciera, no habría hoy día un zen auténtico. Pero la verdad es que uno mismo nunca puede estar seguro de que lo que uno ha tenido en realidad es kensho. Con una primera experiencia es muy fácil caer en un error.

Estudiante: Pero ¿acaso la iluminación no debe verificarla uno mismo?

Roshi: No. De hecho, hay muchos ejemplos de personas que llegaron a ser maestros sin siquiera tener iluminación. Es como una persona que busca diamantes en las montañas. Si nunca ha visto un verdadero diamante puede pensar que lo que ha encontrado es vidrio o cuarzo o algún otro mineral y no un diamante real. Si pudiera verificar su hallazgo con alguien que tiene experiencia con diamantes, estaría seguro. De no conocer a un experto podría equivocarse a pesar del resplandor de la piedra.

Estudiante: Este cuento de la transmisión desde el Buda hasta el tiempo presente es un mito, ¿no?, ¿en realidad no es cierto?

Roshi: No. Es cierto. Si no lo crees, es una lástima.

8. Estudiante H (mujer, 37 años de edad)

Estudiante: Estoy embarazada y probablemente no pueda venir a más sesshines hasta después del nacimiento de mi bebé dentro de un par de meses. ¿Cómo debo continuar mi zazen en mi casa durante el resto del embarazo?

Roshi: Continúa concentrándote en tu koan actual. Cuando surja una solución "guárdala en un cajón", por decirlo de alguna forma, como lo has hecho con otros koanes y regresa al shikan-taza hasta que me vuelvas a ver. En ese momento podrás demostrar tu comprensión del espíritu de tu koan.

Siéntate siempre cómodamente, con tu mente absorta por completo pero flexible y sin presionar la región del estómago. Esto último es muy importante. Bien se sabe en Japón que el zazen es muy benéfico para la mente y el espíritu del feto. Es aun mejor si colocas un retrato de Kannon ante ti al hacer zazen. De esta forma las virtudes del Bodhisattva se estarán imprimiendo sobre la mente de tu bebé.

Estudiante: Mi koan es "Desde donde estás, detén el barco distante que surca las aguas".

Roshi: Demuestra tu comprensión del espíritu del koan. [La estudiante demuestra].

Está bien, pero trata de esta forma. [Demostrando]. ¿Comprendes el verdadero espíritu de esto?

Estudiante: Sí, el barco y yo no somos dos.

Roshi: Así es. Al convertirte en uno con el barco, éste deja de ser un problema. Lo mismo sucede con la vida diaria. Si no te separas de ninguna circunstancia de tu vida diaria, vivirás sin ansiedad. En el verano te adaptarás al calor y en el invierno al frío. Si eres rica, vive la vida de la persona rica y si eres pobre, vive con tu pobreza. Si fueras al cielo, serías un ángel y si fueras al infierno serías un demonio. En Japón vives como japonesa, en Canadá como canadiense. Si se vive de esta forma, la vida no es un problema. Los animales tienen esta adaptabilidad en un grado muy alto. Los seres humanos también la tienen, pero como se imaginan esto o lo otro debido a que siempre se forman nociones o ideas de lo que *deberían* ser o cómo *deberían* vivir, constantemente se pelean con su medio ambiente y consigo mismos.

El propósito de este koan entonces es enseñarte cómo unificarte con cada aspecto de tu vida.

9. Estudiante I (hombre, 30 años de edad)

Roshi: Éste es tu primer sesshin, ¿no es así?

Estudiante: Sí.

Roshi: Dime por qué quieres practicar zazen.

Estudiante: Quiero saber el significado de la existencia humana, por qué nacemos y por qué morimos.

Roshi: Ésa es una excelente motivación. Hay varias formas de resolver este problema. Antes de adentrarnos en eso, deja explicarte qué es el kensho. Es darse cuenta de que el universo y tú son básicamente Uno. Una vez que hayas percibido esto, sabrás con todo tu ser el significado de la existencia humana y, por tanto, adquirirás una mente pacífica surgida de un conocimiento muy revolucionario.

El camino hacia ese conocimiento es el zazen. Como sabes, hay muchas formas de practicar. Tú has estado contando tus respiraciones, siguiendo tus respiraciones y haciendo shikan-taza. Es posible llegar al despertar a través de estos ejercicios exclusivamente, pero la forma más rápida es a través de un koan.

En la antigüedad no existía un sistema de koanes y, sin embargo, la gente llegaba a la Autorrealización. Pero era muy difícil y tomaba mucho tiempo. El uso de koanes comenzó hace unos mil años y desde entonces ha continuado hasta nuestros tiempos. Uno de los mejores koanes, por su sencillez, es Mu. Éstos son sus antecedentes: un monje fue a ver a Joshu, un conocido maestro zen que vivió en China hace cientos de años, y le preguntó: "¿Tiene un perro naturaleza búdica o no?". Joshu exclamó: "¡Mu!". Literalmente la expresión significa "no" o "nada", pero el significado de la respuesta de Joshu no está en esa palabra. Mu es la expresión de la naturaleza búdica viva y dinámica. Lo que debes tratar de descubrir es el espíritu o la esencia del Mu, no a través del análisis intelectual sino buscando en lo más profundo de tu ser. Entonces debes demostrar ante mí, concreta y vívidamente, que comprendes Mu como una verdad viva, sin recurrir a conceptos, teorías o explicaciones abstractas. Recuerda, no puedes comprender a Mu a través del conocimiento ordinario: debes captarlo directamente con todo tu ser.

Así es como practicarás: si te es posible, siéntate con las piernas en la postura del medio loto o loto completo. Si no te puedes sentar así, siéntate con las piernas cruzadas en la forma más cómoda que puedas. Si aun esto te resulta imposible, usa una silla. Tu espalda debe estar recta. Después de respirar profundamente varias veces y exhalar con lentitud oscila el cuerpo de lado a lado, primero en arcos amplios y después reduciéndolos hasta que el cuerpo encuentre su centro. Entonces respira naturalmente. Ya estás listo para comenzar tu zazen.

Primero repite en tu mente la palabra "Mu" escuchándola sólo en tu mente.

Concéntrate en ser uno con ella. No pienses en su significado; te repito: sólo concéntrate de todo corazón en ser uno con Mu. Al principio tus esfuerzos serán mecánicos pero esto es inevitable. Sin embargo, gradualmente todo tu ser se involucrará.

Puesto que la mente humana está acostumbrada desde la niñez a funcionar centrífugamente como los rayos de luz de un foco que van hacia fuera, nuestra primera meta es enfocar la mente. Una vez que te puedas concentrar en Mu, pregúntate "¿Qué es Mu?[21] ¿Qué puede ser?".

[21] Véanse también pp. 157-158.

Debes preguntarte de todo corazón. Cuando la pregunta llegue a un punto donde no puedas pensar en nada más, de pronto percibirás tu verdadera naturaleza y exclamarás: "¡Oh, ahora lo sé!" Con la verdadera iluminación se resuelve el problema del sufrimiento y la muerte.

Roshi: ¿Tienes algo más que decir?

Estudiante: Sí; cuando sonó la campana y todo el mundo se levantó para caminar, una mujer mayor comenzó a llorar. No sé por qué pero uno de los monitores le pegó con el kyosaku. En ese momento de pronto me puse a pensar en el significado de la vida y el sufrimiento de los seres humanos. Sin saber por qué, yo también comencé a llorar. Desde que tenía siete años no había llorado de esa manera. ¿Qué significa?

Roshi: Suceden muchos cambios en el cuerpo-mente cuando haces zazen con energía y devoción. Te volverás más sensible y tu pensamiento será más agudo y claro y te harás más fuerte. Sobre todo experimentarás un sentimiento de gratitud. Como ya te has vuelto más sensible, cuando escuchaste a esa mujer llorando tú mismo comenzaste a llorar. Probablemente ella tampoco sabía por qué lloraba. En ese momento le pegaron para que hiciera un mayor esfuerzo.

Lo que sucedió me muestra que estás haciendo zazen con ardor y sinceridad.

10. Estudiante J (mujer, 33 años de edad)

Estudiante: Mi último maestro me asignó el koan Mu hace dos años. Lo he estado practicando, pero, para ser franca, no sé lo que estoy haciendo. Siento que sólo repito Mu mecánicamente. Me dijo que me volviera una con el Mu y que de esa forma llegaría a tener kensho, pero ni siquiera estoy segura de lo que es el kensho. Antes de venir a este templo, me era difícil darme a entender y comprender, ya que nunca hubo un buen intérprete. Supongo que por eso estoy tan mal informada.

Roshi: Es inútil repetir Mu mecánicamente.

Kensho es la conciencia directa de que eres más que este cuerpo insignificante o una mente limitada. Expresado en términos negativos, es comprender que el universo no es algo externo a ti. Positivamente es experimentar al universo como tú misma. Mientras consciente o inconscientemente pienses en términos de una distinción entre tú y los demás, estarás atrapada en la dualidad del yo y no yo. Esto no es propio de la verdadera naturaleza, sino sólo una ilusión producida por los seis sentidos. Pero debido a que este ego-yo ilusorio se ha tratado como una entidad real a través de la existencia actual y las pasadas, ha llegado a ocupar el nivel más profundo de la mente subconsciente. Tu concentración sincera en Mu borrará poco a poco de la conciencia este concepto del yo y al borrarse por completo de pronto experimentarás la Unidad. Esto es kensho.

La forma tradicional Rinzai de tratar el koan es luchar con él frente a frente. Una y otra vez te preguntarás: "¿Qué es Mu? ¿Qué puede ser?". La primera respuesta que te surja la presentas al roshi, que no la acepta: "No, eso no es Mu, ¡busca más!". La próxima vez regresas con una respuesta que es casi la misma. Ahora el roshi te regaña: "¡No, te dije que eso no es Mu! ¡Enséñame a Mu!". Otra vez tratas y tratas, pero el roshi rechaza toda solución que puedas concebir o imaginar. Estas entrevistas en general duran uno o dos minutos. Con el tiempo, después de meses o incluso años de un razonamiento exhaustivo, la mente llega al punto en que se vacía de todo pensamiento y de pronto llegas a la realización del Mu.

Para los estudiantes ansiosos de encontrar la verdad, este método es muy efectivo. Pero hoy en día no todos los estudiantes tienen ese ardor y esa tenacidad. Lo que es peor, hay maestros incompetentes que pasan a estudiantes que no han experimentado verdaderamente el espíritu del koan para animarlos a que sigan practicando. Mi propio maestro Harada-roshi, que estudió y practicó el zen Rinzai durante muchos años, trató con gran bondad de eliminar esta lucha angustiosa de los tiempos pasados, previniendo a los estudiantes que cualquier concepto de Mu, por más sutil o ingenioso que fuera, no sería y que, por tanto, debían hacer todo el esfuerzo posible por ser uno con Mu. Pero el peligro aquí es caer en una repetición mecánica. Aparte de esto, hay personas para quienes el koan Mu es desagradable. Independientemente del esfuerzo que hagan por captarlo, jamás serán absorbidos por él. Quizá tú seas de este tipo de personas.

Estudiante: Sí, me parece muy desagradable.

Roshi: Muy bien, en ese caso es mejor cambiar el koan. Podría asignarte *Sekishu:* "¿Cuál es el sonido de una sola mano?", o *Honrai no Memmoku:* "¿Cuál era mi Rostro antes del nacimiento de mis padres?", o simplemente: "¿Qué soy?" o "¿quién soy?", el que sea más absorbente para ti.

Estudiante: El último sería el más significativo.

Roshi: Muy bien, de ahora en adelante ése será tu koan.

Estudiante: ¿Lo trato igual que Mu?

Roshi: Sí, pero no debes preguntarte mecánicamente. Cuando comas, pregúntate "*¿Quién* come?" con un intenso deseo de resolver la pregunta. Cuando escuches, pregúntate "*¿Quién* escucha?". Al mirar, "*¿Quién* mira?". Al caminar, "*¿Quién* camina?".

[De aquí en adelante la frase "Mi koan es '¿Quién soy yo?' " será omitida al principio de cada dokusan de esta estudiante].

Roshi: ¿Tienes alguna pregunta?

Estudiante: Sí, cuando me pregunto: "Quién soy yo?", me digo a mí misma: "Soy huesos, soy sangre, soy piel". ¿Qué hago después de esto?

Roshi: Entonces, pregúntate: "¿Quién tiene esta sangre? ¿Quién tiene estos huesos? ¿Quién tiene esta piel?".

Estudiante: Me parece que debo hacer dos cosas: ser una al comer, por ejemplo, y al mismo tiempo preguntarme: "Quién come?". ¿Es así?

Roshi: No, sólo pregúntate quién está comiendo. Tu mente debe convertirse en la masa de un cuestionamiento profundo. Ésta es la forma más rápida de realizar la verdadera naturaleza. Preguntar "¿Quién soy?" en realidad no es diferente de preguntar "¿Qué es Mu?"

Estudiante: Para ser honesta debo decir que no tengo un deseo ardiente de alcanzar el kensho. Me pregunto por qué. Eso me molesta.

Roshi: La gente que ha tenido que enfrentarse a situaciones dolorosas en la vida (como la muerte de un ser querido) con frecuencia es empujada a hacer las preguntas más profundas sobre la vida y la muerte. Este preguntarse produce un deseo intenso de alcanzar la Autocomprensión con el fin de poder aliviar el sufrimiento propio y el de la humanidad. Con la verdadera iluminación, la inquietud y la ansiedad dan paso a una felicidad y serenidad interiores. Al escuchar las enseñanzas del Buda en mis pláticas irás desarrollando un deseo de Autorrealización que irá profundizándose poco a poco.

Estudiante: Anoche durante el zazen me empezó a molestar el hecho de que mi deseo de iluminación sea tan superficial. ¿Por qué, me estuve preguntando, no lucho más intensamente como tantos a mi alrededor? A la una de la mañana estaba dispuesta a dormir, a pesar de que cuatro horas antes estaba decidida a hacer zazen toda la noche. En la cocina, cuando fui a beber agua, me encontré con la vieja monja-cocinera lavando ropa. Al verla me sentí avergonzada de mis esfuerzos tan débiles.

El otro día me dijo que quienes desean con más fuerza la iluminación son las personas que han sufrido mucho en la vida. Dijo que buscan el kensho como un medio de aliviar su sufrimiento y el de los demás. Probablemente por eso siempre he sentido tanta compasión hacia mis amigos y conocidos que con frecuencia me venían a ver para que los ayudase o los aconsejara.

Hace algunos años, cuando oí hablar del zen comencé a practicarlo, un poco porque estaba de moda en Estados Unidos. Cuando vine a Japón después de dejar mi trabajo en los Estados Unidos, comencé a practicar la forma tradicional del zen. La simpatía y compasión que siempre había sentido por otras personas antes de comenzar a hacer zazen ha desaparecido, sin embargo. He experimentado tanto dolor en el zen que ya no pienso en salvar a nadie sino a mí misma. ¡Odio tener que sufrir! Así que mi vida en el zen, lejos de hacerme más sensible al sufrimiento de otros e impulsarme con el deseo de salvarlos, ha destruido cualquier sentimiento altruista que hubiese tenido antes, dejándome fría y egoísta.

Roshi: Al observar tu rostro y tu manera de ser, no veo falta de sensibilidad ni egoísmo. Por el contrario, veo gran similitud con Kannon. Estoy seguro de que muchas de las personas que te conocen perciben tu bondad natural y tienen una disposición favorable hacia ti. Lo que me has descrito, en vez de hacerte insensible y egoísta, revela una intensificación de tu bondad natural pero todo esto yace fuera de tu conciencia. Cuando uno se considera a sí mismo bueno de corazón y compasivo, en realidad no es ninguna de las dos cosas.[22] Si ya no estás consciente de estas emociones, significa que han arraigado en ti profundamente.

Hay muchas personas que se pasan el tiempo ayudando a los necesitados o uniéndose a movimientos para mejorar la sociedad. Eso no está mal. Pero muchas veces, sus actos se basan en la ansiedad surgida de una falsa visión, tanto propia como del universo, que al no tener alivio les corroe el corazón y les priva de una vida rica y feliz. Aquellos que patrocinan y se involucran en actividades de mejoramiento social se consideran, de manera consciente o inconsciente, superiores

[22] Compare con la cita de Lao-tzu: "El verdaderamente virtuoso no está consciente de su virtud. El hombre de virtud inferior, sin embargo, está permanentemente consciente de su virtud y, por tanto, no tiene verdadera virtud. La virtud verdadera es espontánea y no se reclama a sí mismo como virtud" (del *Tao Teh Ching*, citado por Lama Govinda en su *Foundations of Tibetan Mysticism*, p. 235).

moralmente, de modo que nunca se preocupan por purgar su mente de la codicia, la ira y el pensamiento engañoso. Pero llega el momento en que se cansan de esta actividad, y ya no pueden aliviar sus ansiedades básicas sobre la vida y la muerte. Entonces se preguntan seriamente por qué la vida no tiene mayor significado y por qué no le encuentran mayor gusto. Así, por primera vez se preguntan si en lugar de tratar de salvar a otros no debían salvarse primero ellos mismos.

Te aseguro que no te has equivocado al decidir caminar por esta senda, y que un día esto te resultará claro. No es egoísmo olvidarse de los otros y concentrarse en desarrollar una fortaleza espiritual propia, aunque así parezca. La verdad más profunda es que no es posible salvar a nadie sino hasta que uno mismo se ha complementado a través de la experiencia de Autorrealización. Cuando hayas visto la naturaleza de tu verdadero ser y el universo, tus palabras serán convincentes y la gente te escuchará.

Estudiante: Pero me canso y me descorazono con facilidad. El Camino es terriblemente largo y difícil.

Roshi: El Camino del Buda exige una devoción y perseverancia enérgica. Cuando, sin embargo, te detienes a pensar que los filósofos han luchado durante dos mil o tres mil años para resolver el problema de la existencia humana sin lograrlo, y que tú a través de preguntarte "¿quién soy yo?" puedes alcanzar lo que ellos no han alcanzado, ¿tendrás motivo para estar descorazonada? En comparación, todo lo demás es insignificante.

Estudiante: Así lo siento yo también. Por eso vine a Japón a practicar el zen.

Roshi: Eres distinta de la mayoría de la gente que está aquí. Vienen a sesshin porque oyen que el zen es algo especial y quieren apoderarse de él tan rápidamente como hacen su trabajo; por tanto, se esfuerzan. Atacan al zazen con la furia de una tormenta repentina, cuando la lluvia cae en torrentes pero suavemente se va. Pero tú, que has hecho tremendos sacrificios para acceder al Camino del Buda, no tienes por qué torturarte. Tu práctica debe ser como una suave lluvia que penetra la tierra. Con ese estado mental, puedes sentarte pacientemente por cuatro o cinco años, o incluso más, hasta que tomes completa conciencia de la Verdad.

Estudiante: ¿Es debido a que los filósofos se preguntan "¿por qué?" y "¿cómo?" que han sido incapaces de resolver el problema de la existencia humana?

Roshi: Sus investigaciones los alejan de sí mismos y hacia un ámbito de diversidad; así es como los filósofos y científicos trabajan, mientras que la pregunta "¿quién soy yo?" te precipita hacia una conciencia de tu solidaridad fundamental con el universo.

Estudiante: Estoy lista para hacer lo que usted me indique.

Roshi: Siento que hasta ahora tu entrenamiento no ha ido muy de acuerdo con tu temperamento. Sin embargo, no debes pensar que el tiempo que has aplicado al zen ha sido en vano; ha sido valioso en más de una manera de la que puedas estar consciente. También siento que por ahora es mejor que no te golpeen con el kyosaku.

Estudiante: No podría explicarle aún cuán nerviosa me pone. En el último sitio donde estuve haciendo zazen, me pasaba el noventa y cinco por ciento del tiempo luchando contra mi reacción hacia el kyosaku.

Roshi: De haberte podido comunicar con tu último maestro como ahora lo has hecho conmigo gracias al intérprete, se te hubiera asignado una práctica muy diferente. En todo caso, de aquí en adelante, pregúntate: "¿Quién soy yo?", con una penetración aguda e imperturbable.

Roshi: ¿Tienes algo que decirme?

Estudiante: Sí; unos días después del último sesshin, de pronto me di cuenta de que buscar las emociones y el placer y tratar de evitar el dolor, que ha sido la historia de mi vida, no tenía sentido, porque siempre era seguido por una dolorosa oquedad. Ahora, aunque este conocimiento me ha llegado con una gran fuerza, junto con una sensación de felicidad que persistió durante todo el día, una semana después volvió el viejo sentimiento de una falta de sentido en la vida junto con un deseo por algo excitante. ¿Es esto natural o no?

Roshi: Desear una vida más rica y plena que la presente es natural y deseable. Lo que no es deseable es desperdiciar tu estado presente al desear uno más exaltado. Al entregarte por completo a cualquier cosa que estés haciendo en el momento, puedes lograr un estado mental más profundo y rico. ¿Estoy contestando a tu pregunta?

Estudiante: Aún no he llegado al punto más importante. Cuando me siento de esta forma, me quiero alejar de mí misma, irme al cine o hincharme de comer. Mi pregunta es: ¿debo ser indulgente con estos deseos o luchar por reprimirlos y continuar con mi zazen?

Roshi: Tu pregunta es vital. Es poco sabio reprimir por completo tus sentimientos o ser demasiado indulgente. Hay personas que cuando se sienten como tú, se emborrachan o comen hasta enfermarse. Yo sé que tú no eres así. Lo que quiero decir es que está bien ir al cine de vez en cuando si ves alguna película que puedas disfrutar y no cualquier cosa. De la misma forma, cuando tengas el deseo irresistible de comer algo, come algo que no sólo puedas disfrutar sino que también sea nutritivo, sin llegar al grado de enfermarte al día siguiente. Si ejerces moderación y buen juicio, no sentirás después tanto remordimiento, ni te reprocharás por haber perdido tiempo valioso que podrías haber utilizado en hacer zazen. Saldrás de tu abatimiento, te sentirás mejor y podrás continuar tu práctica con mayor energía. Pero si te recriminas darás cabida a pensamientos que interferirán con tu práctica. A medida que tu zazen profundice, sin embargo, todo esto dejará de ser un problema para ti.

Estudiante: Si lo entendí correctamente, una vez me dijo que mantuviera mi mente en la palma de la mano, y otra que la enfocara en la región abajo del ombligo, y después que cuando me diera sueño, la pusiera entre mis ojos. Estoy confundida. Ni siquiera sé lo que es mi mente, así que ¿cómo ponerla en cualquiera de estos lugares?

Roshi: Cuando te dije que pusieras tu mente en la palma de la mano, a lo que me refería es a que enfocaras tu *atención* en ese punto. No debes cambiar tu concentración constantemente del punto focal. Tanto Dogen como Hakuin recomiendan concentrar la mente en la palma de la mano. Si quieres aumentar la intensidad de tu zazen, lo puedes hacer dirigiendo tu atención hacia tu hara. Una buena forma de sobreponerse al sueño es concentrar la atención entre los ojos.

Estudiante: Pero, en todo caso, ¿qué es la mente? Quiero decir, sé lo que es en teoría porque he leído muchos sutras y otros libros sobre budismo, pero ¿puedo realmente encontrar una respuesta a qué es la mente preguntándome: "¿Quién soy yo?".

Roshi: Una comprensión teórica no es suficiente para resolver la pregunta: "¿Quién soy yo?", y a través de ella, el problema del nacimiento y la muerte. Esa comprensión es un retrato de la realidad, y no la realidad misma. Si persistentemente te preguntas "¿quién soy yo?" con devoción y ardor, es decir, movida por un genuino deseo de autoconocimiento, realizarás la naturaleza de la Mente.

Ahora bien, la Mente es más que tu cuerpo y más de lo que suele llamarse mente. La realización interna de la mente es la realización de que el universo y tú no son dos. Esta conciencia debe venir con una certeza tan sobrecogedora que involuntariamente te golpees en el muslo exclamando: "¡Por supuesto!".

Estudiante: Pero no sé quién está preguntando "¿quién soy yo?" y al no saberlo —ni a quién se le pregunta—, ¿cómo saber quién soy?

Roshi: Quien hace la pregunta eres tú y tú debes contestarla. Lo cierto es que no hay dos. La respuesta sólo surgirá de un preguntarse persistentemente con un intenso deseo de saber. Hasta ahora has vagado sin meta, incierta de tu destino, pero ahora que se te ha dado un mapa y tus provisiones, no te detengas a admirar el camino. ¡Sigue adelante!

Estudiante: Nos ha dicho que todos somos inherentemente perfectos, inmaculados. Puedo creer que en el seno materno lo somos, pero después de nacer, somos todo menos perfectos. Los sutras dicen que a todos nos persigue la codicia, la ira y la ignorancia. Lo creo porque en mí resulta cierto.

Roshi: Un hombre ciego es, a pesar de su ceguera, fundamentalmente perfecto y está completo. Lo mismo es cierto de un sordomudo. Si de pronto un sordomudo pudiera oír, su perfección ya no sería la de un sordomudo. Si este platito que está sobre la mesa se rompiera, cada pedazo estaría en sí mismo completo. Lo que es visible para el ojo es sólo la forma, que siempre cambia, no la sustancia. En realidad, la palabra *perfecto* es superflua. Las cosas no son perfectas ni imperfectas: son lo que son. Todo tiene un valor absoluto, de modo que nada puede compararse con nada. Un hombre alto es alto, un hombre bajo es bajo, es todo lo que se puede decir. Hay un koan donde en respuesta a la pregunta "¿qué es el Buda?", el maestro responde: "El bambú alto es alto, el bambú corto es corto". Kensho no es sino percibir esto de pronto.

Estudiante: Aún tengo problemas para concentrar mi mente en la palma de mi mano.

Roshi: ¿Qué sucede?

Estudiante: Me tengo que esforzar para enfocar mi atención ahí mientras exhalo, y pierdo la concentración.

Roshi: No debes forzarte. En vez de tratar de poner la mente en algún sitio, simplemente concéntrate en la pregunta: "¿Quién soy yo?".

Estudiante: Cuando me postro ante usted o ante la imagen del Buda, o cuando estoy cantando los sutras, o caminando, no deseo preguntarme "¿quien soy yo?". ¿Está bien dejarlo de hacer en esos momentos?

Roshi: En todo momento debes hacerte la pregunta. Al caminar debes preguntarte: "¿Quién camina?". Al postrarte debes preguntar "¿quién se postra?".

Estudiante: O bien "¿quién soy yo?".

Roshi: Sí; es la misma cosa.

Estudiante: En su plática de anoche dijo usted que cuando nos fuéramos a la cama no nos separáramos del koan, sino que siguiéramos preguntándonos aun durante el sueño. Me olvido del koan durante el sueño porque sueño mucho. El mundo de los sueños parece ser un mundo totalmente aparte de "¿quién soy yo?". Soñar es una pérdida de tiempo y de energía. ¿Cómo podría evitarlo?

Roshi: Por lo general, la gente activa que tiene poco tiempo para dormir sueña ocasionalmente, mientras los que duermen mucho tienen cantidad de sueños. Asimismo, aquellos que tienen mucho tiempo libre suelen soñar mucho, como los que duermen tendidos sobre la espalda. Una forma de evitar que sueñes es dormir menos. Te darás cuenta por los dibujos que el Buda reclinado descansa del lado derecho. Por muchos motivos ésta es una buena postura para dormir.

Estudiante: En mi trabajo —sea lavando o limpiando— con frecuencia me doy cuenta de que estoy soñando despierta. ¿Qué puedo hacer al respecto?

Roshi: Mientras limpies continúa preguntándote: "¿Quién soy yo?". Ningún otro pensamiento entrará en tu mente si te preguntas con suficiente intensidad. Sueñas despierta porque te separas de tu koan.

Roshi: ¿Hay algo que quieras decir o preguntar?

Estudiante: Desde las cinco de la mañana hasta ahora [3 de la tarde] me he estado preguntando con constancia: "¿Quién soy yo?". Algunas veces la pregunta me absorbe, pero la mayoría del tiempo me aburro. ¿Por qué me aburro?

Roshi: Tal vez porque no estás convencida de que preguntándote puedes percibir tu verdadera naturaleza y de esa forma alcanzar la paz mental. Cuando aquellos que han sufrido mucho en la vida escuchan la verdad del budismo y comienzan a practicar zazen, suelen querer alcanzar el kensho en seguida para poder aliviar los sufrimientos propios y los de los demás.

Estudiante: Parte del motivo por el cual me resulta tan difícil concentrarme es que el nuevo monitor nos grita mucho y está golpeando muy fuerte.

Roshi: Sólo tienes que preguntarte: "¿*Quién* escucha todos esos gritos?". No hagas un problema de esto; en realidad no te incumbe.

Estudiante: Es imposible que me resulte indiferente. A mis dos lados están pegando tan fuerte que me estremezco cada vez que escucho el kyosaku. Traté de preguntarme: "¿*Quién* escucha esos gritos horribles?", pero estaba tan inquieta que no pude continuar.

Roshi: Las personas que están a tu alrededor están cerca del kensho; les pegan tan fuerte para animarlos a que hagan un último y desesperado esfuerzo. Si no quieres que te peguen porque interfiere con tu zazen, puedo poner una señal en tu lugar para que no te golpeen.

Estudiante: Ayer, el señor K me ayudó al golpearme porque sabe cómo y cuándo pegar; pero el otro hombre pega sin ton ni son y su manera de gritar me asusta tanto que me dan náuseas.

Roshi: Algunas de las personas que usan el kyosaku son más hábiles que otras. El señor K tiene mucha experiencia y, por tanto, es muy bueno. ¿Quieres que te pongan una señal encima?

Estudiante: Lo curioso es que una parte de mí quiere que la golpeen porque pienso que de esa forma alcanzaré el kensho más rápido y otra parte mía le teme. Si regresa el señor K me gustaría que me pegara ocasionalmente.

Roshi: Podemos poner una señal sobre tu lugar y cuando desees que se te pegue, puedes hacer una seña con tus manos sobre la cabeza y las palmas de las manos juntas. Pero no te preocupes por lo que pasa a tu alrededor, sólo concéntrate en tus propios problemas.

De ahora en adelante podemos reducir tu pregunta. "¿Quién soy yo?", a simplemente "¿quién?", puesto que toda la pregunta ya se ha grabado en tu subconsciente.

Roshi [tajante]: ¡Quién eres! [No hay respuesta]. ¿Quién eres?

Estudiante [tras una pausa]: No lo sé.

Roshi: ¡Bien! ¿Sabes lo que quieres decir con "No lo sé"?

Estudiante: No, no lo sé.

Roshi: ¿Tú eres tú! Tú eres *sólo* tú. Eso es todo.

Estudiante: ¿Qué quiso decir con "Bien" cuando yo contesté "No lo sé"?

Roshi: En el sentido más profundo, no podemos saber nada.

Estudiante: Ayer cuando me dijo que me iba a preguntar quién era yo, concluí que debía preparar alguna respuesta, así que pensé en varias respuestas, pero ahora que me pregunta: "¿Quién eres tú?" no pude pensar en una sola.

Roshi: ¡Excelente! Eso demuestra que tu mente está vacía de ideas. Ahora puedes responder con todo tu ser, no sólo con la cabeza. Cuando te dije que te preguntaría quién eras, no quería que razonaras una respuesta sino que penetraras más y más profundamente en tu ser con el "¿quién soy yo?". Cuando llegues a la realización interna repentina de tu verdadera naturaleza, podrás responder instantáneamente sin reflexionar.

¿Qué es esto? [golpeando de pronto el tatami con su bastón]. [No hay respuesta].

¡Profundiza aún más! Tu mente está casi madura.

Estudiante: Me he estado preguntando una y otra vez "¿quién soy yo?" hasta que siento que no hay respuesta a la pregunta.

Roshi: No vas a encontrar una entidad llamada "yo".

Estudiante [enojada]: Entonces, ¿para qué me hago la pregunta?

Roshi: Porque en tu estado presente es imposible que te ayudes a ti misma. La persona ordinaria se pregunta siempre: "¿Por qué?" o "¿Qué?" o "¿Quién?". Hay muchos koanes en que un monje pregunta: "¿Qué es Buda?" o "¿por qué Bodhidharma vino de India a China?". El sentido de la respuesta del maestro es abrir la mente confusa del monje de modo que pueda darse cuenta de que su pregunta es una abstracción.

Estudiante: He estado leyendo la traducción al inglés de las cartas de Bassui[23] durante su plática de la mañana, como sugirió que lo hiciese. En un momento dado, Bassui dice: "¿*Quién* es el maestro que mueve las manos?"

Roshi: No hay una verdadera respuesta al "¿quién?", "¿qué?" o "¿por qué?" ¿Por qué es dulce el azúcar? El azúcar es azúcar. ¡Azúcar!

Estudiante: Me dijo antes: "Tú eres tú". Está bien, yo soy yo; lo acepto. ¿No es suficiente? ¿Qué más tengo que hacer? ¿Por qué tengo que seguir luchando con esta pregunta?

Roshi: Porque eso que entiendes es algo externo a ti: no sabes realmente lo que quieres decir con "yo soy yo". Debes llegar a hacerte la pregunta con la fuerza de una bomba y todas las nociones e ideas intelectuales deben quedar aniquiladas. La única manera de resolver esta pregunta es llegar a la explosiva realización interna de que todo es [en última instancia reducible a] Nada. Si tu comprensión es únicamente teórica, siempre te preguntarás: "¿Quién?", "¿qué?" y "¿por qué?".

[23] Las cartas empiezan en la p. 198.

Estudiante: Al preguntarme: "¿Quién soy yo?" llego a la conclusión de que soy este cuerpo, es decir, estos ojos, estas piernas y todo lo demás. Y al mismo tiempo me doy cuenta de que estos órganos no existen por sí mismos. Por ejemplo, si yo tuviese que sacarme un ojo ya no funcionaría como un ojo. Ni tampoco mi pierna funcionaría como pierna si estuviera separada de mi cuerpo. Para caminar, mis piernas necesitan no sólo mi cuerpo sino la tierra, así como mis ojos necesitan objetos que percibir para efectuar el acto de ver. Además, lo que mis ojos ven y sobre lo que mis piernas caminan son parte del universo. Por tanto, yo soy el universo. ¿Es esto correcto?

Roshi: Sí, está bien. Tú eres el universo, pero lo que me has dicho es una abstracción, una reconstrucción de la realidad, no la realidad misma. Debes captar directamente la realidad.

Estudiante: Pero *¿cómo lo* hago?

Roshi: Sólo preguntándote: "¿Quién soy?", hasta que abruptamente percibas tu verdadera naturaleza con claridad y certeza. Recuerda: no eres tu mente ni tu cuerpo. Y tampoco eres tu mente agregada a tu cuerpo. Entonces, ¿qué eres? Para captar tu verdadero yo y no sólo una parte de este yo te debes preguntar: "¿Quién soy yo?", con absoluta devoción.

Estudiante: La otra vez me dijo que yo no era mi cuerpo ni mi mente. No comprendo. Si no soy ninguna de estas cosas ni una combinación de ambas, ¿qué soy?

Roshi: Si tú le preguntas a cualquier persona quién es, te contestará: "Mi mente" o "mi cuerpo" o "mi mente y mi cuerpo", pero no es nada de eso. Somos más que nuestra mente o nuestro cuerpo o ambos. Nuestra verdadera naturaleza está más allá de las categorías. Cualquier cosa que concibas o imagines no es sino un fragmento de tu ser; por tanto, tu verdadero yo no puede encontrarse a través de la deducción lógica, el análisis intelectual o la imaginación infinita.

Si a mí me cortaran las manos o las piernas, mi verdadero yo no decrecería ni un ápice. Hablando estrictamente, este cuerpo y esta mente también son tú, pero sólo una fracción. La esencia de tu verdadera naturaleza no es diferente de la de este palo o de la de esta mesa o este reloj, de hecho, de cada objeto del universo. Cuando experimentes esta verdad directamente, será tan convincente que exclamarás: "¡Es cierto!", porque no sólo tu cerebro, sino todo tu ser participará de dicho conocimiento.

Estudiante: [rompiendo de pronto a llorar]: ¡Pero tengo miedo! ¡Tengo miedo! No sé por qué tengo miedo.

Roshi: No hay nada qué temer. Sólo profundiza y profundiza en la pregunta hasta que todas las nociones preconcebidas de quién eres y qué eres se desvanezcan y de pronto te des cuenta de que el universo entero no es diferente de ti. Estás en una etapa crucial. No retrocedas. ¡Sigue adelante!

Estudiante: Antes dijo que yo no era mi cuerpo ni mi mente. Siempre he pensado en mí como mente y cuerpo. Me da miedo pensar de otro modo.

Roshi: Es cierto que la mayoría de las personas piensan de sí mismas como cuerpo y mente, pero eso no quita que estén equivocadas. El hecho es que en su naturaleza esencial todos los seres sintientes trascienden su cuerpo y su mente, que no son dos, sino uno. El fracaso del ser humano en percibir esta verdad fundamental es la causa de sus sufrimientos.

Como dije en mi plática de esta mañana, el hombre siempre está buscando y apegándose. ¿Por qué? Se aferra al mundo porque intuitivamente desea reunirse con aquello de lo que ha sido enajenado a través del engaño. Como consecuencia de esta alienación, vemos que los fuertes vencen a los débiles y que los débiles aceptan la esclavitud como una alternativa a la muerte. Sin embargo, cuando los seres humanos no están engañados gravitan naturalmente los unos hacia los otros. Aquellos con una naturaleza fuerte desean proteger y amar al débil, mientras que estos últimos desean ser protegidos por los primeros. Así pues, el Buda, que tiene una gran fuerza espiritual, nos abraza a nosotros, que somos débiles y nos postramos ante él en una aceptación agradecida de su compasión desbordante. Como una madre que acaricia a su hijo, no hay separación, sólo armonía y unidad. Todo en la naturaleza busca esta unidad. Si observas cuidadosamente la corola de una flor de loto verás que cuando le caen gotas de lluvia o rocío, sus pequeños cálices se unen.

Pero como nos engañamos y aceptamos la realidad del ego-yo, inevitablemente surge la enajenación y el sufrimiento. El Buda percibió en su iluminación que el ego no es inherente a la naturaleza del hombre. Con la iluminación total se dio cuenta de que poseemos el universo, así que ¿para qué aferrarse a lo que inherentemente es nuestro?

Sólo debes perseverar en tu pregunta: "¿Quién soy yo?", si deseas experimentar la verdad de lo que he estado diciendo.

Estudiante: Gracias por su explicación tan completa.

Estudiante: Siento los ojos raros, como si estuvieran mirando hacia dentro en lugar de afuera y se estuvieran preguntando: "¿Quién soy yo?".

Roshi: ¡Excelente!

[De pronto] ¿Quién *eres Tú?*

[No hay respuesta].

¡Tú eres tú; yo soy yo!

Hay un koan en el *Hekigan-roku* [Registro de la Roca Azul] donde un monje llamado Etcho pregunta: "¿Qué es Buda?", y el maestro responde: "¡Tú eres Etcho!".[24]

¿Comprendes?

[No hay respuesta].

Debes comprender esto directamente. Te estás acercando. Concéntrate tanto como te sea posible.

Estudiante: Tengo varias preguntas, pero no quiero hacerlas.

Roshi: ¡Bien! A menos que algo te preocupe o te moleste, es mejor no hacerlas porque las preguntas no tienen fin. Te llevan más y más lejos de Ti mientras que si sólo te preguntas: "¿Quién soy yo?", te acercas al corazón radiante de tu ser.

Estudiante: Nada me preocupa en este momento.

Roshi: No te separes de "¿Quién soy yo?". Una vez que realices tu propia naturaleza, todas las preguntas se responderán solas.

Roshi: ¿Quieres decir algo?

Estudiante: No, pero quisiera que me dijera a través del intérprete qué fue lo que dijo esta mañana a las cuatro y media cuando se dirigió a todos los practicantes.

Roshi: Lo que dije fue sustancialmente esto: el Hombre se precia de ser el organismo más evolucionado del universo, pero desde el punto de vista budista se encuentra a la mitad del camino entre una amiba y un Buda. Y debido a que se ve falsamente como nada más que este cuerpo insignificante[25] o como una partícula del universo, constantemente

[24] Caso núm. 7.

[25] Compare con la frase del Buda citada con frecuencia: "Verdaderamente, digo a ustedes que dentro de este mismísimo cuerpo a pesar de ser mortal y de una braza de alto, pero consciente y dotado de la mente, está el mundo con el crecer y el descrecer y de ahí proviene también el camino que lleva al fallecer" (del Anguttara-Nikaya II, Samyutta-Nikaya I).

quiere engrandecerse a través de las posesiones y el poder. Pero cuando despierta al hecho de que abarca todo el universo, cesa de aferrarse, pues ya no siente que le falte nada dentro de sí mismo. En el sutra del Loto, el Buda cuenta que con la iluminación se dio cuenta de que poseía el universo, de que todos los seres eran sus hijos y de que lo único que necesitaba era su tazón para mendigar. En verdad era el hombre más rico del mundo.

Mientras te veas a ti misma como un cuerpo insignificante te sentirás inquieta y descontenta. Pero cuando a través de la iluminación experimentes el universo como algo idéntico a ti, alcanzarás la paz duradera.

Estudiante: Antes de empezar la práctica del zen siempre trataba de adquirir posesiones, pero ahora sólo deseo la paz mental.

Roshi: Y eso, después de todo, es lo único que vale la pena obtener. La verdadera paz y felicidad sólo pueden obtenerse con la iluminación, así que esfuérzate al máximo.

Estudiante: Usted me ha dicho que cuando una persona se ilumina y percibe que es todo el universo, deja de aferrarse a las cosas. Yo he vivido con personas que han tenido experiencias de iluminación y, sin embargo, en vez de ser menos apegadas y egoístas algunas veces es al contrario.[26] Si eso es lo que hace la iluminación, ¡no la quiero!

Roshi: Normalmente la realización de unidad es muy superficial con la primera iluminación. Pero si uno ha percibido esto genuinamente, a pesar de ser superficial, y continúa practicando devotamente cinco o diez años más, su visión interna aumentará en profundidad y magnitud a medida que su carácter adquiera flexibilidad y pureza. No se puede decir que alguien cuyas acciones aún están dominadas por el ego ha tenido una iluminación válida. Es más, una experiencia auténtica no sólo revela las propias imperfecciones, sino que a la vez crea la determinación de deshacerse de ellas.

Estudiante: Pero después de su iluminación el Buda dejó de practicar constantemente. ¿No es así?

Roshi: Su práctica fue la enseñanza y la predicación incesantes. El Buda es único. Se iluminó mucho antes de que naciera en este mundo. Vino para enseñarnos a nosotros, que somos ignorantes, cómo iluminarnos, cómo vivir sabiamente y cómo morir en paz. Soportó muchas austeridades, no porque tuviera que hacerlo, sino para demostrar

[26] Véase nota 26 a de pie de página, en pp. 319-320.

vívidamente que las mortificaciones de la carne no son el verdadero camino de la emancipación. Nació, vivió y murió en este mundo sólo como ejemplo para la humanidad.[27]

Estudiante: Pero las personas ordinarias ¿no necesitan autodisciplina?

Roshi: Así es. La autodisciplina consiste en la observación de los preceptos y éste es el fundamento del zazen. Además la autoindulgencia, es decir, comer en demasía, dormir en demasía y otras cosas, son tan malas como torturarse. Todas surgen del ego y por tanto agitan la mente, de modo que son obstáculos para la iluminación.

Estudiante: Aunque no he experimentado mi verdadera naturaleza, estoy consciente de mi imperfección y estoy resuelta a deshacerme de ella. ¿Cómo puede ser eso?

Roshi: Volvamos a lo que dijiste antes sobre haber vivido con personas que se habían Autorrealizado y que, sin embargo, parecían egoístas y creídas. Esas personas normalmente no practican con devoción después del kensho aunque parezca que lo hacen. Se sientan un número de horas pero en realidad se trata de la forma; si indicamos en porcentaje su entrega al zazen después del kensho, es de veinte o treinta por ciento; en consecuencia, su iluminación gradualmente se nubla y con el tiempo la experiencia se vuelve un recuerdo. Por otra parte, aquellos que se entregan al zazen ciento por ciento se vuelven muy sensibles a sus fallas y desarrollan la fuerza y decisión para vencerlas a pesar del hecho de que no hayan alcanzado la iluminación.

Estudiante: Me siento muy sensible esta mañana. Me inquieta escuchar el kyosaku.

Roshi: ¿Hiciste zazen toda la noche?

Estudiante: Me quedé hasta las 2 a.m., pero no estoy cansada.

Roshi: Muchos piensan que cuando están cansados es imposible hacer un zazen efectivo. Pero esto es erróneo. Cuando estás cansada

[27] Compare: en el sutra del Loto (capítulos XV y XVI) el Buda, en respuesta a la pregunta del Bodhisattva Maitreya dice: "...El mundo piensa que el Señor Shakyamuni, después de salir de la morada de los Shakyas, alcanzó la más perfecta iluminación. Pero la verdad es que cientos de miles de miríadas de *kotis* de eones antes, yo había alcanzado la iluminación suprema... El Tathagata que había alcanzado la perfecta iluminación hace tanto tiempo no tiene límites en la duración de su vida, pues ésta es eterna. Sin extinguirse jamás, hace como si se extinguiera por el bien de aquellos a quienes guía hacia la salvación" (citado en *Honen, El santo budista*, por Coates e Ishizuka, Chion-in, Kioto, 1925, p. 98).

tu "enemigo" —es decir, la mente de la ignorancia— también está cansado y cuando tienes energía éste también la tiene. En realidad no son dos.

Estudiante: ¿Podría decirme a través del intérprete qué dijo en su plática esta mañana?

Roshi: En esencia esto fue lo que dije: quedan cinco o seis horas para que termine el sesshin. No debes preocuparte de que sea tiempo insuficiente para la iluminación —por el contrario, es más que suficiente—. El kensho requiere un minuto, ¡no, un instante!

Usando la analogía de una batalla, anoche te enfrentabas al enemigo en un combate mano a mano, luchando de cualquier forma. Éste es el último ataque, la avanzada final. Sin embargo, no debes pensar que el forzar y el empujar son indispensables para la iluminación. Lo único que tienes que hacer es vaciar tu mente de la noción engañosa del "yo" y "los otros". Muchos han llegado a la realización al escuchar simplemente el tintineo de una campana o algún otro sonido. Normalmente cuando escuchas una campana que suena, piensas, consciente o inconscientemente, "estoy escuchando una campana". Aquí hay tres elementos: yo, la campana y el escuchar. Pero cuando la mente ha madurado, es decir, está libre de los pensamientos discursivos como *lo está* un papel en blanco inmaculado, sólo existe el sonido de la campana que suena. Esto es el kensho.

Estudiante: Al escuchar sonidos, me he estado preguntando: "¿Quién escucha?". ¿Está mal esto?

Roshi: Veo tu problema. Al preguntar "¿Quién escucha?" te haces consciente de la pregunta y del sonido al mismo tiempo. Cuando la pregunta penetre más profundamente, cesarás de estar consciente de ella. Así que cuando escuches una campana sonar, sólo será la campana escuchando el sonido de la campana o, por decirlo de otra forma, será tu propio sonido que suena. Éste es el momento de la iluminación.

Mira estas flores en el florero sobre la mesa. Las ves y exclamas: "¡Qué bellas son estas flores!". Ésta es una manera de ver. Pero cuando las ves, no como algo aparte de ti sino como tú misma, estás iluminada.

Estudiante: Esto me resulta difícil de ver.

Roshi: No es difícil comprender de manera puramente intelectual. Al escuchar estas explicaciones uno puede verdaderamente decir: "Sí, comprendo". Pero tal comprensión es un reconocimiento intelectual y muy diferente de la experiencia de la iluminación donde directamente experimentas a la flor como tú misma.

Es mejor que no diga más; si no, estas explicaciones se volverán un obstáculo para ti. Regresa a tu lugar y concéntrate intensamente en tu koan.

Roshi: ¿Quieres decir algo?

Estudiante: Sí; la última vez utilizó términos como "enemigo" y "batalla". No comprendo quién es el enemigo y cuál es la batalla.

Roshi: Tu enemigo es el pensamiento discursivo que te hace diferenciar lo que eres en un lado de una frontera imaginaria de lo que no eres al otro lado de esa línea inexistente. O, para decirlo de una forma más significativa, tu enemigo es tu propio ego. Cuando hayas dejado de pensar como un individuo separado y hayas realizado la Unidad de toda existencia, le habrás dado un golpe mortal a tu ego.

Se acerca el final del sesshin. ¡No pierdas la atención en el koan!

Capítulo IV

Pláticas del Dharma de Bassui sobre la mente única y cartas a sus discípulos

Introducción del editor

El maestro zen Rinzai Bassui Tokusho nació en 1327 hacia el fin de la era Kamakura, un periodo en la historia del Japón de guerras y ansiedad en el cual surgieron muchas figuras religiosas notables. Su madre tuvo una visión en la que el hijo que llevaba en sus entrañas algún día habría de matar a sus padres. Como consecuencia, al nacer lo abandonó en un campo donde una familia de sirvientes lo rescató y lo crio en secreto.

A los siete años se puso en evidencia la sensible mente religiosa de Bassui. Durante un servicio funeral para su difunto padre, de pronto le preguntó al sacerdote que oficiaba: "¿Para quién son las ofrendas de arroz, pasteles y fruta?". "Para tu padre, por supuesto", respondió el sacerdote. "Pero mi padre ya no tiene cuerpo ni forma,[1] así que ¿cómo podrá comérselos?". A esto el sacerdote respondió: "Aunque no tiene cuerpo visible, su alma recibirá estas ofrendas". "Si existe el alma", dijo el niño, "yo debo tener una en mi cuerpo. ¿Cómo es?".

Es cierto que estas preguntas no son raras en un niño de siete años sensible y profundo, pero para Bassui sólo eran el comienzo de un autocuestionamiento intenso e incesante que habría de continuar hasta su edad adulta, de hecho hasta que alcanzó la iluminación total. Aun cuando jugaba con otros niños, nunca lo abandonaban estas incertidumbres sobre la existencia del alma.

[1] En Japón los muertos normalmente son incinerados.

Su preocupación por el alma naturalmente lo llevó a pensar sobre el infierno. Angustiado por el miedo, habría de exclamar: "¡Qué terrible debe ser consumirse en las llamas del infierno!". Y las lágrimas se le derramaban. A los diez años, cuenta él mismo que con frecuencia lo despertaban brillantes centelleos que llenaban su habitación seguidos de una oscuridad que lo envolvía todo. Ansiosamente buscó alguna explicación a estos hechos extraños, pero las respuestas que tuvo aliviaban en muy poco sus temores.

Una y otra vez se preguntaba: "Si después de la muerte el alma sufre las agonías del infierno o disfruta de las delicias del paraíso, ¿cuál es la naturaleza de esta alma? Pero si no hay alma, ¿qué es lo que está dentro de mí en este mismo instante que ve y escucha?"

Su biógrafo[2] relata que con frecuencia Bassui se sentaba horas y horas "rumiando" estas preguntas en un estado de total abandono de manera que ya no sabía si tenía un cuerpo o una mente. En una de estas ocasiones —no se sabe a qué edad— Bassui de pronto tomó conciencia de que el sustrato de todas las cosas es una vacuidad viable y que en esencia no hay nada que pueda llamarse alma ni cuerpo ni mente. Esto le hizo romper a reír y ya no volvió a sentirse oprimido por su cuerpo ni por su mente.

En un esfuerzo por saber si esto constituía un verdadero despertar, Bassui interrogó a una serie de monjes bastante conocidos, pero ninguno pudo darle una respuesta satisfactoria. "En todo caso", se dijo a sí mismo, "ya no tengo dudas sobre la verdad del Dharma". Pero su perplejidad básica sobre quién es el que ve y quién es el que escucha aún no se había agotado y cuando un día leyó en un libro popular: "La Mente es el anfitrión y el cuerpo el invitado", cada una de las dudas que habían sido acalladas de pronto resucitaron. "He visto que el fundamento del universo es la Vacuidad; sin embargo, ¿qué es ese *algo* en mí que puede ver y escuchar?", desesperadamente comenzó a preguntarse de nuevo. A pesar de todos sus esfuerzos, no podía deshacerse de esta duda obsesiva.

Nominalmente Bassui era un samurái, porque había nacido en una familia de samuráis. Su biógrafo, sin embargo, no revela si Bassui se dedicó a los deberes de un samurái, aunque parece bastante seguro el concluir que tanto su búsqueda continua por un maestro zen como

[2] One Myodo, un discípulo de Bassui que el 5 de mayo de 1387 (año en que Bassui murió), publicó la biografía de donde salió este material introductorio.

un precario gusto por la vida del samurái le dieron poca oportunidad para ello.

En todo caso, no existen datos que prueben que Bassui se afeitó la cabeza a los veintinueve años como signo de su iniciación en la vida monacal budista. Ejerció pocos ritos ceremoniales de monje o sacerdote, porque pensaba que un monje debía vivir una vida sencilla dedicada a alcanzar la verdad más alta para así poder dirigir a los demás hacia la liberación, en vez de llevar una vida de ceremonias y lujos, por no hablar de intrigas políticas, a las cuales se inclinaban los monjes de la época. En sus numerosos peregrinajes, nunca se quedó ni una sola noche en ningún templo. Insistía en quedarse en alguna choza aislada en la cima de una colina o una montaña, donde se sentaba horas y horas haciendo zazen lejos de las distracciones del templo. Para mantenerse despierto se subía a un árbol y montado sobre una rama se interrogaba profundamente su koan natural: "¿Quién es el maestro?", durante toda la noche, sin ocuparse del viento o de la lluvia. Por la mañana, sin haber virtualmente dormido ni comido, regresaba al templo o monasterio para entrevistarse con el maestro.

Era tal el desagrado de Bassui por las ceremonias del templo que años más tarde, después de haber llegado a ser maestro de Kogaku-ji,[3] siempre insistía en llamarlo Kogaku-an, ya que el sufijo *an* significa "ermita", en oposición al *ji*, más grandioso, que significa "templo" o "monasterio".

En el curso de sus viajes espirituales, Bassui conoció a Koho-zenji, un gran maestro zen de su época con el cual se abrió por completo el ojo de su mente. Los maestros menores a quienes Bassui había buscado como guías habían sancionado su iluminación, pero Koho, intuyendo la mente aguda y sensible de Bassui y la fuerza y pureza de su sed por la verdad, no le dio su sello aprobatorio, sino que simplemente lo invitó a permanecer con él. Por su parte, Bassui reconoció que Koho era un gran roshi, pero se negó a quedarse en el templo, yéndose a una choza solitaria en las colinas cercanas y en los meses siguientes fue a ver a Koho todos los días.

Un día, intuyendo la madurez de la mente de Bassui, Koho le preguntó: "Dime, ¿cuál es el Mu de Joshu?". Bassui comenzó a responder:

[3] Literalmente, "Monasterio que mira hacia la montaña", es decir, el monte Fuji. El monte Fuji es símbolo de la Verdadera-mente; así, Kogaku-ji connota enfrentarse a la propia Mente-verdadera.

"Montañas y ríos, pasto y árboles, todos son igualmente Mu". Pero Koho de pronto lo interrumpió diciendo: "¡No uses tu mente!".

Su biógrafo relata que de pronto Bassui sintió como si "perdiera la raíz de su vida, como un barril cuyo fondo hubiera sido abierto a golpes". De cada poro de su cuerpo transpiraba sudor y al abandonar la habitación salió tan aturdido que se tropezó varias veces pegándose en la cabeza contra las paredes antes de encontrar la salida del templo. Al llegar a su choza, lloró durante horas desde lo más profundo de su ser. Las lágrimas lo inundaban "cayendo por su rostro como la lluvia". En la intensa combustión de su sobrecogedora experiencia, los conceptos y creencias que Bassui tenía, nos cuenta el biógrafo, fueron totalmente aniquilados.

A la tarde siguiente, Bassui fue a decir a Koho lo que había pasado. Apenas había abierto la boca cuando Koho, que estaba desesperado tratando de encontrar un sucesor verdadero entre sus monjes, exclamó como si se dirigiera a todos sus seguidores: "Mi Dharma no se desvanecerá. Todos pueden estar contentos. Mi Dharma no desaparecerá".

Koho confirió a su discípulo el *inka* y le dio el nombre zen de "Bassui", que significa "muy por encima del promedio". Bassui permaneció dos meses más cerca de Koho, recibiendo su instrucción y guía. Pero tenía una mente muy independiente y deseaba madurar su profunda experiencia a través de "duelos Dharma" con maestros zen realizados, para así integrar por completo su experiencia a su mente consciente y a cada acto de su vida, y desarrollar su capacidad para enseñar a otros. Así pues, dejó a Koho y continuó viviendo una vida aislada en los bosques, colinas y montañas cercanas a los templos de maestros famosos. Cuando no entraba en "duelos Dharma" con ellos continuaba con su zazen durante horas y horas.

Donde se quedaba, los aspirantes ardientes descubrían su morada y buscaban su guía, pero él mismo se sentía deficiente en cuanto a la fortaleza espiritual necesaria para llevar a otros a la liberación y resistió los esfuerzos que hacían los aspirantes por hacerlo su maestro. Cuando los seguidores lo importunaban demasiado tomaba sus escasas pertenencias y desaparecía por la noche. Además, deliberadamente abreviaba su estancia en cualquier sitio para no aferrarse a él.

Cuando ya tenía cincuenta años, Bassui construyó una choza en la espesura de la montaña cerca del pueblo de Enzan en la prefectura de Yamanashi. Como había sucedido en el pasado, se corrió la voz de que había un Bodhisattva en la montaña y de nuevo, los discípulos que buscaban un maestro abrieron literalmente un camino hasta su choza. Ahora, al haber madurado su iluminación y sintiéndose capaz de guiar a otros hacia la liberación, ya no los rechazó sino que abiertamente aceptaba a quien llegase. Muy pronto el número de sus discípulos fue considerable y cuando el gobernador de la provincia le ofreció unas tierras para un monasterio que sus seguidores podrían construir, Bassui aceptó convertirse en roshi.

Aunque a Bassui le disgustaba denominarlo "templo o monasterio", Kogaku-ji, en su apogeo, con más de mil monjes y devotos legos, difícilmente se hubiera podido describir como una ermita. Bassui era rígido en su disciplina y de las treinta reglas que promulgó para normar el comportamiento de sus discípulos, resulta interesante ver que la primera prohibía ingerir alcohol en cualesquiera de sus formas.

Justamente antes de morir, a los sesenta, Bassui se sentó en flor de loto y dijo a aquéllos reunidos a su alrededor: "¡No se desvíen! ¡Miren directamente! ¿Qué es esto?". Repitió esto en voz alta y después murió en calma.

Los métodos de enseñanza de todo gran maestro inevitablemente surgen de su propia personalidad, de la forma en que experimentó su problema espiritual, y de la modalidad de zazen que dio nacimiento a su iluminación. Para Dogen, cuyos esfuerzos religiosos se enfocaron en un problema totalmente distinto del de Bassui y cuya iluminación total llegó sin un koan, el shikan-taza se convirtió en su método esencial de enseñanza. Por otra parte, el koan natural de Bassui era "¿Quién es el maestro?".[4] Por tanto, como vemos en las cartas siguientes, incita a sus discípulos a emplearlo como su modalidad de zazen. Además Bassui, como Dogen, no podía satisfacer su profunda necesidad de liberación con una iluminación superficial; la meta que propone en sus cartas no exige nada menos que el despertar absoluto.

Bassui no fue un escritor prolífico. Además de su plática sobre la mente única y estas cartas, escribió solamente un volumen llamado *Wadeigassui* donde expone los principios y prácticas del budismo zen y una obra menor. No se sabe exactamente cuándo escribió Bassui la "mente

[4] La palabra japonesa que le damos el significado de "maestro" es *shujin-ko*. En japonés un esposo (es decir, el jefe de la casa), un propietario, un terrateniente, un jefe se llaman todos *shujin*. *Ko* es un término que implica gran respeto; era utilizado al dirigirse a algún señor en el antiguo Japón. "Maestro", en este sentido, por tanto, significa la cabeza, el centro del poder, la fuerza que controla.

única" y las cartas, puesto que ninguna lleva fecha aunque probablemente fue después de convertirse en maestro de Kogaku-ji. Es evidente que mantenía esta correspondencia con discípulos que o bien estaban demasiado enfermos o vivían muy lejos para ir a Kogaku-ji a sesshin e instrucción personal. Sólo estas circunstancias extremas y el ardor y la sinceridad manifiestos de sus corresponsales podían persuadir a Bassui de instruirlos por cartas en vez de hacerlo en la forma tradicional.

Es cierto que algunas de las cartas son repetitivas, pero es inevitable puesto que Bassui está otorgando la misma enseñanza en su esencia a cada uno de sus corresponsales. Sin embargo, es a través de esa repetición que Bassui, maestro como lo era, aclara de manera soberbia y logra que sea captado el tema de la mente única. Hay muy poca literatura zen escrita por maestros sobresalientes que esté dirigida con tanta claridad hacia la práctica o que sea tan inspiradora. Bassui habla directamente al lector de hoy como lo hizo a sus corresponsales del siglo XIV, guiándolos e inspirándolos en cada paso. Junto con esto, hay un agudo sentido de la paradoja aunado a una sencillez profunda que han hecho que esta plática y estas cartas sean muy populares en Japón incluso en nuestros días. Takusui-zenji, un maestro zen muy conocido del periodo Tokugawa (1603-1868) que, como Joshu, se dice vivió hasta la edad de ciento veinte años (y que también escribió una serie de cartas zen) alabó calurosamente estos escritos como valiosos no sólo para sus devotos sino incluso para los maestros zen.

Se espera que con esta traducción, la primera al español, encuentre el mismo gusto entre los lectores de habla hispana deseosos de comprender y practicar zen.

La plática

Si has de liberarte de los sufrimientos del samsara, debes aprender el camino directo para convertirte en Buda. Este camino no es otro que el de la realización de tu propia mente. ¿Cuál es esta mente? Es la verdadera naturaleza de todos los seres sintientes, aquella que existió antes de que nuestros padres nacieran y, por tanto, antes de nuestro propio nacimiento y que existe actualmente inmutable y eterna. Así pues, se le llama el propio Rostro antes de que nuestros padres nacieran. Esta mente es intrínsecamente pura. Cuando nacemos no se crea de nuevo y cuando morimos no perece. No tiene distinción entre hembra o varón, ni tiene matiz de bueno o malo. No puede compararse con nada; así pues se le llama naturaleza búdica. Sin embargo, innumerables pensamientos surgen de esta propia naturaleza como las olas que surgen del océano o como las imágenes que se reflejan en un espejo.

Para realizar tu propia mente, primero debes buscar la fuente de donde surgen todos los pensamientos. Durmiendo y trabajando, parado y sentado pregúntate de manera profunda: "¿Qué es mi propia mente?", con un intenso deseo de hallar una respuesta. Esto se llama "entrenar" o "practicar" o "deseo por la verdad" o "sed por la realización". Lo que se llama zazen no es sino ver esta propia mente. Es mejor buscar tu propia mente con devoción que leer y recitar innumerables sutras y dharanis cada día por muchísimos años. Estas prácticas son sólo formalidades; otorgan cierto mérito, pero éste expira y de nuevo debes experimentar el sufrimiento de los tres Caminos del Mal. Ya que la búsqueda de la propia mente en última instancia lleva a la iluminación, esta práctica es el prerrequisito para convertirse en Buda. No importa si antes has cometido los diez actos malignos o los cinco pecados mortales. Si regresas a tu mente y te iluminas, instantáneamente eres un Buda. Pero no peques con la esperanza de que la iluminación te salve [de los efectos de tus propios actos]; pues ni la iluminación, ni un Buda, ni un patriarca pueden salvar a una persona que, engañada, va por caminos del mal.

Imagínate a un niño que duerme junto a sus padres y que sueña que lo golpean o que está dolorosamente enfermo. Sus padres no pueden ayudarle por mucho que sufra porque no pueden acceder a la mente que sueña. Si el niño pudiera despertar, se libraría automáticamente de estos sufrimientos. De la misma forma, el que se da cuenta de que su propia mente es Buda se libera al instante de los sufrimientos que surgen de [la ignorancia de la ley], del cambio incesante del nacimiento y de la muerte. Si un Buda pudiese prevenirlo, ¿permitiría que un solo ser sintiente cayera en el infierno?[5] Sin la autorrealización, uno no puede comprender estas cosas.

¿Qué clase de maestro es aquel que en este mismo instante ve color con sus ojos y escucha voces con sus oídos, que ahora levanta las manos y mueve los pies? Sabemos que éstas son funciones de nuestra propia mente, pero nadie sabe exactamente cómo se realizan. Puede

[5] Lo que esto implica es que los budas no son seres sobrenaturales que pueden evitar caer al infierno al llegar a la iluminación, sino que la iluminación por medio de la cual, y sólo por ese medio, uno puede salvarse de los sufrimientos de tal destino, se alcanza solamente a través de los propios esfuerzos.

afirmarse que detrás de estas acciones no hay una entidad; sin embargo, es obvio que se llevan a cabo de manera espontánea. También se puede afirmar que éstos *son* los actos de una entidad; no obstante, la entidad es invisible. Si uno contempla esta pregunta como inescrutable cesarán todos los intentos de razonar [una respuesta] y uno no sabrá qué hacer.

En este estado propicio, adéntrate cada vez más en tu deseo de saber, sin tregua, hasta el fin. Cuando el profundo cuestionamiento penetre hasta el fondo y éste se rompa no quedará en tu mente la más ligera duda de que tu mente es en sí misma Buda, el universo vacío. Entonces ya no habrá ansiedad sobre la vida o la muerte ni verdad que buscar.

En un sueño puedes desviarte y perder tu camino a casa. Le preguntas a alguien cómo volver o le ruegas a Dios o a los budas que te ayuden, pero aun así no puedes regresar. Una vez que despiertas de tu estado de sueño, te encuentras con que estás en tu propia cama y te das cuenta de que la única forma de regresar a casa era despertando. Este [despertar espiritual] se llama "regresar al origen" o "renacimiento en el paraíso". Es el tipo de realización interna que puede lograrse con cierto entrenamiento. Virtualmente todos aquellos a quienes les gusta el zazen y hacen un esfuerzo en su práctica, sean legos o monjes, pueden experimentar hasta este grado. Pero incluso ese despertar [parcial] no puede obtenerse más que por la práctica del zazen. Sin embargo, sería un serio error asumir que esto es la verdadera iluminación en donde no hay duda sobre la naturaleza de la realidad. Serías como un hombre que al encontrar cobre, abandona su deseo de hallar oro.

Al darte cuenta de esto, pregúntate aún más intensamente: "Mi cuerpo es como un fantasma, como burbujas en un arroyo; mi mente, al verse a sí misma, es tan amarga como un espacio vacío. Sin embargo, en algún sitio dentro, se perciben sonidos. ¿Quién escucha?". Si te preguntas de esta forma, con una profunda absorción, sin declinar la intensidad de tu esfuerzo, en un momento dado tu mente racional se vaciará y sólo quedará la pregunta al nivel más profundo. Finalmente perderás la conciencia de tu propio cuerpo. Tus concepciones y nociones, retenidas por tanto tiempo, se desvanecerán después de un cuestionamiento absoluto, de la misma forma que cada gota de agua desaparece de una vasija que se ha roto y vendrá la iluminación perfecta como botones que florecen en un árbol seco.

Con esa realización alcanzarás la verdadera emancipación. Pero aun entonces deshazte repetidamente de lo que has realizado, regresando al sujeto que realiza, es decir, al fondo, y continúa de manera resuelta. Entonces tu propia naturaleza será más brillante y transparente a medida que tus sentimientos engañosos perecen, como una gema que gana en brillo al pulirse muchas veces, hasta que por fin ilumina de forma positiva el universo entero. ¡No dudes de esto! Si tu deseo fuera demasiado débil para llevarte a este estado en la vida presente, sin duda llegarás a la Autorrealización fácilmente en la próxima, siempre y cuando al morir sigas trabajando en esta pregunta y así como el trabajo que ayer quedó a medias, fácilmente se termina hoy.

En el zazen no desprecies ni aprecies los pensamientos que surgen; sólo busca tu propia mente: la mismísima fuente de estos pensamientos. Debes comprender que cualquier cosa que aparezca en tu conciencia o que tus ojos vean es una ilusión y no una realidad perdurable. Por tanto, no debes temer ni fascinarte por tales fenómenos. Si mantienes tu mente tan vacía como el espacio, sin mancharse con cuestiones externas, ningún espíritu maligno te molestará ni siquiera en tu lecho de muerte. Mientras haces zazen, sin embargo, no pienses en todos estos consejos. Sólo debes convertirte en la pregunta: "¿Qué es esta mente?", o "¿qué es esto que escucha estos sonidos?". Cuando te des cuenta de esta mente sabrás que es la fuente misma de todos los budas y seres sintientes. El Bodhisattva Kannon (Avalokitesvara) se llama así porque llegó a la iluminación al percibir, es decir, al captar la fuente de las sonidos del mundo a su alrededor.

Al trabajar o al descansar, jamás dejes de tratar de comprender quién escucha. Aunque tu pregunta penetre el inconsciente, no encontrarás al que escucha y tus esfuerzos se verán frustrados. Sin embargo, los sonidos se escuchan, así que pregúntate aun más profundamente. Por fin desaparecerá todo vestigio de autoconciencia y te sentirás como un cielo despejado. Dentro de ti no encontrarás un "yo" ni descubrirás a alguien que escucha. Esta mente es como el vacío y, sin embargo, no tiene un solo punto que pueda llamarse vacío. No confundas este estado con la Autorrealización, sino que continúa preguntándote aún más intensamente: "¿Quién es el que escucha?". Si penetras más y más esta pregunta, sin fijarte en otra cosa, incluso este sentimiento de vacuidad se desvanecerá y no estarás consciente de nada, prevalecerá la oscuridad absoluta. No te detengas aquí; sigue con fuerza preguntándote: "¿Qué *es* lo que escucha?". Sólo cuando hayas extinguido totalmente la pregunta, ésta estallará; entonces te sentirás como un hombre que vuelve de entre los muertos. Ésta es la verdadera realización. Verás a los budas de todos los universos cara a cara y a los patriarcas del pasado y del presente. Prueba este koan: "Un monje le preguntó a Joshu: '¿Cuál es el significado de que Bodhidharma haya venido a China?' Joshu respondió 'El roble en el jardín'".[6] Si ese koan te deja con la más mínima duda, regresa a tu pregunta: "¿Quién es el que escucha?".

Si no llegas a la realización en esta vida, ¿cuándo lo harás? Una vez que hayas muerto no podrás evitar un largo periodo de sufrimiento por los Tres Caminos del Mal.[7] ¿Qué obstruye tu realización? Nada, sólo tu débil deseo de la verdad. Piensa en esto y esfuérzate al máximo.

Las cartas

1. *A un hombre de Kumasaka*

Me pregunta usted cómo practicar zen en su lecho de enfermo. ¿Quién es el que está enfermo? ¿Quién es el que practica zen? ¿Sabe quién es? Todo nuestro ser es naturaleza búdica. Todo nuestro ser es el Gran Camino. La sustancia de este Camino es inherentemente inmaculada y trasciende todas las formas. ¿Hay alguna enfermedad en esto? La propia mente del hombre es la sustancia esencial del ver y el escuchar, de todos los sentidos. El que adquiere completa conciencia de esto es un Buda; el que no es un hombre ordinario. Así, todos los budas y patriarcas apuntan directamente a la mente humana de modo que el hombre pueda ver su propia naturaleza y de esta manera alcanzar la budeidad, pues el mejor alivio para aquel que está confundido por las sombras es ver lo verdadero.

Una vez un hombre fue invitado a la casa de un amigo. Cuando estaba a punto de beber el vino que se le había ofrecido, creyó ver una pequeña víbora en su copa. Por no querer avergonzar a su anfitrión haciéndoselo ver, valientemente se la tragó. Al regresar a su casa sintió fuertes dolores de estómago. Se le dieron muchos remedios, pero fue en vano. El hombre, ahora muy enfermo, sintió que estaba a punto

[6] *Mumonkan*, número 37. Para más información sobre Joshu, véase p. 97 y "Joshu" en la sección X.

[7] Según la enseñanza budista, la iluminación sólo puede alcanzarse en un cuerpo humano. Lo que aquí y en el pasaje anterior quiere decir es que si uno pierde su forma humana, y con ella la oportunidad de alcanzar la iluminación y otros altos estados de conciencia, uno tendrá largos sufrimientos en forma subhumana de existencia.

de morir. Su amigo, al saber de su enfermedad, lo invitó una vez más a su casa. Lo sentó en el mismo lugar y de nuevo le ofreció una copa de vino, diciéndole que era medicina. Cuando el enfermo alzó su copa para beber nuevamente vio la pequeña víbora y esta vez se lo dijo a su anfitrión. Sin decir una palabra al anfitrión señaló hacia el techo, justo encima del invitado, donde colgaba un arco. De pronto el hombre enfermo se dio cuenta de que la "pequeña víbora" era el reflejo del arco que colgaba. Ambos hombres se miraron y rieron. Instantáneamente el dolor del enfermo se desvaneció y recobró su salud.

Llegar a ser un Buda es parecido a esto. El patriarca Yoka dijo: "Cuando uno toma conciencia de la verdadera naturaleza del universo, uno sabe que no hay realidad subjetiva ni objetiva. En ese momento desaparecen las formaciones kármicas que lo llevarían a uno al más profundo infierno". Esta naturaleza verdadera es la sustancia de la raíz de todo ser sintiente. El hombre sin embargo, no alcanza a creer que su propia mente no sea en sí misma completa, como el Buda lo realizó, de modo que se aferra a formas superficiales y busca la verdad fuera de su mente, luchando por convertirse en Buda a través de prácticas ascetas. Pero como la ilusión de un ego-yo no se desvanece, el hombre debe pasar por intensos sufrimientos en los Tres Mundos. Es como aquel que se enfermó pensando que se había tragado una pequeña víbora. Los diversos remedios no sirvieron de nada, pero se recuperó al instante cuando se dio cuenta de la verdad básica.

De esta forma mire dentro de su propia mente; no hay panacea alguna que pueda ayudarle. En un sutra, el Buda dijo: "Para deshacerte de tu enemigo, sólo tienes que darte cuenta de que tu enemigo es el engaño". Todos los fenómenos en el mundo son ilusorios, no tienen sustancia permanente. Los seres sintientes, al igual que los budas, son como imágenes reflejadas en el agua. Uno que no ve la verdadera naturaleza de las cosas confunde las sombras con la sustancia. Es decir, durante el zazen el estado de vacuidad y quietud que proviene de la disminución de pensamientos con frecuencia se confunde con el propio rostro antes de que nacieran nuestros padres. Pero esta serenidad también es un reflejo sobre el agua. Debe avanzar más allá de esa etapa donde la razón ya no sirve de nada. En este extremo de no saber qué pensar o qué hacer pregúntese a sí mismo: "¿Quién es el maestro?". Se convertirá en su íntimo después que haya roto un bastón de cuerno de conejo o un pedazo de hielo con el fuego. Dígame ahora: ¿quién es más íntimo? Hoy es el día ocho del mes. ¡Mañana el decimotercero!

2. A la abadesa de Shinryu-ji

Para llegar a ser Buda debe descubrir quién quiere convertirse en Buda. Para conocer este tema debe, aquí y ahora mismo, llegar hasta el fondo de usted preguntando: "¿Qué es lo que piensa en términos de bueno y malo, qué es lo que ve, qué es lo que escucha?". Si se pregunta de esta forma profundamente, se iluminará con seguridad. Si se ilumina, al instante será Buda. La mente que los budas realizaron en su iluminación es la mente de todos los seres sintientes. La sustancia de esta mente es pura; está en armonía con lo que la rodea. En el cuerpo de una mujer no tiene forma femenina, en el cuerpo de un hombre no aparece como varón. No es mala ni siquiera en el cuerpo de los más bajos, ni impresionante en el cuerpo de un noble. Como el espacio ilimitado, no tiene una partícula de color. El mundo físico puede destruirse, pero el espacio sin forma, sin color, es indestructible. Esta mente, como el espacio, lo abarca todo. No comienza a existir con la creación de nuestro cuerpo ni muere con su desintegración. Aunque invisible baña nuestro cuerpo y cada acto de ver, escuchar, oler, hablar, o mover manos y piernas es simplemente la actividad de esta mente. Cualquiera que busque al Buda y la verdad fuera de esta mente se engaña; cualquiera que perciba directamente que esta naturaleza intrínseca es precisamente la del Buda es en sí mismo Buda. Nunca ha existido un Buda que no haya realizado esta mente y hasta el último de los seres en los seis ámbitos de la existencia está perfectamente dotado de ella. Las palabras del sutra: "En Buda no hay discriminación alguna" confirman esto.

Todos los que han realizado esta mente y han alcanzado la budeidad quieren que la humanidad lo sepa. Pero a los hombres, que estúpidamente se aferran a las formas superficiales, les resulta difícil creer en este Dharma-kaya sin sentido, este Buda puro y verdadero. Para darle un nombre los budas recurren a metáforas como "El Tesoro de la Joya de Voluntad Libre", "El Gran Camino", "El Buda Amitabha", "El Buda del Conocimiento Supremo, "Jizo", "Kannon", "Fugen", "El Propio Rostro antes de que nacieran nuestros padres". El Bodhisattva Jizo[8] es el que nos guía a través de los Seis Ámbitos de la Existencia [siendo el símbolo del poder] que controla los seis sentidos. Cada epíteto de un Buda a un Bodhisattva es sólo una desintegración distinta de la mente

[8] Jizo siempre ha ocupado un lugar especial en el corazón de los budistas japoneses, y quizá es por eso que Bassui, de manera casi gratuita, destaca a este Bodhisattva.

única. Creer en nuestra propia mente búdica es lo mismo que creer en todos los budas. Por tanto, leemos en un sutra: "Los Tres Mundos no son sino la mente única; fuera de esta mente, nada existe. La mente, Buda y los seres sintientes son uno y no pueden diferenciarse".

Puesto que los sutras sólo tratan con esta mente, realizarla es lograr de un solo golpe la lectura y comprensión de todos los sutras. Un sutra dice: "Las enseñanzas de los sutras son como un dedo que apunta hacia la Luna". Estas enseñanzas son los sermones que fueron predicados por todos los budas. "Apuntar hacia la Luna" es apuntar a la mente única de los seres sintientes. Del mismo modo que se dice que la Luna resplandece sobre ambos lados de la Tierra, de la misma forma la mente única ilumina el mundo interno y externo. Entonces, cuando se dice que un gran mérito puede obtenerse al recitar los sutras, esto significa lo que ya se ha dicho y nada más.[9] También se dice que sirviendo al Buda, uno puede alcanzar la budeidad, pero para alcanzar la budeidad uno sólo tiene que realizar esta mente. De esta forma, el mérito de realizar la mente única en un instante de total entrega de la mente es infinitamente más grande que recitar los sutras durante diez mil días, así como percibir la propia mente en un momento de total entrega de la mente es superior a escuchar durante diez mil años la razón por la que esto es así. Del mismo modo que uno debe progresar de grados superficiales a profundos, también es una bendición para los principiantes recitar los sutras con entusiasmo o invocar los nombres de los budas. Es como subirse a una balsa o a un barco para dar un primer paso. Pero si no desean alcanzar las orillas de la realización y se contentan con permanecer para siempre en la balsa, se engañan. Shakyamuni Buda se sometió a muchas austeridades y, sin embargo, no alcanzó la budeidad. Después de esto hizo zazen durante seis años abandonando todo lo demás y finalmente alcanzó la mente única. Después de su iluminación perfecta habló sobre la mente que había realizado para el bien de toda la humanidad. Estas pláticas se llaman sutras y son las palabras que fluyen de la mente realizada del Buda.

Esta mente está latente en todos, es el maestro de los seis sentidos. Los efectos y causas de todas las transgresiones se desvanecen en un instante, como hielo en agua hirviendo cuando uno despierta a esta mente. Sólo después de alcanzar tal penetración directa uno puede

[9] Es decir, los sutras dicen que ellos mismos no son la verdad, sino que son como una flecha que apunta hacia la verdad.

afirmar que su propia mente es en sí misma Buda. La esencia de la mente es brillante de manera intrínseca y sin mácula; en ella no hay distinciones entre Buda y seres sintientes. Pero su claridad se esconde bajo el pensamiento engañoso, así como la luz del Sol o de la Luna se oscurece por las nubes. Sin embargo, los pensamientos pueden desaparecer con el poder del zazen, de la misma forma en que un viento fuerte disipa las nubes. Una vez desvanecidos, la naturaleza búdica se revela, del mismo modo como aparece la Luna cuando las nubes desaparecen. Esta luz siempre ha estado presente; no es algo nuevo que se obtiene fuera de uno mismo.

Si ha de librarse de ser arrastrada hacia los seis ámbitos de la existencia o del sufrimiento del nacimiento y de la muerte, debe deshacerse de sus sentimientos y percepciones engañosos. Para realizar esta mente debe hacer zazen. Cómo practicar es de vital importancia: debe penetrar el koan hasta el corazón mismo. El fundamento de cada koan es la propia mente. El profundo anhelo de realizar la mente se llama "deseo por la verdad" o "sed de realización". Aquel que teme terriblemente caer en el infierno es sabio.[10] Sólo porque los hombres desconocen los terrores del infierno, no tienen deseo de conocer las enseñanzas del Buda. Hubo un Bodhisattva que alcanzó la iluminación concentrándose intensamente en cada sonido que escuchaba y el Buda Shakyamuni lo llamó Kannon.[11] Si ha de conocer la sustancia de la mente búdica al instante que escuche un sonido, busque qué es lo que escucha. De esta forma llegará sin equivocación al conocimiento de que su propia mente no es diferente de la de Kannon. Esta mente no es ser ni no ser. Trasciende todas las formas y, sin embargo, es inseparable de ellas.

No trate de evitar que surjan pensamientos y no se aferre a ninguno de ellos. Deje que aparezcan y desaparezcan; no luche con ellos. Sólo necesita preguntarse incesantemente y con todo su corazón: "¿Cuál es mi propia mente?". Insisto en esto porque deseo que llegue a la Autorrealización. Cuando persistentemente trate de comprender qué es lo que está más allá del dominio del intelecto, llegará a un callejón sin

[10] Lo que aquí y en la siguiente oración se implica es que el plano de existencia o estado de conciencia llamado infierno es terriblemente doloroso, y que es el miedo a caer en una vida tan miserable como ésa lo que produce un profundo deseo de Autorrealización, puesto que la iluminación desvanece este miedo al infierno.

[11] *Kannon* es una simplificación de *Kanzeon*, que significa "que escucha (o el que ve) el llanto del mundo". Algunas veces Bassui usa el término Kanzeon y otras el de Kannon. Para evitar confusiones nos hemos adherido al término Kannon.

salida y se sentirá completamente atónita. Pero siga adelante. Sentada o parada, trabajando o durmiendo, incansablemente pregúntese en lo más profundo de su ser: "¿Cuál es mi propia mente?". Únicamente tema al fracaso de no experimentar su verdadera naturaleza. Ésta es la práctica del zen. Cuando el intenso cuestionamiento envuelva cada centímetro de su ser y penetre el fondo de los fondos, la pregunta de pronto explotará y la sustancia de la mente Buda se revelará, como un espejo [escondido] en una caja que puede reflejar [sus alrededores] sólo después de que la caja ha sido abierta. La luminosidad de esta mente alumbrará cada rincón del universo libre de la más mínima mancha. Al fin se librará de todos los enredos de los seis ámbitos y los efectos de todas las malas acciones se desvanecerán. La felicidad de este momento no puede describirse con palabras.

Piense en una persona que sueña y que sufre intensamente al ser torturada en los infiernos. Una vez que despierta, deja de sufrir porque está libre de este engaño. De la misma forma, a través de la Autorrealización uno se libera de los sufrimientos del nacimiento y la muerte. Para iluminarse de nada sirven la alcurnia ni los conocimientos; sólo una fuerte determinación es esencial. Los budas tienen la misma relación con los seres sintientes que el agua con el hielo. El hielo, como la piedra o el ladrillo, no fluye. Pero al derretirse fluye libremente y se amolda a sus alrededores. Mientras uno permanezca en este estado de engaño uno será como el hielo. Al llegar la realización uno se vuelve tan maravillosamente libre como el agua. Comprenderá que no hay diferencia entre los seres ordinarios y los budas excepto en una cosa: el engaño. Cuando éste se disuelve, son idénticos.

No pierda la esperanza. Si su deseo de la verdad es superficial, quizás no pueda alcanzar la iluminación en esta vida. Pero si continúa fielmente con su práctica zen[12] incluso al morir, sin duda alcanzará la iluminación en su existencia siguiente. Pero no pierda el tiempo. Imagine que está en su lecho de muerte en este mismo instante. ¿Qué puede ayudarla? ¿Qué puede prevenir que caiga en los infiernos debido a sus transgresiones? Afortunadamente hay un amplio camino hacia la liberación. Desde sus mismas raíces pregúntese: "¿Cuál es mi mente búdica?".

Si logra ver la sustancia de todos los budas, en un abrir y cerrar de ojos realizará su propia mente.

[12] Es decir, preguntarse: "¿Cuál es la verdadera sustancia de mi mente?".

¿Es cierto o falso lo que digo? En este instante pregúntese: "¿Cuál es mi propia mente búdica?". Al iluminarse, el loto florecerá en un fuego abrasador y durará toda la eternidad. El hombre inherentemente no es distinto del loto. ¿Por qué no puede captar esto?

3. *Al señor de Nakamura, gobernador de la provincia de Aki*

Me pregunta usted cómo practicar el zen refiriéndose a esta frase de un sutra: "Despierta la mente sin que more en ningún sitio". No existe ningún método expreso para alcanzar la iluminación. Si mira directamente a su propia naturaleza sin permitirse ninguna distracción, el capullo de la mente florecerá. Por tanto, el sutra dice: "Despierta la mente sin que more en ningún sitio". Miles de palabras que pronunciaron los budas y patriarcas se suman a esa frase única. La mente es la verdadera naturaleza de las cosas que trasciende todas las formas. La verdadera naturaleza es el Camino. El Camino es Buda. Buda es mente. Mente no es fuera ni dentro ni en medio. Es no ser o la nada, o no ser o no nada, o Buda o mente o materia. Así pues, se le llama la mente sin morada. Esta mente ve colores con los ojos, escucha sonidos con los oídos. ¡Busque directamente a ese maestro!

Un maestro zen (Rinzai) de la antigüedad dice: "Nuestro cuerpo, compuesto por los cuatro elementos primarios,[13] no puede escuchar ni comprender esta explicación. El bazo o el estómago o el hígado o la vesícula biliar no pueden escuchar o comprender esta explicación. El espacio vacío no puede comprenderla. Entonces, ¿qué es lo que escucha y comprende? Lucha por percibirlo directamente. Si su mente se halla aferrada a cualquier forma o sentimiento o está afectada por el razonamiento lógico o el pensamiento conceptual, se encuentra tan lejos de la verdadera realización como lo está el cielo de la Tierra.

¿Cómo romper de un golpe los sufrimientos del nacimiento y la muerte? En cuanto empiece a considerar cómo avanzar se pierde en el razonamiento; pero si se da por vencido, estará en contra del más alto camino. No ser capaz de avanzar ni darse por vencido es ser un "cadáver que respira". Si a pesar de este dilema puede vaciar su mente de todos los pensamientos y continúa hacia delante con su zazen, llegará a iluminarse y captar la frase: "Despierta la mente sin que ésta

[13] Es decir, sólidos (tierra), líquidos (agua), calor (fuego), gas (aire).

more en ningún sitio". Al instante captará el sentido de todos los diálogos zen, así como el significado profundo y sutil de incontables sutras.

El lego Ho preguntó a Baso: "¿Qué es lo que lo trasciende todo en el universo?". Baso respondió: "Te lo diré después de que hayas bebido de un solo trago las aguas del río Occidental".[14] Ho inmediatamente se iluminó profundamente. Así que aquí ¿qué significa?: ¿explica la frase "Despierta la mente sin que more en ningún sitio" o apunta hacia el que lee esto? Si aún no comprende, regrese a su pregunta: "¿Qué es lo que escucha ahora?". ¡Descúbralo en este mismo instante! El problema del nacimiento y la muerte es trascendental y el mundo se mueve de prisa. Aproveche el tiempo pues éste no espera a nadie.

Su propia mente es intrínsecamente Buda. Budas son los que han comprendido esto. Aquellos que no lo han comprendido son los llamados seres sintientes ordinarios. Dormido y trabajando, de pie y sentado, pregúntese: "¿Cuál es mi propia mente?", buscando la fuente de donde surgen sus pensamientos. ¿Cuál es este sujeto que en este momento percibe, piensa, se mueve, trabaja, avanza o retrocede? Para saberlo debe absorberse intensamente en la pregunta. Pero si en esta vida no llega a comprenderlo, sin duda alguna en la siguiente lo conseguirá gracias a sus esfuerzos presentes.

En su zazen no piense en términos de bueno o malo. No intente detener los pensamientos, sólo pregúntese: "¿Cuál es mi propia mente?". Aunque profundice con su pregunta no hallará respuesta y con el tiempo llegará a un callejón sin salida, donde el pensamiento cesará. No encontrará dentro nada que pueda llamarse "yo" o "mente". Pero ¿quién es el que comprende todo esto? Continúe profundizando más y más y la mente que percibe que no hay nada acabará por desvanecerse; ya no estará consciente de la pregunta, sólo de la vacuidad. Cuando hasta la conciencia de la vacuidad desaparezca, comprenderá que no existe Buda fuera de la mente, ni mente fuera de Buda. Entonces, por primera vez descubrirá que cuando no escuche con los oídos escuchará verdaderamente y cuando no vea con los ojos verá en verdad a los budas del pasado, del presente y del futuro. Pero no se aferre a nada de esto, ¡sólo experiméntelo por sí mismo!

[14] El río Occidental es un río muy grande de China. Otra versión de este koan dice: "Ho respondió a Baso: 'Ya he bebido las aguas del río Occidental de un solo trago'. 'Entonces ya te he contestado', gritó Baso".

Vea aquí: ¿cuál es su mente? La naturaleza original de todos no es inferior a la del Buda. Pero como los hombres dudan de esto y buscan el Buda y la verdad fuera de su mente, no alcanzan la iluminación y son arrastrados irremediablemente a los ciclos de nacimiento y muerte, enredados en karmas buenos y malos. La fuente de toda atadura kármica es el engaño, es decir, los pensamientos, sentimientos y percepciones que surgen de la ignorancia. Deshágase de éstos y se emancipará. Así como las cenizas que cubren una fogata se dispersan cuando se airea el fuego, de la misma forma este engaño se desvanece una vez que se comprende la propia naturaleza.

Durante el zazen, no desprecie ni se deje encantar por ninguno de sus pensamientos. Con su mente enfocada hacia dentro, mire fijamente hacia su fuente y se desvanecerán los sentimientos y percepciones engañosas de donde surgen. Sin embargo, esto aún no es la Autorrealización a pesar de que su mente se vuelva brillante y vacía como el cielo y no tenga conciencia de lo interno ni de lo externo y los diez ámbitos parezcan claros y luminosos. Tomar esto por realización es creer que un espejismo es la realidad. Ahora con más intensidad aun busque esta mente suya que escucha. Su cuerpo físico, compuesto por cuatro elementos básicos, es como un fantasma, sin realidad; sin embargo, aparte de este cuerpo, no existe la mente. El espacio vacío de los diez ámbitos no puede ver ni escuchar; sin embargo, algo dentro de usted escucha y distingue sonidos ¿quién o qué es? Cuando esta pregunta se encienda por completo, las distinciones de bueno y malo, la conciencia de ser o de vacuidad se desvanecerán como una luz que se extingue en la oscuridad de la noche. Aunque no esté consciente de sí mismo, aún puede escuchar y saber que existe. Por más que trate de descubrir al sujeto que escucha, sus esfuerzos fracasarán y se encontrará en un callejón sin salida. De pronto su mente estallará en una gran iluminación y se sentirá como si hubiera surgido de entre los muertos, riendo y aplaudiendo de alegría. Entonces por primera vez sabrá que la mente misma es Buda. Si alguien le preguntara: "¿Cómo es la mente Buda?", le contestaría: "En los árboles juegan los peces, en el océano profundo las aves vuelan". ¿Qué significa esto? Si no comprende mire su propia mente y pregúntese: "¿Quién es el maestro que ve y escucha?".

Aproveche el tiempo al máximo porque éste no espera a nadie.

4. *A un moribundo*

Su mente esencial no está sujeta al nacimiento o a la muerte. No es ser ni nada, ni vacío ni forma-y-color. Tampoco es algo que siente dolor o alegría. Por más que trate de saber con su mente racional aquello que está enfermo ahora, no podrá. Sin embargo, si no piensa en nada, no se aferra a nada y sólo se pregunta: "¿Cuál es la verdadera sustancia de la mente y de éste que está sufriendo ahora?", terminando sus días como nubes que se desvanecen en el cielo, a la larga se liberará de la esclavitud que le ata al cambio sin fin.

5. *Al lego Ippo (Homma Shoken)*

Lo está viendo cara a cara, pero *¿quién* es? Cualquier cosa que diga está mal. Y si no dice nada, también estará mal. Entonces, *¿quién* es? Sobre el asta bandera, una vaca da a luz a un becerro. Si llega a la Autorrealización en este momento no necesita hacer más. Si no puede, mire hacia dentro y observe su naturaleza búdica. Todos están dotados perfectamente con esta naturaleza búdica. Su sustancia es la misma en los seres ordinarios que en los budas, sin la más mínima diferencia en grado. Pero como el hombre no cree esto, se ata al engaño con la cuerda de la irrealidad diciendo: "La realización de mi propia naturaleza está más allá de mí. Es mejor si recito los sutras, me postro ante los budas y penetro gradualmente el Camino a través de la gracia de todos los Budas". La mayoría de los que escuchan esto la aceptan como cierta. Es como si un hombre ciego dirigiera a otros ciegos hacia la dirección equivocada. Estas personas en realidad no creen en los sutras ni en los Budas. Al contrario, ni siquiera los aceptan. [Pues si realmente los aceptaran, sabrían que] si se limitan a recitar los sutras, sólo estarán mirándolos desde afuera, y que hablar de "Buda" no es sino otra forma de hablar de la esencia de la mente. Un sutra dice: "Mente, Buda y seres sintientes no se discriminan los unos de los otros". Según esto, un hombre que no cree en la realidad de su propia mente pero dice que cree en Buda es como un hombre que pone su confianza en un símbolo mientras desprecia la realidad que éste simboliza. ¿Cómo puede entonces realizar su mente? Aquel que sólo quiere recitar sutras es como un hombre hambriento que se niega a que le den alimento en la creencia de que puede saciar su hambre con sólo mirar el menú. Cada sutra es un catálogo de la naturaleza de la mente. Uno de los sutras dice: "Las enseñanzas de los sutras son como un dedo que apunta hacia la Luna". ¿Es posible que el Buda hubiese querido que nos diéramos cuenta del dedo pero que no percibiésemos la Luna? Cada persona contiene dentro de sí [la sustancia de] los sutras. Si uno capta aunque sea un destello de esa propia naturaleza, es como si leyera y comprendiera todos los sutras simultáneamente, sin exceptuar ninguno, sin tener que tomar uno en las manos y leer una palabra. ¿No es esto la verdadera "lectura" de los sutras? ¡Mire, ese plantío de bambúes es precisamente su propia mente y este matorral de flores amarillas es la sabiduría suprema del universo!

En cuanto a la práctica de postrarse ante los budas es una forma de horizontalizar el mástil del ego para realizar la naturaleza búdica. Para alcanzar la budeidad uno debe llegar a la Autorrealización a través de sus propios esfuerzos, sin tener en cuenta los talentos o capacidades. Por desgracia, la mayoría de los que comprenden esto y practican zazen comienzan a holgazanear por el camino y, por tanto, nunca alcanzan la realización absoluta. También hay quienes toman por realización verdadera el estado de no pensamiento y no conciencia donde toda reflexión y discriminación cesan durante un tiempo; hay otros que piensan que para practicar zen es suficiente recordar cada uno de los koanes; también hay quienes insisten en que el verdadero camino del devoto del zen consiste en no violar los preceptos o vivir en los bosques escapando de los problemas del bien y del mal en el mundo; otros sostienen que el camino correcto es afirmar que no hay verdad que tenga que comprenderse, o que no hay que captar ninguna otra verdad más que beber té cuando te ofrecen té, o comer cuando te sirven los alimentos, o gritar "¡Katsu!" cuando te preguntan sobre el budismo, o irse repentinamente capoteando la manga del kimono pretendiendo repudiarlo todo, mientras desprecian e insultan a quienes practican zazen con seriedad y buscan un maestro zen. Si esos individuos se llaman verdaderos buscadores, entonces se puede decir que un niño de tres años comprende el zen. De nuevo hay quienes piensan que cuando se detienen las funciones mentales y uno se queda como un árbol muerto o una piedra fría, ha alcanzado la no-mente; mientras que otros sostienen que en la práctica del zen lo decisivo se alcanza cuando uno siente un profundo vacío sin una conciencia de fuera ni de dentro, cuando el cuerpo entero brilla y se vuelve transparente y claro como el cielo azul de un día brillante.

Esto último aparece cuando la verdadera naturaleza comienza a manifestarse pero no puede llamarse una Autorrealización genuina. Los maestros zen de la antigüedad lo llaman el "hoyo profundo de la seudoemancipación", aquellos que alcanzan este estado, creyendo que ya no tienen problema alguno en el estudio y práctica del budismo, adoptan una actitud altanera por su falta de sabiduría; con gusto participan en discusiones sobre religión, deleitándose en acorralar a sus oponentes, pero se enojan cuando son ellos los acorralados; siempre parecen estar descontentos y dejan de creer en la ley de causa y efecto; andan por ahí contando chistes a gritos y deliberadamente molestan y se burlan de los que estudian y luchan con constancia, llamándolos tontos y diciendo que su práctica no es zen. Es como si un loco se burlara de un hombre cuerdo. La presunción de estos idiotas no tiene límites y caen en el infierno con la rapidez de un dardo. El primer patriarca Bodhidharma dijo: "Aquel que piensa que todo es vacío pero que ignora la ley de causa y efecto se hunde en un infierno negro y sin fin". Estos supuestos maestros a veces suenan como maestros zen, pero son incapaces de liberarse de sus sentimientos y percepciones engañosas. La mayoría de los principiantes confunden la manifestación más leve de la verdad con la Autorrealización. Un antiguo maestro zen [Rinzai] dijo: "El 'cuerpo de la verdadera naturaleza' y la 'tierra de la verdadera naturaleza' son sombras sin lugar a duda [es decir, conceptos]. Deben encontrar el sujeto que produce las sombras. Es la fuente misma de los budas".

Ciertas personas dicen: "En la práctica y estudio del zen adquirimos diversas ideas sobre éste[15] y [se nos dice] que tales nociones son una especie de enfermedad mental; por ello la Autorrealización a través del zen es difícil. Pero ¿qué pasa si no realizamos nuestra propia naturaleza o comprendemos [la verdad] leyendo los sutras? ¿Debemos temer la retribución si no pecamos? ¿Qué pasa si nunca alcanzamos la budeidad? Mientras no pisemos los Tres Caminos Malignos, ¿por qué habremos de luchar por alcanzar la budeidad?"

Respuesta: La fuente de todo pecado es el engaño. Sin la Autorrealización, no puede destruirse. En los cuerpos de los seres humanos se encuentran los seis sentidos, cada uno de los cuales esconde un

[15] Es decir, conceptos sobre el satori, Mu, ku, etcétera.

seductor.[16] Cada uno de estos seis seductores tiene tres tipos de venenos: codicia, ira y locura. No hay un ser humano que esté libre de estos tres venenos. Son las causas de las cuales los Tres Caminos Malignos son los efectos. Necesariamente los efectos fluyen de las causas. Uno que dice: "Estoy libre de pecado" ignora tal ley. Aunque alguien no cometa pecados en su vida, tiene *a priori* estos tres venenos. ¿Qué pasa entonces con aquellos que agregan nuevas transgresiones?

Pregunta: Si todos los seres humanos son herederos de estos tres venenos, ¿es correcto decir que incluso los budas, patriarcas y sabios místicos no pueden evitar caminar sobre los Tres Caminos Malignos?

Respuesta: Cuando uno realiza su propia naturaleza, los tres venenos se trasmutan [de tal manera que las acciones egoístas se transforman] en observar los preceptos [la ira se transforma], en estabilidad mental y [la locura se transforma] en sabiduría. Los budas, patriarcas y sabios místicos están iluminados, así que ¿cómo podrían pecar [es decir, actuar con egoísmo, ira y locura]?

Pregunta: Si a través de la iluminación los tres venenos se trasmutan [de modo que las acciones egoístas se convierten] en observar los preceptos, [la ira] en estabilidad mental y [la locura] en sabiduría, ¿cómo puede uno deshacerse de la enfermedad del engaño?

Respuesta: La realización de la propia naturaleza es la única cura para este mal de [la mente]. No depende de otras para curarse. ¿Acaso no le he citado lo siguiente?: "Encuentre el sujeto que produce la sombra, éste es la fuente misma de los budas". Su naturaleza búdica es como la espada preciosa del rey Vajra: aquel que la toca muere.[17] Es como el fuego rugiente: todo cuanto está a su alcance pierde la vida. Una vez que realice su verdadera naturaleza, toda desviación mental maligna que surge del karma y que proviene de hace innumerables años, al instante queda aniquilada como nieve que se pone al fuego ardiente. No queda pensamiento alguno de Buda o de verdad. ¿Cómo puede persistir entonces esta enfermedad mental? ¿Por qué no puede

[16] Las impresiones de nuestros sentidos son llamadas seductoras, puesto que hasta que no hemos aprendido a controlar nuestra mente y no nos hemos dado cuenta de la verdad, somos víctimas de sus seducciones interminables, de sus esfuerzos por tentarnos y alejarnos de nuestra verdadera naturaleza, por medio de estados de deleite, bonitos y otras distracciones. La codicia, la ira y el engaño son el resultado inevitable de nuestra aferración a los objetos de los sentidos. (Véase también "Seis Ámbitos de Existencia" y "ego" en la sección X).

[17] Comparar con esta frase atribuida a Dios en el Antiguo Testamento: "Porque no me verá hombre y vivirá" (Éxodo, 33:20).

suprimirse el engaño adquirido a través del karma y todas las nociones y pensamientos discriminativos de la mente no iluminada? Simplemente porque la verdadera Autorrealización se ha llevado a cabo. No puede evitar ser arrastrado hacia los seis ámbitos del incesante cambio sin realizar primero su verdadera naturaleza, del mismo modo que es imposible evitar que el agua hirviendo se desborde sin apagar el fuego que la calienta.

Por fortuna, usted cree en una verdad especialmente transmitida fuera de las escrituras y de la enseñanza escolástica. Entonces, ¿por qué preocuparse por el significado de estas escrituras? Renuncie en el acto a esas reflexiones y mire directamente al maestro. ¿Quién es el maestro que en este mismo instante ve y escucha? Si contesta como lo hace la mayoría, que es la mente o la naturaleza Buda o su propio Rostro antes de su nacimiento o el Hogar Original o Koan o Ser o Nada o Vacío o Forma-y-color o lo Conocido o lo Desconocido o la Verdad o el Engaño o dice algo o guarda silencio o lo ve como la Iluminación o la Ignorancia, cae inmediatamente en el error. Aún más, si es tan temerario de dudar de la realidad de este maestro, se ata a sí mismo sin siquiera tener que utilizar una cuerda. Por más que trate de saberlo por vía del razonamiento lógico, de nombrarlo o llamarlo, estará destinado al fracaso. Y aunque todo su ser se convierta en una masa de preguntas mientras mire hacia dentro e internamente busque en el mismísimo centro de su ser, no encontrará nada que pueda llamarse mente o esencia. Sin embargo, si alguien le llama por su nombre, algo dentro de usted escuchará y responderá. ¡Inmediatamente descubra *qué* es!

Si sigue adelante con el último gramo de fuerza hasta el punto en que el camino de su pensamiento esté bloqueado y totalmente agotado, salte con los brazos en alto al tremendo abismo de fuego que lo confronta —hacia la llama siempre viva de su propia naturaleza primordial—, toda conciencia del yo, todo sentimiento engañoso y pensamientos y percepciones perecerán junto con la raíz del yo y aparecerá la verdadera fuente de su verdadera naturaleza. Sentirá que resucita; toda enfermedad se habrá desvanecido por completo y experimentará una paz y alegría genuinas. Estará completamente libre. Por primera vez comprenderá que caminar sobre el agua es como caminar sobre la tierra y que caminar sobre la tierra es como caminar sobre el agua; que todo el día se habla y, sin embargo, no se pronuncia una sola palabra; que todo el día se camina y, sin embargo, no se da un solo paso; que mientras las nubes se elevan sobre las montañas del sur, su lluvia cae en los montes del norte; que cuando el gong para anunciar la plática suena en China, la plática comienza en Corea; que al sentarse solo en una habitación de un metro cuadrado, uno conoce a los budas de los diez ámbitos; que sin leer una palabra conocerá los miles de volúmenes de los sutras; que aunque alcance todos los méritos y virtudes de las buenas acciones, de hecho no existe ninguno.

¿Quiere saber lo que es la mente? El lego Ho preguntó a Baso: "¿Qué es eso que trasciende todas las cosas en el universo?". Baso respondió: "Te lo diré después de que hayas tragado las aguas del río Occidental de un solo trago". Al escuchar esto, Ho se iluminó profundamente. Ahora bien, ¿cómo se tragan las aguas del río Occidental de un solo trago? Si capta el espíritu de esto podrá traspasar diez mil koanes de una sola vez y percibir que caminar sobre el agua es como caminar sobre la tierra y que caminar sobre la tierra es como caminar sobre el agua. Si se imagina que describo algo sobrenatural, un día tendrá que tragarse una bola de hierro candente frente a Yama-raja. Pero si no es algo sobrenatural, ¿qué es? ¡Enfréntese a esto!

6. *A un monje de la Ermita de Shobo (en respuesta a una petición urgente)*

En mi juventud esta pregunta me dejaba perplejo: "Fuera de mi cuerpo físico, ¿qué es lo que responde 'Soy tal y tal' cuando me preguntan quién soy yo?". Una vez que surgió esta perplejidad, año tras año se fue profundizando y culminó en mi deseo de convertirme en monje. Entonces hice este voto solemne: ahora que estoy decidido a ser monje, no puedo buscar la verdad sólo por mi propio bien. Incluso después de llegar a la verdad suprema no alcanzaré la budeidad[18] hasta que haya salvado a todos los seres sintientes.[19] Además, hasta que esta pregunta no se disuelva, no estudiaré el budismo ni aprenderé los rituales y prácticas de un monje. Mientras viva en este mundo humano, no me quedaré en ningún sitio, excepto con grandes maestros zen y en las montañas.

Después de ingresar en el monasterio, mi perplejidad aumentó. Al mismo tiempo, desde el fondo de mi corazón surgió una fuerte decisión y pensé: Shakyamuni Buda ya ha pasado y Miroku, el Buda del futuro,

[18] Es decir, el estado de perfección más alto. (Véase "Buda" en la sección X).
[19] El voto de un Bodhisattva. (Véase "Bodhisattva" en la sección X).

aún no ha aparecido. Durante esta época en que el budismo auténtico ha decaído al grado en que está a punto de extinguirse,[20] quiero que mi deseo por la Autorrealización sea suficientemente fuerte para salvar a todos los seres sintientes en este mundo sin Buda. Aunque tenga que sufrir los dolores de un infierno eterno como resultado de este pecado de aferrarme [a salvar] mientras pueda compartir los sufrimientos de los seres sintientes, jamás perderé la esperanza ni traicionaré este voto eterno. Además, al practicar zen no perderé el tiempo pensando en la vida y la muerte ni desperdiciaré un minuto en superficialidades. Ni cegaré a otros tratando de guiarlos mientras mi propia fuerza [espiritual] no sea suficiente para dirigirlos hacia la Autorrealización.

Estas resoluciones se convirtieron en mi propio pensamiento y hasta me molestaban en cierto grado durante mi zazen. Pero no podía hacerlo de otro modo. Constantemente rezaba[21] al Buda para obtener fuerza y llevar a cabo mis resoluciones que fueron la base de mi conducta en circunstancias tanto favorables como desfavorables, bajo el cuidado protector de seres celestiales.[22] Así ha sido hasta ahora.

En realidad no tiene sentido hablarle de mis estados mentales engañosos, pero puesto que usted se ha atrevido a preguntar, le cuento mis aspiraciones como novicio.

7. *A la monja Furusawa*

Me ha escrito que el objeto de la práctica del zen [usted piensa] es la manifestación de la mente-en-sí-misma. Pero ¿cómo se manifiesta?

20 Como muchos otros de su época, Bassui creía que estaba en el principio del periodo de la destrucción de la verdadera Ley tal como había profetizado el mismo Buda. El sutra Mohasannipata Candragarbha cita al Buda diciendo que en los primeros quinientos años después de su Parinirvana sus discípulos alcanzarían la emancipación de acuerdo con la Ley verdadera; en los segundos quinientos años solamente tendrían la seguridad de alcanzar el samadhi; en los terceros quinientos años, de leer y recitar los sutras y en los cuartos quinientos años, de construir templos y pagodas; y finalmente en los quintos quinientos años, de la destrucción de la Ley. Si se acepta la fecha del Parinirvana del Buda como 476 a. C., el nacimiento de Bassui, en 1327, correspondería al cuarto periodo.

21 En el zen no se desconoce la oración peticionaria. Con frecuencia los principiantes oran a los budas y patriarcas para que les den fuerza y para limpiarse del mal y del engaño de modo que puedan llevar a cabo su práctica espiritual con éxito. El *hotsugammon* de Dogen es un ejemplo de una petición muy popular en el zen.

22 Es decir, devas. Véase "Seis Ámbitos de Existencia".

Lo que puede ser visto con los ojos o conocido por la razón no puede en verdad llamarse la mente-en-sí-misma. Debe comenzar su zazen mirando dentro de su propia mente. A medida que sus pensamientos disminuyen, tomará conciencia de ellos, pero es un error luchar por evitar que surjan. No los desprecie ni los aprecie, sólo dese cuenta de la fuente de donde surgen. Al preguntarse constantemente de dónde surgen los pensamientos llegará el momento en que su mente, incapaz de responder, se liberará hasta del más mínimo pensamiento. Aun así no hallará respuesta. Pero continúe preguntando: "¿Qué *es* la mente?" hasta el fondo, y de pronto la mente que interroga se desvanecerá y sentirá como si su cuerpo no tuviera sustancia, como el espacio vacío de los diez ámbitos.

Ésta es la primera etapa que alcanzan los principiantes de zen y hasta cierto punto se les anima a que lleguen a este punto. Pero confundir esto con la manifestación de la mente-en-sí-misma (o la verdad misma) es como confundir un ojo de pescado con una perla. Aquellos que persisten en este error se vuelven budas y patriarcas altaneros y malévolos e ignoran la ley de causa y efecto. Tienen que luchar con espíritus perversos en esta vida e ir por caminos espinosos en la siguiente. Pero con relaciones kármicas favorables, con el tiempo alcanzarán la iluminación. Sin embargo, los hombres que no pueden percibir la verdad de todo esto, que no creen que su propia mente es Buda y que buscan a Buda o la verdad fuera de esta mente están en una situación infinitamente peor que los no budistas que se aferran al mundo de los fenómenos.

Como ya le he escrito, cuando sienta que ha alcanzado cierto grado de conocimiento, vaya a ver a un maestro zen competente y demuéstrele de forma abierta lo que ha percibido y exactamente como le ocurrió. Si es falso y hay que disolverlo, que sea como el agua hirviendo que destruye el hielo. Finalmente, como la Luna que brilla en el cielo vacío a través de las nubes que se han abierto, se le revelará su Rostro antes del nacimiento de sus padres y por primera vez comprenderá lo que significa "El serrucho baila el Sandai" (Sandai es un tipo de danza). ¡Piense en un serrucho que baila el Sandai! ¿Qué significa esto? Cáptelo resueltamente pero sin razonarlo, puesto que no tiene un significado en el sentido convencional. Lo comprenderá una vez que alcance la Autorrealización.

También dice que quiere ayunar. El ayuno no es una práctica budista, así que no lo haga. Renunciar a sus puntos de vista equivocados que distinguen entre la ganancia y pérdida, entre lo bueno y lo malo, es un verdadero ayuno. Renunciar al engaño en una práctica de zen verdadera es la autopurificación. Desear tener experiencias anormales[23] es algo tan desviado como desear parecer distinto de la gente ordinaria. Debe mantener su mente controlada pero flexible, sin preocuparse por lo bueno o lo malo en otros y sin obstruirlos. Si recuerda que este mundo no es sino un sueño donde no hay dolor que evadir, ni placer que buscar, su mente se volverá visiblemente serena. No sólo esto, sino que su enfermedad irá desapareciendo a medida que sus sentimientos y pensamientos engañosos vayan cayendo. Además debe descartar hasta lo que llegue a conocer a través de la iluminación. Lo que es más, no debe aferrarse o sentirse repelida por cualquier tipo de visión, pues son todas ilusorias. No se pierda en esas fantasías, únicamente pregúntese "¿Quién es el maestro que ve todo esto?".

He contestado todas las preguntas que me ha planteado. Si no ha de realizar su verdadero-yo en esta vida aunque practique el zen exactamente como se lo he indicado, sin duda alguna llegará a conocer en su vida próxima a un maestro zen iluminado y llegará a la Autorrealización más de mil veces a través de un Sonido [de la verdad].

Me disgusta escribirle con tanto detalle, pero como me ha escrito desde su lecho de enferma en el cual lleva mucho tiempo, ésta es la única forma en que puedo responderle de modo que comprenda de inmediato.

8. *Primera carta al sacerdote zen Iguchi*

He leído detenidamente su presentación pero no acierta con el koan. El Sexto Patriarca dijo: "La bandera no se mueve, el viento no se mueve, sólo tu mente se mueve".[24] Comprender esto con claridad es percibir que el universo y usted tienen la misma raíz, que usted y cada cosa son la unidad. El sonido del arroyo y el ruido del viento son las voces del maestro. El verde del pino, el blanco de la nieve, éstos son los colores del maestro, el mismo que levanta las manos, mueve las piernas, ve y escucha. Quien capta esto directamente sin recurrir a la razón o al intelecto, puede decirse que tiene un grado de realización interna. Pero esto no es la iluminación total.

[23] Presuntamente, alucinaciones o fantasías que surgen de un ayuno prolongado.

[24] *Mumonkan* núm. 29.

Un antiguo maestro zen [Rinzai] dijo: "No debes aferrarte a la idea de que eres esencia pura". Y de nuevo: "Tu cuerpo físico, compuesto por los cuatro elementos básicos, no puede escuchar o comprender este discurso. El espacio vacío no puede comprender este discurso. Entonces, ¿qué es lo que escucha y comprende?". Medite completa y directamente sobre estas palabras. Tome este koan como si empuñara la espada preciosa del rey Vajra. Corte cualquier cosa que aparezca en su mente. Cuando surjan pensamientos de asuntos mundanos, córtelos. Cuando surjan nociones de budismo también córtelas. En breve, destruya todas las ideas ya sean de realización, de budas o de demonios y durante todo el día trabaje en la pregunta "¿Qué es lo que escucha este discurso?". Cuando haya erradicado toda concepción y sólo quede la vacuidad, entonces corte también a través del vacío y su mente se abrirá con un estallido y se manifestará aquello que escucha. Persevere, persevere; no se detenga jamás a medio camino hasta que alcance el punto en que verdaderamente sienta que ha surgido de entre los muertos. Sólo entonces podrá resolver completamente la importante pregunta "¿Qué es lo que escucha este discurso?".

Me temo que no le es posible escribirme con frecuencia, por lo cual he escrito esta carta [detallada]. Después de leerla, tírela al fuego.

9. *Segunda carta al sacerdote zen Iguchi*

He leído cuidadosamente su carta.

Hace tiempo que lo admiro debido a su decisión de alcanzar la Autorrealización y me sentí muy satisfecho de saber que no ha olvidado la Gran Pregunta. Su respuesta ha sido notable en todos los sentidos. Ahora quiero darle este koan: "¿Cuál es la sustancia de mi naturaleza fundamental?". En su búsqueda del maestro que escucha y habla, aunque surjan miles de pensamientos, no les haga caso y sólo pregúntese: "*¿Qué* es?". Todo pensamiento y autoconciencia desaparecerán entonces seguidos por un estado similar al de un cielo despejado. Ahora bien, la mente misma no tiene forma. ¿Qué es entonces lo que escucha, trabaja y se mueve? Penetre dentro de sí cada vez más profundamente hasta que pierda conciencia de cualquier objeto. Entonces, sin duda alguna percibirá su verdadera naturaleza, como un hombre que despierta de un sueño. En ese momento florecerán los árboles marchitos y del hielo surgirán llamas. Todo lo relacionado con el budismo, todas las preocupaciones mundanas, todas las ideas sobre el bien y el mal, habrán desaparecido como el sueño de anoche y se manifestará exclusivamente su naturaleza búdica fundamental. Al llegar a esta profunda comprensión, no se aferre a la idea de que la mente es en lo fundamental la naturaleza búdica. Si lo hace estará creándose otra forma de pensamiento.

Le escribo con tanto detalle sólo porque veo que su deseo de Autorrealización es muy grande.[25]

Gracias por mandar los quinientos paquetes de arroz empastelado y la libra de té.

10. *Tercera carta al sacerdote zen Iguchi*

He leído con especial cuidado su carta, y me agrada lo que me cuenta de su práctica zen. Pero si le contesto con detalle es posible que saque sus propias interpretaciones de lo que escribo, obstaculizando así su Autorrealización.

Trate de percibir directamente el sujeto que en este momento pregunta. Los budas y patriarcas dicen que este sujeto es, de modo inherente, la mente Buda. Sin embargo, esta mente no tiene sustancia. En su cuerpo físico, ¿qué hay que pueda llamar mente o Buda? Ahora, pregúntese intensamente: "¿Qué es *esto* que no puede nombrarse o conocerse por medio del intelecto?". Si se pregunta profundamente: "¿Qué es lo que levanta las manos, mueve las piernas, habla y escucha?", su razonamiento se detendrá; todas las avenidas estarán bloqueadas y no sabrá dónde seguir. Pero continúe preguntándose sin cesar. Abandone el intelecto y renuncie a todo aferramiento. Cuando con todo su corazón desee la liberación por su propio bien, sin duda alguna se iluminará.

Con el paso del tiempo, los propios pensamientos se aquietan y uno experimenta un vacío como el de un cielo despejado. No debe, sin embargo, confundir esto con la iluminación. Abandone la lógica y la razón y pregúntese aún con más intensidad: "La mente no tiene forma y, sin

[25] Parecería que esta frase es una variante de otras en estas cartas donde Bassui dice que es poco sabio escribir en detalle. Bassui siempre tiene miedo de decir demasiado, de cargar a sus corresponsales con ideas que puedan quedar colgadas en su mente y, por tanto, volverse un obstáculo para la iluminación. Aquí, Bassui implica que se ha conmovido tanto por el ardor del sacerdote Iguchi que, a pesar de su buen juicio, se ha decidido escribirle una carta de este tipo.

embargo, en este momento existo. Entonces, ¿qué es lo que oye?". Sólo después de que su búsqueda haya saturado cada uno de los poros y fibras de su ser, se abrirá de pronto el espacio vacío y aparecerá su Rostro antes de que sus padres nacieran. Se sentirá como un hombre que abruptamente despierta de un sueño. En ese momento, vaya a ver a un maestro zen de buena reputación y pídale un examen crítico. Si llega a sucederle que en esta vida no alcance la Autorrealización, de seguro en la siguiente la alcanzará, si es que, como han enseñado los maestros zen en su lecho de muerte, su mente está vacía de todo pensamiento y sólo se pregunta: "¿Cuál es esta Mente?", muriendo sin preocuparse, como el fuego que se apaga.

Aunque contra mi voluntad, le he escrito como me lo ha pedido; una vez que haya leído esta carta, quémela. No la relea; sólo busque profundamente al que oye. Mis palabras le parecerán una tontería cuando por sí mismo experimente la iluminación.

11. Cuarta carta al sacerdote zen Iguchi

Me alegra saber cuán ardientemente está practicando zazen. Lo que me ha descrito es un poco como una experiencia zen, pero en esencia es lo que ha comprendido con su intelecto. La Gran Pregunta no puede ser resuelta con la mente discursiva. Incluso lo que se ve claro a través de la realización es un tipo de engaño. En una carta previa le escribí que sólo, por decirlo de alguna forma, cuando regrese de entre los muertos, se manifestará aquello que oye. Su pregunta persistente "¿qué es lo que oye?" con el tiempo le llevará a la conciencia sólo de la pregunta misma. Sin embargo, no debe equivocarse y pensar que ése es el sujeto que oye.

Dice que al trabajar en este koan siente como si hubiera empuñado una espada y cortara las ideas de su mente, incluyendo la impresión de vacío quedando sólo la pregunta. Pero *¿qué* está haciendo todo esto? Pregunte hasta lo más íntimo de su ser y descubrirá precisamente lo que oye.

Aunque experimente su propia naturaleza una y otra vez y comprenda el budismo lo suficientemente bien para hablar sobre él, sus pensamientos engañosos sobrevivirán, precipitándolo inevitablemente en su próxima vida hacia los Tres Caminos Malignos, a menos de que corte su raíz a través de la iluminación perfecta. Por otra parte, si aún insatisfecho persevera en su pregunta hasta en su lecho de muerte, sin duda alcanzará la iluminación total en su próxima existencia.

No se descorazone ni pierda el tiempo; concéntrese con todo su corazón en su koan. Ahora su ser físico no oye, ni tampoco es el vacío el que oye. ¿Qué lo hace? Luche por descubrir esto. Deje a un lado su intelecto racional y deje todas las técnicas para inducir la iluminación; abandone el deseo de autorrealización y renuncie a toda motivación. Ahora su mente estará quieta y no sabrá qué hacer. Al no tener más el deseo de alcanzar la iluminación o usar sus poderes de la razón, se sentirá como un árbol o una piedra. Pero vea más allá y pregúntese exhaustivamente día tras día y de verdad alcanzará una profunda iluminación, cortando las raíces más profundas del nacimiento y la muerte y alcanzando el ámbito de la mente sin conciencia propia. Las raíces más profundas del nacimiento y la muerte son los pensamientos y sentimientos engañosos que surgen de la mente que está consciente de sí; la mente del ego. Cierta vez un maestro zen [Rinzai] dijo: "No hay nada en particular que conocer. Sólo deshazte [de la idea] de Buda [y de la idea] de seres sintientes".[26] Lo esencial para la iluminación es vaciar la mente de la noción del yo.

No es prudente escribir con tanto detalle, pero como me ha escrito con tanta frecuencia, me siento obligado a responder de esta forma.

12. *A una monja*

He leído su carta con cuidado. Es satisfactorio ver con cuánto ardor está practicando zen, anteponiéndolo a todo.

Dice que una vez pensó que debía haber ido a Occidente, a la capital, pero que ahora se da cuenta de que era una idea equivocada, que la capital está en todas partes y que, por tanto, no debe hacer otra cosa sino concentrarse en la pregunta "¿Qué *es*?". Pero esto no es suficiente, porque, aunque haya descubierto que la capital está en todas partes, no ha visto al gobernante-cara-a-cara. El gobernante es su Rostro antes de que sus padres nacieran.

Cuando "penetre" en algún lado la pregunta, su mente se vaciará; las ideas sobre los budas, los seres sintientes, sobre el pasado o el presente dejarán de existir. Su corazón rebosará de una tranquilidad parecida

[26] En otras palabras, de un Buda *en oposición* a seres sintientes.

a la serenidad de la luz de la Luna que inunda el campo, pero esto es imposible de describir. Esa serenidad es el resultado de la práctica zen; sin embargo, la mente aún está enferma, pues el yo todavía está al revés y esta inversión es la raíz misma del engaño. Por cortar esta raíz, queremos decir romper a través de este estado mental de serenidad.

Aquel que no tiene una sed genuina por la Autorrealización desentierra viejos koanes y razona las "respuestas", considerándose iluminado. No debe aferrarse a comprender; sólo debe buscar directamente al sujeto que comprende. Así, como algo que se quema hasta carbonizarse o algo que se despedaza, sus nociones preconcebidas se aniquilarán. Percibirá al maestro sólo después de haber profundizado en el "¿qué es esto?", hasta con el último gramo de su fuerza y hasta que se haya desvanecido todo pensamiento sobre el bien y el mal. Sólo hasta entonces sentirá como si en verdad hubiera resucitado.

Tokusan dijo: "Aunque puedas decir algo sobre *ello*, te daré cincuenta golpes con el palo...".[27] ¿Puede evitar el palo? Si puede es que comprende el significado de "La Montaña del Este camina sobre el agua".[28]

Siento que he escrito demasiado, pero lo he hecho porque admiro su determinación de iluminarse. Estas ideas no son mías; las he aprendido de las enseñanzas de los maestros zen de antaño.

[27] El koan completo es: "A pesar de que puedas decir algo sobre ello, / Te daré treinta golpes con el kyosaku. / Y si no puedes decir nada sobre ello, / también te daré treinta golpes con el kyosaku".

[28] De la *Colección de dichos* de Yun-men (Ummon). Un monje le preguntó a Yunmen: "¿De dónde vienen los budas?" [es decir, ¿cuál es la mente Buda?]. Yunmen respondió: "La Montaña Oriental camina sobre el agua".

SEGUNDA PARTE

Iluminación

Capítulo V

Ocho experiencias contemporáneas de iluminación de japoneses y occidentales

Introducción del editor

Recientemente se han traducido historias de la iluminación de antiguos monjes zen chinos. Aunque su encomiable propósito es el inspirar e instruir a los lectores modernos, paradójicamente, con frecuencia tienen el efecto contrario. Un asiático u occidental contemporáneo que estudie los caminos de Autorrealización de estos antiguos sabios muy probablemente podría decirse: "Eso está muy bien para esa gente; pudieron alcanzar el despertar porque eran monjes aislados del mundo, célibes sin las cargas y la responsabilidad de tener esposa e hijos. En sus tiempos la vida era relativamente sencilla. No había, como hoy, una sociedad tan altamente industrializada que exige tanto del individuo. Entre el espíritu de su época y la mía hay un abismo de diferencia. ¿Qué sentido puede tener su iluminación para mí?".

Las siguientes ocho narraciones no pueden sujetarse a estas objeciones. Estos asiáticos y occidentales viven hoy en día entre nosotros, y no son monjes ni ermitaños alejados del mundo; son hombres de negocios y hombres y mujeres profesionales, artistas y amas de casa. Todos han entrenado bajo un maestro zen moderno y han realizado su propia naturaleza en uno u otro grado. Sus historias son testimonio de que lo que el hombre ha hecho en el pasado lo puede hacer ahora, que el satori no es un ideal imposible.

La mayoría de estas historias de iluminación aparecieron por primera vez en publicaciones budistas japonesas, de donde fueron traducidas al inglés y las restantes fueron escritas ex profeso para este libro. Se han editado para eliminar todo el material antecedente irrelevante sin sacrificar la esencia de los hechos que culminaron en el despertar de estas personas, ni sus variadas e íntimas reacciones al zazen y los elementos del entrenamiento zen. Al no limitar estas historias a la circunstancia exclusiva de la iluminación misma, pensamos que hemos incrementado su valor como documentos humanos.

Cada una de estas historias va precedida por la edad y ocupación del individuo en el momento de su iluminación. Todas las historias fueron escritas poco después de la experiencia, con la excepción de la tercera, que no fue escrita sino hasta casi veinte años después. La segunda historia es la experiencia del editor mismo y la octava de su esposa.

Muy a menudo la experiencia mística ordinaria de expansión de la conciencia viene por casualidad y como no está conectada con alguna disciplina que pueda darle sostén y ampliarla, tiene muy poco o ningún efecto sobre la personalidad o el carácter de la persona, y a la larga se convierte sólo en una experiencia feliz.

El kensho no es un fenómeno casual. Como una semilla que germina y surge de la tierra donde se plantó, fertilizó y limpió, el satori llega a la mente que ha escuchado y creído la verdad búdica y que después ha desarraigado dentro de sí las asfixiantes nociones del yo frente a lo otro. Y del mismo modo que uno debe cuidar a una plantita que acaba de nacer hasta su madurez, así el entrenamiento zen subraya la necesidad de madurar el despertar inicial a través de la práctica de koanes subsecuentes o de shikan-taza hasta que anime profundamente la propia vida. En otras palabras, para funcionar al nivel superior de conciencia que produce el kensho, uno debe entrenarse posteriormente para *actuar* de acuerdo con esta percepción de la verdad.

Esta relación especial entre el zazen antes del despertar y el zazen después del despertar se ilustra a través de una parábola de los sutras. En esta historia, la iluminación se compara con un joven que, después de vagar por años en una tierra lejana, un día descubre que su padre desde hacía muchos años le había heredado su fortuna. Tomar posesión de este tesoro, que por derecho le pertenece, y ser capaz de administrarlo sabiamente se equipara al zazen del poskensho, es decir, la ampliación y profundización del despertar inicial.

El lector perceptivo observará que estas iluminaciones varían en su claridad y profundidad; que algunos individuos, en términos zen, de hecho han domado al "búfalo" mientras que otros sólo han visto sus "huellas". Aunque existen personas que han tenido una iluminación profunda después de pocos años de esfuerzo y personas que han tenido un kensho superficial después de muchos años de zazen esforzado, en la mayoría de los casos, cuanto más tiempo de zazen ha habido antes de la iluminación —un zazen de más corazón y más puro— más amplia y firme será la iluminación posterior.

¿Qué clase de personas eran éstas que, como la carpa de la fábula china que salta la cascada en un poderoso salto para convertirse en dragón, pudieron elevarse a un nivel más alto de conciencia, a una comprensión totalmente nueva de la indivisibilidad de cualquier forma de vida y de la vacuidad básica de todas las cosas? Ciertamente, ninguna de estas personas tenía un intelecto superdotado, ni tenía poderes supranormales. Todos habían conocido el sufrimiento, pero ninguno había sufrido más que cualquier otra persona. Si de alguna forma pudieran ser llamados excepcionales, lo fueron simplemente por su valentía de "ir quién sabe a dónde por quién sabe qué camino" animados por su fe en su verdadero yo.

El que busca y no encuentra aún está atrapado en la ilusión de dos mundos: uno de perfección que yace más allá; de una paz sin lucha,[1] de felicidad inacabable; el otro, el mundo cotidiano sin sentido, lleno de dolor y mal con el cual no vale la pena relacionarse. Secretamente quisiera alcanzar el primero mientras abiertamente desprecia el segundo. Sin embargo, se niega a saltar a un Vacío lleno de vida, hacia el abismo de su naturaleza primaria porque en su más profundo inconsciente teme abandonar el mundo familiar de la dualidad por el mundo desconocido de la Unidad de cuya realidad aún duda. Los que encuentran, por otra parte, ya no están limitados por miedos ni por dudas. Dejando a ambos de lado, saltan porque ya no pueden hacer nada más —simplemente deben hacerlo y ya no saben por qué— y de esa forma triunfan.

La mayoría de estas iluminaciones ocurrieron durante sesshin, un vehículo de disciplina espiritual que no existe en ninguna otra secta del budismo fuera del zen. El sesshin de alguna manera se remonta a la época del Buda, cuando los monjes se entrenaban en reclusión durante los

[1] "Paz mental no es una ausencia de lucha sino una ausencia de incertidumbre y confusión". Tomado de un artículo sobre: "Yoga y las técnicas espirituales cristianas" de Anthony Bloom.

meses de lluvias. El propósito del sesshin, como la misma palabra lo implica, es permitir a uno unificar la mente normalmente dispersa de modo que pueda enfocarla hacia dentro como un poderoso telescopio para descubrir su verdadera propia naturaleza. Durante el sesshin los métodos básicos de enseñanza del zen —es decir, el zazen, el teisho (el comentario formal del maestro) y el dokusan (la instrucción privada)— se coordinan en un retiro significativo de siete días.[2] Ciertamente, el kensho no se limita al sesshin, pero ya que el sesshin es sin duda su incubador más potente, vale la pena describir con cierto detalle los pasos progresivos que involucran esta forma única de maduración mental, de modo que el lector pueda tener una idea clara de este proceso incubatorio.

En un monasterio, el sesshin empieza con ciertas ceremonias la noche anterior a que comience el zazen formal. En un *zendo* alumbrado con luz tenue que habrá de ser el centro de las actividades por una semana, los monjes principales reúnen a los participantes para asignarles su lugar, enseñando a los novatos cómo entrar y salir del zendo sin interrumpir, cómo usar sus cubiertos y tazones silenciosamente durante las comidas, cómo caminar en *kinhin* y cómo sentarse y levantarse en silencio de sus cojines.

Al concluir estas formalidades, el pesado golpe del gigantesco tambor del monasterio llama a todos al salón principal, radiante de luces. Los participantes se sientan en dos líneas a ambos lados del salón mirando hacia el centro, vestidos con el atuendo formal. Primero, arrodillados al estilo tradicional japonés, se hacen una reverencia los unos a los otros en señal de mutuo respeto e identificación con la aspiración del otro. Se siente un aire de contenida excitación y una callada expectación cuando, pocos minutos después, el roshi y sus ayudantes principales entran con sus trajes ceremoniales. Mientras pasan entre las dos filas de asientos, dirigiéndose hacia el final del salón, todos se postran de nuevo, esta vez tocando los tatamis con la cabeza, en señal de un profundo respeto hacia sus maestros.

Después de dar la bienvenida a todos, el roshi habla de esta manera:

Durante el sesshin no han de hablar entre ustedes; hablar rompe con la mente concentrada y, por tanto, impide su práctica y la de los demás.

[2] Se refiere al sesshin en un monasterio. Los sesshines en templos u otros sitios con frecuencia son de menos de siete días.

Cada uno debe dedicarse con toda su mente a su propio zazen, excluyendo todo lo demás, hasta los problemas de sus vecinos. Si tienen alguna pregunta urgente, hablen con el monje principal sin que nadie más les escuche.

Sus ojos siempre deben estar mirando al frente y abajo, sin fijarse en nada concreto, mientras estén sentados, parados, caminando o trabajando, más o menos a un metro de distancia cuando están sentados y a dos metros al estar en cualquier otra posición. Cuando los ojos ven alrededor y se fijan en alguna cosa, este contacto crea una impresión que a su vez hace surgir un pensamiento. Los pensamientos se multiplican y después zumban como moscas alrededor de la mente, haciendo la concentración difícil, si no imposible. Por tanto, por ningún motivo desvíen la mirada.

Durante sesshin eviten las cortesías de todo tipo. No se saluden con "buenos días", ni tampoco se digan "buenas noches", y no se alaben ni critiquen entre ustedes. Además, tampoco deben hacerse a un lado para dejar pasar a otros, ni tratar de adelantarse ustedes.

En todas sus actividades no deben moverse muy rápido, ni muy despacio; más bien con naturalidad, como agua que corre.

Es aconsejable en sesshin no comer más de la mitad de la porción que comen normalmente, y si siguen esta precaución, su zazen será más efectivo. Sin embargo, el zazen no es ascetismo y, por tanto, no es bueno abstenerse por completo de comer, puesto que la mente se distraerá con el dolor del hambre, o quizá se debiliten demasiado al hacer zazen. Si no desean comer durante alguna de las comidas porque están trabajando con particular fuerza, pueden entonces, por supuesto, rechazar los alimentos.

No coman demasiado rápido ni demasiado despacio, de modo que haya que esperarles. Lo ideal es que terminen más o menos al mismo tiempo que los demás para no contrariar el ritmo establecido del sesshin. Tengan cuidado de no hacer ruido con sus tazones al sacarlos y al guardarlos, y coman tan silenciosamente como les sea posible; estos ruidos con frecuencia distraen a los principiantes.

Por algún motivo, muchas personas piensan que es más difícil que una mujer llegue a la Autorrealización que un hombre. Por el contrario, la mujer normalmente alcanza el kensho más rápido porque su mente se inclina menos que la del hombre a jugar con ideas. Si expulsan todo pensamiento de su mente y pierden su yo, tanto hombres como mujeres por igual alcanzarán la iluminación durante esta semana de sesshin. Muchos lo han hecho en el pasado, y aquellos que tengan una gran determinación lo harán en este sesshin.

Por último, tomen en cuenta que el sesshin es un trabajo cooperativo donde el apoyo mutuo y el estímulo se dan sólo si todos participan conjuntamente en las actividades del sesshin y no siguen sus propias inclinaciones. Dar rienda suelta a sus propios deseos a expensas de este esfuerzo común es una expresión de egocentrismo y, por tanto, va en contra de nuestro propósito tanto individual como colectivo.

Entonces el roshi concluye exhortando a todos a esforzarse al máximo.

Se sirve el té y pastelillos, primero al roshi, después a los monjes principales y luego a los participantes. El roshi bebe su té primero y los demás le siguen. De nuevo, es el primero en comer su pastelillo y después todos los demás lo secundan.

Este ritual tiene su significado. Simboliza la unión de los corazones y mentes en un trabajo común. Al mismo tiempo, es una expresión de la confianza del estudiante en su maestro por quien ha aceptado ser dirigido y de su fe en el Dharma que practica. Al terminar la ceremonia, el roshi y sus auxiliares salen y una vez más todos hacen una reverencia ante ellos.

Suena la campana de las nueve y todos se van a dormir. En seis horas comienza la gran hazaña...

¡Clang! ¡Clang!... las tres de la madrugada... ¡el sesshin ha comenzado!

Adormilados, los principiantes se frotan los ojos, se quitan las mantas de encima... aquellos con experiencia hacen las camas, se cepillan los dientes, se echan agua fría en la cara, se visten y suben al *tan* (plataforma donde se hace zazen) rápidamente, colocan sus cojines de meditación y el zazen comienza... no hay tiempo ni esfuerzo perdido... los principiantes, adormilados, torpemente suben al *tan* y a su cojín... lo colocan, lo mueven, lo vuelven a colocar...

Unos minutos después, el roshi entra en silencio y camina inspeccionando cada una de las espaldas que, para su ojo, son más elocuentes en cuanto a la tensión o relajamiento de la mente que el rostro mismo.

Una espalda encorvada se endereza con el golpe ligero del kyosaku, otra se pone erecta sólo con el consejo o ánimo en voz baja... cada principiante, al pasar el roshi, lo saluda con un gassho, el gesto universal de la humildad, el respeto y la gratitud...

Roshi puede ahora relatar a los principiantes que miran hacia la pared alguna anécdota inspiradora de algún sabio de la antigüedad o algún contemporáneo notable... "Después de todo, concluye, no era más que un ser humano; si él pudo despertar, ustedes también pueden"... las mandíbulas cerradas con decisión, la lucha continúa...

¡Clang! ¡Clang!... kinhin... han pasado cuarenta y cinco minutos... los experimentados se levantan del cojín de una vuelta, caen sobre el piso como felinos y entran a la línea que lentamente ronda el zendo, las manos en el pecho, con pasos mesurados, con mente concentrada... *¡Clang!* Termina el kinhin... algunos suben al *tan*, otros van al baño... *¡Clang! ¡Clang! ¡Clang!* Comienza el siguiente periodo de meditación... el penetrante olor de una nueva varita de incienso[3] flota por el zendo...

Unos veinticinco minutos después el *godo*, el principal representante del roshi, abandona silenciosamente su asiento... toma el kyosaku, símbolo de la espada de Manjusri que corta el engaño y que se encuentra encima del altar en el centro del zendo bajo la misma figura de Manjusri. Lo toma por ambos lados, se inclina ante el guardián del zendo...

En silencio el godo camina por el zendo evaluando cada una de las posturas... no hay un solo ruido, sólo la respiración ligeramente audible de los principiantes, que con desesperación se fuerzan con su cuerpo en vez de su mente para acorralar los pensamientos descontrolados...

¡Pas!... el kyosaku aterriza con fuerza en la esquina del *tan*... un murmullo como el viento entre las cañas de maíz surge de los principiantes sorprendidos y ligeramente asustados... silencio... un silencio ensordecedor.

¡Pas! ¡Tas! El godo va pegando sobre las espaldas de los principiantes que al estar encorvados denotan una mente aún distraída... El godo ruge: "¡Sólo faltan quince minutos para dokusan! ¡Concéntrense! ¡No se separen ni un pelo del koan!... Deben llevar al roshi una respuesta y no algo en blanco!".

Los cuerpos hundidos se yerguen... La respiración y el esfuerzo se hacen más fuertes. *¡Clang! ¡Clang!* ... ¡Dokusan!

"¡Muévanse!", grita el godo... se rompe la tensión y todos menos unos cuantos reticentes corren hacia la línea de dokusan...

"¿Quieren la verdad o no?", les grita a unos cuantos aletargados, sacudiendo a uno o dos del *tan* y llevándolos hacia la línea del dokusan, mientras con frialdad ignora a otros que se han quedado.

En la mayoría de los sesshines de templos y monasterios, el kyosaku juega un papel vital y muchas veces crucial y llega a su clímax justamente

[3] El periodo de zazen es de cuarenta y cinco minutos y se mide con el tiempo que tarda en quemarse una varita de incienso de un tamaño específico.

antes del dokusan. El propósito esencial del kyosaku es despertar hasta el último vestigio de energía latente en los participantes y permitirles romper su coraza protectora causada por el engaño para llegar así a la autocomprensión. Sin embargo, ningún elemento del zen ha sido tan ferozmente criticado y tan mal entendido tanto por asiáticos como por occidentales como el uso del kyosaku. A pesar de que ha sido condenado como una "expresión sádica de la cultura japonesa" y como una perversión flagrante del budismo, en realidad no es ninguna de estas cosas. Junto con el zen, el kyosaku es una importación de China.[4] Probablemente es el descendiente de una vara un poco más fuerte que ya desde los tiempos del Buda se utilizaba para despertar a los monjes adormilados y estaba diseñada de modo que silbara al pasar junto al oído.[5] En China en algún momento los maestros de zen evidentemente sintieron que había que estimular a sus discípulos con algo más que un sonido agradable o un golpe ocasional de la mano o del puño y como respuesta a esta necesidad nació el primer kyosaku.

El kyosaku puede hacerse de diversos tamaños, formas y pesos. Algunos se hacen con madera muy dura para el invierno, cuando monjes y legos pueden ser golpeados con más fuerza, y otros se hacen con madera suave para emplearlos durante el verano, cuando las ropas son más ligeras. La punta del kyosaku que hace contacto con el cuerpo es plana como una paleta y tiene más o menos siete centímetros de ancho, mientras que el mango es redondo para poder empuñarlo mejor. En algunos monasterios y templos mide entre 1.20 y 1.50 m de largo y en otros no más de 75 centímetros.

El kyosaku puede utilizarse para despertar a un meditante adormecido, para acicatear a uno cansado o para acicatear a uno que se esfuerza, pero jamás se usa como castigo o como agresión personal. Esto resulta claro porque el que recibe el golpe alza sus manos en gassho para mostrar su gratitud al godo quien, a su vez, reconoce este gesto con una reverencia en un espíritu de mutuo respeto y comprensión. En el monasterio, los golpes más fuertes del kyosaku se reservan para los más ardientes y valientes y no se gastan en los perezosos y tímidos. El adagio de que un mal caballo no puede comer rápido por más fuerte

[4] Para una breve descripción sobre el uso del kyosaku (llamado *keisaku* en la tradición Rinzai) en un antiguo monasterio de zen chino, véase *The Wheel of Life*, de John Blofeld, p. 167.

[5] Esta información me la proporcionó Yasutani-roshi.

que se le pegue ni por más frecuentemente que se le aplique el látigo, es algo que se comprende bien en el zendo.

En los monasterios y templos Soto, los meditantes se sientan de cara a la pared, mientras que en la secta Rinzai se sientan unos frente a otros, de modo que el godo Soto aplica el kyosaku desde atrás a su propia discreción[6] y ocasionalmente sin aviso alguno.[7] En las manos de un godo sensible e iluminado, capaz de pegar cuando el hierro está candente, o en todo caso para calentar el hierro, el kyosaku es una ayuda inigualable para aumentar el esfuerzo de concentración a su máxima intensidad. Del mismo modo que un látigo usado sensiblemente en un caballo de carreras puede hacerlo correr más rápido sin dañarlo, el kyosaku aplicado perceptivamente sobre la espalda de un meditante que se esfuerza puede, sin dañarlo, abrir esa energía sobrehumana que lo llevará a una concentración de mente indispensable para el kensho. Aun en momentos críticos, en particular al mediodía o en la tarde, cuando el cuerpo ya exhausto ha aflojado la tensión de la mente abriendo el paso a invasiones de pensamiento, un golpe en los hombros en el momento adecuado le hará interrumpir la actividad mental y liberará al mismo tiempo reservas de energía insospechadas.[8]

Nunca se insistirá lo suficiente que administrar el kyosaku no es simplemente golpear con un palo. En este acto se unen la compasión, la fuerza y la sabiduría. En un monasterio o templo de primera calidad, el godo es invariablemente un hombre de espíritu fuerte y al mismo tiempo de corazón compasivo. De hecho, si el kyosaku ha de ser un acicate y no una espina, el godo debe estar identificado con la más profunda aspiración espiritual de los meditantes. Bien se ha dicho que el amor sin fuerza es debilidad y que la fuerza sin amor es brutalidad.

Sin embargo, no es posible negar que para los occidentales que no pueden deshacerse de la noción de que los golpes con un palo bajo cualquier circunstancia son una afrenta a su dignidad, el kyosaku puede ser una amenaza y no un acicate.

El dokusan es seguido por los cantos de sutras que se anuncian con el agudo golpe de las maderas. Al oír la señal, todos salen al exterior por

6 Con frecuencia los practicantes piden el kyosaku poniendo las manos en gassho por encima de sus cabezas.

7 Sin embargo, normalmente va precedido por una advertencia en el hombro. En el Rinzai los golpes se dan desde el frente, así que uno sabe cuándo le van a pegar.

8 Cada hombro se golpea dos veces en puntos que corresponden a meridianos de acupuntura.

un pasillo cubierto y perciben el frío aliento del amanecer al dirigirse hacia el salón principal. Allí los legos se sientan a un lado y los monjes al otro. El dokusan y dos horas de zazen han aclarado la mente de tal manera que cada postura y movimiento del cuerpo durante las postraciones y el canto toman un significado nuevo y fresco. El golpe rítmico del *mokugyo*, el sonido profundo del gong inmenso en forma de tazón, las velas que brillan sobre el *butsudan* (altar budista) y la fragancia del incienso son los elementos que ayudan a unificar aún más la mente.

Después de los cantos, a las cinco y media es la primera comida, que consiste en crema de arroz, unas cuantas verduras y nabos curtidos. La razón de esta sencilla comida es nutrir el cuerpo y darle fuerzas para seguir en el Camino del Buda y no para buscar placer en ella. Pero no se empieza a comer en seguida. Después del toque de campanilla del monje principal comienzan los rezos de las comidas para expresar la fe hacia los Tres Tesoros Unificados —es decir, Vairochana Buda (que simboliza el conocimiento búdico trascendental), el Dharma (o la ley de causa y efecto) y la Sangha (que comprende a todos los budas). Entonces se hace un paréntesis en los cantos mientras cada persona retira la servilleta que cubre los cuatro tazones laqueados y los palillos que se han puesto enfrente de cada participante del sesshin.

¡Tin-a-ling! Continúan los cantos con un reconocimiento de fe en la persona y vida del Buda Shakyamuni, en su Dharma y en los grandes ejemplos de su enseñanza, es decir, los Bodhisattvas Manjusri, Samantabhadra y Avalokitesvara, además de los patriarcas. Ahora se sirve la crema de arroz de una gran olla de madera, a la vez que se sirven los vegetales.

Después de servirse y antes de empezar a comer se canta de nuevo y se recuerda que los alimentos servidos provienen del esfuerzo de muchos seres y que podemos recibirlos solamente si nuestra aspiración es pura y nuestro esfuerzo sincero. Si comemos debemos aceptarlos con gratitud y no con egoísmo, preferencias o aversiones.

Sólo queda un ritual antes de que se prueben los alimentos. Cada uno toma unos cuantos granos de arroz de su tazón y los coloca en un plato especial que se pasa para ese propósito. Esto es simbólico del ofrecimiento a los espíritus hambrientos invisibles de éste y otros mundos que por su codicia se han condenado a existencias miserables. Cuando finalmente se comienza a comer se hace en silencio de modo que la concentración, ya sea en un koan, en contar las respiraciones o en el comer mismo, continúe sin interrupción.

Tres veces acuden los monjes con la olla de crema de arroz. Aquellos que desean más acercan su tazón, esperando con manos en gassho mientras se les sirve. Sin decir una palabra, frotan sus manos una contra la otra en señal de que es suficiente. Si ya no se desea más, sencillamente se baja la cabeza y se hace una reverencia desde la cintura, las manos cruzadas sobre el pecho cuando pasan los monjes. No todos siguen el consejo de comer parcamente según lo recomienda el roshi; algunos monjes, más preocupados por llenar su estómago que por vaciar su mente, toman hasta tres tazones de arroz.

Los alimentos que se han tocado con los palillos deben consumirse y no desperdiciarse. No debe quedar el más mínimo resto. Al concluir la comida, se pasa agua caliente y usando un nabo encurtido se termina de limpiar el tazón; después se bebe el agua sin olvidar depositar en un plato común, que se pasa para los espíritus hambrientos, las últimas migajas que hayan quedado. La comida finaliza con un canto que expresa las gracias por el alimento recibido y el ruego de usarlo para bienestar espiritual de todos los seres.[9]

No sólo los alimentos sino cada objeto debe utilizarse con el cuidado propio de su función y no malgastarse o destruirse innecesariamente. Ésta es una de las reglas inviolables de un monasterio zen y se debe tener especial cuidado durante el sesshin de no transgredirla. Los motivos son más de orden espiritual que económico: despilfarrar es destruir. Tratar los objetos con reverencia y gratitud, según su naturaleza y propósito, es afirmar su valor y vida, una vida en la que todos estamos igualmente enraizados. El desperdicio es una medida de nuestro egocentrismo y, por tanto, de nuestra alineación de las cosas, de su naturaleza búdica y de su unidad esencial con nosotros. Además es un acto de indiferencia hacia el valor absoluto del objeto desperdiciado por más humilde que sea. Así, romper un vaso por descuido, dejar una luz encendida cuando ya no es necesaria, utilizar más agua de la necesaria para algún trabajo en especial, permitir que un libro permanezca abierto después de que ha sido leído, todos éstos son actos descuidados en el sentido religioso más profundo y, por tanto, obstáculos a nuestro progreso espiritual. Por ese motivo se señalan.

[9] Éstos son rituales Soto del monasterio Hosshin-ji, que difieren ligeramente del Rinzai. Por cierto, en los monasterios zen normalmente sirven arroz blanco y no arroz integral.

Después de los alimentos matutinos, en los monasterios y templos se lleva a cabo el *samu* (trabajo físico) que en sesshin toma la forma de barrer, sacudir, lavar puertas y excusados, barrer los pasillos, recoger hojas, desyerbar los jardines y trabajar en la cocina.[10] Desde la época en que Huai-hai (Hyakujo) instituyó por primera vez el trabajo manual hace más de mil años, se ha convertido en un ingrediente esencial de la disciplina zen. Se cuenta que un día los discípulos de Huai-hai, pensando que ya estaba demasiado débil para trabajar, escondieron sus utensilios de jardinería. Como se negaban a devolverle los utensilios, Huai-hai dejó de comer diciendo: "Si no trabajo, no como". Este mismo espíritu lo expresó en la época moderna Gempo Yamamoto-roshi, antiguo abad de Ryutaku-ji, que murió en junio de 1961 a los noventa y seis años. Casi ciego y ya sin capacidad para enseñar o trabajar en el monasterio, decidió que era tiempo de morir, así que dejó de comer. Cuando sus monjes le preguntaron por qué se negaba a comer, respondió que estaba viviendo más allá de su utilidad y que ya era un estorbo para todos. Le dijeron: "Si mueres ahora (enero) cuando hace frío, tu funeral será una molestia para todos y serás entonces un estorbo mayor, así que ¡por favor, come!". Por tanto, volvió a comer, pero cuando llegó la época templada dejó de comer y poco después murió en silencio.

¿Cuál es el significado de este trabajo en términos del entrenamiento zen? Primero, muestra que el zazen no sólo es una forma de adquirir la capacidad de concentrarse y enfocar la mente al sentarse, sino que en el sentido más amplio involucra la movilización y la utilización dinámica del joriki (el poder generado por el zazen) en cada acto. Samu, como un tipo de zazen móvil, también ofrece la oportunidad de acallar, profundizar y concentrar la mente a través de la actividad, así como fortalecer el cuerpo y, por tanto, dar energía a la mente.

Como en todos los tipos de zazen, se trata de cultivar primero la conciencia y a la larga la falta de conciencia. Éstos son sólo dos grados diferentes de absorción. La conciencia es un estado donde uno está totalmente alerta a cualquier situación y, por tanto, siempre es capaz de responder de forma apropiada. Sin embargo, uno está consciente de estar alerta. La no conciencia es, por otra parte, una condición de tal absorción que ya no existe vestigio alguno de autoconciencia.

[10] En monasterios donde se necesita hacer una gran cantidad de trabajo manual todo el año, por ejemplo, en aquellos donde cultivan su propio arroz y verduras, el *samu* se suspende durante sesshin, permitiendo así mayor tiempo para hacer zazen.

Cualquier acción que surge de estos estados mentales no puede ser apresurada ni engañosa, ni tensa, ni floja; no puede tener movimientos falsos ni desperdicio de energía. Todo trabajo que se asume con este espíritu mental es valorado por sí mismo, aparte del resultado que pueda tener. Éste es el trabajo "sin mérito" o "sin propósito" del zen. Al asumir cada trabajo con este espíritu podemos con el tiempo captar la verdad de que cada acto es una expresión de nuestra mente búdica. Una vez que esto se experimenta directa e inequívocamente, ningún trabajo puede estar por debajo de nuestra dignidad. Por lo contrario, cualquier trabajo, sin importar cuán bajo nos parezca, es ennoblecedor, puesto que es visto como una expresión de nuestra naturaleza búdica inmaculada. Ésta es la verdadera iluminación y la iluminación en el zen nunca es para uno mismo, sino para el bien de los demás.

Este ideal se subraya a través del sesshin. Cuatro veces al día —al terminar la plática formal, al terminar los cantos de sutras, de la mañana y de la tarde y finalmente en la noche— los Cuatro Votos se recitan al unísono tres veces:

> A todos los seres sin número hago voto de liberar.
> Pasiones ciegas sin fin, hago voto de arrancar.
> Las inmensurables puertas del Dharma[11] hago voto de penetrar.
> El Gran Camino de Buda hago voto de lograr.

Al terminar el samu, se da una plática formal de una hora aproximadamente (de la cual hay un ejemplo en la sección II). En seguida, sobre las once de la mañana es la comida principal del día, en general arroz blanco mezclado con cebada, vegetales frescos y una sopa de pasta de frijol de soya. Después de la comida todos, menos los ardientes que continúan sentados en el zendo, descansan durante una hora, como lo indica el horario del sesshin, sin olvidar, sin embargo, el continuar absortos en el koan o el ejercicio correspondiente.

Con excepción de la plática y el trabajo manual, la tarde y la noche son repeticiones del horario de la mañana. Algunos monasterios y templos permiten un baño caliente en la tarde o en la noche y para los principiantes con las piernas adoloridas y los cuerpos entumecidos este descanso es bienvenido. A las cuatro de la tarde se sirve un refrigerio ligero, hecho principalmente de las sobras del mediodía. A diferencia

[11] Es decir, niveles de verdad.

de las comidas anteriores, que eran precedidas y seguidas por cantos, esta "medicina"[12] se consume en silencio total.

En Hosshin-ji, conocido por lo estricto de sus sesshines, a partir de la cuarta noche y desde las ocho hay una disciplina única para combatir las seductoras visiones de sueños que acosan a las mentes fatigadas y que a esta hora comienzan a flaquear. Al toque de la campana grande del zendo, de pronto todos los que trabajan en el koan "Mu" lo gritan desde lo profundo de su ser. El sonido débil e incierto al principio va cimentándose, ganando fuerza, profundidad y vuelo bajo el acicateo enérgico del godo y sus ayudantes que utilizan libremente el kyosaku y que gritan: "¡Griten Mu desde el hara, no desde la garganta!". Cuando estos gritos de "¡Mu!" alcanzan un *crescendo* profundo, de pronto se apagan a la señal de la misma campana con la que se iniciaron, normalmente treinta minutos después. De nuevo es el silencio, pero el ambiente ha quedado electrificado.

El zazen termina a las nueve menos cuarto con los cantos finales del día: un sutra breve y los Cuatro Votos, que se recitan ahora con entusiasmo y energía. Con cuerpos y mentes otra vez despiertos, el sueño ha quedado atrás y prácticamente todos vuelan fuera del zendo al aire fresco de la noche con el cojín de meditación bajo el brazo. En vez de dirigirse a la cama fatigados como en noches anteriores,[13] buscan algún lugar solitario, con frecuencia el cementerio del monasterio, para continuar haciendo zazen hasta entrada la noche.

En la última noche de sesshin, cuando los gritos y golpes se dan enardecidamente, nadie sino los evidentemente enfermos o los muy tímidos se atrevería a irse a la cama a las nueve, cuando virtualmente todo el zendo se ha acuartelado la noche entera en el cementerio y las colinas cercanas llenando el aire con los gritos desesperados de "¡Mu!". Y durante el sesshin más severo del año, el *rohatsu* en diciembre, que conmemora la iluminación del Buda, el *yaza* (zazen después de las nueve de la noche) es la regla de cada día.

[12] *Yakuseki*, literalmente "piedra medicinal". Los monjes budistas de la antigua China solamente comían dos veces al día. Para mantenerse calientes en el invierno y para aliviar el hambre, se colocaban una piedra caliente sobre el estómago, lo cual se consideraba una panacea para todo tipo de problemas estomacales. Cuando se hacía una tercera comida, por tanto, se le llamaba "medicina".

[13] En la mayoría de los monasterios, los legos que vienen para sesshin no duermen en el zendo con los monjes, sino que se les dan habitaciones en un edificio aparte.

El último día de sesshin, especialmente si ha sido precedido por toda una noche de zazen, suele ser muy difícil. Por ello, el roshi advierte a todos que éste es el día más crítico y que relajar la mente en estos momentos cuando todos han llegado a la cima de su concentración sería desperdiciar seis días de sólido esfuerzo. En este séptimo día, el kyosaku y los gritos que lo acompañan dejan de usarse —es como si el godo dijera: "No puedo hacer más; ahora todo depende de ti"— y después de (o debido a) seis días de conmoción periódica, este día de zazen silencioso pero dinámico con frecuencia es el más gratificante.

Antes de la clausura formal del sesshin, el roshi dirigirá a todos algunas palabras con este espíritu:

> Un esfuerzo sincero en sesshin jamás se desperdicia aunque no culmine con la iluminación. Llegar a kensho es comparable con la persona que da en el blanco después del centésimo disparo. ¿Quién puede decir que los otros noventa y nueve que fallaron no se relacionan con el éxito final?
>
> Algunos han alcanzado la iluminación al tomar el té con el que se finaliza el sesshin y otros en el tren de regreso a casa, así que permanezcan atentos en todo momento. Sin tregua, concéntrense en su koan si ésa es su práctica, o si están haciendo shikan-taza realicen cada acto con una mente totalmente concentrada. No despilfarren el joriki que han acumulado en este sesshin en conversaciones vanas y vacías, sino que consérvenlo y fortalézcanlo a través de sus tareas diarias.

En algunos monasterios y templos se lleva a cabo una ceremonia especial en la presencia de todos los participantes, para permitir que los que han alcanzado el kensho expresen su gratitud al roshi y a los monjes principales. El sesshin finaliza formalmente con el canto del Hannya Shingyo (Sutra del Corazón de la Sabiduría) y los Cuatro Votos. Después, todos se reúnen para tomar té y comer pastel y para agradecer al roshi y a los monjes principales, así como a cada uno por su ayuda y apoyo durante el sesshin.

A pesar del uso espectacular del kyosaku, el loco revuelo antes del dokusan y los emocionantes intercambios que con frecuencia ocurren en el dokusan mismo, el verdadero drama del sesshin yace no en estas manifestaciones, sino en el zazen: en la búsqueda solitaria dentro de un mundo amplio y escondido de la propia mente, en los solitarios caminos por tortuosas cañadas de vergüenza y miedo, por desiertos de estáticas visiones y fantasmas tormentosos alrededor de volcanes de un ego que se eleva, y por selvas de tontería y engaño, en una lucha incesante de alcanzar esa unidad y vacuidad de cuerpo y mente que en la última instancia llevan al descubrimiento destellante de que el universo y uno no son remotos ni están separados, sino que son un Todo íntimo y palpitante.

Independientemente de que se alcance o no el despertar, es inevitable, si uno ha participado seriamente en sesshin, no regresar a casa con un corazón más puro, con una mente fortalecida y con una sorprendente nueva visión de un viejo mundo familiar.

El tema central del sesshin es este esfuerzo propio sostenido, pues en última instancia uno es liberado no por sus compañeros, ni por el roshi, ni siquiera por el Buda y de seguro tampoco por seres sobrenaturales, sino por los propios esfuerzos infatigables e inquebrantables.

Los occidentales encontrarán que el énfasis del zen en la autodependencia, su clara conciencia de los peligros de usar el intelecto, su gusto por la experiencia personal y no la especulación filosófica como medio de verificar la verdad última, su preocupación pragmática por la mente y el sufrimiento, y sus métodos prácticos y directos para la emancipación del cuerpo-mente, son elementos que congenian con su temperamento y *Weltanschauung*.

En una época en que el hombre está siendo dominado por los objetos como nunca antes, en que las tensiones provocadas por el miedo, la ansiedad y la enajenación están socavando la mente del hombre moderno, el hecho de que gente ordinaria pueda descubrir a través de la iluminación un sentido y felicidad en la vida, así como un sentido de unidad y solidaridad con toda la humanidad, señala una gran esperanza para todos los seres sintientes.

Las experiencias

1. Señor K.Y., ejecutivo japonés de 47 años

Noviembre 27, 1953
Querido Nakagawa-roshi:
Gracias por el día tan feliz que pasé en su monasterio.

¿Recuerda usted la conversación que surgió sobre la Autorrealización respecto a ese americano? En esos momentos jamás me imaginé que en unos cuantos días yo mismo le estaría reportando mi propia experiencia.

El día después de que lo llamé viajaba con mi esposa en el tren de regreso a casa. Iba leyendo un libro de zen por Son-o, quien, como seguramente recuerda, fue un maestro del zen Soto que vivió en Sendai durante el periodo de Genroku (1688-1703). Cuando el tren se acercaba a la estación de Ofuna leí esta línea: "Llegué a comprender con claridad que la mente no es otra cosa que las montañas, los ríos y la ancha Tierra, el Sol, la Luna y las estrellas".[14]

Ya había leído esto antes, pero esta vez quedó tan vivamente impreso en mí que me dejó sorprendido. Me dije: "Después de siete u ocho años de zazen finalmente he percibido la esencia de esta frase". Y no pude reprimir las lágrimas que empezaban a derramarse. Un poco avergonzado de estar llorando entre la multitud, desvié la cara y me limpié los ojos con mi pañuelo.

Mientras tanto, el tren había llegado a la estación de Kamakura y mi mujer y yo nos bajamos. En el camino a casa le dije: "En el estado de regocijo en el que me encuentro podría subir a las mayores alturas".

Ella contestó sonriente: "Entonces, ¿dónde estaría yo?". Todo el tiempo continuaba repitiéndome a mí mismo la cita que había leído.

Por casualidad ese día mi hermano menor y su esposa estaban en mi casa y les conté de la visita a su monasterio y sobre el estadounidense que había venido a Japón sólo para alcanzar la iluminación. En breve, les conté todas las historias que usted me había contado y me fui a la cama después de las once y media de la noche.

A la medianoche desperté abruptamente. Al principio, mi mente estaba nublada; de pronto la cita entró a mi conciencia: "Llegué a comprender con claridad que mente no es otra cosa que las montañas, los ríos y la ancha Tierra, el Sol, la Luna y las estrellas". Y la repetí. Entonces de pronto sentí como si un rayo me tocara y al momento siguiente los cielos y la Tierra se desmoronaron y desaparecieron. En ese instante, como las olas que suben, me invadió una tremenda sensación de delicia, verdaderamente un huracán de delicia, mientras reía fuerte y de forma alocada: "¡Ja, ja, ja, ja, ja, ja! ¡Aquí no hay ningún razonamiento! ¡Ja, ja, ja!". El cielo vacío se partió en dos, entonces abrió su enorme boca y comenzó a reír escandalosamente: "¡Ja, ja, ja!". Más adelante, uno de los miembros de mi familia me dijo que mi risa no parecía humana.

[14] Una cita del *Shobogenzo* de Dogen, que se encontró originalmente en *Zenrui núm. 10*, una antigua obra de zen china.

Ahora estaba recostado boca arriba. De pronto me senté y golpeé la cama[15] con todas mis fuerzas y pegué sobre el suelo con mis pies como si tratase de hacerlo pedazos, mientras continuaba riendo con todas mis fuerzas. Mi esposa e hijo más joven, que dormían cerca de mí, estaban ahora despiertos y asustados. Mi esposa, tapándome la boca con la mano, exclamó: "¿Qué te pasa? ¿Qué te pasa?". Pero no me di cuenta de esto hasta que ella me lo dijo después. Mi hijo me dijo más tarde que pensó que me había vuelto loco.

"¡He alcanzado la iluminación! ¡Shakyamuni y los patriarcas no me han decepcionado! ¡No me han decepcionado!",[16] recuerdo haber gritado. Cuando bajé me disculpé ante el resto de la familia, quienes habían bajado asustados por la conmoción.

Me postré ante la fotografía de Kannon que usted me regaló, el sutra del Diamante y mi volumen del libro escrito por Yasutani-roshi. Prendí una pajuela de incienso e hice zazen hasta que la pajuela se consumió, media hora después, aunque parecía que sólo habían pasado dos o tres minutos.

Aún ahora, mi cuerpo tiembla mientras lo escribo.

Esa mañana fui a ver a Yasutani-roshi y traté de describirle mi experiencia de desintegración repentina de los cielos y la Tierra. "¡Estoy loco de contento! ¡Estoy loco de contento!", le repetía, golpeándome con vigor sobre el muslo. Surgieron las lágrimas y no las pude reprimir. Intenté contarle mi experiencia de esa noche, pero mi boca temblaba y las palabras no se formaban. Finalmente, sólo puse mi cara en su regazo. Me dio una palmada en la espalda y me dijo: "Bueno, bueno, en realidad es raro experimentarlo a un grado tan maravilloso. Se llama 'Alcanzar la vacuidad de la mente'. ¡Hay que felicitarte!".

"Gracias a usted", le murmuré y de nuevo comencé a llorar de alegría. Muchas veces le dije: "Debo continuar aplicándome con energía a mi zazen". Tuvo la bondad de darme un consejo detallado sobre cómo seguir con mi práctica en el futuro, después de lo cual me susurró al oído: "¡Mis felicitaciones!", y me acompañó hasta el pie de la montaña con una linterna.

Aunque ya han transcurrido veinticuatro horas, aún siento las secuelas de ese temblor. Mi cuerpo entero todavía tiembla. Pasé todo el día de hoy riendo y llorando yo solo.

[15] Ésta no es una cama occidental, sino la tradicional "cama" japonesa, que consiste de un futón de 5 a 8 centímetros de grueso puesto sobre un tapete o tatami.

[16] Véase nota 4, p. 311.

Estoy escribiendo mi experiencia con la esperanza de que sea de algún valor para sus monjes y porque Yasutani-roshi me instó a hacerlo.

Por favor dé mis recuerdos a ese estadounidense. Dígale que aun yo, que soy indigno y falto de espíritu, pude captar tan maravillosa experiencia al madurar el tiempo. Me gustaría hablar con usted sobre muchas cosas, pero debo esperar otra oportunidad.

P.D. El estadounidense nos preguntaba si es posible que él alcance la iluminación en una semana de sesshin. Dígale esto de parte mía: que no diga días, semanas, años o aun vidas enteras. Que no diga millones o billones de *kalpas*. Dígale que haga voto de alcanzar la iluminación aunque le tome el futuro infinito, ilimitado, incalculable.

Medianoche del 28 (Estas citas del diario fueron escritas en los dos días siguientes). Desperté pensando que eran las 3 o 4 de la mañana, pero eran tan sólo las 12:30.

Estoy en paz, en paz, en paz.

Siento el cuerpo adormilado, pero mis manos y pies brincaron de alegría durante casi media hora.

Estoy supremamente libre, libre, libre.

¿Debo estar contento?

No hay hombres comunes.[17]

Las campanas del reloj —no las del reloj, sino las campanas de la mente. El universo mismo son campanas. No hay mente ni universo. ¡Dong, dong, dong!

He desaparecido totalmente. ¡El Buda es!

"Trascender la ley de causa y efecto, controlado por la ley de causa y efecto";[18] esos pensamientos han abandonado mi mente.

¡Oh, *eres*! Te reíste, ¿cierto? Esta risa es el sonido de tu entrada al mundo.

La sustancia de la Mente; esto ahora me es luminosamente claro.

Mi concentración en el zazen se ha agudizado y profundizado.

Medianoche del 29: Estoy en paz, en paz, en paz. ¿Es esta libertad tan tremenda que tengo la Gran Cesación[19] que los antiguos describen?

[17] Es decir, en todos la budeidad se encuentra latente.

[18] Ésta es una referencia al segundo caso del *Mumonkan*, el koan conocido como El Zorro de Hyakujo.

[19] Una designación para el estado de la mente que fluye de una profunda realización; puesto que no sufrimos carencia alguna, no hay nada que buscar fuera de nosotros.

Quien lo pregunte seguramente debe admitir que esta libertad es extraordinaria. Si no es la libertad absoluta o la Gran Cesación, ¿qué es?

4 a.m. del 29: *¡Ding dong!* El reloj suena. ¡Esto por sí mismo *es*! ¡Esto por sí mismo *es*! Aquí no hay razonamiento.

Ciertamente el mundo ha cambiado [con el despertar]: pero ¿de qué manera?

Los antiguos decían que la mente iluminada es comparable con un pez que nada. Así es, exactamente; no hay estancamiento. No siento obstáculo alguno. Todo fluye suavemente. Todo se desenvuelve con naturalidad. La libertad sin límites está más allá de cualquier expresión. ¡Qué mundo tan maravilloso!

Dogen, el gran maestro del budismo, dijo: "Zen es la puerta amplia de la compasión que todo lo abarca".

Estoy tan agradecido, tan agradecido.

2. Señor P.K., ex hombre de negocios estadounidense de 46 años

Extractos de su diario

Nueva York, 1 de abril, 1953: ...Toda la semana me ha dolido el estómago. El doctor dice que mis úlceras se están poniendo peor... también regresaron las alergias... no puedo dormir con los medicamentos... me siento tan mal que quisiera tener las agallas para dar fin a esto.

20 de abril, 1953: Hoy fui a la plática sobre zen de S. Como siempre, casi no entendí nada... ¿Por qué continúo yendo a esas pláticas? ¿Puedo alcanzar el satori escuchando explicaciones filosóficas de *prajna* y *karuna*[20] y por qué A no es A y todo eso? ¿Qué diablos es el satori? Aun después de haber leído cuatro de los libros de S. y escuchado docenas de sus conferencias, todavía no lo sé. De verdad debo ser muy tonto... Lo que sé es que la filosofía zen no me está quitando mi dolor o intranquilidad ni esa maldita sensación de "nada"...

Hace una semana un buen amigo se quejaba: "Siempre estás escupiendo filosofía zen, pero no veo que te vuelvas más sereno ni más

[20] Palabra sánscrita que significa la sabiduría-satori y la compasión, respectivamente.

considerado desde que comenzaste a estudiarla. Si en algo has cambiado, es que te has vuelto arrogante y te das aires de superioridad...".

1 de junio, 1953: Hablé con K. sobre el zen y Japón hasta las dos de la mañana... Es japonés como S. y ha practicado zen, pero fuera de eso no tienen nada en común... Antes de conocer a K. me imaginaba que toda la gente con satori funcionaba como S., pero ahora veo que el satori no es tan simple, aparentemente tiene muchas facetas y niveles... ¿Por qué me importa tanto el satori?...

Estuve acosando a K. toda la noche preguntándole. "Si voy a Japón y me entreno en el zen, ¿me puedes asegurar que encontraré sentido a la vida? ¿Podré deshacerme por completo de mis úlceras, alergias e insomnios? En dos años de asistir a conferencias sobre zen en Nueva York no se ha mitigado mi frustración constante, ni ha disminuido mi presunción intelectual, según lo que me dicen mis amigos".

K. me repetía una y otra vez: "El zen no es una filosofía, el zen es una forma sana de vivir... Si de verdad quieres aprender sobre el budismo en Japón y no sólo hablar sobre él, tu vida se transformará totalmente. No será fácil, pero puedes estar seguro de esto: una vez que accedas al Camino del Buda con sinceridad y ardor, por todas partes surgirán Bodhisattvas para ayudarte. Pero debes tener valentía y fe y debes estar decidido a realizar el poder liberador de tu naturaleza búdica, sin importar el dolor y el sacrificio...".

Ésa era la transfusión de valor que necesitaba.

3 de septiembre, 1953: Renuncié al trabajo, vendí los muebles del departamento y el automóvil... El juicio unánime de mis amigos fue: "¡Estás loco si tiras tu sueldo de diez mil dólares al año a cambio de nada!"... Probablemente. O tal vez son ellos los que están locos amasando posesiones, úlceras y enfermedades del corazón... sospecho que hasta algunos me envidian... Si no tuviese que hacerlo no lo estaría haciendo, de eso estoy seguro, pero *estoy* un poco asustado. Espero que eso de la vida a los cuarenta sea verdad... Compré el billete para Japón.

Tokio, 6 de octubre, 1953: ¡Cuánto ha cambiado la forma y el ambiente de Japón en siete años! Los escombros terribles y los rostros de desesperación virtualmente han desaparecido... Qué bien regresar como un buscador en vez de un funcionario con una profesión... Me pregunto: ¿Qué fue lo que verdaderamente me hizo volver?... ¿Fue la dignidad de los japoneses y su paciencia frente a un sufrimiento imposible de describir lo que me maravilló? ¿Era el silencio sobrehumano del monasterio de Engaku y la profunda paz que me envolvía siempre que paseaba por sus jardines y debajo de sus criptometrías gigantescas?...

1 de noviembre, 1953: Ya llevo casi un mes en Kioto... P., el profesor estadounidense que conocí en una de las conferencias de S. en Nueva York, está enseñando historia de la filosofía en una universidad japonesa... Ambos hemos llamado a unos cinco a seis maestros y autoridades del zen... ¡Bla, bla, bla!... Algunos de estos hombres zen son muy habladores para estar enseñando algo que se supone es una transmisión de mente a mente y que aborrece los conceptos. El profesor M. me dijo cuando le recordé eso: "Al principio tienes que utilizar conceptos para deshacerte de los conceptos". Eso suena como apagar un incendio con aceite... De nuevo me siento intranquilo. Todo el día de ayer estuve recorriendo las casas de antigüedades comprando objetos de arte. ¿Para esto regresé a Japón?

2 de noviembre, 1953: Hoy recibí carta de Nakagawa-roshi, maestro del monasterio Ryutaku, diciendo que P. y yo podíamos pasar dos días allí... ¿Será productivo el viaje? No lo creo si es que S. y los profesores de zen de Kioto tienen razón: "Los monasterios zen son demasiado tradicionales y autoritarios para la gente moderna de mente intelectual"... De todas formas será una nueva experiencia conversar en inglés con un roshi y puede hasta ser agradable... La esposa de P. nos ha dado muchas mantas y alimentos estadounidenses. Su amiga japonesa dice que los monasterios zen son muy fríos y austeros... ¿Qué hará uno en un monasterio?

3 de noviembre, 1953: Llegamos al monasterio al atardecer... Durante las seis horas y media de viaje, P. y yo nos entretuvimos ideando preguntas para probar al maestro sobre su conocimiento filosófico del zen. "Si tiene un entendimiento intelectual del zen", decidimos, "y no es un fanático religioso anticuado, nos quedaremos los dos días. Si no, nos vamos mañana"...

Nakagawa-roshi nos recibió en sus habitaciones sencillas y sin pretensiones... Qué joven parece y tan diferente del patriarca barbado que nos imaginábamos... tan cordial y afable; nos hizo personalmente té verde batido, delicioso y reconfortante y bromeó con nosotros en un inglés sorprendentemente correcto...

"Su largo viaje en tren debió haberlos cansado. ¿Les gustaría recostarse y descansar?... "No, estamos un poco cansados pero si no le importa hemos preparado una serie de preguntas sobre zen que nos gustaría hacerle"... "Si no les interesa descansar, mi ayudante los llevará al salón principal, donde pueden sentarse y meditar mientras termino ciertos asuntos urgentes; después podemos hablar si gustan"...

"Pero nunca hemos meditado en nuestras vidas, no sabemos sentarnos con las piernas cruzadas"... "Pueden sentarse como gusten, pero no deben hablar. El monje ayudante les dará cojines de meditación y les mostrará dónde sentarse; les llamaré cuando pueda verlos de nuevo".

Me senté —no; me meneé— durante dos horas miserables sin hablar en el salón oscuro junto a P... Imposible concentrarse, los pensamientos se siguen unos a otros como una manada de monos... Indecible dolor en piernas, espalda y cuello... Desesperadamente quiero levantarme, pero si lo hago antes que P. jamás dejará de molestarme, ni el roshi tendrá una buena opinión de la fortaleza estadounidense... Por fin el monje llegó y susurró misericordiosamente: "Ahora pueden ver al roshi"... Miré el reloj: eran las nueve y media...

Llegamos cojeando hasta la habitación del roshi, quien nos dio la bienvenida con una sonrisa inescrutable y un tazón de arroz con pepinillos en vinagre... Nos miraba con fijeza mientras tragábamos la comida y después, benignamente, nos preguntó: "¿Qué es lo que les gustaría saber sobre el zen?"... Estábamos tan cansados que acertamos a contestar solamente: "¡Nada!"... "Entonces es mejor que vayan a dormir porque nos vamos a levantar a las 3:30 de la mañana... Que duerman bien"...

4 de noviembre, 1953: "Levántate, levántate; ¡ya son las 3:45! ¿No escuchaste las campanas y los gongs? ¿No escuchas los tambores, los cantos? Por favor, apresúrate"...

Qué extraña escena de refinada brujería e idolatría: monjes con cabezas afeitadas y túnicas negras sentados, inmóviles, cantando sílabas místicas acompañados al tom-tom de madera que emite sonidos de otro mundo, mientras el roshi, como un brujo elegantemente ataviado, hace pases mágicos y se postra de nuevo frente al altar de ídolos e imágenes... ¿Es éste el zen de Tanka que tiró una imagen de Buda al fuego? ¿Es éste el zen de Rinzai quien gritó: "¡Debes matar al Buda!"[21]... Después de todo, los maestros de Kioto y S. tenían razón...

[21] El eliminar de la mente la noción de un Buda opuesto al ser ordinario, el librarse de la idea de que Shakyamuni Buda es Dios o un super-ser, el deshacerse del sutil orgullo

Después del desayuno, el roshi nos llevó a hacer un recorrido por el monasterio que está emplazado en una herradura de colinas en el acogedor silencio de un bosque de pinos, cedros y bambúes y embellecido por un estanque con lotos, verdaderamente un Shangri-la japonés... ¡Y la vista del monte Fuji, el centinela majestuoso en el cielo!... Con tal de que no lo arruine todo pidiéndonos que nos postremos frente a esas imágenes de las salas...

¡Ay, mi alma profética!... nos ha llevado a la habitación de los fundadores y enciende incienso para después postrarse con fervor ante una extraña estatua de Hakuin... "Ustedes también pueden prender incienso y rendir reverencia a Hakuin"... P. me mira a mí, yo lo miro a él y después explota: "Los antiguos maestros zen chinos quemaban y escupían las estatuas del Buda. ¿Por qué se postra usted ante ellas?"... El roshi nos mira gravemente aunque sin enojo. "Si desean escupir, escupan; yo prefiero postrarme"... Ni escupimos ni nos postramos.[22]

6 de noviembre, 1953: P. regresó hoy a Kioto y el roshi me invitó a quedarme... A pesar de su fanatismo religioso y su mente antifilosófica, es un hombre cálido y ordinario y me agrada... Sin embargo, no me engaño: va a ser difícil levantarse con el frío de las 3 de la mañana, vivir a base de una dieta de arroz y tratar de meditar con las piernas cruzadas... ¿Puedo hacerlo? ¿Quiero hacerlo?... A pesar de todo, hay algo en todo esto que es profundamente satisfactorio... De todas formas me alegro que me haya invitado a quedarme y he aceptado...

8 de noviembre, 1953: El roshi dice que puedo meditar yo solo en la habitación de los fundadores en vez del zendo que está frío. Puedo sentarme, arrodillarme al estilo japonés o usar una silla y ponerme cuanta ropa quiera si tengo frío... Sin embargo, no tengo la más mínima idea

---

que surge con el kensho y que lo lleva a uno a pensar: "Ahora yo soy un Buda", esto es matar a Buda.

22 "¡Lávate la boca al pronunciar la palabra Buda!" es otra expresión zen que con frecuencia se malinterpreta. Viene del caso número treinta del *Mumonkan* en el comentario de Mumon: "¿No sabes que uno debe enjuagarse la boca tres días después de pronunciar la palabra 'Buda'?". Ésta es una referencia no a Shakyamuni Buda, la persona, sino a la naturaleza búdica o a la mente Buda. Todo por sí mismo es perfecto y está completo. Un palo es un palo, una pala es una pala. Usa una pala y conocerás la naturaleza de pala de forma directa y fundamental. Pero descríbela como "Buda" o como "mente Buda" y la estarás "manchando" innecesariamente al agregar al nombre "pala" un concepto más.

sobre cómo meditar... Cuando le dije eso al roshi, críticamente me aconsejó: "Pon tu mente en la parte de abajo de tu ombligo; ahí hay un Buda ciego; ¡haz que te vea!"... ¿Es eso la meditación? ¿O el roshi deliberadamente me está jugando un truco?... Hoy inspeccioné con cuidado las facciones de Hakuin: son menos grotescas, incluso un poco interesantes.

10 de noviembre, 1953: Todas las mañanas subo la colina que hay atrás del salón principal para ver el monte Fuji en todo su esplendor... Ayer me salté la meditación debido a una jaqueca y Fuji parecía sombrío y sin vida... Hoy, después de un par de horas de buena meditación en una silla, estaba grandioso e imponente de nuevo. Un descubrimiento asombroso: ¡*Yo* tengo el poder sobre la vida y la muerte de Fuji!...

23 de noviembre, 1953: Hoy, al tomar el té con el roshi en su habitación me preguntó de pronto: "¿Le gustaría asistir al sesshin de rohatsu en el monasterio de Harada-roshi? La disciplina es muy severa durante este sesshin. Pero es un roshi famoso, un maestro mucho mejor para usted que yo"... "Si usted lo cree, ¿por qué no?"... "Pero mi antiguo maestro,[23] a quien conoció el otro día, está en contra: no aprueba los duros métodos de Harada-roshi para inducir el satori. Él piensa que un estudiante zen debe madurar poco a poco y después, como la fruta que cae naturalmente cuando está madura, llegar naturalmente a la iluminación... Déjeme pensarlo más"...

25 de noviembre, 1953: Esta mañana vinieron dos visitantes interesantes al monasterio, uno un maestro llamado Yasutani y el otro un lego llamado Yamada, su discípulo, que dice ha estado practicando zen durante unos ocho años. Le quería preguntar si ya había tenido satori, pero pensé que podía ser embarazoso...

Le pregunté a Yasutani-roshi si pensaba que podía alcanzar el satori en una semana de sesshin... "Puedes alcanzar el satori en *un día* de sesshin si estás genuinamente decidido a deshacerte de tu pensamiento conceptual".

27 de noviembre, 1953: "¿Qué tal va su zazen?". Me preguntó el roshi hoy de pronto... "Ese Buda en mi vientre está ciego, sin esperanza"... "En realidad no está ciego, parece estarlo porque se encuentra profundamente

[23] Gempo Yamamoto-roshi, que estaba ya retirado en esa época.

dormido... ¿Le gustaría trabajar en el koan Mu?"... "Está bien si piensa que debo, pero ¿qué hago con él?"... "Supongo que conoce los antecedentes del koan..." "Sí"... "Entonces, sólo concéntrese en la respuesta de Joshu hasta que intuitivamente comprenda su significado"... "Entonces ¿estaré iluminado?"... "Sí, si su comprensión no es únicamente teórica"... "Pero ¿cómo me concentro?"... "Ponga su mente en el hara y no se concentre en nada más que en Mu".

28 de noviembre, 1953: Esta mañana el roshi me llamó a su habitación y me indicó que lo siguiera al pequeño altar en la parte de atrás... "¿Ve la carta que he puesto en las manos de Kannon? Se ha vinculado kármicamente con el hombre que la escribió: hagamos gassho ante Kannon expresando nuestra gratitud"... Hice un gassho sin pensar y rápidamente pregunté: "¿Qué dice la carta? ¿Quién lo escribe?"... El roshi, en apariencia solemne pero internamente animado, sólo dijo: "Venga a mi habitación y se lo explicaré"...

Con su gracia habitual, se arrodilló al estilo japonés, puso la tetera en el fuego para hacer té y anunció con decisión: "He decidido llevarlo al sesshin de rohatsu en Hosshin-ji. Esta carta me ha decidido"... "¿De qué se trata?". "¿Recuerda a Yamada-san, el hombre que vino aquí anteayer con Yasutani-roshi? Es de él. El mismo día que vino tuvo un profundo satori después de irse y me habla de ello en su carta".[24]

"¿Dice que tuvo satori? Por favor tradúzcamela ahora mismo"... "No hay tiempo. Hasshin-ji está lejos, en las costas del mar de Japón y debemos estar listos para salir mañana. Le traduciré la carta en el tren"...

29 de noviembre, 1953: Mientras nuestro tren de tercera clase se zarandeaba en la noche, el roshi despacio y con cuidado, me tradujo la carta de Yamada... ¡Qué experiencia tan vívida y conmovedora y no era un monje sino un lego!... "¿De verdad cree usted posible que alcance el satori en este sesshin?"... "Por supuesto, con la condición de que se olvide completamente de usted"... "Pero de todas formas, ¿qué es satori? Quiero decir...".

"¡Alto!... El roshi alzó las manos, lanzando su sonrisa inescrutable. Cuando lo alcance lo sabrá. Ahora no más preguntas, por favor. Hagamos zazen y tratemos de dormir antes de llegar a Hosshin-ji...".

[24] Véanse pp. 238-240.

30 de noviembre, 1953: Llegamos hambrientos y exhaustos a Hosshinji al atardecer... Los cielos de color plomizo, el aire frío y húmedo... Pero Harada-roshi estaba cordial y cálido. Me recibió con los brazos abiertos... Después me presentó a su asistente y a los cuatro monjes principales... A pesar de cierta reticencia, brillan con una fuerte llama interna...

El roshi y yo fuimos al pequeño cuarto que compartimos... "Debería reposar un poco antes de que comience la batalla". "¿Batalla?". "Sí, una lucha a muerte contra las fuerzas de su propia ignorancia... Lo llamaré cuando todos estén reunidos en el salón principal para recibir las instrucciones finales de Haradaroshi, en más o menos una hora".

Como langosta en cónclave, Harada-roshi, el roshi asistente y los cuatro monjes principales, vestidos con túnicas de brocado rojo y tocados ceremoniales arqueados, se sientan sobre grandes cojines de seda en un extremo del salón, mientras cuatro monjes jóvenes, cada uno con una bandeja de laca negra donde están colocadas unas tazas doradas, se paran dignamente al otro extremo, listos para servirles. Muy juntas, unas cincuenta personas ataviadas con túnicas tradicionales y de expresión sombría están arrodilladas, unas al frente y otras atrás... Sus ojos están pegados al suelo, ninguno se mueve para mirar a Harada-roshi mientras habla, excepto yo...

¿Por qué están todos tan tensos y serios? ¿Por qué parece como si fueran a hacer algo terrible? Es verdad, el roshi dijo que sería una batalla, pero seguramente hablaba en sentido figurado. ¿Cómo lucha uno contra su propia mente? ¿No es el zen *wu wei* sin tener que luchar? ¿No es la naturaleza búdica que todo lo abarca nuestra posesión común? Así que ¿para qué luchar por adquirirla si ya es nuestra?... En cuanto tenga oportunidad, le preguntaré esto a Harada-roshi...

De regreso a nuestro cuarto, el roshi resume las instrucciones de Harada-roshi: *1*) No debo hablar, ni bañarme, ni afeitarme o abandonar el monasterio durante esta semana. *2*) Debo concentrarme sólo en mi práctica, mantener la mirada baja y no desviarla por ningún motivo. *3*) Yo, como principiante, tengo la misma oportunidad que todos de alcanzar la iluminación en este sesshin. Y el roshi agregó seriamente: "Pero debe trabajar muy duro, terriblemente duro".

1 de diciembre, 1953: Llueve sin parar, el zendo está incómodamente frío y húmedo... Me puse los pantalones interiores largos y una camisa

de lana y dos suéteres y una túnica de lana y dos pares de calcetines de lana, pero no pude dejar de temblar... los gritos y rugidos del godo me distraen más que los golpes del kyosaku... el dolor en las piernas y la espalda me tortura... pensamientos de salir corriendo con locura. Cambio de postura, de *agura* a *seiza* a *hanka*, manipulando mis tres cojines en toda forma concebible, pero no puedo escapar al dolor...

En mi primer dokusan, Harada-roshi dibujó un círculo con un punto en el centro. "Este punto eres tú y este círculo es el cosmos. En realidad tú abrazas todo el cosmos, pero te ves como este punto, como un fragmento aislado, no experimentas el universo como algo inseparable de ti. Debes romper la prisión que tú mismo te has impuesto, debes olvidar la filosofía y todo lo demás, sólo poner tu mente en el hara y respirar Mu hacia dentro y hacia fuera. ¡El centro del universo es tu vientre!

"Mu es una espada que te permite cortar tus pensamientos para abrir paso al ámbito, que es la fuente de todos los pensamientos y sentimientos... Pero Mu es no sólo un medio para llegar a la iluminación; es la iluminación misma. La Autorrealización no es cuestión de un progreso paso a paso, sino el resultado de un salto. Hasta que tu mente no esté pura no podrá dar ese salto."

"¿Qué quiere decir con 'pura'?". "Vacía de todo pensamiento...". "Pero ¿por qué es necesario luchar por la iluminación si ya todos tenemos esta naturaleza búdica iluminada?". "¿Puedes mostrarme esta naturaleza iluminada propia?". "Bueno, no, no puedo, pero los sutras dicen que la tenemos, ¿no es así?"... "Los sutras no son tu experiencia, son la del Buda Shakyamuni. Si realizas tu mente búdica, serás tú mismo un Buda".

2 de diciembre, 1953: A las 5 a.m. en dokusan le hablé a Harada-roshi sobre el dolor de mis piernas que era agonizante. "No puedo continuar"... "¿Quieres una silla?". Me miró burlonamente. "No, ¡no usaré una silla aunque se me caigan las piernas!"... "¡Bien! Con ese espíritu puedes llegar a la iluminación"...

Un golpe durísimo del kyosaku justamente cuando mi concentración comenzaba a cobrar forma y se deshizo... ¡maldito godo! "Endereza la espalda, siéntate firmemente, centra tu energía en tu hara". Grita. Pero ¿cómo diablos pongo mi energía en mi hara? Cuando lo intento, siento una puñalada de dolor en la espalda... Debo preguntar a Harada-roshi sobre esto...

Durante todo un periodo de meditación mis pensamientos han estado enredados con los dibujos de Mokkei[25] que vi en la exposición de Daitoku-ji el mes pasado. Esa garza es fantasmagórica, tiene el secreto de toda la existencia en sus ojos. Es autocreadora, emerge de la no forma a la forma. Debo invertir el orden, unirme en la forma, en el no tiempo, debo morir para renacer... Sí, ¡ése es el significado interno de Mu!...

¡Clang, clang! La campana de dokusan... Harada-roshi escucha con impaciencia y me grita: "No pienses en la garza de Mokkei, no pienses en la forma y la no forma ni en nada más. Sólo piensa en Mu ¡Para *eso* estás aquí!".

3 de diciembre, 1953: El dolor de las piernas es insoportable... ¿Por qué no me doy por vencido? Es imbécil tratar de sentarse con este horrible dolor soportando los golpes sin sentido del kyosaku además de los gritos locos del godo; es puro masoquismo... ¿Por qué dejé Ryutaku-ji? ¿Por qué me fui de los Estados Unidos?... Pero no puedo echarme para atrás ahora. ¿Qué haré? Debo alcanzar el satori, debo...

¿Qué diablos es Mu, qué puede ser?... ¡Por supuesto! Es la oración absoluta, el Ser orando a sí mismo... Cuántas veces quise orar cuando era estudiante pero de alguna manera siempre parecía sin sentido e incluso tonto pedir a Dios fuerzas para sobrellevar los problemas que Él en su omnisciencia y omnipotencia dejó que surgieran en primer lugar...

Se me salen las lágrimas, ¡qué maravillosa es la oración por la oración misma! ...¿Qué significan estas lágrimas? Son una señal de mi estado indefenso, una admisión tácita de que mi intelecto, mi ego, ha llegado al límite de su poder... Sí, las lágrimas son una bendición de la naturaleza; su forma de lavar la suciedad del ego y suavizar las líneas duras de nuestra personalidad que se han hecho áridas y tensas a causa de una dependencia egoísta en la invencibilidad de la razón...

...¡Qué comprensiones más maravillosas, me hacen sentir tan bien! Sé que he progresado. ¡No me sorprendería si esta misma noche tengo el satori!

¡Crack! ¡Crack! "¡Deja de sonar! ¡Sólo Mu!", grita el godo mientras me pega...

¡Dokusan!... "¡No, no, no! ¿No te dije que te concentraras en Mu solamente?... ¡Borra esos pensamientos!... Satori no es cuestión de progresar

[25] Un gran monje zen chino pintor (Mu Ch'i) que vivió en el siglo x. La mayoría de sus pinturas en Japón son tesoro nacional.

o regresar. ¿No te he dicho que es un salto?... Esto y sólo esto tienes que hacer: pon tu mente en lo profundo de tu vientre e inhala y exhala Mu. ¿Está claro?"... ¿Por qué de pronto se puso tan duro conmigo?... Hasta los halcones del biombo detrás de él me miran con furia.

4 de diciembre, 1953: ¡Dios mío, mi Buda, hay una silla en mi sitio! ¡gracias!... El roshi vino y me susurró: "Harada-roshi le ordenó al monje principal que le pusieran una silla porque sintió que nunca llegaría al satori con una espalda encorvada y cambiando constantemente de posición... Ahora ya no tiene obstáculo, así que concéntrese en Mu con todo su corazón y su alma"... De pronto la concentración es más aguda y los pensamientos desaparecen. Qué sensación tan maravillosa esta vacuidad radiante...

De pronto el sol entra por la ventana que está frente a mí. ¡Ha dejado de llover! ¡Hace más calor! ¡Por fin los dioses están conmigo! ¡Ya no puedo fallar en alcanzar el satori!... ¡Mu, Mu, Mu!... De pronto el roshi se inclina para murmurar: "Estás jadeando y eso molesta a los demás; trata de respirar en silencio"... Pero no puedo parar. Mi corazón late alocadamente. Tiemblo de pies a cabeza y las lágrimas fluyen sin que las pueda controlar... El godo me pega pero casi no lo siento. Le pega a mi vecino y de pronto pienso: "¡Qué malo es, le hace daño!"... Más lágrimas... El godo regresa y me pega una y otra vez gritando: "¡Vacía tu mente de todo pensamiento, vuelve a ser como un bebé! ¡Sólo Mu desde tus entrañas!"; *¡pas, pas, pas!...*

Abruptamente pierdo el control de mi cuerpo y, aunque consciente, me desmorono... El roshi y el godo me levantan, me llevan a mi habitación y me meten en la cama... Aún jadeo y tiemblo... El roshi ansiosamente me mira y pregunta: "¿Está bien? ¿Necesita un médico?...". "No, estoy bien, creo". "¿Alguna vez le había pasado esto?"... "No, nunca"... "¡Lo felicito!"... "¿Por qué? ¿Ya tengo satori?"... "No, pero de todas formas lo felicito"... Roshi me trae una jarra de té y bebo cinco vasos...

Al irse el roshi siento que una fuerza inevitable se apodera de pronto de mis brazos y piernas y me aprieta como una descomunal prensa que comienza a cerrarse lentamente... Siento espasmos de tormento como rayos eléctricos que me penetran mientras me retuerzo en agonía... Es como si me estuvieran haciendo pagar mis pecados y los de toda la humanidad... ¿Me estoy muriendo o me estoy iluminando?... El sudor fluye por cada poro hasta el punto que tengo que cambiar mi ropa interior dos veces... Por fin caigo en un profundo sueño...

Al despertar hallo junto a mí un tazón de arroz, sopa y frijoles... Devoro la comida, me visto, entro al zendo... Nunca en mi vida me he sentido tan ligero, tan abierto, tan transparente, tan profundamente limpio y purificado... Durante kinhin no camino sino que floto como un corcho en agua... ¡No puedo evitar mirar afuera los árboles y las flores, brillantes, vívidos, palpitantes de vida!... ¡El viento que susurra entre los árboles es la música más bella!... ¡Qué delicia la fragancia del incienso!...

Más tarde en dokusan, Harada-roshi dice: "El temblor que tenías es debido a que empiezas a deshacerte de tus engaños; es una buena señal. Pero no te detengas a felicitarte, concéntrate aún con más fuerza en Mu"...

5 de diciembre, 1953: Me siento todavía eufórico... En cualquier momento tendré satori, lo sé, lo siento en mis huesos. ¿Cómo me envidiarían mis amigos del zen de los Estados Unidos cuando les diga que he tenido satori?... ¡Tonto! ¡No pienses en satori, piensa en Mu!... Sí. ¡Mu, mu, mu!... ¡Maldición! ¡Lo he perdido!... Mi emoción por satori ha disparado cientos de pensamientos, y esto me deja descorazonado... Es imposible, el satori está más allá de mis fuerzas.

6 de diciembre, 1953: Siento el cuerpo cansado esta mañana, pero mi mente está aguda y clara... Me pasé haciendo Mu en el jardín del monasterio toda la noche sin dormir... Hacía un frío miserable... Me quedé despierto sólo porque en dokusan Harada-roshi me regañó: "Jamás abrirás el ojo de tu mente, a menos que desarrolles la fuerza y tomes la decisión de hacer zazen toda la noche. Algunos de los estudiantes se han quedado despiertos todas las noches haciendo zazen"...

Cerca de la medianoche me postré ante la estatua de Buda en el salón principal y desesperadamente oré: "Oh Dios, oh Buda, concédeme el satori y seré humilde, hasta me postraré de buena gana ante ti...". Pero no pasó nada, no llegaba el satori... Ahora veo que el Viejo Zorro se burlaba de mí, probablemente tratando de liberarme de mi apego al sueño...

Los gritos y los golpes del godo y sus ayudantes se están volviendo cada vez más brutales, es increíble el estrépito y escándalo de las últimas tres noches. Todos menos unos cuantos de los cincuenta y tantos participantes han estado gritando "¡Mu!" continuamente durante la última media hora mientras los monjes principales les golpean y gritaban: "¡Griten Mu desde el fondo de su vientre, no desde la garganta!"... y después el "Mu" estridente toda la noche en el cementerio y las colinas, como ganado que estuviera a punto de ir al matadero... apuesto a que nadie en los alrededores pudo dormir...

Estas palizas no me reaniman en lo más mínimo. El godo me debe haber pegado durante quince minutos seguidos anoche, pero sólo me produjo dolor de espalda y resentimiento... ¿Por qué no agarré su palo y le pagué con la misma moneda? Me pregunto qué hubiera pasado si lo hubiera hecho...

En dokusan le dije a Harada-roshi: "El problema es que no puedo olvidarme de mí mismo. Siempre estoy consciente de mí mismo como un sujeto confrontando a Mu como objeto... Enfoco mi mente en Mu y cuando me puedo agarrar al Mu, pienso: 'Bien, ya lo tienes, no lo dejes ir'. Entonces me digo: 'No, no debes pensar bien, debes sólo pensar en Mu'. Así que aprieto las manos, me esfuerzo con cada nervio, con cada músculo y con el tiempo algo pasa; entonces sé que he llegado a un nivel más profundo de conciencia porque dejo de darme cuenta de afuera y adentro, de enfrente y atrás. Emocionado, pienso: 'Ahora me estoy acercando al satori, todos los pensamientos se han desvanecido, en cualquier momento tendré satori'. Pero entonces me doy cuenta de que no puedo estar cerca del satori mientras esté pensando en él... Así, descorazonado, pierdo mi concentración y Mu nuevamente se va...".

"Además tengo este problema: usted me ha dicho que mi mente tiene que estar tan limpia de preocupaciones como la de un bebé, sin voluntad propia o ego. Pero ¿cómo puedo liberarme del ego cuando el godo me pega con furia y me exige que trabaje más y más fuerte y que sólo me concentre en Mu? ¿Acaso no es luchar con tal propósito una expresión del ego? En vez de deshacerse, parece que el ego se está fortaleciendo"...

"La mente del ego y la de la pureza son dos lados de la misma realidad... No pienses, 'Esto es ego'. 'Es no es ego', sólo concéntrate en Mu, ésa es la forma de realizar la mente de la pureza... Es como un hombre que se muere de hambre: no piensa 'Estoy hambriento, ¡tengo que conseguir comida!'. Está tan completamente absorto en su hambre que encuentra qué comer sin pensar en ello... Si conscientemente piensas 'Quiero satori, debo tener satori', jamás lo lograrás, pero cuando desde el fondo de tu corazón tienes un profundo deseo de Autorrealización, el satori ocurrirá al absorberte por completo en Mu, y concentrar tu mente y fuerza en el hara... Mu debe ocupar toda tu mente y resonar en tu hara... No trates de anticiparte al satori; viene cuando uno menos lo espera. Cuando tu mente se vacíe de todo pensamiento e imagen, cualquier cosa puede iluminarla: una voz humana, el canto de un ave... Pero debes tener una fe más fuerte. Debes creer que tienes la capacidad de realizar tu naturaleza verdadera y debes creer que lo que te digo es cierto y que te conducirá a lo que andas buscando"...

El dokusan con el Viejo León siempre es una fuente de inspiración. Así que de nuevo sigo adelante con Mu; rápidamente uso mis energías y un montón de pensamientos me invade... Estoy agotado... Si sigo empujando pronto me agotaré y mi cuerpo y mi mente se derrumbarán. Pero si no sigo, el godo me pegará o me sacará de mi asiento empujándome a dokusan. Cuando llego ante Harada-roshi me pregunta: "¿Para qué vienes si no puedes mostrarme a Mu?", o si no, me regaña por mi falta de decisión... ¿Están tratando de sacar mis *pensamientos* de mi mente o de sacarme a mí de *mi* mente? De forma deliberada tratan de crearme una neurosis artificial... ¿Por qué no me voy?

¡Crash, pas!... todo el zendo tiembla, ¿qué ha pasado?... No debí hacerlo, pero me di la vuelta para mirar... El Viejo León ha roto el kyosaku más grande del zendo sobre el altar de Manjusri... "¡Son unos perezosos!", grita. "¡Tienen a su alcance la experiencia más preciosa del mundo y, sin embargo, se sientan a soñar. Despierten y luchen con su vida entera; si no lo hacen, el satori se les escapará siempre!"... ¡Qué fuerza de espíritu! ¡Qué poder en ese viejo cuerpo de 84 años y apenas 1.60 de estatura!

7 de diciembre, 1953: Demasiado exhausto para sentarme con los otros toda la noche, aunque podía haberlo hecho porque su "Mu" escandaloso me mantuvo despierto toda la noche... Roshi dice que el último día es crucial y que no hay que descansar... Pero mi espíritu de lucha ha desaparecido y la carrera ha terminado... y no soy sino uno más que corrió...

Miro triste y con envidia a los tres "ganadores" que dan la vuelta al zendo, se postran ante Harada-roshi, el roshi ayudante y ante los monjes principales en señal de reverencia y gratitud... Uno de los afortunados estaba sentado junto a mí y lloró todo el día de ayer y de hoy... Evidentemente, lloraba de alegría mientras todo el tiempo yo me imaginé que era de dolor.

8 de diciembre, 1953: Tomo té con Harada-roshi y Nakagawa-roshi después del sesshin... Su tono estricto ha cambiado y ahora se muestra

gentil y radiante como el Sol... Después de una agradable plática nos invita a asistir a las ceremonias formales esa tarde que conmemoran la iluminación del Buda...

...Observé con fascinación cómo Harada-roshi, el roshi ayudante y diez monjes avanzados, ataviados con túnicas ceremoniales, se postraron una y otra vez frente al Buda, cantaron sutras, lanzaron al aire los libros de sutras, tocaron los tambores, las campanas, los gongs y circularon por el salón principal en una serie de rituales y ceremonias en honor de Buda Shakyamuni para celebrar su iluminación inmortal... Estas ceremonias brillan con la Verdad viva que estos monjes obviamente han experimentado en alguna medida... Sí, a través de estos rituales afirman su vínculo con la gran tradición budista, enriqueciéndola y permitiendo que ésta los enriquezca a su vez de modo que puedan extender su cadena hacia el futuro... Si yo también abrazo esta tradición puedo forjarme un vínculo con el budismo y sus increíbles medios para iluminar la mente humana... Ahora comprendo por qué me cansé tan rápido de las ceremonias de la Iglesia y de la sinagoga en los Estados Unidos. Los sacerdotes, rabinos y ministros obviamente no tenían una experiencia íntima del Dios que con tanta facilidad predicaban; por eso sus sermones y ceremonias me parecían anticuados y sin vida.

9 de enero, 1954: De vuelta en Kioto, cansado, medio congelado y adolorido, pero internamente vivo...

20 de enero, 1954: Qué bueno regresar a Ryutaku-ji... En Kioto, P. y yo sólo hablamos de zen entre nosotros y con los profesores, aquí lo practico... A pesar de ser dolorosa, la práctica rejuvenece... Mi mente es un pantano de opiniones, teorías, impresiones e imágenes. He leído y pensado demasiado, he experimentado sin sentir. Necesito recobrar la frescura de mis sensibilidades debilitadas para enfrentarme conmigo mismo honestamente, al desnudo. Y la mejor forma de conseguir esto es haciendo zazen en el monasterio.

8 de abril, 1954: Acabo de terminar mi segundo sesshin en Hosshin-ji... Harada-roshi dice que me acepta como discípulo si permanezco en el monasterio como monje lego... "Si puede con la vida monacal y alcanza la iluminación será dueño de su propia vida en vez de esclavo"... Después de consultarlo con Nakagawa-roshi, decidí quedarme indefinidamente...

1 de octubre, 1956: Dentro de dos meses habrán pasado tres años desde que vine a Hosshin-ji... Ha pasado tanta agua debajo del puente, ¿o debería decir cuántos puentes han pasado sobre el agua inmóvil?... He trabajado con los monjes en el calor del verano y me he congelado con ellos en los *takuhatsu* nevados; he derribado árboles y trabajado en la cocina con ellos. He compartido sus momentos de dedicación heroica, me he unido en sus pequeñas intrigas...

Me he sentado sesshin tras sesshin además de hacer zazen mañana tras mañana, noche tras noche y noches que se hicieron mañana... He tenido experiencias luminosas y han pasado por mi mente visiones seductoras, pero la verdadera iluminación, el satori, aún se me escapa... Tangen-san, mi sabio monje-guía-intérprete-amigo, solamente me asegura que hacer zazen todos los días de todo corazón trae más recompensas en cuanto a la serenidad, claridad y pureza que un kensho que se alcanza rápidamente sin un zazen que lo alimente... ¿Es esto un premio de consolación u otra paradoja zen que necesita la experiencia personal de la iluminación para ser comprendida?... Insiste en que he ganado en fuerza y pureza, a pesar de que a mí no me lo parece...

Han desaparecido todas mis alergias, el estómago me duele sólo ocasionalmente y duermo bien... Mis oscuros temores que me acosaban en el pasado, mis amados sueños y esperanzas, todo esto ha desaparecido, dejándome más ligero y con un sentido más claro de lo real... pero aún soy como un perro hambriento junto a la olla de manteca: no puedo probarlo y tampoco puedo dejarlo.

15 de noviembre, 1956: ¿Vale la pena sufrir con la parca dieta otro largo invierno esperando, esperando, esperando...? Algunos de mis amigos, los monjes más viejos y serios, pronto se van para ocuparse de sus propios templos... Debo encontrar un maestro con quien comunicarme fácilmente fuera de la atmósfera tensa del monasterio... Las mismas intuiciones que un día me empujaron a quedarme en Hosshin-ji ahora me indican que es hora de irme.

23 de noviembre, 1956: Hoy me fui de Hosshin-ji llevando conmigo suficientes regalos y consejos para durarme un buen tiempo... Las despedidas calurosas han disipado cualquier escalofrío que hubiera podido quedar de los fríos inviernos en Obama.

25 de noviembre, 1956: Nakagawa-roshi me llevó con Yasutani-roshi... "Será un buen maestro para ti; sigue la línea de Harada-roshi, sus discípulos son principalmente legos, no tienes que quedarte en el monasterio, sino que puedes vivir en Kamakura e ir a sesshin en Tokio"...

3 de diciembre, 1956: Tuve mi primer sesshin en el templo de Yasutani-roshi que está en las montañas... Un lugar ideal para hacer zazen, enclavado en la parte alta de las colinas, lejos del ruido de la ciudad... Ocho participantes escasos, probablemente porque el sesshin es sólo de tres días y es difícil llegar a este sitio... La atmósfera es muy hogareña, el roshi come con nosotros como en familia... Y qué cambio más agradable: el godo es una abuela de 68 años y la cocinera y lideresa de cantos es una monja de 65 años. ¡Entre las dos dirigen todo el sesshin! Cada una se sienta como un Buda y actúa de la misma manera: tierna y compasivamente aunque del todo atenta.

Qué alivio no estar a merced de un kyosaku salvaje o ser golpeado verbalmente por el roshi en dokusan... El trabajo manual después del desayuno es estimulante y el baño de la tarde inmensamente reparador... Me siento muy a gusto con Yasutani-roshi. Su forma de ser es dulce aunque penetrante, se ríe fácilmente y con frecuencia.

En dokusan me dijo: "Para la iluminación debes tener una gran fe. Debes creer profundamente en lo que los budas y patriarcas declararon a partir de su experiencia, es decir, que todo, incluyéndonos a nosotros, es intrínsecamente naturaleza búdica y que a esta propia naturaleza no le falta nada, es completa y perfecta... Ahora, ¿por qué si tenemos esta naturaleza búdica inmaculada no estamos conscientes de ella? ¿Por qué si todo en esencia es sabiduría y pureza hay tanta ignorancia y sufrimiento en el mundo?... Ésta es la 'masa de duda' que debe dispersarse... Sólo si crees profundamente que no fue error ni engaño cuando el Buda afirmó que inherentemente todos somos completos y no nos falta nada, puedes encontrar en tu corazón y tu mente la solución a esta paradoja"...

"Esto es lo que me tiene perplejo: ¿Por qué no he tenido todavía kensho después de romperme la espalda del esfuerzo durante tres años cuando otros que no han trabajado tanto ni tan duro lo han alcanzado? Sé que algunos han tenido kensho en su primer sesshin sin haber hecho casi nada de zazen anteriormente...".

"Ha habido pocas personas cuya mente era tan pura que pudieron alcanzar una iluminación genuina sin zazen. El Sexto Patriarca, Eno, fue una de ellas; se iluminó la primera vez que escuchó recitar el sutra del Diamante. Y Harada-roshi cuenta el caso de una joven estudiante que tuvo kensho durante las pláticas introductorias en el momento en que dibujaba un círculo y decía que el cosmos es indivisiblemente Uno. Pero la mayoría tiene que hacer zazen incansablemente para alcanzar la iluminación…".

"Ahora bien, no se sienta ansioso sobre el despertar, pues tal ansia puede ser un verdadero obstáculo… Cuando se penetra el mundo de la iluminación se lleva consigo, por decirlo así, el resultado de todos nuestros esfuerzos, lo cual determina nuestra calidad; del mismo modo, su kensho será más amplio y profundo según el zazen que haya hecho… En la mayoría de los casos, el kensho que se obtiene rápidamente es muy superficial… Haga zazen con ardor y el despertar llegará por sí solo"…

En otra ocasión me instruyó: "El budismo zen se basa en las más altas enseñanzas de Shakyamuni Buda. En India, lugar de nacimiento del Buda, casi ha dejado de existir y está virtualmente extinguido en China, a donde fue llevado desde la India por Bodhidharma… Sólo continúa vivo en Japón… Esta enseñanza única no debe perderse, sino transmitirse a Occidente… Grandes mentes en los Estados Unidos y Europa se han interesado en el budismo porque atrae el corazón y el intelecto al mismo tiempo. El budismo es una religión eminentemente racional.

"El zen, y esto lo sabe por su propia experiencia, no es fácil, pero ofrece recompensas en proporción a las dificultades… Recuerde que Bodhidharma tuvo que sufrir dificultad tras dificultad y tanto Eisai como Dogen, que llevaron el zen a Japón desde China, tuvieron que pasar innumerables obstáculos… Toda cosa valiosa tiene un precio elevado… Es su destino llevar el zen a Occidente… No se desanime ni se dé por vencido a pesar del dolor y las dificultades".

27 de julio, 1958: El 1 de agosto es mi día clave, el principio de un sesshin de una semana de verano, el número veinte con Yasutani-roshi… Tuve dos sesshines este mes, uno en el templo de Yasutani-roshi y otro en Ryotaku-ji, además de hacer zazen día y noche en mi habitación preparándome para el Gran Esfuerzo… Mi mente tiene una claridad y agudeza especiales. Debo y puedo pasar… Por primera vez estoy verdaderamente convencido de que puedo hacerlo.

1 de agosto, 1958: ¡El sessihn está en marcha! Rápidamente mi concentración se fortalece... Penetro Mu, pienso sólo en Mu, respiro Mu...

3 de agosto, 1958: Los dos primeros días pasan rápidamente, sin nada especial...

4 de agosto, 1958: Hoy he llegado a una intensidad como el fuego cuando está blanco... Los monitores me pegaron una y otra vez... el kyosaku enérgico ya no es una molestia sino un acicate... corro a la línea de dokusan cada vez para ser el primero en ver al roshi... Casi no estoy consciente del dolor de piernas... Estaba tan dispuesto a la confrontación que una o dos veces entré al cuarto de dokusan sin esperar su señal... Cuando me dijo que le mostrara Mu, espontáneamente tomé su abanico, me abaniqué, tomé su campanilla, la toqué y salí...

Al siguiente dokusan, de nuevo me pidió que le mostrara a Mu. Rápidamente levanté la mano como si fuera a pegarle. En realidad no era mi intención, pero el roshi no quiso arriesgarse y se agachó... Qué emocionantes estos movimientos no premeditados, limpios y libres...

El roshi me advierte: "Ahora te enfrentas con la última y más difícil barrera entre tú y el despertar. Ahora es cuando uno se siente, como dicen los antiguos maestros, como un mosquito que ataca una bola de hierro. Pero debes penetrar, penetrar, penetrar, incesantemente... No importa lo que pase, no sueltes a Mu... Haz zazen toda la noche si sientes que vas a perder a Mu en tu sueño"...

En silencio trabajé en Mu en el jardín del templo hasta la una de la mañana... Me levanté para ejercitar mis piernas tiesas y adoloridas y caminé hacia una cerca. De pronto me di cuenta: ¡la cerca y yo somos Mu, sin forma de madera y carne! ¡Por supuesto! Inmensamente animado por esto, sigo empujando hasta las 4 a.m. cuando suena el gong.

5 de agosto, 1958: No pretendía hablarle al roshi de mi experiencia, pero en cuanto entré me preguntó: "¿Qué pasó anoche?"... Mientras hablo su penetrante mirada me traspasa, centímetro a centímetro, y después lentamente comienza a preguntarme: "¿Dónde ves a Mu?... ¿Cómo ves a Mu?... ¿Cuándo ves a Mu?... ¿Cuál es la edad de Mu?... ¿Cuál es el color de Mu?... ¿Cuál el sonido de Mu?... ¿Cuánto pesa Mu?...".

Algunas de mis respuestas son rápidas, en otras titubeo... Una o dos veces el roshi sonríe, pero la mayor parte del tiempo escucha en silencio... Después dice: "Algunos roshis podrían sancionar esta pequeña percepción de Mu como kensho, pero...".

"No aceptaría su sanción de una experiencia tan superficial aunque quisiera dármela. ¿He trabajado como una montaña durante cinco años para producir este ratón? ¡Seguiré adelante!...".

"¡Bien! Respeto tu espíritu".

Durante otras nueve horas me entrego a Mu con tal absorción que *yo* desaparezco completamente... *yo* no desayuno, *Mu* desayuna. *Yo* no barro y lavo el suelo después del desayuno, *Mu* lo hace. *Yo* no como, *Mu* come... Una o dos veces la idea de satori pasa por mi cabeza, pero rápidamente Mu la corta...

Una y otra vez los monitores me pegan gritando: "¡La victoria es tuya si no sueltas a Mu!".

¡Dokusan del mediodía!... Como un halcón el roshi me escrutina mientras entro, camino hacia él, me postro y me siento ante él, mi mente alerta y excitada...

"El universo es Uno" comienza y cada palabra se rompe dentro de mi mente como una bala. "La luna de la Verdad"... De pronto el roshi, la habitación, todas las cosas desaparecen en un brillante río de iluminación y me dejan bañado en un deleite indescriptible... Durante la eternidad de un segundo estuve solo; yo era solo... Entonces el roshi entró en mi campo de visión. Nuestros ojos se miraron y rompimos a reír... "¡Lo tengo! ¡Lo sé! ¡No hay nada, absolutamente nada, soy todo y todo es nada!", exclamé más para mí que para el roshi. Me levanté y salí...

En el dokusan de la noche, roshi de nuevo me hizo algunas preguntas que me había hecho y agregó otras nuevas: "¿Dónde naciste?... Si tuvieras que morir en este instante, ¿qué harías?". Esta vez mis respuestas obviamente lo dejaron satisfecho, pues con frecuencia sonreía. Pero eso no me importaba porque ahora *sabía*...

"Aunque tu realización es clara", el roshi explica, "puedes profundizarla y aumentarla infinitamente...".

"Hay grados de kensho. Toma el ejemplo de dos personas que miran a una vaca, una de lejos y otra de cerca. La persona que está lejos dice: 'Sé que es una vaca pero no estoy segura de su color'. La otra inequívocamente dice: 'Sé que es una vaca color café...' ".

"De ahora en adelante tu forma de trabajar con los koanes será diferente", dijo el roshi y me explicó mi nueva manera de practicar...

Regresé al salón principal... Mientras me sentaba en mi lugar, la Abuela Yamaguchi, nuestro godo de medio tiempo, se acercó de puntillas y me susurró "¡Maravilloso!, ¡no? ¡Estoy muy contenta por ti!". Continué haciendo zazen, riendo, llorando y diciéndome a mí mismo: "Estaba frente a mí todo el tiempo y me tomó cinco años verlo". Unos versos que Tangen-san había alguna vez citado me vienen a la mente: "En el hoyo más seco se puede encontrar agua".

9 de agosto, 1958: Me siento libre como un pez que nada en un océano de aguas frescas y claras después de estar atrapado en una botella... y tan agradecido... Agradecido por todo lo que me ha pasado, agradecido a todos los que me apoyaron y animaron a pesar de mi personalidad inmadura y naturaleza testaruda.

Pero, más que nada, le agradezco a mi cuerpo humano el privilegio, como ser humano, de conocer esta alegría incomparable.

3. Señor K.T. japonés, diseñador de jardines, de 32 años

Aunque nací en el seno de una familia perteneciente a la secta Soto del zen, a los veintiocho años aún no había comenzado formalmente a hacer zazen. Lo que me hizo dar este paso fue el miedo a la muerte que sentí cuando escupí sangre después de haber contraído tuberculosis, junto con una serie de incertidumbres que comenzaron a acosarme en cuanto al sentido de la vida misma. Jamás experimenté la vida monacal, pero asistí a un buen número de sesshines hasta que alcancé la Autorrealización, que me fue confirmada por el maestro. Durante esta etapa hice zazen con un grupo de personas y asistí a dokusan cada domingo con Tajiroshi.

¡Qué bien recuerdo mi primer sesshin! Fue en un templo llamado Nippon-ji en Nokogiriyama, en la prefectura de Chiba y el maestro era Harada-roshi. Me acuerdo que el primer día estaba muy tenso. El segundo día ya no podía probar alimento. Tenía mucho dolor en las piernas y los teishos del roshi no tenían pies ni cabeza para mí. Algunas veces me aburría. Además las reglas del sesshin eran muy estrictas y la atmósfera en general era fría y oprimente. Entonces comencé a rebelarme. "El zazen debe ser algún tipo de hipnosis. Veré si las técnicas de esta religión llevan verdaderamente a la verdad", me dije, y deseché la idea de regresar a casa.

Durante tres días se me obligó a asistir a las pláticas generales sobre el zazen, obligatorias para todo principiante. Después fui voluntariamente a dokusan con el maestro. Al enfrentarme con él sentí que me enfrentaba con una pared de hierro, aunque al mismo tiempo me sentía fascinado por la calidad tan especial de su voz, que se parecía mucho a la de mi difunto abuelo. Fui a dokusan varias veces sólo para escuchar su voz y observar su rostro tan particular. En esos momentos sentía agudamente su carácter y personalidad fuertes, la confianza en su propia enseñanza, su dignidad, su sobrecogedora fuerza y en comparación me sentía insignificante y vacío. "Si a través del engaño puedo alcanzar este grado de desarrollo no me importará el engaño", concluí y decidí sentarme de todo corazón, como me había indicado.

Pasaron el cuarto y quinto días. El dolor de piernas persistía, pero mi mente comenzó a estabilizarse, aunque experimentaba diversos tipos de visiones. Poco a poco me fue entusiasmando la idea del zazen. Llegó el sexto día. En la antesala donde esperaba de rodillas mi turno para el dokusan comencé a sentir cierta alegría. Justo frente a mis rodillas vi una columna y la pata de una pequeña mesa. En ese momento sentí que la columna era el roshi y que yo era la pequeña pata. De pronto me di cuenta: la columna como columna ocupa todo el cielo y la tierra y la pata de la mesa como pata de una mesa cumple con la misma función. El roshi como roshi y yo como yo llenamos el universo entero. ¿Existe vacuidad en algún sitio? Al realizar esto rompí a reír desde el fondo de mi vientre.

Entré a dokusan con agilidad y le presenté mi experiencia al roshi. "¿Cuál es el valor de un conocimiento tan vacío? ¡Deja de soñar!", me dijo bruscamente y me despidió. Aunque hubiese sido una alucinación, nunca he olvidado la felicidad de ese momento. Desde entonces, al presentarme ante el roshi no volví a tener miedo.

Tres años después de ese sesshin en Nippon-ji asistí a un sesshin en Hosshin-ji, pero no alcancé la iluminación. Una noche de verano de aquel año, mientras me dedicaba totalmente a la práctica del koan Mu, sentí como si mirara el cielo amplio y transparente y al momento siguiente pude penetrar el mundo de Mu con una conciencia clara y aguda. Inmediatamente fui a ver a Taji-roshi para que me recibiera en dokusan. Confirmó mi realización después de que pude contestar: "¿Cuál es la edad de Kannon?", "Corta en tres la palabra Mu" y otras pruebas. Después me instruyó de la siguiente manera:

"Hay una tremenda diferencia entre la iluminación superficial y la profunda y esta diferencia está representada en los Diez Dibujos del

Boyero.[26] La profundidad de tu iluminación no va más allá de la que se muestra en el tercer dibujo, es decir, solamente *ves* el Buey. En otras palabras, sólo has vislumbrado el ámbito 'más allá de la manifestación de la forma'. Puedes fácilmente perderlo de vista si te vuelves perezoso y no continúas practicando. Además aunque has alcanzado la iluminación, sigues siendo el mismo de siempre, no has añadido nada ni eres mejor que antes. Pero si continúas con el zazen, alcanzarás el punto en que puedas atrapar al Buey, es decir, la cuarta etapa. En este momento podría decirse que no eres 'dueño'[27] de tu propia realización. Más allá de la etapa de atrapar al Buey está la etapa de domarlo y después montarlo, lo cual es un estado de conciencia en el que la iluminación y el ego son una y la misma cosa. En la séptima etapa hay que olvidarse del Buey; en la octava se olvida al Buey y a uno mismo; en la novena, el grado grandioso de iluminación penetra hasta lo más profundo y ya no existe diferencia entre iluminación y no iluminación. La última y décima es la etapa en la cual al haber completado la práctica, uno se mueve libremente entre la gente ordinaria, ayudándolos en lo posible, libre de cualquier apego a la iluminación. La meta de nuestra vida es llegar a esta última etapa, pero para alcanzarla se pueden pasar muchos ciclos de existencia. Ahora ya has puesto tus pies en el camino que lleva a esta meta y por ello debes sentirte agradecido".

Antes de recibir instrucciones de mi primer maestro, hacía zazen a mi propia manera. Escogí el primer koan *Hekigan-roku* [Colección de la Roca Azul] y reflexioné sobre la pregunta del emperador: "¿Cuál es la más alta verdad de la doctrina sagrada?". Y después la respuesta de Bodhidharma: "*Kakunen musho*, inmensa vacuidad y nada que se pueda llamar sagrado".[28] Pero no pude comprenderlo. Sin embargo, recordando un proverbio japonés: "Si lees un libro cien veces, llegarás a comprenderlo", me senté con devoción en zazen recitando en mi mente la respuesta de Bodhidharma, "*Kakunen musho*". Después de dos días de esto, experimenté el mismo estado que mencioné antes, de mirar un

[26] Véase sección VIII.

[27] Esta situación podría compararse con la de un pollito recién nacido cuya vida, aunque real, aún es frágil y tentativa.

[28] Esta pregunta se la hizo a Bodhidharma el emperador Wu de Liang (502-549), famoso patrono del zen. El emperador volvió a preguntar: "¿Quién eres tú? ¿Acaso no eres un hombre santo?". A esto Bodhidharma respondió: "No sé". Uno de los puntos del koan es captar el espíritu de este "no sé".

amplio cielo claro. Esto, siento ahora, me hizo alcanzar mi realización posterior.

El siguiente incidente también vale la pena mencionarlo. Fui campeón de esgrima japonesa en mis años escolares, y competí contra cinco estudiantes en competencias intercolegiales. Los primeros tres eran relativamente débiles y traté de vencerlos buscando de antemano alguna técnica que me permitiera ganar, pero los tres me vencieron. Al enfrentarme a mi cuarto oponente me sentía agobiado por un sentimiento de responsabilidad de defender la reputación de mi escuela, y por otro tenía un sentimiento de amargura por haber sido vencido tres veces. Estaba desesperado. Sin pensarlo, instintivamente salté sobre mi adversario y regresé a mi sitio sin saber si había ganado a perdido. Más tarde, un amigo me dijo que había logrado una victoria espléndida. Mi quinto oponente, indiscutiblemente el más fuerte, fue vencido del mismo modo.

En estas dos competencias experimenté momentos de lo que llamo una expresión desnuda de la iluminación, donde respondí a mi sentimiento directo y a mi mente más profunda, sin considerar la victoria ni la derrota, ni a mi oponente, ni a mi propio ser y sin estar consciente de participar en una competencia. Al enfrentarse a una situación de vida o muerte uno puede actuar al instante, intuitivamente, libre de ilusiones o discriminaciones y, sin embargo, no estar en trance. Se trata de entrenarse, a través del zen, a actuar de todo corazón en cualquier circunstancia que se presente.

Cuando vivimos distraídamente estamos propensos a caer en la discriminación parcial. Esto es un estado mental en que se alimenta el egocentrismo y al mismo tiempo se agudiza el sufrimiento humano. Por tanto, siempre que me doy cuenta de que caigo en este estado mental, me acuerdo de que el cielo y la tierra tienen la misma raíz. Todo es Uno. La forma visual de las cosas no es diferente de la vacuidad, que es su naturaleza esencial.

Como había leído un gran número de libros sobre zen antes de alcanzar la iluminación, tenía la noción ilusoria de que podía alcanzar la iluminación y entonces adquirir poderes sobrenaturales o desarrollar una personalidad sobresaliente de un solo golpe, o convertirme en un gran sabio o que todo el sufrimiento se aniquilaría y el mundo se convertiría en un paraíso. Ahora me doy cuenta de que estas ideas falsas obstaculizaron las enseñanzas de mi maestro.

Antes de mi despertar me preocupaba mucho sobre mi condición física, sobre la muerte, sobre la condición tan insatisfactoria de la sociedad, y muchas otras cosas, pero después de la iluminación, todo esto dejó de molestarme. Hoy día hago cualquier cosa siendo totalmente uno con ella. Acepto las cosas agradables como totalmente agradables y las desagradables como totalmente desagradables, y entonces olvido de inmediato la reacción de agradable o desagradable.

Siento que a través de la experiencia de la iluminación, la mente humana puede expandirse hasta la infinidad del cosmos. La verdadera grandeza nada tiene que ver con la fortuna, el nivel social o la capacidad intelectual, sino sólo con expandir la mente. En este sentido, constantemente trato de expandirme.

Como bien se sabe, el conocimiento humano y los poderes de razonamiento sutil no son prerrequisitos para el entrenamiento zen. La tradición budista cuenta sobre el famoso sexto patriarca Eno, el más excelente de todos los patriarcas chinos, que alcanzó la iluminación perfecta gracias a que, como era iletrado, no se dedicó a leer y a especular sobre la verdad; por tanto, pudo captar de manera directa el origen de la mente. Desde la antigüedad los japoneses han dicho que no es a través del intelecto sino sentándonos con devoción como podremos ser capaces de percibir la naturaleza última de la mente y de la misma forma profundizar y expandir esta visión de modo infinito.

Ciertos árboles que crecen rápidamente jamás llegan a tener la fuerza para soportar un ventarrón. Del mismo modo, en el zen hay quienes alcanzan la iluminación rápidamente, pero que, como abandonan la práctica, jamás logran una fuerza espiritual. Por tanto, en el zen es de primordial importancia una aplicación calmada y constante del zazen en la vida diaria, y una inquebrantable decisión de no cejar hasta alcanzar la iluminación perfecta.

4. Señor C.S., trabajador retirado del gobierno japonés, de 60 años

Mi experiencia de kensho fue sencilla y poco espectacular, carente del tinte dramático de otras experiencias. En realidad mi iluminación es superficial, pero como me han pedido que relate mi historia, la ofrezco por el interés que pueda tener.

Llegué al zen sin ninguna ambición tan alta como la de alcanzar el kensho. La inseguridad y confusión absoluta que había en este país justamente después de la guerra me llevó al punto en que con frecuencia pensaba en suicidarme. Para acallar esta mente aprensiva y turbulenta comencé a hacer zazen. Como mi único objetivo era lograr una estabilidad mental, al comenzar a hacer zazen ni siquiera conocía la palabra *kensho*. El roshi me instruyó primero a contar mis respiraciones, después a seguirlas con el ojo de la mente, y al final hice shikan-taza, que es la concentración sin un objeto en la mente.

En el camino al templo de Yasutani-roshi para asistir a mi primer sesshin, pensaba (al no saber lo que un sesshin implica): "Qué agradable será descansar con el roshi: probablemente hasta bebamos sake juntos". Llegué al templo al atardecer y lo único que se escuchaba era el gorjeo de las aves en los matorrales y agua que escurría por una tubería rota. Podía ver macizos de bambúes en el jardín y las camelias rojas. Los alrededores, serenos y hermosos, me conmovieron profundamente. Había traído conmigo varios libros y me alegraba anticipando que podría leer con tranquilidad durante el sesshin y componer poemas inspirados en la belleza natural.

Pero cuando al día siguiente comenzó el sesshin, resultó ser algo que jamás había esperado: era de hecho una tortura. Sucede que varias de las articulaciones de mi cuerpo están permanentemente tiesas debido a dos accidentes automovilísticos. Esto, junto con el hecho de que entonces tenía casi sesenta años, hacía que sentarme en flor de loto me provocara dolores insufribles (sin embargo, cuando lo pienso, sé que lo que gané se debió a ese dolor). El dolor más fuerte lo tuve al atardecer del segundo día, sentí que ni siquiera la muerte podría ser peor. Me dije: "Todo este dolor viene del zazen y, si quieres, puedes escapar de él. Pero si estuvieras muriendo y en agonía, no podrías escapar del sufrimiento, así que soporta este dolor, con ese mismo espíritu y muere si es necesario".[29] Luché contra este tormento con cada gramo de mi fuerza.

Poco a poco, a medida que el sesshin avanzaba, el dolor de las piernas fue cediendo y mi mente comenzó a expandirse hasta que, de modo imperceptible, alcanzó un estado sublime. No podría decir si estaba inconsciente de mi existencia o consciente de mi no existencia. Mi única atención estaba en mis pulgares que se tocaban ligeramente.

[29] Es interesante leer lo que la abadesa católica santa Teresa de Ávila aconseja a sus monjas: "Luchen como hombres fuertes hasta que mueran en el intento, pues están aquí para luchar". Citada por E. Allison Peers en el prefacio (p. 16) a su traducción de *The Autobiography of St. Teresa of Avila*.

Las puertas corredizas que había frente a mí se tornaron intensamente blancas y un brillo límpido descendió sobre todas las cosas. Me sentía como si estuviera en el paraíso. Predominaba en mí un sentimiento de gratitud y, sin embargo, no estaba consciente de tener gratitud hacia alguien. Sin querer comencé a llorar suavemente y las lágrimas corrieron por mis mejillas. Lágrimas, lágrimas, lágrimas; un verdadero río de lágrimas. Aun sentado frente a la campana esperando mi turno para ver al roshi, no podía contener mi llanto. Me avergonzaba mostrar al roshi mi rostro surcado de lágrimas, creyendo que eso no era parte del zazen, y después de un gran esfuerzo logré controlarme. Después del sesshin le conté al roshi ese episodio de llanto. Me dijo que aunque no había alcanzado aún el punto del kensho, había logrado un grado importante de quebrantamiento del ego, y el llanto era una indicación. Me sentí contento de escuchar eso, y con ese ánimo terminó mi primer sesshin.

Con esa experiencia sabía que había establecido la base para transformar mi vida. Con frecuencia se dice que el zen no es teoría sino práctica. Un día comprendí esa verdad. Sentarse en soledad como una montaña; esto es lo único que se requiere. Con ese primer sesshin creció dentro de mí la resolución de cultivar y profundizar lo que apenas había probado para alcanzar la ecuanimidad tan esencial para poder enfrentarme a la confusión de este mundo conflictivo. Al practicar zen como el roshi me había instruido, mis poderes de concentración se fueron desarrollando poco a poco y cada día se volvió un día de gracias. En mi hogar dejaron de haber peleas y todos los días caminaba alegremente a la oficina. Estaba satisfecho de mi vida, que podía calificar de serena y apacible. Sin embargo, a veces me asaltaba la pregunta: ¿cuál es el sentido de la vida humana? Sabía que sin kensho jamás podría establecer la certeza interna que ahora me hacía falta.

SHIKAN-TAZA: comencé mi zazen contando las respiraciones, después las seguía con el ojo de mi mente y luego el roshi me asignó la práctica de shikan-taza, el tipo de zazen más puro. En general, por medio de un koan uno puede alcanzar el kensho más rápidamente que a través del shikan-taza, donde se da lugar a una maduración gradual de la mente.[30] El roshi con frecuencia me animaba con estas palabras: "En vez de tratar de alcanzar el kensho a toda costa por medio de un

[30] Para comentarios más precisos sobre el zazen con koan y con shikan-taza, véase p. 77.

koan, siéntate con paciencia mientras se da una maduración natural". Así pues, me senté, firmemente convencido de que con el tiempo mi mente, ahora como un pésimo ácido, maduraría y se volvería dulce. Cuanto más zazen hacía, mi mente se clarificaba más y más. Cada vez que me sentaba a hacer zazen, regulaba primero mi respiración y después entraba en una profunda concentración. A medida que mi práctica progresaba, con frecuencia experimentaba una condición en que ya no me sentía consciente de mi cuerpo o de mi mente o de nada más. Cuando dije esto al roshi, me instó a que dejara de regodearme en este mundo del octavo tipo de conciencia,[31] estado de pureza y de estabilidad, y que con valentía lo rompiera. Esto me llevó a enfrentar una "montaña de plata" o una "pared de hierro"; no podía avanzar ni retroceder.

Más adelante, durante un sesshin, recuerdo cuando me levanté yo solo a medianoche y me senté mirando hacia una de las puertas corredizas de papel, que reflejaba levemente el brillante cielo nocturno. Con esfuerzo decidido, facilitado por la inmensa soledad de la noche, pronto entré en un estado de profunda concentración. Mi mente alcanzó tal claridad que a la mañana siguiente sentí que con seguridad alcanzaría el kensho, aun contra las expectativas del roshi. Pero a pesar de mi intensa meditación, no pude alcanzar la no mente y, como me distraigo con facilidad, pronto me sedujo el croar de las ranas, cuyas voces me parecían muy melodiosas, como jamás las había escuchado antes. Esa noche, el estridente coro rompía el silencio nocturno. "Eso es. Es todo, es todo, eso es", parecían cantar burlonamente. Una extraña carcajada brotó de lo más profundo de mí. Me fue imposible continuar haciendo un zazen puro y me di por vencido.

En el siguiente sesshin de primavera la señora Y., que estaba sentada junto a mí, tuvo kensho y derramó lágrimas de gratitud y felicidad. De inmediato decidí que yo había de ser el siguiente. Pero a pesar de mi lucha no podía encontrar en el shikan-taza algún arma para romper la "pared de hierro" que me confrontaba. En dokusan, las últimas palabras del roshi eran: "¡Sigue adelante!". Sin embargo, lo que quería era un arma con la cual poder seguir adelante, así que casi le supliqué que me asignara el koan Mu. Esto lo hizo después del sesshin de primavera. Me obsequió un cojín y un *rakusu* budista para animarme a seguir adelante. Ya tenía todas las "armas" excepto una: la voluntad

[31] Véase también "conciencia" en la sección X.

inquebrantable de lograr el kensho a cualquier precio. De camino regreso a casa hice un voto: "Tendré kensho el próximo sesshin a como dé lugar".

El koan mu: Aunque Mu se me había otorgado prácticamente a petición mía, no podía hacer zazen bien con él. Como había practicado shikan-taza durante mucho tiempo, estaba acostumbrado a tomar mi mente como un riachuelo que fluye, o como una nube que viaja, sin ningún punto focal. Mu me parecía una carga formidable. Sin embargo, necesitaba esta arma dolorosa para demoler la "montaña de plata". Así pues, me concentré fieramente, tratando de unirme con Mu, hasta que poco a poco me acostumbré a él.

A principios de otoño de 1955, de nuevo estaba en sesshin. De alguna forma sentía que este sesshin me sería crucial: sabía que solamente de mí dependía el éxito o el fracaso.

A las 4:30 a.m. del primer día, el roshi nos dijo durante su caminata de inspección: "Las condiciones de este sesshin son ideales; el tiempo no está muy caliente ni muy frío y está tranquilo. Tienen una oportunidad espléndida". Tomé al pie de la letra las palabras del roshi y agarré a Mu como quien toma un bastón para escalar el terreno angosto y montañoso que lleva al kensho.

Primer día... Segundo día... Tercer día... El tiempo pasaba con rapidez. Mis primeros intentos de captar a Mu fallaron —simplemente no lo podía romper—. Frustrado luché con desesperación con la ayuda de la afilada espada de Mu e impulsado por una impaciencia excitada para abandonar el estado de serena claridad en que me encontraba, pero no obtuve resultado alguno.

Ese mismo año, en el sesshin de primavera también alcancé ese ámbito de la octava conciencia y fracasé en penetrar más allá. Ahora resultaba evidente que jamás me había esforzado hasta el límite y que si quería alcanzar el kensho, únicamente lo lograría realizando un esfuerzo sobrehumano. Con frecuencia me quedaba sentado aun después de que sonara la campana para caminar. Sin embargo, no podía salir de esa "cueva del diablo" ni con Mu ni con el esfuerzo sobrehumano que estaba haciendo. No podía pasar de este punto.

El kensho exige una vitalidad inmensa tanto psíquica como físicamente, pero yo ya tenía sesenta años y había perdido mucha energía y flexibilidad. A pesar de esto, no acepté el darme por vencido y continué con Mu sin retroceder.

Al cuarto día, fui a la letrina al amanecer y vi un viejo níspero. Sus ramas parecían tener una extraña e indescriptible solemnidad. "¡Lo que estoy viendo es la verdad absoluta!", me dije. Sabía que mi mente había avanzado en su conciencia y volví a sentarme con renovado vigor. Al atardecer, en dokusan, le pregunté al roshi lo que esto significaba. "Has alcanzado un punto decisivo; ¡sólo un paso más! Ésta es la última noche de este sesshin. Haz zazen toda la noche". Impulsado por las palabras del roshi "sólo un paso más", estaba listo para atacar a Mu con todas mis fuerzas toda la noche.

La apertura del ojo de mi mente: se acostumbra que a las 9 de la noche se apaguen todas las luces, pero esa noche, con el permiso de roshi, dejé prendida una pequeña luz. El señor M., el jefe de los monitores, se unió a mí en el zazen y con su fuerza espiritual unida a la mía me sentía mucho más fuerte. Concentrando mi energía en el hara, comencé a sentir un gran regocijo. Miraba la sombra inmóvil de mi barbilla y mi cabeza hasta que perdí conciencia de ella al entrar en una profunda concentración. A medida que la noche avanzaba, el dolor de las piernas se volvió tan intenso que no se aliviaba al cambiar de la postura del loto completo al medio loto. Mi única forma de sobrellevar el dolor era poner todas mis energías en una concentración total en Mu. Aun concentrándome hasta el punto de jadear "¡Mu! ¡Mu! ¡Mu!", no podía hacer nada para librarme del dolor indescriptible, excepto cambiando un poco la postura.

¡De pronto el dolor desaparece y sólo queda Mu! Todo y cada cosa es Mu. "¡Esto *es*!", exclamé sorprendido con la mente del todo vacía. *Tin-tin*, *tin-tin*, suena una campana. ¡Qué sonido más refrescante! Me impulsa a levantarme y moverme. Todo es frescura y pureza. Todos los objetos bailan e invitan a ser mirados. Cada una de las cosas ocupa su lugar natural y respira tranquilamente. Miro las zinias en un jarrón en el altar, una ofrenda a Monju, el Bodhisattva de la Sabiduría Infinita. ¡Son indescriptiblemente bellas!

En el siguiente dokusan, roshi me probó confirmando mi comprensión de Mu.

Un despertar completo de kensho normalmente produce no sólo sorpresa sino una profunda alegría, pero yo no lloré ni reí. En la mayoría de los casos, la visión fundamental que uno tiene sobre la vida y la muerte se transforma y se obtiene una comprensión profunda de las palabras: "La vida es vana y transitoria". Pero mi experiencia no tuvo esas consecuencias porque no fue más que un toque de iluminación.

Nací en septiembre de 1895, así que en septiembre de 1955 acababa de cumplir sesenta años. En Japón este onomástico se celebra como un día de renacimiento. Me alegro mucho de que la apertura del ojo de mi mente coincidiera con mis primeros pasos en esta nueva segunda vida. Han pasado ocho años desde que comencé a practicar. En Japón se dice que el árbol del pérsimo da su fruto después de ocho años. De la misma forma, mis esfuerzos han dado fruto. Pero su sabor han de juzgarlo otros.

5. *Señora A.M., maestra estadounidense de 38 años*

Nací en Alemania. Mi padre era judío y mi madre gentil. Tuve una niñez idílica como la de un cuento de hadas de Grimm. Mi padre se ganó el respeto de todo el mundo en nuestro pueblo medieval y soñoliento, no sólo por su cultura como doctor en leyes sino por su ilimitada generosidad. Mi madre, de antecedentes luteranos alemanes, era querida por ricos y pobres debido a su comprensión, caridad y amor a la vida. Absolutamente al margen de las preocupaciones financieras y de cualquier otra índole, crecí con una gran inocencia.

Las palabras *Dios* y *religión* jamás se discutieron en mi familia, porque mis padres pensaban que era mejor dejarnos la elección entre el judaísmo o el cristianismo a nosotros cuando llegara su tiempo. Temprano me enseñaron el Viejo y Nuevo Testamento en clase de religión y la traducción luterana de la Biblia me impresionó profundamente.

Cuando Hitler subió al poder todo cambió. Mis sueños infantiles se disiparon como humo y me enfrenté a la terrible realidad de la persecución. Piedra tras piedra, los nazis fueron desmoronando la seguridad del muro que rodeaba mi ego. El amor y respeto del que había disfrutado desapareció y entonces conocimos la soledad y la ansiedad.

Como no tenía amigos, me retraje en mí misma y pasaba la mayoría del tiempo leyendo. Vorazmente recorría la biblioteca de mi padre buscando historias románticas, de *Weltschmerz*, en las que imaginaba que era heroína.

El clímax de la persecución de mi familia ocurrió el 9 de noviembre de 1938 cuando nuestro hogar, junto con otros hogares judíos, fue destruido por hordas de soldados borrachos y mi padre fue golpeado brutalmente y arrastrado a un campo de concentración. En esa época mi madre estaba en Berlín y mi hermana y yo nos quedamos desconsoladas, tiritando en el desván de la casa que en su día fue tan hermosa... Totalmente desesperada pronuncié la primera plegaria de mi vida: "¡Dios mío, ayúdanos!".

Sin un centavo pero con espíritu pionero, mi familia desembarcó en San Pedro, California, el 24 de enero de 1939. Habíamos escapado milagrosamente de las garras de los nazis y, gracias a las llamadas de las hermanas de mi madre en Los Ángeles, nos habíamos embarcado hacia una nueva vida llenos de esperanza.

Durante cuatro años estuve ahorrando para asistir a la Universidad de California en Los Ángeles. Con el tiempo obtuve el grado de maestra en Pedagogía y llegué a ser profesora de Lenguaje.

El 3 de septiembre de 1955, después de casarme, tuve mi primera hija, una hermosa niña de ojos azules. Con nuestros escasos ingresos y algunos beneficios que mi marido obtenía del servicio militar, compramos una casa subvencionada, cerca de las escuelas donde trabajábamos.

Entre el hogar y la escuela, mi vida transcurría apaciblemente. En 1957 nació mi hijo y en 1960 mi segunda hija. Pasaba mi tiempo libre leyendo libros de Filosofía y religión. La historia de Yogananda de la India me impresionó mucho. Más adelante me interesé más aún en la sabiduría del Oriente porque asistí a una serie de conferencias sobre Oriente y Occidente. Después conocí la literatura zen y finalmente mi esposo y yo planeamos visitar Japón y la India "después de que nuestros hijos hubieran crecido" para buscar la iluminación.

Entretanto, una de mis compañeras de trabajo me invitó a unirme a un grupo de psicología. Estaba relativamente familiarizada con el inconsciente de Freud y ahora comenzaba a conocer el punto de vista de Jung con respecto a la posibilidad de un desarrollo interior completo entre los treinta y cinco y cuarenta años. Practiqué con cierto éxito el enfrentamiento a los retos de la vida en cada momento. Sin embargo, lo único que me impedía ir más allá era la falta de un propósito. "¿Para qué estoy viviendo?", me preguntaba una y otra vez. Gozaba de todas las ventajas materiales: buena salud, éxito en el trabajo, una familia adorable, tiempo libre, una vida acomodada y, sin embargo, no conseguía una satisfacción interna.

Cuando mi marido sugirió que fuéramos de vacaciones a Hawái en el verano de 1962 le dije: "¿Por qué no?". Aunque andábamos en la playa de Waikiki con tres niños y dos tablas deslizadoras, ambos estábamos buscando algo más espiritual. Por fortuna mi marido descubrió un grupo zen que se reunía en una residencia privada en Honolulú. "¿Por qué esperar hasta visitar Japón?", decidimos. "Podemos irnos acostumbrando a sentarnos. Tal vez necesitemos años de entrenamiento de todas formas".

Con gran alegría nos enteramos de que un roshi, un sabio iluminado de Japón, estaría en Hawái para dirigir un sesshin antes de ir de gira por los Estados Unidos. Este grupo de practicantes de zazen era pequeño y nos invitó a unirnos. Un poco avergonzados por nuestra ignorancia sobre el budismo, mi esposo y yo nos turnábamos cada tarde para cuidar a los niños mientras el otro iba a hacer zazen y a aprender sobre budismo dos semanas antes del sesshin. El dolor de la postura del medio loto me irritaba. Siempre había practicado el atletismo y, por tanto, creía que podría adoptar esta postura sin ningún entrenamiento. "¿Estaré preparada para esto?", me preguntaba. "Vine a Hawái a descansar y no a meditar". Una fatiga neurótica se apoderó de mí y no recuerdo haber estado tan cansada como entonces.

Antes de que el sesshin comenzara formalmente se nos entregaron por escrito unas conferencias preliminares sobre zazen de Yasutani-roshi. Concluían con la clasificación de los cuatro grados de aspiración que iban desde la salud física y mental hasta la iluminación. "El kensho me interesa pero me consideraría afortunada si me asigna contar mis respiraciones", me convencí a mí misma. "Tal vez una principiante como yo sólo aprende a doblar correctamente las piernas y a sentarse derecha". Con admiración miré alrededor de la habitación; los demás participantes estaban sentados perfectamente rectos, con las piernas cruzadas en medio loto, respirando en profunda concentración frente a una cortina blanca.

El tiempo pasó con rapidez. Llegó Yasutani-roshi y nos invitaron a todos a ir el domingo para hacer zazen y tomar té. Cuando vi a ese hombrecito de setenta y siete años que no aparentaba más de cincuenta y siete y con un magnetismo juvenil que brillaba en sus ojos, todas mis dudas se desvanecieron.

"Éste es el maestro que iba a ir a buscar a la India y Japón", me dije y me invadió un extraño sentimiento de felicidad.

Esa misma tarde en la Misión Soto, Yasutani-roshi habló sobre el koan Mu y cómo penetrarlo. Sus gestos eran tan vivos que comprendí sin hablar palabra de japonés. Me parecía que era como la ansiosa felicidad de tener un bebé y que yo estaba lista para dar a luz.

La noche antes del sesshin no pude dormir. Sabía que iba a hacer el viaje de mi vida y mi corazón latía emocionado, con la impaciencia que se siente antes de escalar una montaña. A la mañana siguiente me levanté a las cuatro, me senté dos periodos sin grandes dificultades y audazmente le dije a Yasutani-roshi que yo estaba en la cuarta categoría de aspiración, esperando alcanzar el kensho. Para mi sorpresa, no me hizo más preguntas sino que directamente me asignó el koan Mu. ¡Casi de inmediato me arrepentí de mi decisión!

Trabajé dos días en Mu con desgano, tenía miedo de enfrentarme al roshi en dokusan porque para mí representaba al padre estricto de mi niñez. Además nunca me podía acordar de las sencillas palabras en japonés para decir: "Mi koan es Mu".

Al tercer día todo cambió. Nuestro intérprete, el sereno y sonriente Tai-san, se convirtió en un ángel vengador. "Éste no es un salón de té", su voz rugió, "¡sino un sesshin! Hoy les enseñaré el significado de sesshin!". Entonces el kyosaku empezó a sonar sobre cada uno de nosotros. (El kiosaku es una tabla delgada y plana con la cual se golpea en los hombros de los monjes dormidos para despertarlos y hacerlos que se concentren totalmente). Yo estaba todo menos dormida: estaba absolutamente muerta de miedo.

Todo el día me vi a mí misma caminando por el borde de un abismo con agua que corría en el fondo. Cada respiración era Mu. "Si lo sueltas aunque sea una vez, caerás", me prevenía a mí misma, "así que continúa como si comenzaras una larga caminata hacia la cima de una montaña".

Esa noche tuve un extraño sueño. Había una mesa con cuatro tazas preparada para la ceremonia japonesa del té. Justamente cuando levantaba mi taza, un Tai-san alado descendía sobre mí como un ángel y con una espada en llamas y gritando ¡Mu! me pegaba. Desperté de golpe e inmediatamente comencé a hacer zazen, acostada, sobre la cama, con mis manos sobre el vientre. "Jamás llegarás a ningún lado mientras tengas este pánico", traté de tranquilizarme. "Debes relajarte. Imagínate una escena de la montaña en la noche, bajo el cielo infinito y estrellado". Con calma exhalé e inhalé profundamente y entonces me envolvió una paz maravillosa. Mi vientre parecía inflarse como un globo y la niebla que antes me rodeaba poco a poco comenzó a disiparse hasta que un vacío dulce me envolvió. Escuché el sonido del agua que corría y lentamente salí del trance. Durante dokusan se me dijo que estaba a un paso de la gran experiencia de la iluminación.

Al cuarto día la tensión subió más aún. Tai-san contó la historia de un monje tan decidido a tener kensho que se sentó a meditar con una varita de incienso en una mano y un cuchillo en la otra. "O me ilumino antes de que se consuma esta varita o me mato", prometió. Con el dolor del incienso que le quemaba los dedos se iluminó. Tai-san entonces siguió golpeando con el kyosaku hasta que todos, hasta mi marido, lloramos.

"Alcanzaré el kensho en este sesshin", me prometí a mí misma y me senté tres periodos en medio loto. Entonces me di por vencida y comencé a llorar amargamente; aún durante dokusan no podía dejar de llorar. Fui a descansar y cuando me levanté para lavarme la cara tuve una extraña sensación de agua fluyendo dentro de mí y parpadeé. Sonaba como el agua que había escuchado la noche que había experimentado el vacío.

La mañana del quinto día me quedé en casa para encargarme de los niños. Debo mencionar que ni mi marido ni yo asistimos todo el tiempo al sesshin. Nos turnábamos para ir al zazen de las 4 de la mañana y regresábamos a casa para casi todas las comidas. Yo me quedé una noche, pero mi marido volvía siempre a casa.

Un poco avergonzada en el dokusan de la tarde, le confesé al roshi que no había hecho zazen en casa porque había tenido muchas interrupciones. Me dijo que dos personas ya habían tenido kensho y que si me esforzaba lo suficiente, también yo podría tenerlo. Así que esa noche mi esposo me permitió quedarme.

Me fui con Mu a la cama y con Mu me levanté al sexto día. "No te pongas nerviosa", me previno Tai-san, "sólo concéntrate". Escuché estas palabras de sabiduría, pero estaba muy cansada para meditar. Tenía muy poca energía. Después del desayuno me acosté para descansar pero seguí concentrándome en Mu; de pronto frente a mí apareció un resplandor como si el sol me pegara de frente. Claramente escuché ruidos que no había escuchado desde que era pequeña: los pasos de mi madre y el sonido de cajas que movía. Había tenido tantas experiencias extrañas en ese sesshin que no le di importancia a esto y continué concentrándome en Mu durante el zazen de la mañana. Mientras esperaba al dokusan olí un aroma familiar; era el tentador olor de la cocina de mi madre. Mis ojos se fijaron en un cojín rojo que había sobre una mesa de café, los mismos colores de la sala de mi abuela. Una puerta dio un golpe; un perro ladró; una nube blanca cruzó el cielo azul; estaba reviviendo mi niñez en makyo, en alucinaciones.

Al mediodía, con permiso del roshi, mi marido me dijo que había tenido kensho. "¡Ahora o nunca!", me dije. "Una mujer sencilla no puede estar casada con un marido iluminado". Vívidamente recordé la historia del joven monje con el cuchillo y el incienso. "¡Muerte o liberación!" se volvió mi lema.

Inhalaba profundamente y con cada exhalación me concentraba en Mu con todo mi ser. Me sentía como si fuera toda de aire y como si en cualquier instante fuera a levitar. Me "acurruqué" en el vientre de una horrible araña peluda. "¡Mu! ¡Mu! ¡Mu!", gruñía, y entonces me convertí en un Mu grande y negro. Me pareció que un ángel me tocó suavemente en el hombro y caí hacia atrás. De pronto me di cuenta de que mi marido y Tai-san estaban detrás de mí pero no me podía mover; tenía los pies completamente dormidos. Me llevaron afuera mientras lloraba desesperadamente. "Si ya estaba muerta", me dije a mí misma, "¿por qué tuvieron que regresarme a la vida?". En dokusan el roshi me dijo que esto era sólo un pequeño vislumbre del kensho, pero que no era la realización.

Entonces di un paseo y de pronto toda la experiencia de los últimos días me pareció absolutamente ridícula. "Ese estúpido roshsi", recuerdo haber pensado, "él y su magia oriental. Simplemente no sabe lo que está diciendo". En la cena, media hora después, mientras luchaba con los palillos para la comida, me dieron ganas de levantarme y darle un tenedor. "A ver, muchacho, vamos acostumbrándonos a la manera occidental de ser". Me reí de mi propia broma. Durante los cantos apenas podía estar seria. Después de las palabras del roshi, quería tomar mi bolso y salir de ahí para nunca más volver. Así de irreal me parecía todo.

En su primera plática, el roshi nos había dicho que Mu era como una bola de hierro candente en la garganta que no se puede tragar ni escupir. Era cierto, muy cierto. Ahora que veo hacia atrás, cada palabra, cada movimiento era parte de un plan deliberado de este venerable maestro. Su nombre, "Nube Blanca" (Hakuun), verdaderamente le queda bien. Él es la nube más blanca que he experimentado, un verdadero antídoto para el oscuro hongo atómico.

Ahora, otra vez estaba en cama, haciendo zazen. Toda la noche alternativamente respiraba Mu y caía en un trance. Pensaba en el monje que había alcanzado el kensho en un estado total de fatiga. Debí haberme quedado dormida de cansancio. De pronto el mismo ángel me tocó en el hombro. Sólo que esta vez desperté con un luminoso ¡Ja! y me di cuenta de que estaba iluminada. El ángel era mi gentil y cansado esposo que me tocaba en el hombro para despertarme e ir a sesshin.

Una extraña fuerza me movía; miré el reloj, eran veinte para las cuatro, justo a tiempo para ir al zazen de la mañana. Me levanté y me vestí con tranquilidad. Mi mente corría mientras resolvía problema tras problema. Llegué al sesshin antes de las cuatro y acepté una taza de café con un "sí" tan positivo que ni yo misma podía creerlo. Cuando Tai-san comenzó su ronda con su "espada" le dije que no se molestara en golpearme. En dokusan, corrí a la cabañita donde estaba mi maestro, lo abracé, lo besé, le di la mano a Tai-san y me solté hablando de manera tan cómica que los tres reímos deleitados. El roshi me probó y me pasó, y oficialmente pasé por la primera barrera de la reja sin puerta.

Toda una vida quedó comprimida en una semana. Mil nuevas sensaciones bombardearon mis sentidos, mil nuevos caminos se me abren. Vivo mi vida minuto a minuto, pero sólo ahora permanece en mi ser un cálido amor, pues ahora sé que no soy este yo pequeño sino un Yo grande y milagroso. Mi pensamiento constante es que todo el mundo pueda compartir esta satisfacción profunda.

No puedo pensar en mejor forma de terminar este relato que con los cuatro votos que cantaba en sesshin cada mañana:

A todos los seres, sin número, hago voto de liberar;
Pasiones ciegas sin fin, hago voto de arrancar;
Las inmensurables puertas del Dharma, hago voto de penetrar;
El Gran Camino de Buda, hago voto de lograr.

6. Señor A.K., ajustador de seguros japonés de 25 años

Comencé a pensar en serio sobre la vida y la muerte a los doce años de edad, cuando mi hermano, de ocho años, murió de una enfermedad del riñón. Sentí tanto su muerte que me desmayé en su funeral. Muy dentro de mí había un sentimiento de contrición tan fuerte que recuerdo haber gritado: "¡Perdóname! ¡Perdóname!".

Cuatro años después mi otro único hermano murió ahogado. Fue un golpe tan profundo que comencé a preguntarme sin cesar: "¿Por qué es tan incierta y miserable la vida? ¿Nacemos solamente para morir?". Me sentía sobrecogido por un sentimiento de total desamparo. El estudio escolar no era sino un peso, y cada día era un día miserable. "¿Por qué nacemos? ¿Por qué morimos?". Estas preguntas me obsesionaban como una eterna pesadilla.

Con la esperanza de dar fin a esta depresión mental, comencé a leer con avidez la Biblia de una de las religiones de la posguerra de Japón, llamada *La verdad de la vida*. Después de la muerte de mi hermano menor, mis padres se unieron a esta secta por un tiempo. Ésta enseñaba: "Vive una vida de gratitud con una sonrisa. Sé humilde y siempre responde con sí". Esto estaba muy bien, pero ¿cómo podía uno cultivar esta humildad y gratitud? Era algo que no tenía claro. Además, enseñaba que el hombre, como hijo de Dios, no tiene fallas y que a través de su identidad con Dios podía realizar la perfección interna. "Pero ¿por qué —me preguntaba— debe el hombre, quien dice nace libre, estar atado a un Dios, eternamente esclavizado a él? Esto no puede ser el camino a la paz mental". Desilusionado, dejé esta religión convencido de que no era sino opio.

Contaba con sólo diecisiete años cuando en agosto de 1949 fui a Sosei-ji, un templo Soto, a preguntar al abad sobre qué era el budismo. Se complació de verme y me dijo: "No puede explicarse en una frase, pero deja que te dé la respuesta de un renombrado maestro zen cuando se le hizo la misma pregunta. Cuando el poeta chino Hakurakuten le preguntó al maestro zen Dorin sobre los misterios del budismo, le dijo:

"Evita el mal, Practica el bien,
Mantén el corazón-mente puro
Esto es todo lo que los budas enseñan".[32]

"Recuerda", continuó el abad, "el zazen es la forma más directa de comprender el budismo, pero es fundamental elegir un buen maestro". En noviembre de ese año asistí a mi primer *zazenkai*, conducido por Yasutani-roshi.

Para mi sorpresa descubrí que el roshi era un viejo sencillo sin ninguna dignidad aparente, que vestía la túnica más andrajosa. En voz baja me habló de contar las respiraciones en zazen mientras se mira una pared, pero no trató preguntas como: "¿Cuál es el significado de la vida?" o "¿cómo podemos deshacernos del dolor?". Sin embargo, comencé a contar mis respiraciones como me había instruido, a pesar de que iba en contra mía. "El zen no puede ser real", me dije, "debe ser algo falso".

[32] Para toda la conversación, véase "Hakurakuten" en la sección X.

Pero por algún motivo regresé cuando se dio la siguiente reunión de zazen y continué yendo. Cuando supe del kensho, que decía el roshi era una forma de deshacerse del sufrimiento humano, decidí alcanzar el kensho para poder desmentir al roshi. Por dos años persistió mi escepticismo hasta que un miembro avanzado me convenció de ir a un sesshin de tres días. Me dijo: "Si no regresas como un hombre más sabio y más fuerte, puedes pegarme". El roshi me dio Mu como mi primer koan. Mientras una mitad de mí luchaba resueltamente por el kensho, la otra se reservaba, temerosa de los fuertes golpes del kyosaku. No fui a ningún otro sesshin sino hasta el año siguiente, cuando asistí a cinco sucesivamente. Para entonces todas mis dudas sobre la validez del zen se habían desvanecido, pero, a pesar de todos mis esfuerzos, no alcanzaba el punto del kensho.

Cada vez que regresaba de un sesshin, me daba cuenta de que había ganado en tranquilidad y de que era más capaz de enfrentarme con mi vida diaria. A pesar de esta ganancia, sin embargo, me parecía que sin kensho había pasado otro año en vano.

Era el año de mi graduación, 1954, y el miedo de que ya no tendría tiempo para hacer zazen al empezar mi vida profesional incendió mi decisión de tener kensho antes de terminar la escuela. Con este estado mental me uní al sesshin de marzo. Al tercer día me pegó con una fuerza particular este comentario del roshi: "Mu no es nada más que Mu". Era una frase sencilla que con frecuencia le había escuchado, pero esta vez me pegó como un rayo. "Entonces, ¿por qué me tengo que imaginar que es otra cosa?". De pronto una carga se me quitó de encima, pero como aún no se trataba de la realización, me sentí hundido de nuevo en la oscuridad. En el dokusan de la tarde, no tenía nada que decir al roshi, así que regresé descorazonado a mi lugar. Sin embargo, con ese conocimiento, estaba convencido de que el kensho era enteramente posible para mí.

Muchas veces había pedido a mi madre que me acompañara a una junta de zazen, pero testarudamente se negaba. Ahora había ido y había alcanzado el kensho con rapidez. Estaba anonadado. Su experiencia me produjo tal ardor que al siguiente sesshin redoblé mis esfuerzos. Con los ánimos que me daba el roshi al decirme: "¡Sólo un paso más!", me apliqué ardorosamente a mi koan. Pero en mi inconsciente más profundo (ahora me doy cuenta) aún concebía a Mu como algo fuera de mí; por eso es que el mundo de kensho jamás aparecía. Amargamente desilusionado, me dije: "Te has sentado y sentado y, sin embargo, no has tenido éxito. Debe haber algo mal contigo".

Muy descorazonado, me convencí a mí mismo de que me faltaba el potencial intrínseco necesario para la iluminación; aún continuaba asistiendo a sesshin tras sesshin, por una razón que en esa época me era incógnita. Pero ya no podía aplicarme al zazen. Entonces comencé a pensar de esta forma: "Puesto que el universo y yo somos uno, para comprender el universo debo comprenderme a mí mismo. Pero no seré capaz de comprenderme a mí mismo hasta que de una vez por todas frene ese hábito de buscar a Mu fuera de mí mismo".

Al año siguiente ya había recuperado buena parte de mi espíritu anterior y era capaz de sentarme con una mente tranquila y vigorosa. Esto me animó a participar en un sesshin subsecuente. Después de regresar a mi vida normal tras cada sesshin, me sorprendía encontrarme tan cambiado. Cada día era un día de gratitud, y cuando me iba a la cama después de trabajar intensamente, me sentía tan agradecido de estar vivo, aunque no sabía por qué. Para este tiempo ya tenía un conocimiento teórico considerable sobre la iluminación, pero cuando me daba cuenta de que ello no me había conducido a la iluminación, me invadía un inquietante descontento. Sabía que muy dentro de mí aún temía a la muerte y me encogía ante la vida. Estaba suspendido entre un sentimiento de gratitud por una parte y ansiedad y frustración por la otra.

Una calurosa tarde de agosto, mientras me sentaba con mis padres en la casa haciendo zazen, de pronto me experimenté a mí mismo como una onda que se difundía infinitamente por todo el universo. "¡Lo sé! No hay un universo aparte de mí". Esto cruzaba una y otra vez mi mente. Aunque no era más que una forma de conciencia, me convencí de que estaba cerca del kensho y comencé a trabajar con más vigor. Sin embargo, mi hábito de razonar sobre Mu persistía. "¡El pensamiento es una maldición!", exclamaba agriamente. "Confunde la mente, crea disputas entre los hombres y los separa los unos de los otros, crea la guerra misma. ¡Deja de pensar! ¡Deja de analizar!".

Poco después asistí a una reunión de zazen donde Yasutani-roshi dio un teisho sobre "Las Tres Puertas de Oryu", un koan del *Mumonkan*. En un momento dijo: "¿Cómo se compara su mano con la de un Buda? En un sueño, instintivamente se acomodan la almohada que se ha movido. Todo el ser no es diferente de esta mano atemporal. Cuando en verdad se den cuenta de esto, romperán a reír espontáneamente".

Al escuchar esto, mi mente se limpió y temblé de alegría; pero como aún no alcanzaba la verdadera liberación, decidí no decir nada durante dokusan. Animado considerablemente, sin embargo, renové mis esfuerzos por penetrar mi koan con más y más profundidad.

El sesshin de agosto de una semana había llegado. Debido a la presión de trabajo, no pude llegar al templo hasta el mediodía del segundo día. Mi estrategia para este sesshin era sentarme con decisión, como una bola de fuego, durante los periodos formales, y descansar completamente durante los periodos de descanso. Al comenzar el tercer día, el roshi nos recordó a todos: "Cada año, en este gran sesshin, por lo menos una persona llega a kensho". Ahí y entonces me decidí que si alguien habría de tener kensho sería yo.

El cuarto día había llegado. Una y otra vez era golpeado por el kyosaku, tan fuerte que mi mente y mi cuerpo se paralizaban momentáneamente. Este día "luché" todo lo que pude. Pero a pesar de todo, aún no podía tener kensho. Ahora era el quinto día; sólo me quedaba un día y medio. En el sexto día, lancé mi último gramo de energía a la "batalla" sin permitir que nada me distrajera. Después del trabajo matinal y justo antes de la plática del roshi, un estudiante universitario sentado junto a mí (que tuvo kensho en ese sesshin) de pronto gritó: "¡Qué tonto, qué tonto, qué estúpido eres!", refiriéndose a sí mismo. "¡Sigue adelante! ¡Un paso más, sólo uno más! ¡La cumbre! ¡Muere si es necesario!". La fuerza de su desesperación fluyó hacia mí y comencé a concentrarme como si mi vida misma dependiera de ello.

Mi mente estaba vacía como un bebé al escuchar la plática del roshi. Leía un koan antiguo: "Ni un sabio puede impartir una sola palabra sobre el Ámbito del Silencio de donde surgen los pensamientos... Un pedazo de hilo es eterno e ilimitado... El Toro[33] desnudo y blanco ante ti es puro, vívido"...[34]

Mientras el roshi hablaba con voz quieta y calmada, sentí cómo cada una de sus palabras se filtraban a lo más recóndito de mi mente. "Ni un sabio puede decir una palabra sobre el Ámbito de donde surgen los pensamientos", el roshi repetía, agregando: "Ni siquiera un Buda". "¡Por supuesto! ¡Por supuesto!", repetía yo sin aliento. "Entonces, ¿por qué he estado buscando esa palabra?". En ese momento todo se volvió

[33] Es decir, mente. Véase la sección VIII.

[34] Estas líneas son del comentario del caso 94 en el *Hekigan-roku*.

radiante y entonces vi y supe que yo soy el Único en todo el universo. ¡Sí, yo soy el Único!

Aunque no tenía total confianza en que el roshi confirmara esto como kensho, decidí de todas formas presentar ante él mi realización en el dokusan de la tarde. "¡Muéstrame con mayor claridad!", exigió.

Regresando a mi lugar en el salón principal del templo, de nuevo ataqué el zazen. Como a las siete de la noche de pronto escuché la explosión de estas palabras: "¡Treinta minutos para dokusan! ¡Decídete a llegar a la Autorrealización! ¡Es tu última oportunidad!" Una y otra vez llovían los golpes del kyosaku sobre mí. Mi concentración se volvió absolutamente desesperada. Por fin supe: *¡no hay nada que realizar!*

En dokusan, el roshi me examinó: "¡Muéstrame Mu! ¿Cuál es la edad de Mu? Muéstrame Mu cuando te estás bañando. Muéstrame Mu en una montaña". Mis respuestas eran instantáneas y confirmó mi kensho. Postrándome fuera de la puerta al abandonar la habitación, me sentí sobrecogido de una alegría que escapa cualquier descripción.

No podría terminar sin expresar mi más profunda gratitud por Yasutani-roshi, quien me guio, terca y voluntariosamente, a abrir el ojo de mi mente y a todos aquellos que directa o indirectamente me ayudaron.

7. Señora L.T.S., artista estadounidense de 51 años

Llegué al zen y al sesshin de Pendle Hill (Pensilvania, Estados Unidos) de manera oblicua e inevitable. Cuando miro hacia atrás las aparentes desviaciones de mi camino hasta el momento de la realización, me doy cuenta de que el sendero me llevó directo al sonido de esa pequeña campana de kinhin. Como escultora, esposa y madre, como alcohólica y finalmente como miembro de Alcohólicos Anónimos tuve un buen preentrenamiento.

Supongo que mi primer paso en esta vida fue saber, a los quince años, que debía ser una artista. Este conocimiento coincidió con el rechazo total del cristianismo tal como lo veía y con una profunda búsqueda de la verdad dentro de mí. Unos cuantos años después descubrí la piedra y de nuevo supe que esculpir era mi camino; lento y duro, como el conocimiento interno era lento y duro.

Estaba decidida a probarlo todo, así que me casé y tuve familia. Pero con el tiempo mi deseo de vivir se estranguló. La vida era demasiado para mí. Comenzaba con un pellizco y terminaba con una herida. Entonces descubrí el bendito alcohol, que sutilmente adormecía mi dolor y engrillaba mi espíritu aventurero.

La piedra quedó en silencio, abandonada. A mi marido y a mis hijos, que me pedían amor, los tiré a un lado. No había escultura. No había una aceptación de todo corazón de la familia. Sólo dolor y culpabilidad y sentirme fuera de lugar. Lentamente el alcohol se apoderó de todo y controló mi vida. Había olvidado mi centro.

La vida era una pesadilla... Luchaba las veinticuatro horas, dominada por el miedo y la culpabilidad y por la botella secreta. No podía creer que *yo* no podía encontrar una salida. Así, estuve ocho años bajo tratamiento psiquiátrico e intenté todo método de autodisciplina conocido. Pero aún estaba atrapada.

Una mañana, aparentemente igual a todas las otras terribles mañanas de mi vida, llamé a Alcohólicos Anónimos pidiendo ayuda. Con esto, por fin me liberé para poder ver mi verdadero ser, y con la ayuda de todos los otros alcohólicos que habían pasado por el mismo infierno, pude *ser* yo misma. Dejé de beber. Aprendí que había algo infinitamente más poderoso que la pequeña mente humana. Entonces supe que debía encontrar ese lago, conocerlo, verlo, *serlo*.

¡Mi búsqueda había comenzado!

Unas semanas después, curioseando entre libros de barata en una librería, tomé *Cómo conocer a Dios*, una traducción de Swami Prabhavananda y Christopher Isherwood de los *Aforismos* de Patanjali. ¡Me impactó! Patanjali había enseñado quizá hace dos mil años lo que yo había descubierto por mí misma. Leí y releí este libro, estudiándolo y descifrándolo durante dos meses, mientras viajábamos de vacaciones por la costa del Atlántico en nuestro velero. Rastreé todas las referencias de las citas, pedí los libros citados y los leí ávidamente.

La profunda necesidad de un maestro se resolvió cuando encontré a Swami Pramananda, quien aceptó ayudarme. Me guio, me dirigió y me inició en la disciplina de la meditación; me ayudó a distinguir las alucinaciones de la realidad; me preparó para el gran esfuerzo que daría en Pendle Hill.

A través de mis lecturas había encontrado referencias sobre el zen en la *Filosofía perenne* de Huxley. Sabía que esto era para mí, y continué leyendo, practicando meditación *kriya*, aunque aún no me sentaba a la manera zen.

Por azar me ofrecieron la oportunidad de ir a Japón por algunos meses para supervisar la construcción de una exposición que había diseñado. Ahí, descaradamente y con persistencia perseguí el zen. Y se me enseñó, con igual descaro, que el único lugar donde podía perseguir el zen era dentro de mí. Se me dijo que me sentara.

Me senté. Me senté en sesshin en Engaku-ji, Ryutaku-ji y brevemente en Nanzen-ji. Me senté en Ryosen-an y en Daitoku-ji.

Todo ocurrió así: antes de dejar Estados Unidos supe de Engaku-ji, así que primero fui ahí. Llegué bajo la fría lluvia de noviembre, y no tenía idea de qué hacer, no llevaba ninguna carta de introducción ni entendía el japonés. Sin saber qué hacer me quedé parada, titubeando, absolutamente sola en el paisaje gris y desierto, con la lluvia mojándome por debajo del impermeable, corriendo por mi cuello, colándose en los zapatos. Una figura oscura corrió en la lluvia. Impotentes, nos miramos. Surgieron las palabras, japonés e inglés. Me señaló que lo siguiera y me llevó a una puerta donde llamó. Apareció una figura. Era una joven mujer inglesa, quien, después de una breve conversación con el japonés, me preguntó qué podía hacer por mí.

Me llevó ante el monje principal y organizó las cosas de modo que pudiera quedarme (estaban en sesshin), me enseñó cómo y dónde comer, y solicitó para mí una entrevista con el roshi. Fue mi intérprete, mi guía y una buena amiga. Su último regalo fue presentarme con un estudiante de zen estadounidense, quien por teléfono organizó que fuera yo a Ryutaku-ji.

Y así sucedió, avanzando más y más, con la bondad de tanta gente y con el dolor de sentarme. Doquiera que busqué ayuda en Japón, de un roshi, un monje o algún estudiante lego, jamás me fue negada. La compasión de todas estas personas ante mi enorme ignorancia fue infinita, y por ello estoy profundamente agradecida.

El tintinear de esa minúscula campana en el sesshin de Pendle Hill fue el golpe, la fuerza que desmoronó los muros que lentamente se habían ido erosionando a lo largo de cuatro años de zazen, y antes de esos cinco años de *kriya* yoga, todos los días, todas las noches. Pacientemente, testarudamente, me había sentado, y sentado y sentado. Algunas veces por largo tiempo; otras, unos cuantos minutos, pero siempre, siempre, todos los días. Sentarme pacientemente se había vuelto algo tan familiar que lo aceptaba con tanta naturalidad como la respiración misma.

Cuando llegué al sesshin de Pendle Hill, nunca antes había visto a Yasutani-roshi. Había conocido a su intérprete en Ryutaku-ji, donde cuatro años antes había asistido a un sesshin. Por cuatro días había estado atada a la miseria física que el zazen implicaba, pero bien sabía que la recompensa era la claridad y la paz. Después de asistir al sesshin de Delaware conducido por Nokagawa-roshi en 1961, había escrito: "Siento como si me hubieran vuelto al revés, me hubieran sacudido y me hubieran enjuagado en agua pura y cristalina".

Así pues, comenzó este sesshin de Pendle Hill. Cuarenta extraños sentados juntos, algunos por pura curiosidad, otros con verdadero ardor. Yasutani-roshi nos dividió en varios grupos según el propósito de la práctica de cada quien. Yo era de las que buscaban la iluminación, y a ese grupo le dio el koan del Mu de Joshu.

El primer día Mu no era ninguna bola de hierro ardiente; en realidad era una bola pesada de plomo en mi vientre.

"¡Funde ese plomo!" me ordenó el roshi. Pero no se fundía, así que al día siguiente martilleé a Mu y llegué a ver el brillo de su centro, su luz cristalina, como una estrella o un diamante, tan fulgurante que delineaba e iluminaba los objetos físicos y me deslumbraba, llenándome de luz.

Mi cuerpo se sentía sin peso y pensé: "Esto es Mu". Pero el roshi me aconsejó: "Alucinaciones, ignóralas. Concéntrate más aún".

Al final del día, la luz se había ido y sólo quedaba una somnolencia, un cansancio infinito y Mu. Antes de ir a la cama me escribí una nota a mí misma: "Estoy *decidida*. Si otros pueden hacerlo, ¡yo también! ¡Y lo *haré*! Usaré cada gramo de mi fuerza y de mi determinación". Entonces me dormí con Mu cubriendo mis sueños, con Mu entrando y saliendo con cada respiración.

Al tercer día mis ojos no podían mantenerse abiertos; con cada respiración se cerraban. Cuando controlé esto, mi mente se llenó al instante de problemas de mi familia y mi matrimonio. Era una lucha terrible tanto contra el sueño como contra un tormento mental. Con toda respiración me decidía no dejar escapar a Mu, pero poco a poco se fue desvaneciendo hasta desaparecer.

"Profundiza más", me dijo el roshi. "Pregúntate qué es Mu hasta el fondo mismo".

Fui más y más adentro...

De pronto lo solté y empecé a girar...

¡Al centro de la Tierra!

¡Al centro del cosmos! Al *Centro.*

Allí estaba yo.

Con el sonido de esa pequeña campana de kinhin, de pronto comprendí.

Era demasiado tarde para ver esa noche al roshi. A la mañana siguiente corrí a dokusan.

Preguntas...

Risas...

Movimiento...

El roshi dijo: "Ahora comprendes que ver a Mu es ver a Dios".

Comprendí.

[Después de hacer zazen con diferentes koanes en el sesshin de Brewster, Nueva York, varias semanas más tarde].

Me siento limpia. Me siento libre.

Me siento lista para vivir cada día con energía, ¡porque así lo *elijo!*

Estoy fascinada por la aventura de cada instante.

Siento como si hubiera despertado de un sueño desconcertante y sin sentido. ¡Todo parece tan diferente!

Ya no cargo el mundo sobre mis hombros, sino que está por debajo de mi cintura. Di una voltereta y lo tragué.

Ya no estoy intranquila.

Al fin tengo lo que quiero.

8. Señora D.K., ama de casa canadiense de 35 años

Canadá y Estados Unidos: los primeros años de mi vida fueron tranquilos y sin problemas. No hubo ninguna tragedia y mis padres se entregaron totalmente a criarnos a mí y a mis dos hermanas. Podría decirse que tuve una niñez ideal según los estándares occidentales. Sin embargo, desde esta temprana edad, tenía periodos recurrentes de desesperación y soledad que parecían surgir de algún sitio desconocido y que me hacían llorar y olvidarme de todo lo demás. En esos momentos el sentimiento doloroso de estar atrapada era sobrecogedor y el hecho de ser un ser humano representaba un peso enorme.

Cuando era adolescente me prestaron unos libros sobre historias hindúes que despertaron un gran interés en mí. Hablaban sobre una multiplicidad de vidas y sobre la libertad del alma, el ser espiritual del ser humano y la posibilidad de la vida sin un cuerpo físico. La mayoría de los detalles de estas lecturas se desvanecieron ante algo que se despertaba en lo más profundo de mi ser y me sentí contenta de saber que existía tal comprensión. Los mitos hindúes sobre el tiempo ilimitado me conmovieron profundamente y me prometí que algún día visitaría la India.

Al ingresar a la universidad estudié seriamente literatura religiosa e intenté algunas formas sencillas de meditación. Los años universitarios me enseñaron la felicidad y el estímulo del descubrimiento intelectual, pero al mismo tiempo me sentía cada vez más intranquila. Al fin me gradué y comencé estudios de posgrado. Hacia el final de ese primer año mi vida cambió inesperadamente. Después de unos meses de duda, fui a los Estados Unidos y me casé con un estadounidense que había conocido en Canadá.

En unos cuantos meses nos casamos y casi inmediatamente después me quedé viuda. La muerte voluntaria y violenta de mi marido fue el golpe más fuerte que jamás había experimentado. Las circunstancias e implicaciones de esto me precipitaron hacia lo más profundo de mi ser, donde los cimientos se estremecieron con una intensidad aterradora. No podía desligarme de un profundo sentido de responsabilidad humana por lo sucedido. Percepción, madurez, sabiduría, todo esto me hacía mucha falta.

En esta época, con frecuencia me invadía un adormecimiento; siempre sentía miedo, un miedo profundo y total que duraba mucho tiempo, obstruyendo mi respiración e impidiéndome comer. Con frecuencia por las noches me sentaba cruzada de piernas en el suelo y, meciéndome hacia atrás y hacia delante, me pegaba la cabeza contra la pared, casi delirante de dolor y desesperación.

Una tarde, después de regresar a mi apartamento donde vivía sola, se apoderó de mí una desesperación terrible junto con una impotencia absoluta. Me tiré al suelo. “Me muero”, lloraba, “he matado a todos mis dioses y no tengo la llave de la resurrección. Estoy totalmente sola”. Un miedo espantoso y una desesperación total se apoderaron de mí y me quedé tirada en el suelo no sé cuánto tiempo, hasta que desde lo más profundo de mi vientre surgió un grito: “Si existe en el universo algún ser a quien le importe si vivo o muero, ¡ayúdame, oh, ayúdame!”.

Poco a poco una idea comenzó a tomar forma y comencé a escribir. Tenía una amiga muy querida que recientemente había renunciado al mundo y que vivía en un *ashram*[35] en el sur de la India. Le supliqué que dirigiera su meditación hacia mí, pues necesitaba ayuda urgente y ya no me sentía capaz de ayudarme a mí misma. Rápidamente me contestó que ella y las otras personas del ashram me estaban mandando todo el apoyo espiritual que podían. Su respuesta me conmovió de tal forma que decidí ir a la India lo antes posible.

Tardé varios meses en lograrlo. Todas mis energías se concentraron en vender mis posesiones y las de mi marido. Al fin me embarqué, exhausta, hacia la India, proponiéndome permanecer allí hasta encontrar un maestro iluminado. Tres años exactamente habían pasado desde que llegué a los Estados Unidos.

India y Birmania: una tarde calurosa, dos meses después de mi partida de Nueva York, llegué al ashram donde vivía mi amiga. En silencio me guiaron hasta su pequeña habitación y fue tal mi alivio cuando se acercó a recibirme, gentil y sonriente, que me dio un ataque de llanto, se me paralizaron los brazos y me desmayé. No me había dado cuenta de que los años que viví en los Estados Unidos habían significado una tensión interna y una lucha tan fuertes que no podía ahora ajustarme espontáneamente a la tranquilidad: la tensión mental y física, ya un hábito, continuó durante mucho tiempo.

El ashram, situado en las playas de la bahía de Bengala, era rejuvenecedor. Pero la especulación metafísica y la discusión filosófica, muy intensas en la India, me seducían. Mientras por un lado me sentía estimulada, mis instintos más profundos me prevenían que en última instancia no tenían valor. Me parecía que en ese momento no me convenía un régimen que fomentara tanto estudio y lectura y sentía una necesidad creciente de hacer meditación guiada por un maestro.

Mi creciente insatisfacción por lo que me parecía ser una meditación poco formal en el ashram coincidió con la visita de un budista estadounidense que practicaba zen en Japón. Lo que más me impresionó de este estadounidense era la serenidad con la que se integraba y enfrentaba las diversas circunstancias en el ashram y su interés compasivo por las vidas de los que allí estaban, incluyendo la mía, tan llena de luchas desesperadas y desiguales. Decidí ir a Japón si conseguía su

[35] El ashram Sri Aurobindo en Pondicherry. Un *ashram* es un lugar de retiro espiritual o comunidad religiosa.

ayuda. Me la ofreció abiertamente, con la seguridad de que me ayudaría a encontrar un maestro de zen.

Al dejar el ashram, viajé por toda la India visitando ashrams, explorando zonas arqueológicas y absorbiendo la rica cultura y la atmósfera religiosa presente en los lugares sagrados tanto budistas como hindúes: los santuarios, los templos y las cuevas, tan abundantes en la India. Una visión espiritual de gran intensidad da forma a la arquitectura y escultura en las cuevas, así que es imposible entrar en éstas sin sentir este fervor religioso. Parada frente a los budas gigantescos en piedra, temblé de admiración y mi resolución de seguir el camino del Buda tomó un ímpetu aún mayor.

Hacía mucho tiempo que quería visitar Birmania, que yo suponía segunda después del Tíbet en cuanto a su concepción de la religión como fundamento de la vida diaria. Cuando mi amigo estadounidense me escribió que de todos los países budistas del sudeste de Asia los centros de meditación de Birmania tenían la reputación de ser los mejores y cuando me sugirió que lo acompañara a visitar un centro birmano famoso por su maestro (Mahasi Sayadaw) en Rangoon para hacer cinco semanas de meditación intensiva, aproveché la oportunidad inmediatamente.

Ahora empezaba mi primera práctica formal de meditación bajo la guía de un maestro y en todos sentidos fue una experiencia extremadamente dolorosa. La época calurosa estaba en su apogeo cuando llegué a Rangoon y contraje casi inmediatamente una fiebre con tos, que duró casi todo el tiempo que estuve allí y que me dejó muy débil. Además del calor sofocante que hacía y del letargo que producía la temperatura, estaba la tensión continua de sentarse sola en un pequeño cubículo sobre un tablón de madera hora tras hora, luchando contra los intensos dolores de rodillas y espalda que me provocaba la posición de piernas cruzadas. Para el principiante a quien le falta el apoyo invisible de sentarse con otros y el apoyo más visible de una variedad de actividades, como sucede en el zen en Japón, sentarse solo es dificilísimo y pronto uno comienza a buscar medios de escapar del tedio y del dolor.

La meditación misma consistía en concentrarse en el ir y venir de la respiración y la atención se enfocaba en el diafragma. Cuando la mente se distraía (cosa que sucedía con frecuencia) debía recuperarse con las palabras "pensando, pensando, pensando" hasta que nuevamente se restablecía la atención en el diafragma. Cualquier otra distracción se trataba de manera similar. "Tosiendo, tosiendo" cuando uno tosía, "oyendo, oyendo" cuando algún sonido capturaba la atención. Una hora de meditación se alternaba con una hora de caminata que normalmente se hacía a un paso funerario, afuera de la habitación de cada persona en perfecto silencio. Las manos se llevaban tras la espalda y la mente no debía concentrarse en nada más que el movimiento de cada paso. "Alzando, alzando" cuando subía un pie, "moviendo" cuando se llevaba hacia delante, "poniendo" cuando se colocaba en el suelo.

Todos los días al mediodía nos reuníamos con el preceptor, un monje que nos examinaba para evaluar nuestro progreso. Nos hacía preguntas detalladas y pedía asimismo que le relatáramos lo que pasaba cuando meditábamos. Cuando le hablé de mis distracciones mentales provocadas por aburrimiento, se rio y me dijo que pensara "aburrida, aburrida" hasta que el aburrimiento se desvaneciera. Para mi sorpresa, su consejo funcionó.

Como todos los demás, al entrar al centro tuve que firmar una promesa de observar los preceptos budistas[36] y de no comer nada después de las doce del día o dormir más de cinco horas por la noche. Diariamente se me traía comida a mi habitación, dos veces antes de las doce, y comía sola mientras meditaba, "alzar, alzar, poner, poner, masticar, masticar, tragar, tragar". De esta forma ponía total atención hasta en el menor detalle de cada acción mental o física.

En ese centro, por primera vez en mi vida, se me relegó a una posición social inferior a la del hombre y además, como era una mujer lega, pertenecía al estrato más bajo de la estructura que consideraba a los monjes arriba, luego a las monjas, después a los hombres legos y por último a las mujeres legas. A pesar de mi baja posición sentía mucho agradecimiento por la oportunidad de poder meditar y más tarde me di cuenta de que lo que me hizo considerar mi posición fue mi ego.

Al finalizar las cinco semanas, mi concentración y mi salud habían mejorado considerablemente a pesar de un dolor agudo y la incomodidad que por gusto propio había aceptado. El pasar de una actividad mental externa a la contemplación interna es sin duda alguna el trabajo más valioso pero también el más difícil. Cuando volví a ver el mundo exterior me pareció radiantemente bello y fresco y sentía una serenidad y ecuanimidad que, aunque aún no eran profundas, sobrepasaban cualquier cosa que había experimentado antes. Sabía que había dado mi primer paso en la dirección que deseaba seguir.

[36] Los primeros cinco de los diez preceptos Mahayana. Véase "preceptos" en la sección X.

Japón y el zen: el mismo día que llegué a Japón mi amigo estadounidense me llevó a Ryutaku-ji, un monasterio Rinzai situado como un gigantesco pájaro entre pinos y bambúes a la sombra del majestuoso monte Fuji, mirando hacia un bellísimo valle. Gracias a la generosidad de su maestro, Soen-roshi, éste habría de ser mi hogar durante los siguientes cinco meses. Bajo su guía benévola comencé a aprender la estructura y disciplina de la vida monástica. Aprendí a levantarme a las cuatro de la mañana, al sonido del gong, a ponerme mis ropas monacales, a mojarme la cara con agua fría y a reunirme con los monjes en el salón principal en la fría mañana para cantar sutras. El canto de los sutras se convirtió en una de las experiencias más ricas de mi vida y me inspiró profundamente.

Poco a poco mi naturaleza impaciente fue cambiando y comencé a volverme más ecuánime. Las largas horas que pasé temblando, con las rodillas tiesas de dolor en un pasillo con corrientes de aire, esperando mi turno para tener *zazen* con el roshi, me enseñaron una paciencia que jamás me hubiera creído capaz de tener. Las horas diarias de zazen además de las de sesshin también fueron lecciones dolorosas de paciencia y resistencia, agudizadas por el golpe del kyosaku sobre mis hombros encorvados. Fue en parte debido al método Rinzai de usar el kyosaku de frente, en respuesta al gesto de petición del meditante, lo que me condicionó más adelante a sentir un gran rechazo cuando en la disciplina Soto se me administraba sin ninguna advertencia, mientras miraba la pared; y en parte este rechazo también se debió a mi herencia occidental, que me había enseñado que cualquier golpe iba contra la dignidad humana.

Al decidir casarme de nuevo me fui de ese monasterio Rinzai para unirme a un grupo de zen estilo Soto, al cual pertenecía mi esposo, en Taihei-hi, situado en las afueras de Tokio y dirigido por Yasutani-roshi. Como la mayoría de los seguidores de este maestro zen son legos y legas, para facilitar a los participantes que asistan a los sesshines a pesar de sus trabajos y responsabilidades, los sesshines son menos rígidos en su horario que los de un monasterio. En consecuencia, la gente entra y sale, lo cual distrae mucho al principio. La disciplina rigurosa que la vida del monasterio refuerza, aquí cada uno debía asumirla por sí mismo. Pronto me di cuenta de que detrás del aire aparentemente relajado del sesshin había una intensa seriedad. El espacio limitado de este templo me forzó a vivir en estrecho contacto con otros y, en vez de retirarme a mi pequeña habitación a descansar, tenía que compartir un cuarto con muchos otros. El hacer zazen en estas circunstancias tan tensas implicó un cierto reajuste, ya que sólo había conocido la atmósfera estricta pero físicamente amplia del monasterio. Después de unos cuantos sesshines en este templo, sin embargo, me di cuenta de que sentarse con individuos que no eran monjes, ni monjas, ni sacerdotes, era algo mutuamente estimulante e inspirador.

Al acercarse el sesshin rohatsu en Taihei-ji dudaba si debía asistir. Había escuchado diversas opiniones de personas que habían hecho este sesshin de invierno en diversos monasterios. Se sabía que era el más arduo de todo el año, batalla constante contra el frío y la fatiga. Yo tenía mucho miedo al frío extremo. Mi cuerpo se tensaba tanto de temblar que no podía mantener mi posición de meditación y perdía el control bajo un cansancio extremo. Estas dos cosas eran mis verdaderos enemigos. Al mismo tiempo, el hecho de que celebrara la iluminación del Buda, el día antes de mi propio cumpleaños, me conmovía muchísimo. Al fin decidí asistir y poner toda mi energía. Era mi sexto sesshin en Japón. Por primera vez tenía la firme convicción de que me era enteramente posible realizar mi Yo en ese sesshin. Además, sentía que lo necesitaba terriblemente. Hacía varias semanas que había vuelto la antigua inquietud y ansiedad contra la cual había luchado tanto en los Estados Unidos. Ahora esto se unía a la impaciencia e irritabilidad. Estaba harta de la agitación mental y emocional que habían tenido un papel tan importante en mi vida y ahora sentía que solamente por medio de la experiencia de la Autorrealización podría romper con este malestar.

Preparé mi ropa más caliente y mientras cerraba con llave, un sentimiento de profunda felicidad me invadió. En lo más profundo de mi corazón sabía que la persona que abriría esa puerta después del sesshin no sería la misma que ahora la cerraba.

El primer día de sesshin me fue virtualmente imposible mantener la mente en calma. El ir y venir de otros participantes así como el ruido y la confusión ocasionados por el kyosaku eran una fuente de constante interferencia. Cuando le dije al roshi que mi zazen era mucho mejor cuando estaba sola en mi casa, me aconsejó no hacer caso a los demás y subrayó lo importante que era aprender a meditar bajo circunstancias distrayentes. Sin embargo, en ningún momento durante el sesshin se me pegó con el kyosaku. Me había distraído tanto en un sesshin previo que el roshi ordenó que no me golpearan.

Al finalizar el segundo día, mi concentración era más fuerte. Ya no sentía demasiado dolor en las piernas y el frío era soportable con toda la ropa que había traído. Sin embargo, tenía un problema que poco a poco fue volviéndose más importante. Se me había dicho muchas veces que pusiera mi mente en el fondo de mi abdomen o, más exactamente, en la región que está justo debajo del ombligo. Cuanto más trataba de hacer esto, menos comprendía por qué era tan importante ese punto abajo del abdomen. El roshi lo había llamado el centro, el foco, pero para mí esto era significativo sólo filosóficamente hablando. Ahora tenía que poner mi mente en este punto "filosófico" y repetir "Mu". No podía encontrar relación alguna entre cualquiera de los órganos del abdomen y el proceso de la meditación zen y mucho menos la iluminación. El roshi, es cierto, me había asignado el koan Mu después de convencerse de mi profundo deseo de Autorrealización y me instruyó sobre su propósito y uso; sin embargo, aún estaba confundida sobre *cómo* decir Mu. Antes lo había tratado como el mantra hindú Om, tratando de ser una con la vibración y sin preguntarme qué era Mu. Ahora comenzaba a concebir a Mu como un diamante que está en la punta de un taladro y que yo misma accionaba atravesando las capas de la mente, que me parecían un manto geológico y del cual a la larga algo, no sabía qué, debía surgir.

En la mañana del tercer día, mi concentración era profunda, guiada por la analogía del taladro. Yo podía enfocar mi mente en algún sitio del abdomen a pesar de no saber exactamente dónde y sentía que mi concentración crecía y se volvía estable como una roca. A media mañana después de la plática del roshi, mi concentración era muy profunda y la fuerza de cada respiración que se había sincronizado con la repetición de Mu había aumentado. Esperaba que este aumento de esfuerzo fortaleciera mi concentración aún más. Después de unos quince minutos, la combinación de esta respiración fuerte y la repetición de Mu comenzaron a producir un extraño cosquilleo en mis muñecas, sensación que se extendió hacia mis manos y dedos así como hacia los codos. Cuando esta sensación era ya muy patente, la reconocí como idéntica a lo que había experimentado al tener un fuerte *shock* emocional en diversas ocasiones de mi vida. Me dije que si aumentaba aún más la fuerza de mi respiración y concentración, podría tener kensho. Lo hice, pero solamente logré empeorar la situación llegando casi a desmayarme. Asimismo, sentí una tristeza profunda y agonizante, acompañada de temblores y un castañear de dientes. Un paroxismo nervioso sacudía mi cuerpo una y otra vez. Lloré con amargura, retorciéndome como si un torrente eléctrico surgiera de mis entrañas y comencé a respirar.

Sentía que el dolor del universo entero desgarraba mi vientre y que estaba siendo absorbida hacia el vórtex de agonías insoportables. Un tiempo después —no podría decir cuánto— recuerdo que mi esposo me aconsejó que dejara de hacer zazen y que me recostara y descansara. Me dejé caer sobre el cojín de meditación y comencé a temblar. Mis manos se habían quedado tiesas y ni mis dedos ni mis codos se doblaban. Mi cabeza daba vueltas y me sentía exhausta. Lentamente los nervios se fueron relajando. Media hora después, todo había pasado y había recuperado mis energías; estaba lista para seguir con el zazen.

En el dokusan de la tarde, el roshi inmediatamente me preguntó qué me había pasado. Cuando se lo dije, me explicó que sólo había sido un makyo y que continuara haciendo zazen. Me advirtió que esas cosas podrían suceder de ahora en adelante; eso mostraba que mi meditación comenzaba a profundizar. Entonces me instruyó que buscara a Mu en la región por debajo del plexo solar. Con las palabras "plexo solar" de pronto todo, por primera vez, cayó en su lugar: sabía exactamente hacia dónde iba y qué debía hacer.

A la mañana siguiente, el cuarto día, me levanté a las 4 a.m. con el sonido de la campana y me di cuenta de que ni durante el sueño me había separado de Mu, lo cual era lo que el roshi continuamente nos aconsejaba. Durante el primer periodo de meditación, antes del dokusan de la mañana, volvieron a aparecer los síntomas del día anterior. Esta vez me dije que era sólo makyo y continué, decidida, a "dejarlo atrás". Poco a poco, sin embargo, la parálisis descendió hasta mis piernas también y sólo podía escuchar la voz distante de mi esposo que me decía que estaba en un trance. Pensé que empezaría a levitar, pero, a pesar de todo, continué con mi zazen. Entonces me desplomé sin poderme mover. Cuando me sentí suficientemente bien para continuar, el dokusan de la mañana había terminado.

Empecé a suponer que estaba haciendo algo mal, que de alguna forma estaba encauzando mal mis energías. Durante el periodo de descanso, después de la plática de la mañana, de pronto me di cuenta de que el centro donde se me había dicho que pusiera mi atención sólo podía ser cierta región que desde hacía mucho me era conocida. Desde la infancia éste era el ámbito donde me cobijaba para reflexionar internamente. Había creado una serie de imágenes íntimas sobre este sitio. Si en cualquier momento quería comprender la "verdad" de alguna situación, me iba a esta área para considerar aquellos problemas que debían ser resueltos con la mente de un niño, libre de prejuicios. Simplemente mantenía mi mente allí y me quedaba quieta, casi sin respirar, hasta que algo surgía. Ésta era la región que el roshi decía. Intuitivamente adiviné dónde estaba y con todas mis energías centré a Mu allí. En menos de media hora empecé a sentir un foco de calor en el abdomen que lentamente fue dispersándose hasta mi espina dorsal y subiendo poco a poco por la columna vertebral. Esto era lo que estaba buscando.

Muy excitada, en el siguiente dokusan le dije al roshi que había encontrado el lugar y le describí su funcionamiento como siempre lo había experimentado. "¡Bien!", exclamó. "¡Ahora continúa!". Al regresar a mi lugar me dediqué al zazen con tal vigor que al poco tiempo la parálisis comenzó a manifestarse otra vez con el ataque más fuerte que había tenido. No me podía mover en absoluto y mi esposo tuvo que ayudarme a acostarme y a cubrirme con mantas. Mientras estaba recostada recuperándome, pensé: "Es obvio que mi cuerpo no puede soportar la tensión a la que lo estoy sometiendo. Si debo penetrar Mu, será sólo con mi mente y de alguna forma debo restringir las energías físicas y nerviosas que debo conservar para el esfuerzo final".

Esta vez, cuando me recuperé traté de concentrarme sin gritar o pensar en Mu, pero fue muy difícil. En la práctica significaba el separar la concentración del ritmo de la respiración. Sin embargo, después de repetidos esfuerzos, lo logré y pude concentrar la mente en mi abdomen como si mirara algo muy fijamente, dejando que mi respiración tomase el ritmo que quisiera. Cuanto más concentraba la mente en el abdomen, más pensamientos surgían. Pero no eran discursivos. Eran como señales que me guiaban. Saltaba de una a la otra, moviéndome constantemente en un camino bien definido que mi intuición me indicaba. Aun así, pensaba que en algún punto desaparecerían y que mi mente se quedaría vacía, como se me había dicho. La presencia de estos pensamientos me indicaba que aún debía estar lejos de mi meta.

Para conservar toda energía posible, relajé mi postura y para calentarme me coloqué la manta que tenía al lado sobre la cabeza. Dejé caer mis manos sobre el regazo y cambié la postura de las piernas a una posición menos tensa. Aun esa pequeña cantidad de energía puesta a disposición de mi mente aumentó la intensidad de la concentración.

A la mañana siguiente, el quinto día, el roshi me dijo en dokusan que me encontraba en una etapa crítica y que no debía separarme de Mu ni por un instante. Temiendo que los dos días y la noche restantes no fueran suficientes, me aferré a Mu como un perro a su hueso tan tenazmente que las campanas y otras señales de la meditación se volvieron tenues, casi irreales. Ya no podía recordar lo que teníamos que hacer cuando sonaba alguna señal y tenía que preguntarle a mi esposo qué significaban. Para conservar mis fuerzas, comí bien en cada comida y descansé cada vez que podía. Me sentía como una niña en un extraño viaje, guiada paso a paso por el roshi.

Por la tarde, al ir a darme un baño, iba por el camino pensando en Mu. Comencé a enojarme. "¿Qué es este MU?, me pregunté. En nombre de los cielos, ¿qué puede ser? ¡Es ridículo! ¡Estoy segura de que no hay tal cosa! ¡Mu! ¡Mu no es nada!", exclamé irritada. En cuanto dije que no era nada, recordé de pronto la identidad de los opuestos. Por supuesto: *¡Mu también es todo!* Mientras me bañaba pensé: "Si Mu es todo, también es el agua, el jabón y la que se baña". Esta comprensión dio un nuevo ímpetu a mi práctica cuando regresé.

Cada mañana a las 4:30, el roshi acostumbraba dirigirse a los meditantes. Utilizando la analogía de una batalla en que las fuerzas de la ignorancia y de la iluminación luchaban entre ellas, el roshi nos animó a "atacar" al "enemigo" con mayor vigor. Dijo: "Han llegado al combate mano a mano. ¡Pueden usar cualquier medio y cualquier arma!". De pronto, al escuchar estas palabras, me sentí como si estuviese en una selva espesa, abriéndome paso en la oscuridad del denso follaje, con un gran cuchillo colgando del cinto en busca de mi "enemigo". Esta imagen reapareció una y otra vez y supuse que con la ayuda de Mu de alguna forma debía vencer al "enemigo", al que ahora me acercaba para el enfrentamiento final.

En la tarde del sexto día, de nuevo en mi habitación, me abría camino a través de la selva, balbuceando para mis adentros y buscando una abertura en la oscuridad, esperando la "inundación de luz" que significaría el final del camino. De pronto, soltando una carcajada interna, me di cuenta de que la única forma de vencer al "enemigo" cuando apareciera era abrazándolo. Justamente al acabar de pensar esto, el "enemigo" se materializó ante mí en la forma de un centurión romano con una espada y escudo alzados en ademán de ataque. Corrí hacia él y alegremente lo rodeé con mis brazos. Se desvaneció en la nada. En ese instante vi aparecer una luz brillante en la oscuridad de la selva. Se iba expandiendo y expandiendo. Me quedé fija mirándola y en su centro surgieron las palabras "¡Yo soy Mu!". Me paré en seco; hasta mi respiración se detuvo. ¿Podría ser eso? ¡Sí, eso es! *¡Yo soy Mu y Mu es yo!* Una ola de alegría y alivio surgió dentro de mí.

Al final del siguiente periodo de caminar le susurré a mi esposo: "¿Cuánto tengo que comprender cuando comprenda a Mu?". Me miró de cerca y me preguntó: "¿De veras comprendes?". "Quiero que el roshi me pruebe en el siguiente dokusan", le dije. Faltaban unas cinco horas para el siguiente dokusan. Estaba impaciente por saber si el roshi confirmaría mi comprensión. En lo profundo de mi corazón estaba segura de que sabía lo que era Mu y me dije firmemente que si no se aceptaba mi respuesta dejaría el zen para siempre. Si yo estaba equivocada, entonces el zen estaba equivocado. Sin embargo, a pesar de mi seguridad (puesto que aún no estaba familiarizada con la expresión del zen) sentía que quizá no podría responder a las preguntas del roshi con una forma de zen apropiada.

Por fin llegó el dokusan y le pedí al roshi que me probara. Esperaba que sólo me preguntase qué era Mu, pero en cambio me preguntó: "¿Cuánto mide Mu? ¿Cuál es la edad de Mu?". Pensé que éstas eran preguntas de truco típicas del zen y me quedé callada y perpleja. El roshi me miraba con atención y me dijo que debía ver a Mu con mayor claridad y que durante el tiempo que quedaba debía hacer zazen con la mayor intensidad posible.

Cuando regresé a mi sitio me entregué al zazen con cada gramo de fuerza. Ya no había pensamientos: los había agotado. Hora tras hora medité y medité y medité pensando únicamente en Mu. Poco a poco el calor fue subiendo por mi espalda. Una zona caliente apareció entre mis cejas y comenzó a vibrar intensamente. De ahí, olas de calor bajaban por mis mejillas, cuello y hombros. Pensé que algo iba a pasar o por lo menos habría una explosión interna. No pasó nada excepto que experimenté visiones recurrentes de mí misma sentada con las piernas cruzadas en una montaña yerma, meditando y caminando al azar por ciudades repletas de gente bajo un sol abrasador. En el siguiente dokusan le hablé al roshi de estas visiones y sensaciones. Me dijo que una forma de regresar el centro vibrante, que ahora estaba entre los ojos, al plexo solar[37] era imaginar un camino por el cual algo así como miel, dulce y viscosa se deslizara. También me dijo que no me preocupara

[37] Normalmente, se instruye dirigir la atención hacia el *tanden* o hara, es decir, a la parte inferior del abdomen. Pero puesto que para este estudiante el plexo solar tiene un significado especial, el roshi le dijo que pusiera allí su atención en vez de en el lugar usual.

por las visiones de las olas de calor, que eran el resultado del esfuerzo prodigioso que estaba haciendo. Lo importante era concentrarse firmemente en Mu. Después de varios intentos pude una vez más restablecer el centro en el plexo solar y continuar como me indicó.

Al día siguiente, el séptimo, una vez más fui ante el roshi a dokusan. Debido a las seis o siete horas de zazen continuas, estaba tan agotada físicamente que casi no podía hablar. De modo imperceptible mi mente había caído en un estado de claridad y conciencia sobrenatural. Sabía y sabía que sabía. Pausadamente comenzó a preguntarme: "¿Cuál es la edad de Dios? ¡Dame a Mu! ¡Muéstrame a Mu en la estación del tren!". Ahora, mi visión interna era completamente clara y respondí sin tropiezo a todas sus pruebas. Al terminar el roshi, mi esposo, que era el intérprete, y yo nos reímos juntos con gran alegría y exclamé: "¡Es tan sencillo!". Entonces el roshi me dijo que de ahí en adelante mi práctica con los siguientes koanes sería diferente y me la explicó.

Demasiado tiesa y cansada para continuar sentada, dejé el salón principal y me fui a dar un segundo baño. Nunca antes el camino había parecido tan camino, las tiendas tan perfectas y el cielo estrellado tan indecible. La alegría burbujeaba como un manantial fresco.

Los días y semanas que siguieron fueron los más felices y serenos de mi vida. No había nada que pudiera llamarse "problema". Las cosas se hacían o no se hacían, pero en todo caso no había motivo de preocupación o consternación. Las relaciones con personas que antes me molestaban ahora las comprendía perfectamente. Por primera vez en mi vida me movía como el aire, en cualquier dirección, libre por fin del yo, que siempre me había atormentado como una cadena.

Seis años después: un día de primavera mientras trabajaba en el jardín, el aire parecía temblar de forma extraña como si la secuencia normal del tiempo se abriera a una nueva dimensión y me di cuenta de que algo extraño iba a suceder pronto. En preparación para ello, hice más zazen y todas las noches me quedé estudiando libros de budismo hasta muy tarde.

Varias noches más tarde, después de estudiar cuidadosamente el *Libro tibetano de los muertos* y luego de bañarme, me senté frente a un cuadro de Buda escuchando en silencio a la luz de una vela el lento movimiento del Cuarteto en fa menor de Beethoven, una profunda expresión de la autorrenunciación del hombre. Después me fui a la cama. A la mañana siguiente, después del desayuno, sentí como si me pegara un rayo y comencé a temblar. De pronto el trauma de mi nacimiento difícil apareció en mi mente. Como una llave, esto abrió rincones oscuros de resentimientos secretos y de temores escondidos que empezaron a salir como veneno. Empecé a llorar y me sentí tan débil que tuve que recostarme. Sin embargo, sentía una profunda felicidad... Lentamente mi concentración cambió: "¡Estoy muerta! ¡No hay nada que se pueda llamar yo! ¡Nunca ha habido un yo! Es una alegoría, una imagen mental, un patrón sobre el cual jamás se ha modelado nada". Me sentía ebria de alegría. Los objetos parecían sombras y todo lo que mis ojos tocaban era radiantemente hermoso.

Estas palabras sólo describen someramente lo que me fue revelado de manera tan vívida en los días siguientes:

1. El mundo que captan los sentidos es el menos verdadero (en el sentido de completo), el menos dinámico (en el sentido de movimiento interno) y el menos importante en una inmensa "geometría de existencia" de indecible profundidad, cuyo índice de vibración, intensidad y sutileza están más allá de la descripción verbal.
2. Las palabras son algo molesto y primitivo, casi inútiles para intentar describir el verdadero funcionamiento de un complejo multidimensional, vasto e indescriptible de fuerza dinámica y que si queremos conectarlo con él debemos abandonar el nivel normal de conciencia.
3. El acto más insignificante, como comer o rascarse un brazo, no es nada sencillo. No es sino un momento visible en una red de causas y efectos que van hasta lo Desconocido y vuelven hasta el Silencio infinito, donde la conciencia individual no puede penetrar. Verdaderamente no hay nada que saber, nada que pueda ser conocido.
4. El mundo físico es un infinito movimiento en Tiempo-Existencia. Pero simultáneamente es un Silencio y Vacuidad infinitos. Por tanto, cada objeto es transparente. Cada cosa tiene carácter interno particular, su propio karma de "vida en el tiempo", pero al mismo tiempo no hay lugar alguno donde haya vacuidad, donde un objeto no fluya hacia otro.
5. La expresión más mínima de la variación del tiempo, una lluvia suave o una brisa leve, me conmueve como —¿qué podría decir?— un

milagro maravilloso de belleza y bondad sin igual. No hay nada que hacer: el solo ser es un acto supremo total.

6. Al mirar rostros, puedo ver algo de la larga cadena de existencias pasadas y del futuro. Los rostros pasados residen tras la cara externa como tejidos más finos y al mismo tiempo se encuentran impregnados con el rostro presente.
7. Cuando estoy sola puedo escuchar un "canto" que proviene de todo. Cada una de las cosas tiene su propia canción; incluso los humores, los pensamientos y los sentimientos tienen su propio canto sutil. Sin embargo, por debajo de esta variedad se mezclan en una vasta unidad inexpresable.
8. Siento un amor que, sin objeto, podría llamarse "amorosidad". Sin embargo, mis antiguas reacciones emocionales aún interfieren de manera burda con las expresiones de esta amorosidad supremamente suave y espontánea.
9. Siento una conciencia que no es ni yo misma ni no yo misma, que me protege o me guía hacia direcciones que conducen a mi crecimiento y madurez, impulsándome a alejarme de aquello que no es crecimiento. Es como un arroyo en el cual fluyo y que, con gran felicidad, me lleva más allá de mí misma.

Capítulo VI

Cartas de iluminación de Yaeko Iwasaki a Harada-roshi y sus comentarios

Introducción del editor

No hay nombre más famoso en la historia del budismo zen japonés moderno que el de una muchacha de veinticinco años: Yaeko Iwasaki. Alcanzó la iluminación después de hacer zazen unos cinco años, en gran parte practicando en su lecho de enferma y después, durante los cinco días subsecuentes, profundizando su realización a un grado verdaderamente difícil de encontrar en el Japón actual. Una semana después murió, cumpliendo con sus propias premoniciones. En India sin duda se le habría considerado una santa y miles de personas la habrían venerado. En Japón la historia de su intrépida vida y la coronación de sus logros se conoce poco, fuera de los círculos zen.

Éstas son las cartas que escribió en diciembre de 1935 a su preceptor, el maestro zen Daiun Sogaku Harada, que tenía entonces sesenta y cinco años. En ellas relata lo que percibió, sintió y pensó durante esos cinco días épicos. Además se incluyen agudísimos comentarios de Harada-roshi. Pensamos que en la literatura religiosa no hay muchos documentos personales tan conmovedores o que revelen con tanta elocuencia la mente profundamente iluminada como lo hacen estas cartas. Aunque son escasas y en cierta forma breves, comunican la mismísima esencia del budismo vivo. Abundan en paradojas y desbordan de gratitud, cualidades que inequívocamente marcan una profunda experiencia espiritual y la separan de niveles de conocimiento más superficiales. Entretejido en todo esto está el hilo de una pureza singular, un deseo ardiente de alcanzar la iluminación absoluta no por el propio bien, sino para que los demás seres pudiesen alcanzar la Autorrealización, y una paz interna perdurable a través de sus esfuerzos por dar a conocer el camino del Buda. Su muerte "demasiado temprana" —temprana sólo en relación con el cálculo que hace el hombre sobre la duración de la vida— no terminó con su destino kármico de disfrutar el Dharma. Al contrario, le ha dado nuevos ímpetus, pues, como ha dicho Harada-roshi: "Su valiente vida es tan inspiradora y su influencia ha llegado tan lejos que seguramente promoverá la difusión del budismo y beneficiará a la humanidad".

Heredera del fundador del riquísimo complejo industrial Mitsubishi, Yaeko Iwasaki tenía todo lo que el dinero puede comprar menos salud. A los dos años enfermó tan gravemente que estuvo a punto de morir. Como consecuencia de esta enfermedad del corazón tuvo siempre un cuerpo frágil. Incapaz de seguir el ritmo normal escolar, tuvo una institutriz en casa hasta los once años, edad a la cual, ya más fuerte para asistir a clases, se inscribió en la escuela secundaria. A pesar de su incapacidad para participar en diversas actividades escolares, terminó sus estudios de secundaria y preparatoria con notas magníficas y con un gran número de amigos. Su mente aguda y vivaz, su disposición alegre y radiante, su espíritu generoso, ganaron la admiración y cariño de sus compañeros.

Después de graduarse estudió el arte del arreglo floral y la ceremonia del té, tradiciones japonesas por medio de las cuales se cultivan la serenidad y la sutileza de espíritu. Después comenzó a estudiar cocina y piano, preparándose para contraer matrimonio y ser madre con el tiempo.

Pero su karma habría de llevarla abruptamente por otro camino. Alrededor de los veinte años comenzó a toser sangre y se le diagnosticó tuberculosis. Su doctor le ordenó reposo total en cama durante dos o tres años. Posiblemente esta inactividad prolongada tuvo el efecto de desarrollar sobre su organismo físico y psíquico una sensibilidad que fue crucial para su despertar espiritual.

Al principio lo que la llevó al zen fue un suceso relacionado con su padre, al cual quería mucho. Se le diagnosticaron también problemas cardiacos que podrían tener consecuencias fatales en cualquier momento. Esto le ocasionó un temor repentino a la muerte, y por esta razón asistió a una plática de Harada-roshi sobre este tema, una de las ansiedades más fundamentales del hombre. En ella el roshi instruía cómo, a través del zazen, este temor se podía disolver y en última instancia se podía lograr la iluminación. El padre de Yaeko se convenció de lo que escuchó; se convirtió en discípulo de Harada-roshi y comenzó a practicar zazen en su propio hogar. Como su problema cardiaco le impedía asistir a sesshines con regularidad, invitó a Harada-roshi a ir a su casa una vez al mes, a Tokio, para dar una plática e instrucción privada (dokusan) a su familia y amigos.

Con el ardor surgido del miedo sobrecogedor a la muerte, el padre de Yaeko se dedicó al zazen con tal devoción que en menos de un año tuvo kensho. Esta experiencia disipó sus temores y le hizo resurgir con tal vitalidad y confianza que de nuevo tomó sus responsabilidades como cabeza de una fuerte industria, aunque con un vigor poco prudente. El esfuerzo fue excesivo y un día, sin esperárselo, murió de un ataque al corazón.

La repentina muerte de su padre mostró a Yaeko con fuerza dramática lo efímero de la vida y la oscura realidad de la muerte, haciéndola reflexionar profundamente sobre el significado de la existencia humana. Hasta que el padre alcanzó la iluminación, Yaeko había escuchado la plática mensual de Harada-roshi en su casa, pero aún no deseaba recibir instrucción privada o practicar ella misma zazen. Este hecho, sin embargo, llevó a su madre, a sus dos hermanas y a la misma Yaeko a dedicarse regularmente al zazen. El roshi asignó a Yaeko el koan Mu, instruyéndole que se absorbiera en él todo el tiempo aun mientras estaba en cama. La muerte de su padre y la búsqueda interna consecuente causaron que su zazen y su preocupación por el budismo adquirieran un nuevo y profundo sentido de urgencia. Leyó diecisiete veces el extenso comentario de Harada-roshi sobre el *Shobogenzo* de Dogen, devorando cada palabra y, aunque estaba muy lejos de tener fuerza física, comenzó a sentarse para hacer zazen en la postura tradicional japonesa alternando con la del loto. Las etapas más graves de la tuberculosis ya habían pasado y no tenía necesidad de quedarse en cama. Sin embargo, la enfermedad había dejado huellas sobre su delicada constitución y el doctor le aconsejó que pasara una temporada de convalecencia en la soleada ciudad de Kamakura, donde su familia tenía una casa de verano.

En este nuevo retiro pudo entregarse más y más al zazen, alejándose para siempre de los intereses que una vez fueron tan importantes. Su entusiasmo en su búsqueda del Camino del Buda era tan grande que le rogó a Harada-roshi que fuese a Kamakura para continuar sus pláticas e instrucción privada. Harada-roshi, al ver en ella un ardor y devoción poco comunes, viajaba con regularidad cada mes a Kamakura para guiarla, así como Yasutani-roshi y Taji-roshi, dos de los discípulos más respetados de Harada-roshi.

Pasaron cinco años desde que Yaeko comenzó su zazen en cama hasta su primera iluminación, el 22 de diciembre de 1935. En los días siguientes, como lo revelan vívidamente estas cartas, el ojo de su mente se abrió por completo en una inundación de luz y comprensión. Su arrobamiento subsiguiente, el descubrimiento de que ni la iluminación perfecta añade nada a lo que de antemano se tiene y que, por tanto, este éxtasis es una especie de "locura", junto con el feliz reconocimiento de Harada-roshi de su espíritu bodhisáttvico y su reproche por el "olor" a iluminación, ofrecen una comprensión íntima y reveladora del complejo y aparentemente contradictorio proceso de la iluminación.

El morir como Yaeko, con el presentimiento de su muerte una semana antes, sin dolor alguno y con total serenidad es, como indica Harada-roshi, la meta de todos los budistas, el anhelo que, sin embargo, muy pocos logran. El hecho de que Yaeko lo logró muestra el alto nivel de conciencia que había alcanzado y la pureza de su fe, su valentía y perseverancia. Es imposible leer el relato de Harada-roshi de las últimas horas que pasó con ella y no conmoverse por su espíritu valeroso y desinteresado.

El médico que presenció su muerte, atribuida a una pulmonía, recuerda: "Jamás he visto morir a alguien de manera tan bella". Pero quizá el más grande tributo a la memoria de Yaeko se ofreció en Hosshin-ji en el primer sesshin después de su muerte. Al final del sesshin, Harada-roshi, con lágrimas en los ojos, relató a los noventa y tantos participantes los incidentes de la heroica lucha de Yaeko por la Autorrealización y su magnífica consumación. Fue tal el efecto del relato que al finalizar el sesshin más de veinte personas, un número sin precedente, habían pasado por la primera puerta de la iluminación.

Estas cartas aparecieron por primera vez en un artículo que publicó Harada-roshi en una revista budista poco después de la muerte de Yaeko Iwasaki. Él anotó sus comentarios (aquí impresos en cursivas) sobre las cartas, pero los comentarios generales y los títulos se escribieron específicamente para el artículo con el fin de instruir al lector sobre el budismo y aclarar las cartas mismas. Yaeko, por supuesto, no tuvo oportunidad de ver estos comentarios antes de morir.

Aproximadamente un año después, en diciembre de 1937, este material se incluyó en un libro llamado *Yaezakura* (Doble Flor de Cerezo), un breve relato de la vida de Yaeko publicado por la propia familia Iwasaki como un tributo a su memoria. La traducción presente se tomó de ese libro. Todo el material que aparece entre paréntesis tanto en las cartas de Yaeko como en los comentarios de Harada-roshi es del traductor.

Nota biográfica sobre Harada-roshi

Sogaku-Harada, a quien están dirigidas las cartas de Yaeko Iwasaki y cuyos comentarios las acompañan, murió el 12 de diciembre de 1961 a los noventa y un años de edad. En su servicio funerario, junto a su fotografía, estaba colocada una caligrafía escrita por su puño y letra varios años antes:

Durante cuarenta años he vendido agua
En la ribera del río.
¡Jo, jo!
Mi trabajo no ha tenido ningún mérito.

Estas líneas típicamente zen son un epitafio adecuado, pues ningún maestro de zen japonés moderno luchó más arduamente por enseñar a sus estudiantes que no hay nada que aprender. Sus catorce sucesores del Dharma, sus innumerables discípulos iluminados y sus seguidores en todo Japón son testigos de que los esfuerzos de Harada-roshi, aunque "no hayan tenido mérito", no fueron en absoluto en vano.

Aunque nominalmente pertenecía a la secta Soto, fundió lo mejor del Soto y del Rinzai en una amalgama que dio como resultado un budismo vibrante que se ha convertido en una de las grandes líneas de aprendizaje en Japón hoy en día. Harada-roshi revitalizó, probablemente más que cualquier otro, las enseñanzas de Dogen-zenji, a través de su profunda penetración espiritual. Estas enseñanzas se habían ido desvirtuando debido a que los mismos sacerdotes y estudiosos de la secta en cuyas manos descansaban no las comprendían. Sus comentarios de *Shushogi*, una codificación del *Shobogenzo* de Dogen, es reconocido como uno de los más penetrantes.

Hosshin-ji, el monasterio de Harada-roshi en las costas del mar de Japón, en una región de lluvias incesantes y de frecuentes tormentas de nieve, tiene la reputación de tener una disciplina muy estricta y de ser el monasterio más duro de Japón y Harada-roshi el maestro de zen más severo. Más de una vez rechazó invitaciones para dirigir monasterios en distritos más templados de Japón, alegando que un clima riguroso ayudaba a que la mente se dirigiera hacia el fondo del vientre, donde en última instancia se encuentra el secreto del universo. Cientos de hombres y mujeres acudían a Hosshin-ji atraídos por el extraordinario poder del roshi de inspirarlos y guiarlos hacia el despertar.

Como todos los maestros de alto desarrollo espiritual, sabía evaluar justamente a las personas. Desenmascaraba la afectación y la falsedad al momento que las detectaba. A los estudiantes excepcionales los dirigía sin piedad, exigiéndoles el máximo que eran capaces de dar. De todos exigía una sinceridad *sine qua non* y una adhesión absoluta a sus enseñanzas, sin tolerar el más mínimo desvío. Los observadores casuales con frecuencia lo veían rígido y cerrado, pero los discípulos y estudiantes fieles a su enseñanza sabían que era sabio y compasivo.

A pesar de toda su dureza, Harada-roshi tenía también su lado suave y aunque nunca se casó y permaneció monje en el verdadero sentido de la palabra, le gustaba jugar con los niños y amaba profundamente a los animales, en particular a los perros.

Con una base firme en las doctrinas y disciplinas Soto y Rinzai, Harada-roshi tenía la capacidad de enseñar un zen integral. A los siete años ingresó en un templo Soto como monje novicio y continuó su entrenamiento Soto en varios templos durante los años en que estudió la primaria y la secundaria. A los veinte años, a pesar de la persistente oposición de su consejero Soto, ingresó como monje en Shogen-ji, un gran monasterio Rinzai de su época, debido a que no había podido encontrar un maestro profundamente iluminado en la secta Soto. Después de dos años y medio de entrenamiento extenuante tuvo kensho, pero su iluminación aún no representaba la liberación total.

A los veintisiete años, instado por su padre a estudiar una carrera, dejó Shojen-ji y se inscribió en la Universidad Komazawa, patrocinada por la secta Soto. Después de su graduación estuvo seis años más haciendo investigación sobre el budismo con estudiosos de gran reputación. Pero aunque su conocimiento del budismo aumentaba, esto no le proporcionó la emancipación que tanto anhelaba. Por tanto, decidió ir a Kioto a conocer a Dokutan-roshi, abad de Nanzen-ji, que tenía fama de ser el mejor maestro zen de su tiempo.

Dokutan lo aceptó como discípulo y durante dos años asistió diario a la práctica de koanes e instrucción privada mientras vivía con un amigo en Kioto, a quien ayudaba con los asuntos de su templo. Al término de estos dos años, Dokutan-roshi, impresionado por la singular inteligencia de su discípulo y por su ardor y sed por la verdad, le propuso que fuera su asistente personal. Aunque ya tenía casi cuarenta años, Sogaku Harada aceptó muy honrado con la mejor disposición y se fue a vivir a Nanzen-ji. Se dedicó con intensidad al zazen y completó todos los koanes. Por fin abrió por completo el ojo de su mente y recibió inka de Dokutan-roshi.

En seguida, la Universidad Komazawa lo llamó para cumplir un acuerdo que había firmado para enseñar. Así pues, enseñó budismo en Komazawa durante doce años, parte del tiempo como catedrático.

Harada-roshi —ya merecía el título de roshi— era un raro fenómeno en el mundo académico budista: era profesor durante el año académico y maestro de zen durante las vacaciones de verano, conduciendo sesshines en varios templos. En poco tiempo se ganó la reputación de ser un disciplinario riguroso.

Su insatisfacción con lo limitado de la vida académica y del inevitable énfasis en la teoría, junto con las pocas oportunidades que tenía para entrenar a gente en sesshines en la experiencia directa del Dharma, llegó a su límite cuando se le ofreció de forma repetida ser abad de Hosshin-ji. Finalmente aceptó y durante los siguientes cuarenta años fue maestro de este monasterio, que habría de convertirse en uno de los centros más destacados de entrenamiento zen en Japón.

Hasta casi los noventa años, Harada-roshi dirigió sesshines intensivos de una semana en Hosshin-ji seis veces al año, en abril, mayo, junio, octubre, noviembre y diciembre y los otros meses lo hacía en otras partes de Japón. Cinco días antes de morir se desplomó desmayado y sin dolor alguno gradualmente se fue debilitando, pasando de un coma parcial a una inconsciencia compleja. El momento de su muerte coincidió con la marea baja. Harada-roshi desapareció literalmente con las aguas.

Las cartas y comentarios

1. Evidencia de kensho

23 de diciembre:
Querido Harada-roshi:
Le agradezco tanto que haya venido a verme anteayer a pesar de estar tan ocupado. Por favor cuídese su resfriado.

Ayer por la mañana me dijo en dokusan: "Lo que has percibido aún está nebuloso", así que debía buscar más profundamente. Cuando desperté de pronto ayer a medianoche, estaba mucho más claro,

¡El Buey[1] se ha acercado cien millas!

y lo único que pude hacer era alzar mis palmas unidas en señal de alegría absoluta.

Comprendo verdaderamente que existen grados en la profundidad de la iluminación.

Sí, pero pocos conocen este hecho tan significativo.

Aun usted, mi roshi, ya no cuenta para nada. Mi gratitud y deleite son imposibles de describir. Ahora puedo afirmar que mientras estemos conscientes de la iluminación, no es la iluminación verdadera.

¿Cómo puedo expresarle mi gratitud por permitirme, aun en tan pequeño grado,[2] corresponder a la incalculable deuda que tengo hacia todos los budas? Mi gratitud no puede expresarse en palabras, no hay nada que pueda escribir o decir. Le escribo sólo porque pienso que únicamente usted puede comprender mi felicidad y estará satisfecho de mí.

Ahora que se ha abierto el ojo de mi mente, el voto de salvar a cada ser viviente surge espontáneamente. Le estoy tan agradecida a usted y a todos los budas que me avergüenzo [de mis defectos] y haré todo el esfuerzo necesario para disciplinarme.

Has visto al Buey con claridad, pero el captarlo se encuentra a diez mil millas de distancia. Tu experiencia aún está manchada por el pensamiento conceptual.

También estoy decidida a limpiar mi mente de su ignorancia inmemorial. Usted es la única persona en quien puedo confiar. Temo que todos los demás no me comprendan y piensen que soy orgullosa si de pronto les hablo de todo esto.

1 "Buey" se refiere a la mente iluminada. Véanse las Ilustraciones del boyero en la sección VIII.

2 Es decir, a través de su iluminación.

Tu contención me agrada.

Créame. Nunca en esta vida pensé ser favorecida así [llegando a la iluminación]. Le debo tanto. Hago gassho con verdadera gratitud.

Cuídese el resfriado. Espero, con gran alegría, volver a verlo el día 21 del mes próximo.

Yaeko

COMENTARIO GENERAL: *confirmo que verdaderamente ha visto al Buey, pues en su experiencia hay una profunda autoafirmación, el deseo de salvar a todos los seres sintientes y la determinación de disciplinarse espiritualmente en su vida diaria. Sólo un estado mental tan exaltado puede llamarse la mente de los verdaderos hijos del Buda. Sin embargo, aún permanece el sujeto que ve. El hogar de su mente aún se encuentra lejos. ¡Debe seguir buscando con más intensidad!*

2. *Evidencia de gran iluminación*

25 de diciembre:
Querido Harada-roshi:
Hoy por primera vez he alcanzado la gran iluminación. Estoy tan contenta que todo mi ser baila a pesar de mí misma. Solamente usted puede comprender tal éxtasis.

He alcanzado el punto de captar al Buey verdaderamente y no hay engaño en absoluto.

Ahora por primera vez has encontrado el Camino; has realizado tu mente por completo. Te has liberado del engaño que ya no tiene raíces. ¡Qué maravilloso!

No hay Buey ni hombre. Quisiera ir en seguida a darle las gracias personalmente, pero me es imposible porque debo cuidar mi salud, así que por carta le expreso mi profunda gratitud. Desde lo más profundo de mi corazón le doy las gracias y alzo mis manos en gassho ante usted. ¡Los budas y patriarcas no me han engañado![3] He visto mi Rostro antes de que mis padres nacieran con más claridad que un diamante en la palma de mi mano. Ante mis ojos ha aparecido la verdad absoluta de cada palabra de los patriarcas y de los sutras con claridad cristalina. Ya no es necesario el dokusan y ahora todos los koanes son como muebles inútiles para mí. Aunque los salvaría, ya no hay seres sintientes que

[3] Ésta es una forma tradicional de decir que la iluminación que los budas y patriarcas enseñan es ya un hecho real de la experiencia propia.

salvar. Los que sólo han alcanzado el kensho no conocen este estado de libertad ilimitada y de profunda paz mental. Verdaderamente no puede conocerse hasta llegar a la iluminación total. Si después de esta carta aún me dice tonterías,[4] no vacilaré en decirle que su propia realización deja qué desear.

¡Bien! ¡Bien! Esto se llama la etapa de estar en la cima de la solitaria montaña o regresar al propio Hogar. Sin embargo, debo seguir diciéndote "tonterías". Un día comprenderás por qué.

Le debo tanto. Cuando reflexiono sobre el hecho de que verdaderamente he cumplido el Gran Voto que he hecho durante innumerables vidas pasadas y que ahora yo puedo dar dokusan, me siento infinitamente agradecida.

Aún es demasiado pronto. Sin embargo, ¿cuántas personas llamadas iluminadas tienen tanta seguridad interna? Estoy encantado de verlo revelado en tus propias palabras.

El ojo de mi mente es absolutamente idéntico al suyo: ni budas ni demonios me pueden desconcertar.[5] Este estado va más allá de cualquier descripción. He olvidado todo y por fin regreso a mi verdadero Hogar con las manos vacías.

¿Ha vuelto otra vez el Patriarca Dogen?[6] Éste es el Dharmakaya inmaculado, es decir, el Buda Birushana [Vairochana].

Mi mundo se ha revolucionado. ¡Qué vanos e innecesarios fueron mis esfuerzos del pasado! Al seguir sus sabias instrucciones y su paciente consejo, no me quedé satisfecha con la paz tan superficial[7] que mi mente engañada consideraba suficiente. No puedo explicarle qué feliz y agradecida me siento de mi estado presente. Todo esto es el resultado de un zazen persistente, de la decisión de no conformarme jamás con un pequeño éxito, sino continuar durante no importa cuántas vidas.

Tu gran devoción, sobre todo tratándose de una lega, es sorprendente.

[4] Lo que aquí se implica es que para el que verdaderamente está iluminado cualquier palabra sobre la iluminación no tiene sentido.

[5] Es decir, puede quedarse impávida ante la penetrante mirada de un Buda, al igual que ante la presencia amenazante de un demonio. Esto implica una seguridad y falta de temor absolutos.

[6] Aquí Harada-roshi está comparando las palabras de Yaeko: "He olvidado todo y he regresado a mi verdadero Hogar con las manos vacías", con las palabras de Dogen cuando regresó de China: "He regresado al Hogar con las manos vacías. No tengo rastro alguno de budismo. Sólo digo esto: mis ojos son horizontales y mi nariz vertical".

[7] "Paz" aquí connota la certeza y la tranquilidad que surgen de su kensho inicial.

Ahora puedo comenzar la tarea infinita de rescatar a todos los seres vivientes. Esto me hace tan feliz que casi no puedo contenerme.

Todo es luminosidad, luminosidad pura. Ahora puedo progresar eternamente hacia la perfección en armonía natural con mi vida diaria.

Sí comprendes. Así es exactamente. ¿Cuántos seguidores del zen han llegado hoy día a una realización tan profunda?

He resucitado, como lo han hecho usted y todos los demás, por toda la eternidad. Cuando lea esta carta, usted también derramará lágrimas de gratitud.

Estoy tan agradecido de tener una discípula como tú que ya puedo morir feliz.

Sólo usted puede comprender mi mente. Sin embargo, no hay usted ni yo. Mi cuerpo y mi mente de hecho han caído.

Trataré de mejorar mi salud, cultivar la virtud y estar lista cuando la oportunidad se presente de enseñar el budismo. Estoy en el centro del Gran Camino, donde todo es natural, sin tensión, ni presuroso, ni vacilante; donde no hay budas, no hay usted, no hay nada; y donde veo sin mis ojos; escucho sin mis oídos. No queda rastro de lo que he escrito. No hay pluma ni papel ni palabras: no hay nada.

Ya que es absolutamente imposible hablar de esto, excepto con alguien que lo ha experimentado por sí mismo, le he escrito. Me imagino que se alegrará de tener una discípula que ha bebido tan profundamente de la fuente de la sabiduría. Me postro nueve veces ante usted[8] para expresar mi gratitud.

COMENTARIO GENERAL: *este grado de realización se llama "captar al Buey"; en otras palabras, es verdaderamente alcanzar el Camino. Es el retorno al propio Hogar o a la adquisición de la sabiduría fundamental. Avanzar un paso más es realizar una sabiduría aún mayor. Este Buey tiene solemnidad y radiancia inmesurables.*

3. *Evidencia de profundización de la iluminación*

26 de diciembre:

Querido Harada-roshi:

Estoy llena de remordimientos y vergüenza. Mi carta del día 25 le ha debido hacer pensar que estaba loca.

[8] El número de veces que uno formalmente se postra ante un Buda.

No debes preocuparte. El delirio de alegría es la reacción inicial de todos cuantos han tenido un despertar profundo.

Había llegado a tal grado de éxtasis que no supe qué hacía y no pude contenerme. Cuando recobré los sentidos y reflexioné me reí al pensar en lo desordenadas que se habían vuelto mis emociones. Entonces pude apreciar la historia de Enyadatta,[9] que enloqueció al pensar que había perdido la cabeza y la conmoción que causó cuando la halló, aunque por supuesto nunca la había perdido. Pero otra vez soy yo misma, así que no hay por qué preocuparse.

Siempre he tenido sentimientos de ansiedad debido, por una parte, al miedo a que mi aspiración a la budeidad no sea lo suficientemente fuerte debido a mi insignificancia e impotencia y, por otra parte, al miedo a morir sin verdaderamente haber experimentado la verdad del Dharma que quizá no pueda realizar hasta pasadas innumerables vidas.[10]

Sí, debe ser muy doloroso para el que tiene fe absoluta en el Dharma morir sin experimentarlo. Sólo sintiéndolo de ese modo se es capaz de practicarlo con tanta devoción como tú.

Pero ahora que he penetrado hasta el fondo y he adquirido una aspiración absolutamente sólida para alcanzar la budeidad, veo claro que puedo continuar mi disciplina espiritual para siempre y de esta forma perfeccionar mi personalidad al máximo, impulsada por el Voto que surge de forma natural de salvar a todos los seres sintientes.

¡Estoy tan emocionado que lloro!

No conozco palabras para expresar mi felicidad y gratitud.

En vez de volverme negligente con mi zazen, tengo toda la intención de fortalecer aún más mis poderes de concentración.

¡Sí, sí, realmente comprendes!

Estoy profundamente consciente de la necesidad de cultivarse con diligencia y de comprender por completo el valor del dokusan. Prometo no volver a escribir algo tan pretencioso como lo que escribí ayer diciendo que había llegado a la iluminación total y que, por tanto, podría instruir a otros en dokusan.

¡Verdaderamente has despertado!

Perdóneme. Me sentía tan fuera de mí que sencillamente perdí el sentido de la proporción. Después de reflexionar con calma me doy cuenta

9 Véase p. 78.

10 Véase nota 7, p. 96.

de que fue bastante cómico; sin embargo, qué bello recuerdo el haber probado esa alegría indecible, aunque no durase más que un momento.

Los budas y patriarcas han experimentado esta gran alegría por lo menos una vez.

Estoy anegada en lágrimas de gratitud, pues ahora de verdad puedo comprender el bien y el mal y proceder con firmeza sin engaños para seguir mis prácticas espirituales a través de mi vida diaria. Desde lo más profundo de mi corazón le doy las gracias.

Por favor cuide su salud. Espero su próxima visita.

Yaeko

COMENTARIO GENERAL: *en esta etapa uno adquiere lo que se llama "la sabiduría de la percepción inmaculada y sutil" o "sabiduría obtenida subsecuentemente". Su grado puede medirse de acuerdo con los Cinco Grados establecidos por el maestro Tozan. La profundidad de la percepción mencionada en su segunda carta corresponde al tercer grado,* shochurai *[donde la conciencia de Uno está por encima de todo y la conciencia de la diferenciación se desvanece]; la de esta cuarta carta es* henchushi *[donde uno vive en todas las cosas sin ningún rastro consciente de iluminación]. Ahora es posible realizar los actos benévolos y virtuosos atribuidos a Fugen o Kannon. En el zen, ésta es la realización del voto de un Bodhisattva, esto es vivir en la Tierra Pura.*

Aunque se requieren entre cinco y diez años después del kensho para llegar a este estado, ella lo ha alcanzado en menos de una semana. Sin duda se debe a su fe pura y profunda en el budismo, a su gran Voto sin límites [hecho durante incontables vidas y su aceptación de todos los seres sintientes] y al haber escuchado con corazón creyente toda palabra de budismo auténtico que le fue dicha. Su logro es algo muy raro en nuestros tiempos. La historia notable de su determinación y ardor debería grabarse en grandes letras como una inspiración inmortal para todos los seguidores del zen.

4. *Evidencia de la experiencia directa del Gran Camino Budista*

26 de diciembre:

Querido Harada-roshi:

Disculpe que le escriba con tanta frecuencia. He alcanzado el último nivel de realización que un discípulo puede alcanzar.

En verdad lo has logrado.

Solía pensar: "¡Qué grandioso debe uno volverse con la iluminación!" y "¡qué admirable es aquel que se dedica completamente a actividades budistas hasta el punto de no pensar más en uno mismo!".

¡Pero estaba tan equivocada! De hoy en adelante cultivaré mayor virtud y jamás cesaré mi práctica.

Antes de la iluminación la deseaba tanto y con frecuencia pensaba: "Cuán noble aquel que regresa a su Hogar en paz y satisfecho". Pero al haber alcanzado la iluminación total,

Tu experiencia marca la diferencia entre el zen buji[11] *y el zen auténtico.*

me digo a mí misma: "¿Por qué te emocionaba tanto? Pues ahora tengo una gran aversión a que se me llame 'iluminada'".[12]

Me complace escuchar esto. Sin embargo, solamente con la iluminación total es posible poner tu zen en práctica en la vida diaria.[13]

He olvidado por completo el momento de mi iluminación y lo que pasó inmediatamente después; sin embargo, puedo decir que he alcanzado el verdadero ojo de la iluminación, por decirlo de alguna forma. Me da risa decirme a mí misma: "¡Así que ésta es la iluminación total!".

No puedo expresarle mi agradecimiento por sentirme una con el Dharma, completa y naturalmente. Al mismo tiempo fui tonta por haberme dejado llevar por mi alegría delirante. Esto le va a hacer sonreír. Mis "engaños" sobre todas las cosas se han desvanecido por completo. Pero no le digamos esto a nadie ya que el Dharma debe ser respetado.[14]

Teniendo cuidado al hablar a los demás sobre tu experiencia, podrás ayudarles y no dañarles, así que no te preocupes.

No puedo comprender por qué me era tan importante respetar el budismo[15] o a cualquier persona que alcanzara la iluminación total. ¿He estado soñando?

Yaeko

[11] El Zen *Buji* es un zen sin sustancia, un zen que niega la validez de la experiencia de iluminación. Sus seguidores mantienen que hablar sobre iluminarse es una contradicción, puesto que todos estamos innatamente iluminados. Véanse pp. 70-71.

[12] Puesto que la iluminación no le dio nada que no tuviese antes, aceptar una alabanza por estar iluminado sería como aceptar una alabanza por tener, por ejemplo, dos pies.

[13] Lo que Harada-roshi está diciendo es que el desarrollo completo de las potencialidades de la personalidad y el carácter se dan sólo después de la iluminación total.

[14] Esto probablemente significa que hablar de manera indiscriminada sobre su iluminación puede llevar a la distorsión del Dharma por aquellos incapaces de creer posible su experiencia.

[15] Puesto que la esencia del budismo es vivir en armonía con las circunstancias cambiantes de la vida, sin tensión o compulsividad, ¿qué hay que respetar?

Comentario general: *¿soñando? Por supuesto. Sin embargo, no se trata del sueño ordinario de la mayoría, sino de un sueño de un significado tremendo y perdurable, de una intensa absorción en el Dharma del Buda.*

Este estado puede igualarse con el quinto grado, el más avanzado, llamado ken-chuto *[un estado de naturalidad absoluta,*[16] *en el que la interpretación mutua del mundo de la discriminación y el mundo de la igualdad es tan completa que uno ya no está consciente de ninguno de los dos]. Me maravilla que haya llegado a este punto con tanta rapidez. El que lo haya logrado sólo puede atribuirse a su intensa fe en las enseñanzas del Buda y a su fuerte espíritu bodhisáttvico. El que alcanza este grado ha completado su práctica de zen bajo un maestro y puede comenzar la verdadera práctica por sí mismo. ¿Cuántas personas pueden comprender todo esto hoy día?* ¡Katsu!

5. *Evidencia de haber alcanzado la mente no regresiva de Fugen*

27 de diciembre:
Querido Harada-Roshi:
Gracias a usted he percibido con claridad que Buda no es otra cosa que mente.[17] Mi gratitud no conoce límites. Esto se debe tanto a su guía benévola como a mi intenso anhelo y lucha por la budeidad a fin de que pueda liberar a todos los seres sintientes.

No había pensado que tuvieras una aspiración tan profunda de la budeidad. ¡Qué poco discernimiento el mío! Es evidente que eres la encarnación de un gran Bodhisattva.

¿Cómo agradecerle?

Ahora veo que en términos del Dharma debo respetarme.[18] Por favor dígame qué debo hacer aún. Qué agradecida estoy por haber podido limpiarme de toda mancha de pensamiento y sentimiento ilusorio.

Aún no has acabado de desenraizar tus sentimientos ilusorios,[19] *pero al percibir de modo tan profundo como lo has hecho tú es posible, sin embargo, vivir una vida de pureza.*

[16] "Por naturalidad quiero decir que todas las cosas son lo que son de acuerdo con su propia naturaleza, fuera de cualquier otra influencia". Kobo-daishi (citado en *Honen the Buddhist Saint*, por Coates e Ishizuka, p. 133).

[17] Y mente es atención completa, es decir, *sólo* escuchar al escuchar, *sólo* ver al ver, etcétera.

[18] El sentido de esto puede ser que a través de su realización de que es la encarnación del Dharma, ahora siente la responsabilidad de enseñar el budismo. Del mismo modo, al respetar y cuidarse a sí misma está respetando y cuidando al Dharma.

[19] Mientras la experiencia de iluminación desvanece la ilusión del "yo" y el "otro", no

Pero a pesar de esto deseo que me guíe en todos los sentidos, pues confundiré a los demás en su práctica o comprensión del budismo.

El estado de mi mente es ahora muy diferente del que tenía en el momento del kensho.

Kensho es solamente la etapa de ver al Buey.

Verdaderamente, a medida que avanza el Camino Supremo, se vuelve más exaltado. Ahora que he experimentado que *tada*[20] es la perfección, puedo por fin devolverle sus innumerables dádivas y me siento tremendamente feliz. Ahora que he alcanzado una etapa crítica y profunda necesito verlo pronto.

Quisiera poder volar e ir a verte para aconsejarte. Pero como estamos a final del año[21] *estoy muy ocupado con los asuntos del monasterio y, por tanto, me es imposible ir por el momento.*

Perdóneme que le haga esta petición por escrito, pero mi enfermedad me impide ir a verlo.

Debe estar muy contento de saber que me he graduado verdaderamente. Nunca soñé que en esta vida sería testigo de la transmisión del budismo de la encarnación de un Buda al Bodhisattva Miroku.[22]

Una y otra vez me prometo a mí misma que he de actuar con el mayor cuidado en cada detalle de mi vida.

Ruego para que esté usted bien.

Yaeko

COMENTARIO GENERAL: *lo esencial del budismo vivo puede resumirse en la palabra* tada. *¿Quién es el Buda Shakyamuni? ¿Quién es Miroku? No son algo distinto de ti. ¡Mira! ¡Mira!*

Ha alcanzado este estado de tada. *Es natural, por consiguiente, que se sienta esa profunda alegría, así como una gran responsabilidad en lo que respecta al Dharma profundo. Las acciones que fluyen de esa mente son las de la encarnación de Fugen o Miroku.*

---

produce automáticamente la purificación de los sentimientos. Es necesaria una práctica constante para alcanzar esto último. Véanse también pp. 72-73.

20 Literalmente "sólo", "solamente". Así, si uno está comiendo, uno debe estar absorto en sólo comer. Si la mente se distrae con ideas y conceptos durante el comer, no es *tada*. Cada momento de la vida vivirlo como *tada* es un Ahora eterno.

21 En los monasterios zen en Japón, los cinco días de festividades de Año Nuevo comienzan con complicados rituales y ceremonias. Por ello, el periodo que los precede es de mucho trabajo tanto para el roshi como para los monjes.

22 El budismo vivo podría decirse que es transmitido de Buda a Bodhisattva, cuando la iluminación de un discípulo alcanza el mismo nivel que la de su maestro.

6. Evidencia de la alegría y la paz de ser uno con el Dharma

27 de diciembre:
Querido Harada-roshi:
¡Regocíjese conmigo! Finalmente he visto mi rostro antes de que mis padres nacieran, con una claridad que penetra desde los cielos hasta el fondo mismo de la tierra. Y, sin embargo, nunca me he considerado una buscadora desesperada.

Usted y yo hemos acariciado una profunda ilusión: el prometer salvar a todas las criaturas engañadas, sin importar los eones que esto signifique, es algo muy elevado.

Pero quien cree en este engaño se llama Bodhisattva. Darse cuenta de que no hay nadie a quién salvar es salvar [verdaderamente].

¡Qué gracioso! Sin embargo, mi respeto hacia usted como roshi no tiene límites. Verdaderamente nadie sino usted puede comprender la importancia de mi iluminación.

Sería insensato que dijera a otros que yo, que no tengo dignidad ni posición, he alcanzado la iluminación perfecta ya que quizá no le den al budismo la importancia que tiene.[23]

Desde un punto de vista eso puede ser cierto. Por otra parte, esto inspirará a muchos para hacer un esfuerzo mayor, así que no debes preocuparte.

Solamente unos cuantos seres excepcionales no dudarían de mi experiencia. ¡Qué gran alivio descubrir que tal como yo soy no me hace falta nada! ¡Qué alegría saber que usted y yo estaremos juntos para siempre!

El budismo es inútil para los que están libres de engaño. Me da risa saber que siempre he sido fundamentalmente Buda —de esto no tengo la menor duda—, sin embargo, sólo puedo decirlo a aquellos que tienen un grado de iluminación igual al mío. A las personas con una realización menor tendré que predicar de otra forma.

Con un corazón lleno de gratitud alzo mis manos ante usted, palma con palma.

¡Qué exaltación suprema la de la ley verdadera y qué razonable y consistente es desde el principio hasta el fin; siento esto muy claramente!

[23] Lo que aquí se implica es que no sería extraño, por ejemplo, que un alto sacerdote alcance la iluminación total, pero cuando una frágil muchacha de veinticinco años se ilumina profundamente, aquellos que se niegan a creer posible semejante cosa podrían fácilmente desvirtuar el Dharma.

Con un corazón tranquilo espero el Año Nuevo. Por favor, cuídese.
Yaeko

[P.D.] Ahora comprendo cómo un kensho superficial puede ser peligrosamente parcial.[24]

Tienes razón. La iluminación de la mayoría de los maestros zen de nuestros días es así, pero una realización parcial continúa siendo realización sin importar el número de koanes que se pasen. Lo que estas personas no llegan a comprender es que su iluminación es capaz de ampliarse infinitamente.

COMENTARIO GENERAL: *vivir nuestra vida como* tada *es caminar por el sendero glorioso que todos los budas han pisado. Cuando uno ya no está consciente de la necesidad del budismo, el verdadero budismo se está manifestando. Pero si uno acaricia este concepto, su vida se llenará de engaño. Limpia con devoción [el vaho de] este apego y en tu vida sentirás perfectamente el tibio sol primaveral.*

7. *Más evidencia de la felicidad y la paz de ser uno con el Dharma*

27 de diciembre:
Querido Harada-roshi:
Permítame escribirle con frecuencia.

Por fin he recobrado la serenidad. Con la realización de que el Buda soy yo,

Yo soy Buda. Yo soy yo. Yo soy un yo sin yo.

he llegado a comprender con claridad el amor y respeto absolutos que siento por usted.[25]

Ya me he deshecho del olor a la iluminación,

Todavía no. Aún despides ese horroroso olor.

y mi gratitud hacia usted y hacia el Dharma es aún más profunda. Estoy agradecida por haberme dado cuenta de que el atarse a un estado de engaño o de iluminación crea, a pesar de uno mismo, un deseo creciente de seguir el Dharma con mayor intensidad [y así alcanzar la paz mental suprema].[26]

[24] Un kensho débil es aquel donde el mundo de la Vacuidad aún se ve como algo diferente del mundo de la forma. Su interpretación mutua aún no ha sido percibida.

[25] Es el amor que fluye de la unidad de la mente Buda despierta en Harada-roshi y en ella.

[26] Mientras nuestra visión interna esté desenfocada y nos veamos falsamente a nosotros y al mundo como entidades separadas, en vez de como un Todo indivisible, estaremos

El que nunca se cansa de hacer acciones virtuosas se llama Buda. El apego al Dharma, sin embargo, no es virtual y esta atadura no es fácil de desaparecer.

El engaño y la iluminación son igualmente ofensivos.

Comprenderá lo enormemente satisfactorio que resulta descubrir al fin, a través de la realización total, que tal como soy no me hace falta nada.

Sé cómo te sientes. Hasta el honorable Shakyamuni se apegó al delicioso sabor de la iluminación durante tres semanas. A menos que te deshagas de esta autosatisfacción, sin embargo, no conocerás el budismo verdadero.

El saber que mi relación kármica con usted es profunda ha hecho que me respete más y que sea más prudente.

He tenido ya una gran iluminación y cinco pequeñas. Hasta ahora había olvidado quién era, dónde estaba y qué estaba haciendo.

Ir sin saber que uno va, sentarse sin saber que uno se sienta, éste es el verdadero samadhi en zen. A menos que el ego sea desterrado hasta este punto, no puede haber una regeneración total. Tú lo has hecho bien. Confucio olvidó comer durante tres días; así de absorto estaba en su música interna.

Había hecho desaparecer de tal manera mis "engaños" y había penetrado tan profundamente que ya no podía regresar a mi estado usual.

Deja que sea como es.

Pedí tener dokusan con Taji-roshi y éste me indicó entonces que eso se debía al efecto de mi profunda concentración.

Sí, debido a la fuerza generada por la profunda concentración de la mente.[27]

Pensé que sería necesario que viniera para darme mayores instrucciones, pero entonces tuve un profundo conocimiento y oré ante el Buda, después de lo cual me perdí en el shikan-taza durante tres horas.

No hay necesidad de orar.

Finalmente pude volver a mi condición normal.

El zen que practiqué [después de la iluminación], suponiendo que había algún residuo que debía limpiarse, fue realmente desesperado.

---

engañados. Esta distorsión (nuestra ignorancia básica) afecta nuestra visión y reacción ante todo y como consecuencia no vemos —es decir, la experiencia— las cosas como son en su verdadera naturaleza. La iluminación, aunque revela nuestra solidaridad con todas las cosas (por tanto, enfocando nuestra visión distorsionada), paradójicamente crea un ligero orgullo ante tal logro y esto mancha la pureza inherente de la mente. Mientras esta impureza esté ahí existirá una inquietud latente. Pero esta inquietud actúa como un impulso para continuar practicando hasta deshacerse del apego a la iluminación, logrando así paz y libertad supremas.

[27] Véanse pp. 70-71.

Me es claro que jamás puedo dejar de hacer zazen. Estoy tan agradecida de saber que tal como soy, vida tras vida, es en sí mismo la perfección.

En todo el universo soy suprema, lo cual es perfectamente natural.

Entre los fenómenos innumerables del universo existe Uno que se manifiesta inmaculadamente. ¿Cuál es sino tú?

Estoy sorprendida.

[Sorprendida] desde el punto de vista de los sentimientos engañosos es ser ese Uno. ¡Qué maravilloso!

Me siento muy bien así que no se preocupe.

Espero con gran placer volverlo a ver.

Yaeko

P.D. Derramo lágrimas de gratitud y alegría al saber que he logrado la práctica del zen desde el principio hasta el fin sin esfuerzo y que puedo recibir su guía eterna.[28]

COMENTARIO GENERAL: *un antiguo proverbio zen dice que apegarse a la propia iluminación es una enfermedad tan grave como tener un ego terriblemente activo. En verdad, cuanto más profunda es la iluminación peor es la enfermedad. En su caso creo que hubiera tomado unos dos o tres meses para que desaparecieran los síntomas más obvios y siete u ocho para los más perniciosos. Estos síntomas están menos pronunciados en una persona tan dulce como ella, pero en otras personas son verdaderamente nauseabundos. Los que practican zen deben cuidarse de esto. Mi propia enfermedad duró casi diez años. ¡Ja!*

8. Presentimiento de muerte

28 de diciembre:

Querido Harada-roshi:

Necesito verlo antes de que termine el año, pase lo que pase.

Debo decirle algo: siento intensamente que se acerca la hora en que habré de separarme de usted así que le ruego que venga a cualquier precio por el bien del Dharma. Le pido esto después de reflexionarlo muy seriamente. Le aseguro que no se trata de una alucinación.

Yaeko

[28] Por respeto y humildad, una siempre busca la guía de sus superiores y maestros. Dogen-zenji en su *hotsugammon* pide la guía compasiva de budas y patriarcas.

COMENTARIO FINAL: *en su última carta está claro que Yaeko presiente su muerte. En comparación con el tono radiante de las siete cartas anteriores, me quedé sorprendido y entristecido al leer esta última. Deseaba que de alguna forma su muerte no llegara tan pronto. ¡Qué tristeza tan terrible!*

Uno de los sutras dice que la forma ideal de morir es con el conocimiento de muerte una semana antes, sin dolor o aflicciones y con una mente serena, libre de los apegos al cuerpo. Éste es el ideal que los budistas buscan, pero no es fácil alcanzarlo.

El patriarca Chuho dijo una vez solemnemente: "Quiero morir con el conocimiento de muerte una semana antes, con mi mente serena y libre de apegos al cuerpo y así renacer en el ámbito de los budas y alcanzar la iluminación suprema a través de ellos y recibir su permiso para salvar a todos los seres sintientes de los mundos sin número.

La muerte de Yaeko tuvo este espíritu. Antes de esta carta, había recibido un telegrama en donde se me pedía con urgencia que fuera a verla. Me apresuré a ir a Kamakura el 29 de diciembre [de 1935]. Al hablar con ella pude confirmar la apertura del ojo de su mente.

Lloraba. Yo también. Lloré de alegría y de dolor. En cuanto a ella no tenía el menor miedo a morir.[29] *Pero al pensar únicamente en el Dharma y en la iluminación de otros, se preocupaba porque sus amigos y conocidos pensaran que su práctica zen y su experiencia de la iluminación le habían provocado la muerte. Una creencia tan errónea, temía, podría llevar a los que aún no tenían una verdadera fe en el budismo a repudiar el Dharma. Si esto sucedía, habría cometido una grave ofensa kármica no sólo contra el Dharma sino contra todas esas personas. Sentía además que sería culpable de infidelidad e irresponsabilidad hacia los budas y la humanidad.*

Estos pensamientos le pesaban mucho. A pesar de que estaba dispuesta como consecuencia a renacer en el infierno, le resultaba intolerable pensar que podría ser un instrumento que condujera a otras personas en sentido opuesto. Durante el curso del día y la noche que permanecí con ella hablamos de estas cuestiones. Le aseguré que no tenía por qué preocuparse, puesto que yo aclararía esos errores.

Con frecuencia le había advertido que no se esforzara demasiado ya que esto iba en contra de la ley verdadera, además de que es posible llevar a cabo la práctica zen sin forzarse. No es imposible, por supuesto, que sin mala voluntad haya ignorado mis advertencias y, tomando en cuenta lo delicado de su salud, haya agotado sus fuerzas al esforzarse demasiado, hecho que pudo precipitar su muerte. Su miedo mayor era que la causa de su muerte fuera mal entendida por los demás y que [culpando al Dharma por haber exigido demasiado de Yaeko] llegaran a despreciarlo.[30]

[29] Comparar: "Si se ve el Camino por la mañana, se puede morir feliz por la tarde" (Confucio).

[30] La profunda preocupación de Yaeko sobre un malentendido acerca de su muerte parece

Sea lo que fuere, la virtud de su vida está excelente en el ejemplo de cómo es posible practicar zen perfectamente y hasta experimentar la iluminación perfecta, en la propia casa y parcialmente desde el lecho de enfermo. Si la determinación existe, siempre se puede practicar zazen a pesar de tener una constitución débil y sin tener que asistir a sesshin. Esto es lo que hace única su experiencia y la razón por la que debe quedar registrada en la historia moderna del zen.

Yaeko ha muerto —es una gran pérdida—. Su valentía, sin embargo, es tan inspiradora y su influencia tan importante que con seguridad promoverá la difusión del budismo y beneficiará a la humanidad.

---

desproporcionado. ¿Por qué debe sentirse responsable de lo que otros piensen sobre la causa de su fallecimiento? Pero sus sentimientos resultan comprensibles cuando recordamos que la verdadera iluminación, al revelar la interrelación entre todos los seres vivientes y la repercusión de cada acto sobre la vida de los demás, genera un sentido de responsabilidad no sólo de lo que uno ha hecho, sino de lo que uno ha omitido en alguna situación.

TERCERA PARTE

Suplementos

Capítulo VII

El “ser tiempo” de Dogen

Introducción del editor

Con frecuencia hemos tenido la oportunidad de mencionar en estas páginas al gran Dogen-zenji y su obra más sobresaliente: el *Shobogenzo* (El Tesoro del Ojo —es decir, el ojo abierto de la mente— del verdadero Dharma). Tanto el personaje como su obra merecen por sí solos un libro, pero aquí sólo podemos ofrecer un esbozo de su gran estatura.

Dogen Kigen (también conocido como Dogen Eihei por el nombre de su templo, el Eihei-ji, Templo de la Paz Eterna) vivió de 1200 a 1253 y es probablemente la mente más brillante que el budismo japonés haya producido jamás. A pesar de que a Dogen se le acredita haber llevado las enseñanzas de la secta Soto de China a Japón, parece bastante claro que nunca tuvo la intención de establecer una secta Soto como tal, sino que deseaba promover un zen integral basado en las más altas enseñanzas y prácticas del Buda Shakyamuni. En realidad trató de evitar toda clasificación sectaria, ya fuera Soto, Rinzai u Obaku o las categorías más amplias de Hinayana y Mahayana.

Es erróneo describir a Dogen, según algunos lo han hecho, como a un “dialéctico sutil”, como si fuera filósofo en vez de maestro zen. Maestro de gran calibre mental, vivía profundamente lo que enseñaba y buscaba emancipar a los hombres de los obstáculos de la codicia, la ira y el engaño, enseñándoles cómo vivir una vida verdaderamente significativa, inspirada en el Camino del Buda, y no formular un sistema de pensamiento especulativo.

El *Shobogenzo*, que está compuesto por noventa y nueve secciones, fue escrito en un periodo de unos veinticinco años y complementado después de la muerte de Dogen. En esta obra, Dogen trata de temas tan simples y concretos como la forma correcta de utilizar el baño en la vida monacal, así como de un alto orden metafísico como la relación del tiempo y el ser con la práctica-iluminación. La forma de expresión de Dogen es muy particular y seguramente puede atribuirse a la calidad de su iluminación, la cual, muchos han pensado, ha sido una de las más penetrantes del budismo japonés, así como a su mente naturalmente brillante y creativa. En los círculos de conocedores del zen, las secciones más complejas del *Shobogenzo* se consideran el monte Everest del budismo japonés, y el que intente escalar esa cima debe tener el ojo de la iluminación total abierto y la seguridad del alpinista, que solamente se logra con muchos años de entrenamiento.

Para dar al lector una idea del estilo y la dimensión del *Shobogenzo* de Dogen, presentamos aquí un breve extracto de la sección titulada "Ser-tiempo", que es tal vez la sección más difícil del libro. Pensamos que la selección traducida que constituye más o menos la tercera parte de toda la sección ofrece un interés particular a los estudiantes de zen que viven en el siglo XXI y que tienen una orientación básicamente científica, ya que revela de manera única el significado del tiempo y el universo. También demuestra con claridad que el conocimiento que Dogen llegó a tener sobre el tiempo y el ser, al que llegó introspectivamente a través del zazen en el siglo XIII, y la visión contemporánea de ciertos científicos de la microfísica y macrofísica sobre el tiempo y el espacio alcanzada a través de principios y métodos científicos, tienen un sorprendente paralelismo. Sin embargo, la diferencia, por cierto muy significativa, es el efecto que este conocimiento produjo en estos hombres. La realización de Dogen, al ser un autodescubrimiento, lo liberó de las ansiedades básicas de la existencia humana, proporcionándole una liberación interna y una paz y una profunda certeza moral. Pero hasta ahora tal revolución interna no se ha producido después de estos descubrimientos científicos.

Una advertencia: estos fragmentos no deben ser leídos como metafísica abstracta. Dogen no especula sobre el carácter del tiempo y el ser, sino que habla de una de las experiencias más profundas de esa realidad. Su preocupación predominante es siempre la práctica y la iluminación y guía a sus lectores a tomar conciencia de la verdad de sí mismos y el universo. Esto se expresa claramente en su *Fukan Zazengi* (Promoción Universal de los Principios del Zazen), donde indica: "Debes dejar de preocuparte por la dialéctica del budismo y aprender en su lugar a mirar dentro de tu propia mente en el retiro".

"Ser-tiempo"

Un antiguo maestro de zen[1] dijo: "El ser-tiempo se encuentra en la cima más alta y en las mayores profundidades del mar, el ser-tiempo es tres cabezas y ocho codos, el ser-tiempo es una altura de dieciséis o dieciocho pies, el ser-tiempo es el báculo de un monje, el ser-tiempo es un *hossu*,[2] el ser-tiempo es una lámpara de piedra, el ser-tiempo es Taro, el ser-tiempo es Jiro,[3] el ser-tiempo es tierra, el ser-tiempo es cielo".

"Ser-tiempo" significa que el tiempo está siendo. Toda cosa existente es tiempo. La figura dorada de dieciséis pies es tiempo. Y como es tiempo tiene la grandiosidad del tiempo. Deben saber que son doce horas[4] de "ahora". Tres cabezas y ocho codos es tiempo. Y como es tiempo, este mismo instante tiene que ser idéntico a estas doce horas. Aunque no medimos estas doce horas como un rato largo o corto [arbitrariamente] las llamamos doce horas. Las huellas del flujo y reflujo del tiempo son tan evidentes que no dudamos de ellas; sin embargo, aunque no lo dudamos, no podemos decir que lo comprendemos. Los seres humanos son cambiantes, en un momento se preguntan lo que no comprenden y al siguiente ya no preguntan lo mismo, así que sus preguntas pasadas no siempre coinciden con las presentes. El preguntador en sí mismo, en su duración, es tiempo.

El hombre dispone de sí mismo y supone que esta disposición es el mundo. Deben reconocer que todas las cosas, todos los seres en el mundo entero son tiempo. No hay objeto que obstruya a otro, de igual manera que un tiempo no obstruye a otro tiempo. Por consiguiente, la orientación inicial de cada mente hacia la verdad existe dentro del mismo tiempo y para cada mente hay también un momento de comienzo en su orientación hacia la verdad. Lo mismo sucede en la práctica-iluminación.

El hombre dispone de sí mismo y mira esta disposición [como si fuera el mundo]. Es innegable que el hombre es tiempo. Uno debe aceptar que en este mundo existen millones de objetos y que cada uno es, respectivamente, el mundo entero, y es aquí donde comienza el estudio

[1] Yüeh-shan Wêi-yen (Yakusan Igen-zenji), un maestro zen chino del periodo T'ang.

[2] Un bastón con una especie de cola de pelo que lleva el maestro zen para espantar mosquitos y moscas.

[3] Estos nombres son utilizados en el mismo sentido que Pedro, Juan y José.

[4] Es decir, el día de doce horas que podría ser igualmente las veinticuatro horas del día y de la noche.

del budismo. Cuando uno llega a reconocer este hecho [uno percibe que] cada objeto, cada cosa viviente es el todo, a pesar de que ella misma no se dé cuenta. Así como no existe otro tiempo que éste, cada ser-tiempo es el todo del tiempo: una hoja de pasto, cada objeto es tiempo. Cada punto del tiempo incluye cada ser y cada mundo.

Simplemente consideren si hay o no seres o mundos concebibles que no estén incluidos en este tiempo presente. Si eres una persona ordinaria que desconoce el budismo, al escuchar las palabras *aru toki*[5] indudablemente comprenderás [qué significan "a un tiempo", es decir] que en un tiempo el Ser apareció como tres cabezas y ocho codos, que en un tiempo el Ser tenía ocho o dieciséis pies de altura, o que en un tiempo vadeé el río y en un tiempo crucé la montaña. Pueden pensar que montaña y río son cosas del pasado, que los he dejado atrás y ahora que resido en esta casa palaciega se encuentran tan separados de mí como el cielo de la Tierra.

Sin embargo, la verdad tiene otra faceta. Cuando subí la montaña y crucé el río yo era [tiempo]. El tiempo debe, necesita, estar conmigo. Siempre he sido; el tiempo no puede abandonarme. Cuando el tiempo no se ve como un fenómeno de flujo y reflujo, el tiempo en que subí la montaña es el momento presente de ser-tiempo. Cuando no se piensa que el tiempo es algo que va y viene, este momento es para mí tiempo absoluto. Cuando subí la montaña y crucé el río, ¿no experimenté el tiempo en el que estoy en esta casa? Tres cabezas y ocho codos es el tiempo de ayer, una altura de dieciséis o dieciocho pies es el tiempo de hoy, pero "ayer" y "hoy" significa el tiempo cuando uno va directamente a la montaña y ve diez mil cimas.[6] Nunca ha pasado. Tres cabezas y ocho codos es mi ser-tiempo. Parece ser del pasado, pero es del presente. Una altura de dieciséis o dieciocho pies es mi ser-tiempo. Parece estar pasando, pero es ahora. Así, el pino es tiempo, como lo es el bambú.

No consideren el tiempo como algo que vuela; no piensen que su única función es que vuele. Para que el tiempo vuele tendría que haber una separación [entre él y las cosas]. Como imaginan que el tiempo sólo pasa, no pueden aprender la verdad del ser-tiempo. En una palabra, cada ser en el mundo entero es un tiempo separado dentro de un todo continuo. Y puesto que el ser es tiempo, yo soy mi ser-tiempo.

[5] Este compuesto chino podría leerse como *aru toki*, que significa "al mismo tiempo" o, en un sentido más profundo, *uji*, que significa "ser-tiempo".

[6] Las "diez mil cimas de las montañas" debe interpretarse simbólicamente como las incontables circunstancias y actividades variadas de la vida cotidiana.

El tiempo tiene la cualidad de pasar, por decirlo de alguna forma, de hoy a mañana, de hoy a ayer, de mañana a mañana. Como este pasar es una característica del tiempo, el tiempo presente y el tiempo pasado no se continúan ni se sobreponen uno encima del otro. Pero el maestro Seigen es tiempo, Obaku es tiempo, Kosei es tiempo, Sekito es tiempo.[7] Puesto que tú y yo somos-tiempo, la práctica-iluminación es tiempo.

7 Lo que Dogen probablemente quiere decir aquí es que los antiguos maestros de zen chinos, a pesar de haber fallecido hace mucho tiempo, aún existen en la atemporalidad del tiempo.

Capítulo VIII

Las diez figuras del boyero con comentarios y versos

Entre todas las formulaciones sobre los niveles de realización en el zen, ninguna es tan popular como las Figuras del Boyero, una secuencia de diez ilustraciones con anotaciones en prosa y verso.* Tal vez debido a la naturaleza sagrada del buey en la antigua India, este animal se utilizó para simbolizar la naturaleza primigenia del hombre o la mente Buda.

Las ilustraciones originales y los comentarios que las acompañan se atribuyen a Kuo-an Shih-yuan (Kakuan Shien), maestro chino zen del siglo XII, aunque éste no fue el primero en ilustrar con dibujos las etapas de desarrollo en la realización zen. Existen versiones anteriores de cinco y ocho dibujos en los que el buey se va volviendo progresivamente más blanco y en los que el último dibujo es el círculo. Esto implicaba que la realización de la Unidad (es decir, llegar a borrar toda concepción de uno y los demás) era la meta última del zen. Sin embargo, Kuo-an sintió que esto no bastaba y agregó dos figuras más después del círculo para aclarar que el hombre zen de alto desarrollo espiritual vive en el terreno mundano de la forma y la diversidad y se mezcla entre los hombres ordinarios con total libertad, inspirándolos, con su radiancia y compasión, a andar por el Camino del Buda. Esta versión ha sido la más aceptada en Japón y ha sido fuente de instrucción y de infalible inspiración para los estudiantes zen. Aquí presentamos una versión moderna, a tinta, de Germán Venegas.

* Para todas las notas de esta sección, véanse las pp. 343-344.

1. En busca del buey

En realidad el Buey nunca se ha perdido, así que ¿por qué buscarlo? El hombre no puede verlo porque le da la espalda a su naturaleza verdadera. Debido a sus impurezas ha perdido de vista al Buey. De pronto se encuentra con un laberinto de caminos que se cruzan. La ambición de las cosas mundanas y el miedo a perderlas crecen como llamas abrasadoras; las ideas del bien y del mal surgen como dagas.

Desolado por los bosques y temeroso en las selvas,
busca al Buey que no encuentra.
Por encima y por debajo de anchos ríos, sin nombre,
por la espesura de la montaña, pisa muchos senderos.
Cansado hasta la médula, descorazonado, continúa su
búsqueda de este algo que aún no puede hallar.
Por las noches escucha las cigarras que cantan en los árboles.

2. Al encontrar las huellas

Por medio de los sutras y las enseñanzas discierne las huellas del Buey. [Se le ha dicho que así como] distintos recipientes [dorados] de diversas formas son todos básicamente del mismo oro, de la misma manera cada cosa es una manifestación del Yo. Pero es incapaz de distinguir el bien del mal, la verdad de la mentira. Aún no penetra la puerta, pero ve tentativamente las huellas del Buey.

Ha visto innumerables huellas
    en el bosque y en las riberas.
¿Más allá ve los pastos pisoteados?
Aun la cañada más profunda de la más alta montaña
    no puede esconder la nariz de este Buey
    que llega hasta los cielos.

3. *Primer asomo del buey*

Si escucha cuidadosamente los sonidos[1] cotidianos, alcanzaría la realización y en ese mismo instante vería la Fuente. Los seis sentidos no son distintos de esta Fuente verdadera. En cada actividad la Fuente está presente de manera manifiesta. Es análoga a la sal en el agua o al fijador en la pintura.[2] Cuando la visión interna se enfoca adecuadamente, uno llega a comprender que aquello que se ve es idéntico a la Fuente verdadera.

Un ruiseñor canta en la enramada,
  el sol brilla sobre los ondulantes sauces.
Ahí está el Buey, ¿dónde podría esconderse?
Esa espléndida cabeza, esa majestuosa cornamenta,
  ¿qué artista podría pintarlas?

4. Atrapar al buey

Hoy encontró al Buey que había estado retozando por los campos silvestres y lo atrapó. Ha disfrutado tanto tiempo en estos parajes que no es fácil romper sus viejos hábitos. Sigue deseando los pastos dulces, aún es terco y le falta rienda. Para amansarlo por completo, el hombre deberá usar el látigo.

Debe tomar la cuerda con fuerza y no soltarla,
pues el Buey todavía es salvaje.[3]
Ora arremete hacia las montañas,
ora holgazanea por la brumosa cañada.

5. *Domar al buey*

Al surgir un pensamiento, otros más aparecen. La iluminación trae consigo el conocimiento de que esos pensamientos no son irreales, puesto que aún éstos surgen de nuestra naturaleza verdadera. Nos imaginamos que son irreales únicamente a causa del engaño. Este estado de engaño proviene no del mundo objetivo sino de nuestra propia mente.

Debe sostener la cuerda con firmeza
y evitar que el Buey vague sin rumbo
y, sobre todo, no dejar que se pierda
en alguna guarida lodosa.
Al cuidarlo debidamente, se vuelve limpio y manso.
Ya sin rienda, sigue voluntariamente a su amo.

6. Volver a casa montando el buey

La lucha ha terminado, ni la "pérdida" ni la "ganancia" le afectan ya. Canturrea la rústica tonada del leñador y toca las canciones sencillas de los niños del pueblo. Montado en el lomo del Buey, serenamente contempla las nubes en el cielo. Su cabeza no voltea [hacia las tentaciones]. Aunque se intente molestarlo, permanece sereno.

Cabalgando libre como el viento[4] vuelve al hogar regocijado
atravesando las brumas nocturnas con su amplio
sombrero de paja y su capa.
A donde vaya lleva consigo una brisa fresca,
y en su corazón reina una profunda tranquilidad.
Este Buey no necesita ni una brizna de hierba.[5]

7. El buey se olvida, sólo queda el yo

No existe dualidad en el Dharma. El Buey es su naturaleza primigenia: ya lo ha reconocido. La trampa ya no es necesaria cuando se atrapa a la liebre, la red es inútil cuando el pez se ha pescado. Como el oro separado de la escoria, como la Luna que aparece entre las nubes, una luz radiante brilla eternamente.

Sólo sobre el Buey pudo volver al Hogar,
Pero, ioh!, el Buey se ha desvanecido mientras el hombre queda
  solo y serenamente sentado.
El sol refulgente cabalga por los cielos
  mientras el hombre sueña plácidamente.
Bajo el techo de paja
  yacen ociosos el látigo y la cuerda.

8. *Se olvida del buey y de sí mismo*

Se han desvanecido todos los pensamientos engañosos y cualquier idea de santidad. No se detiene en [el estado de "Soy un] Buda" y rápidamente pasa por [la etapa de "Y ahora me he limpiado del sentimiento vano de] 'no [soy un] Buda'". Ni los mil ojos de quinientos budas y patriarcas pueden discernir en él cualidad específica alguna.[6] Si cientos de aves trajeran flores a su morada no podría evitar avergonzarse de sí mismo.[7]

> Látigo, cuerda, Buey y hombre por igual pertenecen al Vacío.
> Así de vasto e infinito es el cielo azul[8]
> que ningún tipo de concepto lo alcanza.
> Un copo de nieve no sobrevive al fuego ardiente.[9]
> Cuando se realiza este estado mental
> por fin se comprende
> el espíritu de los antiguos patriarcas.

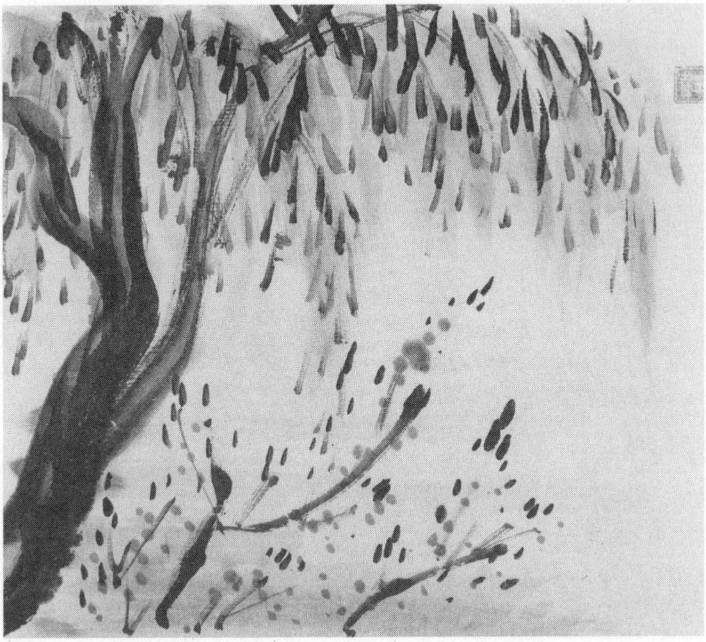

9. *Regreso al origen*

Desde el principio mismo no ha habido ni una partícula de polvo [que manche la Pureza intrínseca]. Observa el ir y venir del mundo mientras permaneces tranquilo en un estado de serenidad imperturbable. Este [ir y venir] no es fantasma ni ilusión [sino una manifestación del Origen.] ¿Por qué entonces luchar[10] por alcanzar algo? El agua es azul, las montañas verdes. Sólo consigo mismo observa el cambio infinito de las cosas.

Ha retornado al Origen, ha vuelto a la Fuente,
    pero sus pasos han sido en vano.
Es como si ahora estuviese ciego y sordo.[11]
Sentado en su choza no anhela las cosas externas.[12]
Los ríos fluyen por sí solos,
    los capullos rojos dan naturalmente flores rojas.

10. Entrada al mercado con espíritu caritativo[13]

La puerta de su choza está cerrada y ni el más sabio puede hallarlo.[14] Su panorama mental[15] ha desaparecido finalmente. Va por propio camino, sin intentar seguir los pasos de sabios anteriores. Cargando su guaje[16] se pasea por el mercado; apoyándose en su bastón regresa a casa. Guía a posaderos y pescadores hacia el Camino de Buda.

> Con el pecho desnudo y descalzo, llega al mercado.
> ¡Sucio y polvoso sonríe abiertamente!
> Sin recurrir a poderes místicos,
> hace florecer árboles marchitos.[17]

Notas

[1] Véase p. 196.
[2] Tomando la analogía de forma y Vacío, la sal corresponde al Vacío y el agua a la forma. Hasta que uno conoce el "sabor" del satori ignora esta Vacuidad y reconoce sólo la forma. Después de la iluminación ya no se ven como cosas diferentes.
[3] Literalmente "fuerza bruta". Lo que aquí se implica es que en esta etapa el pensamiento engañoso aún persiste y que su eliminación requiere mayor entrenamiento.
[4] Literalmente, "montando boca abajo".
[5] Es decir, la mente Buda, simbolizada por el Buey, es enteramente suficiente por sí misma.
[6] La implicación de este fragmento es que los budas y patriarcas poseen una sabiduría tan penetrante como un espejo y que fácilmente disciernen el carácter del hombre ordinario, manchado de impurezas. Pero el que se ha limpiado de impurezas, incluyendo las formas más sutiles de orgullo, sería tan puro y natural que aun un Buda al mirarlo sería incapaz de decir que es esto o aquello.
[7] Ésta es una alusión a una parábola sobre Niu-t'ou Fa-yung (Hoyu-zenji), un maestro zen de la dinastía T'ang, que vivía en el monte Niu-t'ou y al que se alababa mucho por el ardor con que practicaba zazen en su ermita en la montaña. Se dice que hasta los pájaros le cantaban alabanzas ofreciéndole flores mientras permanecía sentado en su cabaña. Cuenta la historia que después de llegar a la iluminación total con el Cuarto Patriarca, los pájaros cesaron de llevarle ofrendas, ya que al haber alcanzado la iluminación perfecta ya no despedía ningún aura de devoción ni de virtud.
[8] "Cielo azul" significa mente pura.
[9] Con la iluminación perfecta todos los pensamientos engañosos, incluyendo los de "iluminación" o "imperfección", se desvanecen.
[10] "Si, como dicen los sutras, nuestra naturaleza esencial es Bodhi (Perfección), ¿por qué todos los budas tuvieron que luchar por la iluminación y la perfección?", preguntó Dogen, que pudo resolver su paradoja sólo después de años de extenuante esfuerzo, culminando en su profunda iluminación.
[11] Lo que se implica aquí es que el hombre totalmente iluminado, al no estar apegado a los objetos de los sentidos, se absorbe en lo que ve y escucha de un modo en que la conciencia de sí mismo está tan ausente que su ver es no ver y su escuchar no escuchar.
[12] Puesto que la iluminación produce la realización de que uno abarca el universo y todas las cosas contenidas en él, ¿por qué luchar?
[13] "Mercado" significa el mundo de la imperfección.
[14] El sentido de esto es que ya se ha purificado y perfeccionado tanto, que el sabio más sabio no detectaría en él señal alguna de imperfección.
[15] Es decir, todos los conceptos, opiniones, suposiciones, prejuicios.
[16] En la antigua China las calabazas se usaban como botellas de vino. Lo que aquí se implica es que el hombre de una profunda espiritualidad no siente aversión a beber con aquellos a quienes les gusta para ayudarlos a superar su engaño. Aquí vemos una diferencia fundamental de énfasis entre el papel del hombre espiritualmente realizado en la tradición Hinayana y Mahayana. En el Hinayana el tipo espiritualmente más elevado, el monje célibe, se aparta de los legos. Idealmente debe ser como un santo, un parangón de virtud, para cumplir con el papel que la comunidad le asigna a él. Si se supiera que bebió, por ejemplo, esto se vería como una señal segura de impureza,

prueba de que su espiritualidad aún no está totalmente refinada. Por el contrario, en el budismo Mahayana, el hombre profundamente iluminado (que puede ser y con frecuencia es lego) no despide "olor" alguno de iluminación profunda, ni tiene ningún aura de santidad; si la tuviera, su alcance espiritual se consideraría deficiente. Tampoco se considera por encima de los males del mundo. Se trata de lleno en éstos siempre que sea necesario, para emancipar a los hombres de sus locuras, pero sin dejarse arrastrar él mismo por ellos. Es como el loto, el símbolo de pureza y perfección del budismo, que crece en el lodo, sin mancharse.

17 Ésta es otra forma de decir que el hombre totalmente iluminado, dado que toda su personalidad está impregnada de radiancia interna, aporta luz y esperanza a aquellos en la oscuridad y desesperación.

Capítulo IX

Posturas

A. Posturas de zazen ilustradas

Las posturas de zazen que se ilustran en las páginas siguientes van desde la clásica postura del loto que se adoptó desde la antigüedad hasta el uso en el siglo XX de un banquito para hacer zazen. Aunque los maestros de zen antiguos y contemporáneos unánimemente han proclamado la superioridad de la flor del loto sobre cualquier otra postura (por los motivos que se exponen en la primera sección de esta obra), el editor puede atestiguar, basándose en su propia experiencia, que cualquiera de estas posturas es válida para quien está decidido a emprender la práctica del zen.

La práctica de sentarse con cada pie sobre el muslo opuesto es más antigua que el Buda mismo. Esculturas que datan de milenios antes del nacimiento del Buda muestran que en India ya se adoptaba esta postura y bajorrelieves de antiguas tumbas egipcias muestran figuras sentadas en flor de loto completa. Esto es prueba de que otras civilizaciones, además de la hindú, conocían el poder de esta postura única.

Decididamente para los occidentales que no han crecido con la costumbre de sentarse en el suelo, la postura del loto puede ser difícil pero de ninguna manera imposible. Occidentales adultos sin atributos físicos especiales han dominado la postura del medio loto en menos de seis meses por medio de un zazen persistente junto con ejercicios para estirar las piernas (que incluyen bajar las rodillas con las manos después de un baño caliente), para gradualmente hacer que éstas toquen la estera de meditación. El loto completo es más difícil, pero por supuesto no es imposible de alcanzar si nos esforzamos sistemáticamente.

La postura que se muestra en la figura 5 se usa mucho en Birmania y otros países budistas del Asia sudoriental. Tiene la ventaja de ser

Fig. 1. Postura del loto completa; el pie derecho está sobre el muslo izquierdo y el pie izquierdo sobre el muslo derecho; ambas rodillas tocan la estera ligeramente. Las manos deben descansar sobre los talones, con los pulgares tocándose ligeramente para formar un óvalo. Esta postura puede cambiarse poniendo el pie derecho sobre el izquierdo.

Fig. 2. Postura del loto completo, vista lateral, donde se muestran las orejas en línea con los hombros y la punta de la nariz en línea con el ombligo. La barbilla debe estar ligeramente hacia dentro, las nalgas hacia fuera y la espalda recta. Es preferible usar un solo cojín no muy alto para esta postura.

Fig. 3. La postura de medio loto; el pie izquierdo está sobre el muslo derecho y el pie derecho bajo el muslo izquierdo; ambas rodillas tocan la estera. Para facilitar que las rodillas toquen la estera, se pueden emplear cojines de soporte bajo el cojín redondo normal.

Fig. 4. El cuarto de loto; el pie izquierdo descansa sobre la pantorrilla derecha y ambas rodillas están sobre la estera.

Nota: en todas las posturas, incluyendo el banquito y la silla, las nalgas deben echarse hacia fuera, la barbilla debe ir ligeramente hacia dentro y la espalda debe conservarse recta. Las manos deben estar junto al cuerpo, descansando sobre los muslos o los talones, las rodillas deben estar al mismo nivel y el abdomen debe estar relajado, ligeramente hacia fuera.

mucho menos incómoda para principiantes que el loto completo o medio loto, puesto que las piernas no se cruzan, pero no ofrece un apoyo tan fuerte para el tronco como la postura del loto. Por tanto, es difícil mantener la columna recta durante largos periodos.

La postura tradicional japonesa (figura 6) puede hacerse más cómoda para los occidentales si se coloca un cojín entre las nalgas y los talones. Un banquito, del tipo que se muestra en la figura 7, puede resultar aún más cómodo porque elimina todo tipo de presión sobre los talones. Para el principiante, es más fácil mantener una espalda recta por medio de esta postura.

Una silla ordinaria, cuando se emplea de manera ordinaria, es decir, sin mantener la espalda recta, no es suficiente para hacer zazen. Pero si se utiliza como se muestra en la figura 8, con un cojín bajo las nalgas para mantener la espalda recta y con los pies bien apoyados sobre el suelo, puede ser muy efectiva.

Fig. 5. La postura llamada birmana, con las piernas sin cruzar, el pie izquierdo o derecho enfrente y ambas rodillas tocando la estera. Aquí también puede ser necesaria una base más alta para sentarse, de modo que ambas rodillas descansen simétricamente sobre la estera.

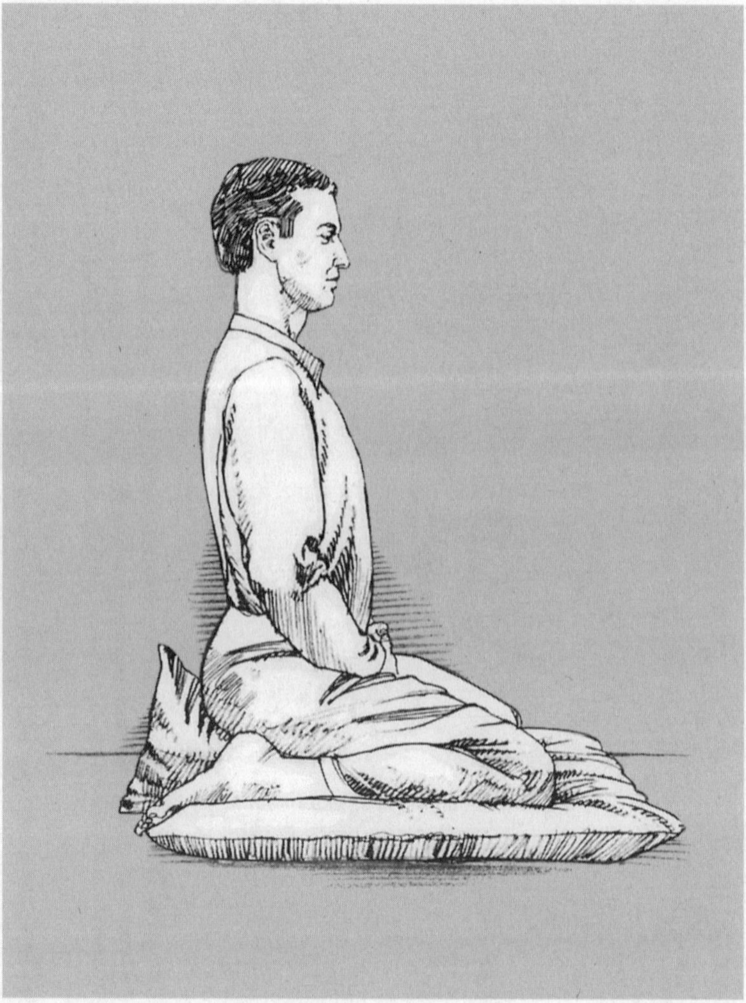

Fig. 6. Vista lateral de la postura tradicional japonesa con las rodillas al mismo nivel sobre la estera y sentado sobre un cojín más flexible para evitar presión sobre los talones. Las manos pueden descansar enfrente, sobre las piernas. Para lograr un poco más de altura y menos presión sobre las piernas se puede colocar un cojín redondo bajo el cojín flexible.

Fig. 7. Vista lateral de zazen realizado sobre un banquito de madera muy bajo y con asiento acolchonado. Para evitar que las manos resbalen hacia abajo se puede colocar un cojín de soporte vertical entre las piernas debajo de las manos.

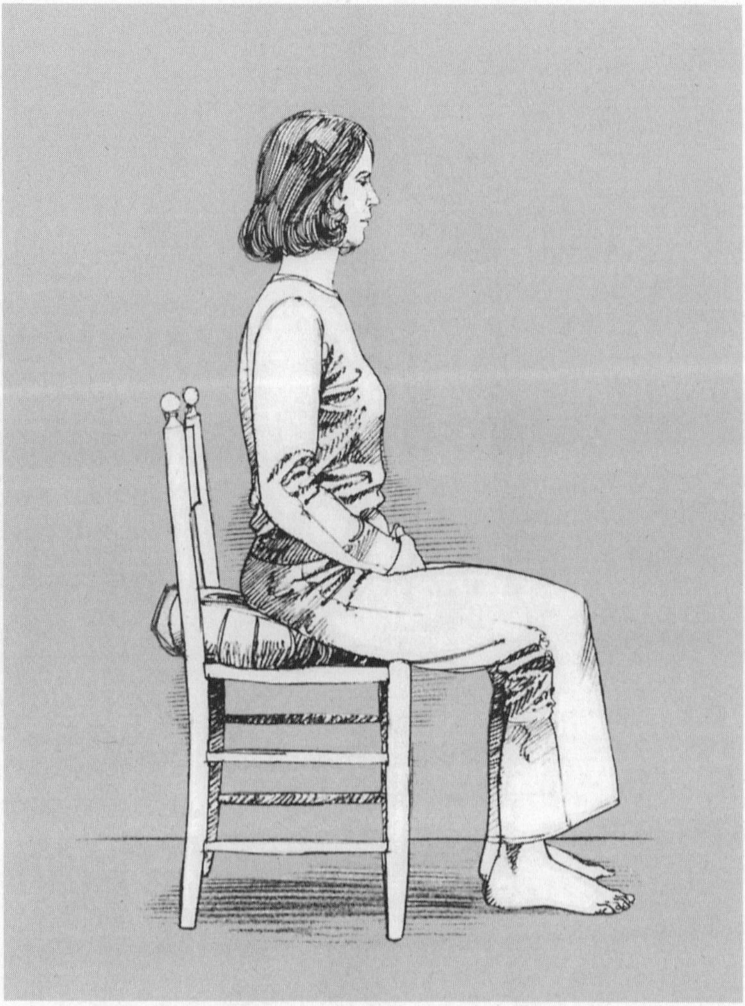

Fig. 8. Vista lateral de zazen sobre una silla de respaldo recto con un cojín bajo las nalgas y los pies firmemente apoyados en el suelo a una distancia entre el uno y el otro, equivalente a la distancia de los hombros.

Fig. 9. Vista lateral de la estera, el cojín redondo y el de soporte en posición para zazen. El cojín redondo puede medir entre 30 y 45 cm de diámetro y alrededor de 8 a 15 cm de espesor. El mejor relleno para estos cojines es el pochote, el kapok o miraguano, que se esponja al ponerse al sol; el hule espuma no tiene esa cualidad. La guata de algodón es buena para hacer las esteras. El mejor tipo de estera no debe tener más de 5 cm de espesor y mide entre 75 y 90 cm de lado, sin llevar cordones de tapizado. El cojín de soporte mide más o menos 40 por 30 por 6 cm de espesor. El cojín redondo lleva un asa para poderlo tomar, así como pliegues que permiten que dé de sí.

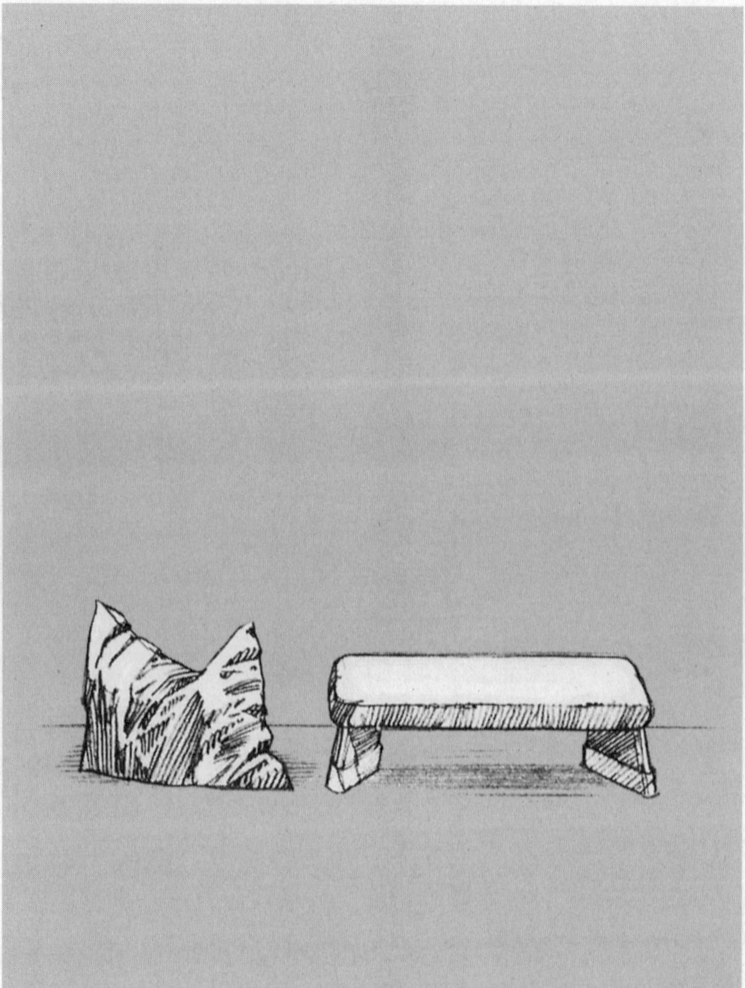

Fig. 10. Cojín flexible y banquito para zazen. El cojín puede rellenarse con cascarilla de trigo, de arroz o cualquier otra que no sea demasiado dura y que se mantenga firme. El banquito mide 50 por 20 cm. Atrás mide 20 cm de altura y al frente 15 cm. El asiento está tapizado para mayor comodidad.

B. Preguntas y respuestas

Espalda

Pregunta: Al hacer zazen, me da un dolor en la parte baja de la espalda; ¿a qué se debe?

Respuesta: Esto no es raro en los principiantes. Normalmente sucede durante o después del zazen, debido a que los músculos de la espalda no están lo suficientemente fuertes para sostener la espalda recta durante mucho tiempo. Lo mismo sucede cuando uno se sienta con rigidez. Inclinarse ligeramente hacia delante, sin doblar la espalda, eliminará probablemente este problema al liberar la presión de los músculos de la parte baja de la espalda, permitiendo que el peso del tronco lo asuman las caderas. Algunas veces el dolor en la parte baja de la espalda puede ser el resultado de sentarse sobre un cojín demasiado alto o demasiado duro. Experimenta con tus propios cojines; intenta utilizarlos de diversas formas hasta que encuentres la altura adecuada para ti.

También es necesario fortalecer la espalda por medio de ejercicios de estiramiento o por medio de algún deporte. Aquí se muestran dos buenos ejercicios de estiramiento. De pie y derecho, lentamente se baja el tronco desde la base de la espalda sin encorvar la espalda o doblar las rodillas, tratando de alcanzar el suelo con las palmas de las manos. Baja sólo hasta donde te resulte cómodo; gradualmente irás bajando más y más hasta que las manos toquen el suelo. Después siéntate en el suelo con las piernas extendidas al frente. Dóblate hacia delante desde la base de la espalda, tratando de alcanzar los pies y manteniendo las rodillas firmes sobre el suelo. (Véase ilustración).

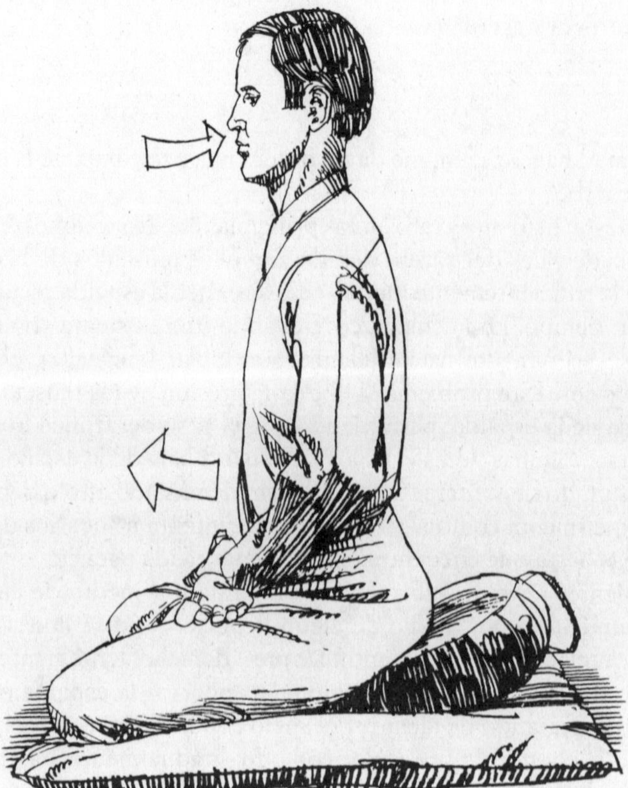

Para llegar a tener y mantener una espalda sana es necesario aprender a sentarse y andar derecho durante las actividades diarias. Al sentarse, primero empuja las nalgas hacia el respaldo de la silla o sillón y después endereza la espalda. De esta forma es fácil sentarse derecho, puesto que el peso descansa sobre las caderas y nalgas, evitando sobrecargar la parte baja de la espalda. Sobre todo, no te dejes caer sobre una silla apoyándote en la espalda, como si fueras un saco. Recuerda caminar erecto en todo momento, con el centro de gravedad en la parte inferior del abdomen y no en los hombros. Recuerda: lo que distingue al ser humano de los animales es su capacidad para mantenerse erecto. La dignidad y nobleza innatas del ser humano se revelan en una espalda erecta.

Respiración

Pregunta 1: En zazen ¿debe respirar uno desde el pecho o desde el estómago? Cuando inhalas, ¿entra y sale el abdomen?

Respuesta 1: En el zen la respiración se hace desde la parte inferior del abdomen, no desde el pecho. Al inhalar, por lo común el bajo abdomen se llena poniéndose literalmente convexo. Al exhalar se pone ligeramente cóncavo. (Véanse ilustraciones).

Pregunta 2: Mi práctica es seguir mis respiraciones. He leído que el zazen se vuelve más efectivo al empujar la respiración hacia el hara (bajo abdomen), pero al tratar de hacerlo me duele el pecho. ¿Estoy haciendo algo mal? ¿Qué puedo hacer para evitarlo?

Respuesta 2: Al comenzar a practicar, es muy probable que se haga un gran esfuerzo consciente que, al ser persistente, cree dolor en alguna parte del cuerpo. La mayoría de la gente respira muy superficialmente y su exhalación termina en el área del pecho. Debes aprender a relajar el diafragma y respirar desde el bajo abdomen en vez del pecho. Pero si tratas de forzar la respiración hacia abajo, se estanca y no desciende naturalmente hasta el abdomen. El resultado es dolor ya sea en la región abdominal, o en la espalda baja, o en ambos sitios.

Para ir más allá de este esfuerzo consciente y para lograr mantener el centro de gravedad en el bajo abdomen, de modo que la respiración sea abdominal, imagina que tus fosas nasales están como a cinco centímetros por debajo del ombligo. Deja que tu respiración fluya suavemente hasta la palma de tu mano izquierda (supongo que tus manos están en la posición del mudra clásico para zazen y que descansan sobre tus talones en la región debajo del ombligo). O imagínate que tienes un globo en la palma de la mano que inflas con cada inhalación. Después de un rato perderás esta preocupación consciente y la respiración se volverá más natural. Nunca manipules tu respiración, excepto al comenzar un periodo de zazen cuando debes respirar dos o tres veces profundamente y después exhalar lentamente. Deja siempre que la respiración encuentre su propio ritmo. Algunas veces la respiración será lenta, otras rápida y otras trabajosa, dependiendo de tu estado mental, tu condición física y otros factores. Sin embargo, con un zazen continuo desarrollarás estabilidad y tu respiración adoptará un patrón propio natural. Un texto muy conocido del maestro zen Dogen recomienda que la respiración no sea jadeante ni forzada, ni lenta ni rápida. Si concentras tu atención en la palma de tu mano izquierda, tu centro de gravedad descenderá sin esfuerzo desde los hombros y pecho hasta el hara (o *tanden*). La expansión y contracción de los músculos respiratorios que están implicados en la respiración abdominal alivian y fortalecen el sistema nervioso autónomo además de inhibir la proliferación de pensamientos dispersos.

Con frecuencia uno se preocupa tanto por la mecánica de respiración, preocupándose si el abdomen se mete o sale, en la inhalación y exhalación, que la concentración en contar o seguir las respiraciones, el shikan-taza, el koan, pierden su efecto. A uno puede pasarle como al ciempiés que al tratar de decidir cuál pie debería mover primero acabó hecho un nudo y paralizado. El motivo por el cual los maestros de zen experimentados no analizan o explican el proceso respiratorio en detalle es que no desean que los estudiantes hagan de ello una técnica, ni tampoco de cualquier otro aspecto de la práctica zen. La técnica pertenece al mundo de la tecnología y no al entrenamiento espiritual.

Pecho

Pregunta: Dijo antes que es necesario mantener el pecho levantado. Me parece que se necesita de un esfuerzo consciente para hacerlo. ¿No interferirá esto con mi zazen?

Respuesta: Si estás acostumbrado a meter el pecho, ciertamente se requiere un esfuerzo consciente para sacarlo al principio. Cuando el caminar y el sentarse con el pecho abierto se vuelve algo natural, uno empieza a darse cuenta de los muchos beneficios de esta postura ideal. A los pulmones se les da un espacio adicional para expandirse, permitiendo que se llenen y se estiren. Esto permite, a su vez, inhalar más oxígeno que depure la sangre, lo cual alivia la fatiga acumulada en el cuerpo. Puesto que uno debe quemar una buena cantidad de oxígeno antes de alcanzar un nivel profundo de zazen, es una ventaja absoluta tener el pecho abierto, facilitando así el libre flujo de esta energía vital. La manera más fácil de abrir o levantar el pecho es alzando ligeramente el esternón.

Ojos

Pregunta: Después de algunos periodos de zazen, me resulta difícil volver a tener el enfoque visual normal. ¿Por qué sucede esto y qué puedo hacer para corregirlo?

Respuesta: Si los ojos se mantienen enfocados durante la meditación habrá una tensión como resultado de mantenerlos así, lo cual interferirá con la visión después. Al sentarse, hay que mantener los ojos abiertos pero sin enfocar la vista; no trates de percibir nada especial. Al principio esto te parecerá raro, pero al involucrarte más profundamente, se volverá algo natural el mantenerlos desenfocados. Aun cuando los ojos se mantienen desenfocados, a veces toma cierto tiempo volverlos a ajustar a su enfoque normal debido a condiciones diversas del cuerpo- mente. Esto no es de cuidado.

Si tus ojos te están causando verdaderos problemas, hay algunos ejercicios generales que se pueden hacer. Para que la vista se enfoque de nuevo rápidamente, parpadea unas cuantas veces y después acerca el dedo índice a la punta de la nariz mientras lo miras. Ahora lleva el dedo hacia el lado izquierdo siguiéndolo con los ojos. Ahora nuevamente trae el índice al frente y haz lo mismo hacia la derecha. Ahora rota los ojos unas cuantas veces hacia la izquierda y después hacia la derecha. Trata de mirar hacia el ángulo superior izquierdo lo más lejos que puedas, después hacia el ángulo inferior derecho, en un movimiento diagonal; después trata de ver el ángulo superior izquierdo y hacia el ángulo inferior derecho. Haz esto varias veces y después parpadea rápidamente varias veces.

Otra forma de aliviar y revitalizar la vista es frotarse las palmas de las manos vigorosamente, generando calor, y después ponerlas sobre los ojos bloqueando toda la luz. Ahora abre los ojos y báñalos mentalmente en la tibia energía que las palmas despiden. Esto puede hacerse independientemente de los ejercicios indicados antes.

Si usas lentes, quitártelos durante zazen puede causar tensión ocular. Intenta hacer zazen con los lentes puestos y sin ellos para ver qué te resulta mejor.

Manos y antebrazos

Pregunta: Con frecuencia después de hacer zazen por uno o dos periodos las manos y antebrazos se me empiezan a tensar y a doler. ¿Por qué?

Respuesta: Es muy probable que estés creando tensión aplicando demasiada tensión en los pulgares. También debes tener cuidado con los codos, que no estén echados hacia fuera y tensos, pues entonces la presión de ambas manos aumenta y la situación empeorará. Es como si uno tratara de tomar la práctica con las manos. Esto crea tensión, dureza y dolor del músculo.

Los codos deben estar relajados y se debe permitir que caigan naturalmente, cerca del cuerpo. De igual manera, las manos deben descansar sobre los muslos, libres de tensión, con los pulgares tocándose ligeramente, formando un círculo alargado. El mantener las manos planas con las palmas hacia arriba con frecuencia crea tensión en la región del antebrazo y de los codos.

Manos y hombros

Pregunta: Me he dado cuenta de que si no uso cojín para sostener las manos, éstas se resbalan sobre los muslos. Cuando esto sucede, los hombros se echan hacia delante y empiezo a sentirlos cansados. ¿Cómo puedo evitar que las manos se me resbalen? Normalmente me siento en medio loto.

Respuesta: Si te puedes sentar confortablemente en medio loto, deberá haber suficiente espacio cerca de la parte inferior del abdomen para que las manos descansen contra el cuerpo, apoyadas de tal forma que los dedos de la mano izquierda estén sobre los dedos de la mano derecha, y éstos se encuentren ligeramente curvos y relajados. (Véanse ilustraciones de las posturas en la sección IX-A).

Las manos pueden resbalarse cuando el cuerpo-mente pierde su atención, es decir, cuando uno se adormece o se distrae al estar sentado. El cansancio en los hombros se debe a la tensión sobre ellos y sobre los omóplatos.

Esta fuerza anormal que ejercen los hombros mina la vitalidad. Para corregir esto, acerca las manos a la parte inferior del abdomen y al mismo tiempo relaja los codos, permitiéndoles colgar cerca del cuerpo. Ahora inhala profundamente y alza el esternón. De esta forma, los hombros colgarán de modo natural una vez que estén sostenidos por los omóplatos enderezados. Si se permite que el pecho descienda, los hombros a su vez se sentirán pesados y flácidos.

Cabeza

Pregunta: Cuando hago zazen, mi cabeza se va haciendo hacia delante, poco a poco, y lo corrijo solamente cuando me doy cuenta de que me ha pasado. ¿Cómo puedo evitarlo?

Respuesta: Cuando uno es seducido por pensamientos azarosos o por fantasías, la cabeza sigue físicamente a los pensamientos y se proyecta hacia fuera. Esto puede corregirse físicamente sintiendo el cuello de la túnica en la parte de atrás del cuello, respirando con profundidad y después alzando ligeramente el esternón. Cuando el pecho se levanta, la posición de la cabeza se corrige sola. Las orejas automáticamente se alinearán con los hombros y la barba se meterá ligeramente. No debe hacerse el intento de echar la barba hacia dentro, puesto que esto puede tensionar la parte posterior del cuello. Huelga decir que debe hacerse un esfuerzo por no seguir los pensamientos o fantasías.

Cabeza, dolores agudos

Pregunta: Después de sentarme algunos minutos, me di cuenta de que me daba un dolor en la parte izquierda de la cabeza. Esto me sucedió cada vez que empezaba un nuevo periodo de zazen.

Respuesta: Al principio las personas sensibles con frecuencia tienen dolores en partes diversas del cuerpo, debido a tensiones preexistentes en esas zonas y al esfuerzo de hacer que la energía vaya hacia dentro en vez de liberarla hacia fuera. Es sin duda un esfuerzo para el cuerpo y la mente funcionar como una unidad en el zazen. Si esta incomodidad va acompañada de sentimientos de angustia, el dolor y la tensión irán en aumento. Cuando comprendas el motivo del aumento de tensión y el dolor resultante y cuando te des cuenta de que son temporales, el miedo desaparecerá. Naturalmente el dolor también desaparecerá y se verá sustituido por una sensación de felicidad y bienestar.

También recuerda que tu incomodidad puede ser un truco del ego para desviarte de tu práctica. Puesto que el ego no desea perder su cómoda dominación plantea toda clase de barreras para mantener el control, siendo el dolor la más frecuente, pues sabe que un zazen persistente acabará con su reinado. Si comprendes que el dolor no es sino un medio del ego para hacerte desistir, puedes vencer este astuto fantasma negándote a ceder. El dolor es un reto que tarde o temprano hay que enfrentar y la forma de desarrollarlo es ser completamente uno con él.

Rodillas

Pregunta: Me lastimé la rodilla jugando basquetbol y me operaron pues tenía roto un menisco. ¿Es posible que llegue alguna vez a intentar sentarme en medio loto o loto completo?

Respuesta: Si la operación tuvo éxito, normalmente la prognosis es buena. El menisco se irá sustituyendo con un tejido más delgado y flexible. También ha habido casos en los que el menisco se cura lentamente sin necesidad de operación, a tal grado que la rodilla pudo

funcionar tan efectivamente como antes del problema. A medida que la rodilla gane en flexibilidad, comienza a mecerla de arriba abajo ligeramente cada día hasta que sientas que te puedes sentar cómodamente en medio loto o loto completo. (Véase "Piernas, dolor en medio loto"). El masaje diario, las cataplasmas de hierbas y las infusiones (especialmente la de consuelda o jenjibre), así como dosis terapéuticas de vitamina C son una ayuda.

Piernas dormidas

Pregunta: Las piernas se me duermen muy rápido siempre que hago zazen. ¿Qué puedo hacer?

Respuesta: Cuando las piernas se duermen durante zazen, normalmente es porque se está presionando un nervio o una vena o ambos. El cambiar de posición sobre el cojín, es decir, sentarse más adelante o más atrás aliviará la presión del nervio.

Los que tienen problemas circulatorios en las piernas harían bien en cambiar con frecuencia su postura de zazen, para no causar alguna presión innecesaria por largos periodos. Masajear las piernas antes y después de zazen, estimulando la circulación y fortaleciendo los nervios también ayuda.

Piernas, dolor en medio loto

Pregunta: Siento mucho dolor cuando intento sentarme en medio loto. ¿Qué puedo hacer para evitarlo?

Respuesta: Antes de poderse sentar en medio loto es necesario que las articulaciones del tobillo y la rodilla estén flexibles. Esto puede lograrse de diversas formas, una de las cuales es la siguiente: siéntate en el suelo con ambas piernas estiradas frente a ti. Dobla la pierna derecha y coloca el pie derecho sobre el muslo izquierdo tan arriba como te sea posible. Sostén con la mano izquierda el pie derecho y con la derecha empuja suavemente la rodilla derecha. Si no te es posible poner el pie derecho sobre el muslo izquierdo, coloca la planta del pie derecho contra la cara interna del muslo izquierdo y empuja la rodilla.

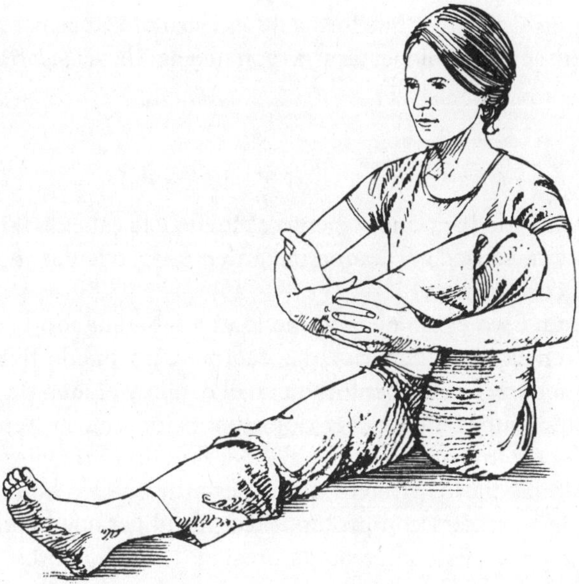

Continúa este movimiento de la rodilla durante unos cuantos minutos y después cambia de pierna repitiendo lo mismo (véase ilustración, p. 365). Con el tiempo, al haber mayor flexibilidad y al abrirse la zona inguinal, será posible que coloques el pie más arriba sobre el muslo. Diariamente empuja las rodillas unos cuantos minutos y pronto podrás sentarte cómodamente en medio loto. Una variante de este ejercicio es juntar las plantas de los pies y tomar los pies con las manos, moviendo las rodillas hacia abajo (véase ilustración, p. 366).

Otro ejercicio que abrirá la zona inguinal y las caderas es tomar la pierna y alzarla entre los brazos "acunando" la rodilla en un codo y el pie en el otro, meciendo la pierna de lado a lado. Repítelo con la otra pierna.

Nadar es una buena ayuda para lograr flexibilidad, puesto que en el agua es posible adoptar posturas que de otra forma serían muy dolorosas. El sauna es un buen sitio para masajear las rodillas, tobillos y zona inguinal, para luego poderse sentar en la postura de loto completo.

Si al sentarse hay dolor debido a que los ligamentos aún no están suficientemente estirados, trata de soportarlo, pero si el dolor es demasiado intenso cambia de postura. No es necesario apretar los dientes, tragarte las lágrimas y decirte: "Lo voy a soportar aunque me mate", creyendo que el zazen es una forma de ascetismo. El zazen debe dejarte con una sensación de bienestar y no con una aguda sensación de dolor.

Cuello y cabeza

Pregunta: Cuando hago zazen siento el cuello y la cabeza rígidos y esto me produce la sensación de que me arden las clavículas. ¿Qué puedo hacer para corregir esto?

Respuesta: Esto es un ejemplo de lo que pasa cuando la energía se "bloquea" en la parte superior del cuerpo y no puede fluir naturalmente. Si tu atención está enfocada en el cuello y el área de la cabeza, normalmente empezará a haber dolor y tensión ahí. La sensación de ardor se debe a una afección que evita el flujo libre de la sangre a esa zona. Para remediarlo, primero debes permitir que los hombros se relajen. Después, respira con profundidad, alza ligeramente el esternón y exhala despacio. Esto aligerará la presión de los hombros, liberando la energía bloqueada. Se debe tener cuidado de no intentar enderezar los hombros o deliberadamente llevarlos hacia atrás. Se enderezarán por sí solos si se alza el esternón; simultáneamente la cabeza y el cuello se sentirán más libres sobre la columna. No hagas ningún esfuerzo consciente por controlar la zona de la cabeza y el cuello, pues esto crea tensión y a la larga dolor.

Saliva

Pregunta: Algunas veces la boca se me llena de saliva durante el zazen y tengo que tragar a menudo. ¿Cuál es el motivo?

Respuesta: Esta reacción puede ocurrir cuando la cabeza se lleva demasiado hacia delante o la barba está muy metida. Para corregirlo, la cabeza debe echarse hacia atrás, hasta sentir el cuello de la túnica atrás. Ten cuidado de no permitir que la lengua caiga del paladar, donde debe estar normalmente para zazen, pues también provocará que se llene de saliva la boca.

Sueño durante el zazen

Pregunta: Antes de irme al trabajo por la mañana hago cerca de una hora de zazen, pero no es un buen zazen puesto que casi todo el tiempo estoy medio dormido. ¿Qué puedo hacer?

Respuesta: Normalmente le toma al cuerpo alrededor de una hora para despertar completamente después de levantarse. Sin embargo, hay formas de acelerar este proceso. Una caminata rápida llenando los pulmones con el aire limpio de la mañana ayuda muchísimo, así como realizar ejercicios de estiramiento. Golpecitos ligeros con las puntas de los dedos sobre la cabeza también ayuda a desperezarse. Un procedimiento particularmente efectivo es el siguiente: llena el lavabo con agua fría de modo que puedas meter la cara; abre y cierra los ojos bajo el agua unos veinte segundos, dejando que el agua fría toque los ojos abiertos.

Otro ejercicio excelente para despertar es el siguiente: una vez que estás sentado, listo para comenzar tu zazen, entrelaza las manos por detrás con los codos derechos. Respira profundamente y después con lentitud, inclínate hacia delante hasta que toques el suelo con la frente. Más adelante podrás tocar el suelo con la barbilla en vez de la frente. Respira normalmente mientras estás en esta posición durante medio minuto. Ahora respira de nuevo profundamente y vete levantando desde la base de la columna mientras exhalas (véase ilustración). Mientras levantas cabeza y tronco (las manos aún entrelazadas por detrás)

estírate bien, abriendo el pecho y echando las nalgas hacia atrás hasta que estés sentado derecho. Ahora todavía con las manos entrelazadas por detrás, estírate de nuevo, llevando la cabeza tan atrás como puedas, manteniendo el pecho bien abierto. Este ejercicio no sólo te vigorizará y despertará, sino que limpiará las vías respiratorias aliviando cualquier problema de respiración.

Por último, quiero aclarar que con frecuencia los meditantes se quejan de sentir sueño sin importar la hora del día. No parece ser algo que esté relacionado con estar cansado o no, o haber dormido lo suficiente; se trata de un problema de motivación. Aún no se siente con fuerza la necesidad de Autorrealización, y sentir sueño es una forma somera de escapar del tedio del zazen. Lo que se necesita es recordarse a uno mismo que en cualquier momento puede llegar la muerte y que nacer como seres humanos en esta vida es una oportunidad muy especial. Por tanto, el no realizar nuestra verdadera naturaleza es, como dijo un maestro, haber vivido en vano.

Pensamientos que afectan la postura

Pregunta: He estado haciendo zazen poco tiempo y me sucede que empiezo a deprimirme y a tener recuerdos desagradables. Cuando esto pasa también me doy cuenta de que mi postura ha empeorado y a pesar de que trato de corregirla, no logro mantenerla mucho tiempo.

Respuesta: Se trata de un doble problema. Los pensamientos destruyen la atención de la mente y provocan que el cuerpo se encorve. Con esto la columna también se encorva, el esternón se vuelve cóncavo, los órganos internos se presionan, las manos resbalan de los muslos y la actitud del cuerpo se vuelve deprimida y de derrota. Es casi como si uno dijese: "No puedo hacerlo. Jamás podré. No soy suficientemente fuerte". Lo que es peor: un cuerpo en esta postura invita a una invasión de pensamientos negativos, desagradables y el ciclo se ensancha.

Desde el principio, date cuenta de que tus recuerdos, como todos los pensamientos, son impermanentes e insustanciales, irreales en el sentido de que se encuentran vacíos de sustancia propia. Por tanto, no debes aferrarte a ellos. Además, si al sentarte cuidas de mantener el pecho abierto, se enderezarán las clavículas y los hombros descansarán fácilmente. La cabeza también se asentará sobre la espina cervical y las orejas se alinearán con los hombros. Los órganos internos dejarán de presionarse. Si las nalgas se echan hacia fuera, ofreciendo una base amplia para el tronco y si el abdomen está relajado y las manos ligeramente hacia dentro descansando cerca del hara, se generará una actitud de alerta, equilibrio y decisión totalmente distinta. Los pensamientos negativos serán rechazados por el equilibrio mismo del cuerpo-mente y la postura será indicativa de la decisión “Puedo y lo haré”.

Tronco inclinado

Pregunta: Los monitores están constantemente enderezando mi postura. Evidentemente tiendo a inclinarme hacia la derecha a pesar de que no estoy consciente de ello y cuando me corrigen siento como si me inclinara como la torre de Pisa, en la otra dirección. ¿Por qué pasa eso?

Respuesta: Si en general tu cuerpo se encuentra fuera de centro, su falta de balance se reflejará cuando te sientas. Hay muchas causas que provocan esta falta de balance. Si uno es estudiante y siempre lleva libros o bultos pesados de un lado (el derecho, por ejemplo), el cuerpo tenderá a inclinarse hacia ese lado. De igual manera, si tienes el hábito de pararte tranquilamente con una cadera hacia fuera o juegas mucho tenis, habrá una falta de balance.

Obviamente el primer paso es tratar de corregir esta situación física que causa la falta de balance. Es decir, cargar libros o paquetes a ambos lados o pararse con el peso del cuerpo distribuido equilibradamente en ambos pies. Después, si al sentarte te inclinas hacia un lado o hacia el otro, puede ser que necesites colocar un cojín delgado o una toalla doblada bajo una nalga para que el tronco esté vertical. Después cuando el cuerpo se acostumbre a estar alineado en esa postura, se puede quitar el cojín delgado o toalla; entonces no se sentirá raro estar sentado derecho.

También existen motivos psicológicos por los que el cuerpo se inclina hacia un lado. Te darás cuenta de que la gente tímida o con una imagen pobre de ellos mismos y aquellos que carecen de un centro fuerte, tenderán a caminar y sentarse encorvados. Puesto que el cuerpo es la parte física de la mente, con una mejor postura tenderá a crear una situación psicológica más sana —una de equilibrio y confianza en uno mismo—. Pero a menos que el sentido del ego no se resuelva, y en una persona que no se valora está simplemente invertido y no es más débil que en la persona dominante, no puede haber un camino fundamental o permanente en la personalidad o la postura.

Comentario final

Cuando Philip Kapleau regresó a Estados Unidos en 1966 después de 13 años de práctica zen en Japón, se convirtió en uno de los pocos maestros zen que vivían en Estados Unidos. No tenía idea de que en su periodo de vida tantos estadounidenses empezaran a practicar el zen. Asumiendo que ahí los maestros también continuarían siendo pocos, incluyó en *Los tres pilares del zen* las "Entrevistas privadas de Yasutani-Roshi con diez occidentales" pensando en los lectores que no tendrían un guía personal. No podría haber previsto la explosión de interés por el budismo zen que hubo desde entonces, ni que su propio libro sería detonante de tal explosión.

Tiempo después, en 1999, la asociación estadounidense de maestros zen [American Zen Teachers' Association, o AZTA por sus siglas en inglés], para su reunión anual envió invitaciones a 107 mujeres y hombres estadounidenses que trabajaban de manera independiente como maestros zen certificados. El tamaño de esta población refleja el elemento más mesurable de una ola de interés en el zen que ha ido creciendo desde la publicación original de *Los tres pilares del zen*. En su prefacio a la primera edición, Huston Smith formuló la pregunta de si el zen lograría dar un paso gigante por el Pacífico hacia el continente americano en su migración al este desde Asia e India y respondió, sabiamente, "no sabemos". Ahora, sin embargo, sabemos.

Con cientos de grupos de practicantes de zen desparramados en los continentes americano y europeo, y con maestros proliferando en progresión geométrica, el zen ha "echado raíces" en Occidente. El zen occidental ya ha asumido diferentes formas porque, así como el budismo en general, inevitablemente se hará un lugar en aquellos que lo practiquen. Este proceso se ha repetido cada vez que el zen ha llegado a nuevos países. El zen tiene su origen en China, en el ch'an, un híbrido entre el budismo de la India y las creencias nativas del taoísmo y el confucianismo. Ch'an se convirtió en son, en Corea, y en zen en Japón y se fue adaptando aún más a cada una de esas culturas. Ahora los maestros inmigrantes de ch'an, son y zen japonés y vietnamita han establecido, cada uno con su variante, la práctica Dharma en Occidente. Todas estas diferentes tradiciones han conservado algunos de sus elementos autóctonos pero, naturalmente, también han sido alteradas por la cultura occidental.

¿Qué ocurre cuando una religión antigua, no teísta, contemplativa, que tiene sus raíces en la cultura agraria asiática, es trasplantada a países urbanos occidentales caracterizados por el movimiento acelerado y dominados por la cultura del consumo? Muchos estamos atentos, con los ojos tan abiertos como los de Bodhidharma, para averiguarlo. Todos estamos inmersos en un cambio colosal nunca antes visto, ni en budismo ni en Occidente, y mientras las fuerzas culturales en movimiento están en gran medida fuera de nuestro control, necesitamos estar tan atentos y alerta como nos sea posible.

Este encuentro de civilizaciones está apenas comenzando, pero ya podemos identificar algunas características emergentes del zen occidental que lo distinguen de sus ancestros asiáticos. Entre las más obvias están aquellos aspectos de la vida de la sangha que reflejan los principios de igualdad tan conocidos para los estadounidenses y los europeos. Por ejemplo, las reuniones anuales de AZTA son una innovación occidental: el hecho de que los maestros zen de diferentes linajes sostengan encuentros periódicos para intercambiar información y experiencias es una práctica desconocida en Japón. Dentro de cada sangha individual también hemos visto una horizontalización general de la autoridad desde que la primera generación de maestros zen (la mayor parte de los cuales era asiática) fundó sus centros. Es de suponer que la mayoría de los maestros todavía conserva la verticalidad en asuntos espirituales, los cuales requieren de la autoridad de una experiencia profunda y, es de esperar, despertar espiritual. Pero el límite entre las decisiones espirituales y las seculares está abierto a interpretación (en un centro zen importante los abades son electos por los miembros cada cuatro años).

Desde una perspectiva histórica, el zen está viviendo una metamorfosis sin precedentes. A diferencia del budismo como conjunto, la secta zen surgió en tierra confuciana y, aunque asumió formas distintivas en cada uno de los países asiáticos del Lejano Oriente a los que emigró, un denominador común entre estas comunidades zen y la sociedad en general era el *ethos* confuciano que ambas partes daban por hecho. Así, la forma que asumían las relaciones de la sangha dependía del concepto de Li, o propiedad, el cual estaba compuesto por reglas que gobernaban la forma de vivir. Estas reglas, que enfatizaban la lealtad filial, obediencia a la autoridad y veneración de edad y linaje, premiaban el rango y protegían la posición y poder de la clase gobernante. Sería difícil encontrar una visión del mundo más diferente de la disposición estadounidense. Para estar seguros de ello, si fueran asimilados muchos de los valores del confucianismo, podrían servir para unir nuestra sociedad desesperadamente confundida y dislocada. Pero la civilización occidental está confeccionada con diferentes telas, y conforme la práctica en Estados Unidos ha madurado, los centros Dharma a lo largo del país han empezado a abandonar en cierta medida el formalismo, el temor reverente y obediente hacia la autoridad y otras características confucianas del zen del Lejano Oriente, las cuales intentamos reproducir en los primeros años, pero que han resultado incómodas.

Otro cambio significativo que progresa con fuerza en el zen occidental es nuestro reconocimiento de la igualdad de las mujeres como practicantes de zen. El papel altamente invisible de las mujeres en el budismo asiático no es ningún secreto. Los linajes oficiales de maestros o "líneas patriarcales" están compuestas, por definición y de manera exclusiva, por hombres. Pero las mujeres han alcanzado la iluminación desde antes de que el mismo Buda lo hiciera, y los académicos han aprendido que algunas de ellas llegaban al nivel de auténticas maestras. ¿Por qué, entonces, ninguna de ellas aparece en el linaje formal? Esta exclusividad refleja su posición tradicional en la sociedad asiática como un todo, pero también puede transmitir el mensaje equivocado de que las mujeres en general no están a la altura de los hombres en cuanto a habilidad espiritual se refiere. La línea patriarcal es, entonces, un recordatorio de cuán profundo pueden llegar los patrones culturales y, en este caso, lastimar la enseñanza budista central de que todos los seres, sin excepción, están provistos con la verdadera naturaleza de la iluminación.

La antigua aceptación de la desigualdad de género está ya siendo reformada en Occidente. En la decimotercera reunión anual de AZTA, la mayoría de los participantes (aunque una minoría de los invitados) eran mujeres, muchas de ellas, sacerdotizas. Conforme las mujeres occidentales se familiarizan con la práctica del zen, están reformando silenciosamente las actitudes y el comportamiento y, con ello, están equilibrando el patrón yang del zen tradicional monástico.

Posiblemente, como resultado, los centros zen estadounidenses están trabajando de manera consciente para desechar los aspectos de la práctica tradicional del zen orientados en exceso a alcanzar una meta, a la competitividad y la negación del cuerpo, y están permitiendo que los aspectos más nutricios de nuestra verdadera naturaleza se expresen. La persona auténticamente autorrealizada, sea hombre o mujer, llegará a concretar todos los aspectos de su naturaleza. Y todos podemos, aunque no alcancemos ese estado elevado, por lo menos empezar a superar las diferencias de género mediante un cambio del lenguaje y otras formas de nuestra herencia que las fortalecen. Para ese propósito, el Centro zen de Rochester, como algunos otros, cambió "línea patriarcal" por "línea ancestral", y agregó un homenaje:

Hacemos un homenaje a todas las mujeres iluminadas cuya dedicación al Darma durante siglos sostiene nuestra práctica.

Sin duda, la adaptación más profunda que hizo el zen en Occidente gira alrededor de la noción occidental del yo como un individuo autónomo. Asumirlo así es de tal manera básico en nuestra forma de pensar que determina nuestra visión entera del mundo. Pero es cualitativamente diferente de la tradición asiática del yo, en la cual una persona es definida dentro de un nexo de relaciones sociales, y dependiente de una red contextual compuesta por otras personas, lugar, tiempo e historia. Esta definición resuena fuertemente con la doctrina budista, en la cual el yo es de tal manera interdependiente que no tiene una realidad esencial. El budismo no niega de manera absoluta el yo; niega el yo como una entidad absoluta no cambiante que existe de forma independiente.

Una vez que hemos sido condicionados para vernos como si existiéramos de forma independiente de las relaciones y funciones sociales, resultamos susceptibles en particular a una serie de enfermedades relacionadas con el yo, para las que se ha desarrollado la psicoterapia occidental como la medicina. Por lo general no recomiendo a mis alumnos la psicoterapia, porque en el corto plazo puede resultar contraproducente para la práctica del zazen. Durante el curso de la psicoterapia, uno estará típicamente más preocupado de lo normal con pensamientos acerca del yo, y esta atención al yo es la antítesis del zazen. Sin embargo, para aquellos que sienten necesitarla y están listos, la psicoterapia puede tener tanto sentido como la cirugía puede tenerlo para un atleta con una lesión de rodilla. Con la ayuda de la psicoterapia durante algunos meses, muchos de mis alumnos han visto mejoras no sólo en sus relaciones y su trabajo, sino en la calidad de su zazen. Una mayor estabilidad emocional y claridad pueden, parece, aliviar en parte la ansiedad y la preocupación por uno mismo que tan comúnmente impiden que uno alcance estados de meditación más profundos.

En ningún lugar se ha afianzado la noción del yo independiente con tanta fuerza como en Estados Unidos. Desde una perspectiva budista, esto constituye una traba colectiva. Pero es lo que nos ha tocado como estadounidenses, y la sensación de alienación y conciencia de uno mismo que provoca nos impulsa a muchos a practicar [el zen]. Nos guste o no, cada uno de nosotros existe en mutua causalidad con nuestro medio, un hecho que en sí testifica por la naturaleza permeable del yo.

Pero tampoco sería la solución cambiar nuestro sentido individualista del yo por uno más contextual, si eso fuera posible. Toda visión del mundo ofrece una representación distorsionada de la existencia humana, y al acallar o reprimir aspectos de la experiencia, cada visión genera sufrimiento en diferentes términos. La avaricia, la hostilidad y el autoengaño son aflicciones humanas básicas, y las culturas asiáticas en las cuales el zen se nutrió también tienen sus maneras de dividir equivocadamente la realidad en categorías que crean sufrimiento. De cualquier manera, debemos trabajar con nuestra formación mental, como ésta sea. El zazen trabaja de manera universal para disolver estas estructuras ilusorias, en cualesquiera términos que los humanos estén aculturados para concebirlas.

Para los occidentales, la psicoterapia, como sistema de sanación desarrollado "en casa", es portadora de la promesa de intensificar este proceso de despertar. El ámbito de lo psicológico no debe ser confundido con el de la naturaleza esencial, pero tampoco son ámbitos separados. Puesto que los estudiantes occidentales de zen, incluso aquellos que no tienen educación psicológica, están por naturaleza más orientados a la psicología que sus contrapartes asiáticos, la enseñanza y práctica del zen llegará a reflejar de manera inevitable dicha *coloración*; si no lo hiciera, no nos funcionaría. Siguiendo a sus colegas de vajrayana y vipassana (las otras dos grandes corrientes de budismo en Occidente), los maestros de zen occidentales se amoldan, cada vez con más frecuencia, a las perspectivas psicológicas occidentales, cuando no a sus métodos. Aquellos que han ignorado las necesidades psicológicas, sea de sus alumnos o de ellos mismos, lo han hecho, muchas veces, con el costo de su integridad personal y la de sus alumnos y, en consecuencia, el bienestar y armonía de sus sanghas. Hasta ahora, esto ha resultado, por mucho, más dañino para el budismo que el verdadero peligro de nuestra psicologización del mismo.

Como sistema de creencias, la psicología es rival de la tradición judeocristiana en cuanto a su influencia en Occidente. De hecho, es posible que, en nuestra cultura altamente secular, tenga una ventaja sobre la religión formal por el hecho de que es tan fácilmente asimilada por quienes profesan diferentes fes; la psicología y el budismo se han estado cortejando mutuamente desde que se encontraron aquí. Y ahora hay indicios de que el zen se está empezando a adaptar también a la tradición judeocristiana, de la misma manera como el budismo se adaptó al taoísmo y al confucianismo en China. Cada vez más están surgiendo libros que contienen diálogos del budismo con el cristianismo y el judaísmo. Y lo más significativo es que están apareciendo híbridos de práctica zen que han incorporado elementos del judaísmo y del cristianismo.

¿Cómo es que el budismo, religión no teísta, encuentra lugar con el judaísmo o el cristianismo? Parecería que lo hace más fácilmente así que al revés. El Buda, mientras que negaba ser alguna clase de dios, se rehusó a negar o afirmar la existencia de Dios. La escuela zen, conocida desde su origen por enseñar "más allá de las palabras y las letras, sin apoyarse en los sutras", apunta a la mente original que precede a toda religión. De tal manera, las enseñanzas de los maestros zen siempre han resonado fuertemente con las de los místicos cristianos y judíos, así como con las enseñanzas de los sufíes.

Sin embargo, cuando se trata de mezclar los rituales y otras prácticas devocionales del judaísmo y el cristianismo con los del zen, veo problemas. Como bien dijo Roshi Philip Kapleau: reconociendo la manera estadounidense de hacer las cosas, ésta toma prestado libremente de todas las tradiciones, y los estadounidenses estamos acostumbrados a mezclar e innovar en los asuntos de cultura. Pero cada tradición espiritual tiene su propio carácter, refinado por siglos de comunión responsiva con sus practicantes. La sugerencia pública del Dalái Lama de que los occidentales podrían estar mejor si permanecieran con su propia tradición religiosa que si adoptaran el budismo, creo que no debería ser tomada muy en serio, porque para muchos de nosotros no hay opción —así de profunda es nuestra afinidad con el Budadharma—. No obstante, cada gran camino espiritual tiene su integridad, que se pone en riesgo mientras más se roza con elementos de otras tradiciones. Pienso en los comentarios de un escolar budista estimado al explicar la desaparición del budismo en India: "No desapareció, sino que se extinguió en el amoroso abrazo del hinduismo".

Otro desarrollo importante del zen en Occidente es el creciente interés en el "budismo comprometido", movimiento que procura aplicar la compasión budista (por ejemplo, sabiduría en acción) a problemas sociales, políticos y del medio ambiente. Tradicionalmente, el budismo se ha enfocado en la práctica espiritual individual como la manera más inteligente de eliminar el sufrimiento de todos los seres sintientes. Los budistas comprometidos están de acuerdo en que las prácticas meditativas son indispensables pero, reconociendo que también estamos determinados por los sistemas social y político en que estamos inmersos, buscan remediar los daños que provocan estos sistemas, y su manera de hacerlo es realizando trabajo activo por la paz, la justicia, la educación y la preservación ecológica. Un trabajo así fortalece la causa para la liberación, aun cuando continúe en la vieja tradición religiosa occidental del servicio social.

Este enfoque ampliado de la práctica no es nuevo para el budismo como conjunto, pero marca una separación del enfoque tradicional de la escuela zen. Si lo reconocemos, incluso en zen, las pinturas del boyero [capítulo VIII] muestran como más alto grado de realización "llegando al mercado con espíritu caritativo", que puede ser fácilmente interpretado en términos de servicio público. Pero aunque éste pueda ser el ideal, el corazón de la práctica zen del Lejano Oriente ha sido siempre la meditación silente, realizada por lo general en lugares remotos. Sociedad o comunidad significaba el monasterio, y la actividad compasiva dentro de sus paredes beneficiaba a los demás básicamente de maneras inefables.

La promesa de una vida de contemplación, que ha caracterizado al zen asiático, es que la meditación no egoísta es, más que un escape, la manera esencial de sanar aquello llamado mundo, que no es otra cosa que la mente. Pero, de cualquier manera, la necesidad de activismo social y político nunca antes había sido tan apremiante. Nunca antes los sistemas e instituciones habían tenido tal poder global que extendieran las repercusiones de la avaricia humana, la hostilidad y el autoengaño a tal punto que amenazara la biósfera misma. Al final, cada practicante de zen debe determinar cuánto tiempo dedicar, si así lo deseara, a causas de activismo.

Posiblemente la escisión más significativa entre el zen oriental y el occidental, que es la más radical y obvia para nuestra contraparte asiática, sea la naturaleza en especial secular del zen occidental. Desde el tiempo del Buda, quienes giraban la Rueda del Dharma eran monjes —hasta ahora—. Hoy en día hay muy pocos centros de residencia para la práctica zen en el hemisferio occidental, lo cual deja a su suerte a la vasta mayoría de practicantes de zen, por lo que resulta imposible estimar cuántos son (¿5 000?, ¿10 000?, ¿20 000?). Sólo un número ínfimo de practicantes de zen occidentales ha sido ordenado, y parecería que la mayoría de dichos "monjes" o "sacerdotes" están casados (y no pocos de ellos tienen hijos). Entre los maestros occidentales de zen, también, un número creciente tiene ahora familia, lo que se parece a la norma para rabinos y ministros protestantes.

Es de notar que *Los tres pilares del zen*, con seguridad uno de los dos libros sobre zen que más influyen en Occidente (el otro, *Zen Mind, Begginner's Mind*, o *Mente zen, mente de principiante*, de Shunryu Zuzuki), presenta las enseñanzas de una escuela japonesa de zen conocida por ser accesible para legos. Yasutaniroshi fue sacerdote (aunque estaba casado y tenía cinco hijos), pero atraía estudiantes legos de manera casi exclusiva. No es de sorprender, entonces, que *Los tres pilares del zen* haya encontrado tal resonancia en esta cultura occidental en la que la vida monástica llama a tan pocos.

Pero *Los tres pilares* es sólo incidentalmente un tributo al zen secular y a sus posibilidades. Su impacto real en el zen occidental ocurrió por mostrar, de primera mano, experiencias de iluminación, así como a "su más potente incubador", el sesshin, que es la forma de retiro del zen tradicional. Los sesshines descritos de manera tan evocativa por Roshi Kapleau dieron a decenas de miles de lectores en los años sesenta la vicaria experiencia del entrenamiento riguroso del zen monástico japonés. El hecho de que la mitad de las experiencias de iluminación de estos sesshines fueran escritas por occidentales presentaba un modelo novedoso e invitador de práctica budista; el zen doméstico, fortalecido por expresiones periódicas de entrenamiento al estilo monástico. Podíamos conservar nuestras carreras y nuestras familias y al mismo tiempo beber profundamente de los pozos de una gran tradición mística. Era zen en un nuevo envoltorio, y con sello estadounidense. Podíamos tenerlo todo, o así nos parecía.

Algunas décadas después, avanzado el experimento estadounidense con el zen secular, muchos de nosotros hemos regresado a la dura realidad merced a los obstáculos inherentes a esta nueva corriente de práctica budista. Como maestro, cada semana oigo sobre la lucha de mis alumnos para encontrar el tiempo para hacer zazen a diario mientras encuentran también el tiempo para cumplir con las responsabilidades familiares y las exigencias del trabajo. Y deben hacer esto mientras están inmersos en lo que puede decirse la sociedad más inquieta, enfocada a la adquisición y orientada al mercado que haya jamás conocido el mundo. Como todos los demás, el estudiante zen contemporáneo debe navegar diariamente por una ruidoso torbellino de información e imágenes en forma de anuncios, entretenimiento popular y noticias. Mantener una mente centrada y estabilizada bajo tales circunstancias sería suficientemente demandante incluso con el apoyo de una comunidad sólida. Pero el zen doméstico en nuestra cultura decididamente no-budista es de cualquier manera, por lo general, un viaje solitario, en el que es posible que la familia y los amigos no comprendan, si no es que son críticos ante los esfuerzos de uno. Más aún, incluso cuando el aspirante tiene un maestro zen, también hay buenas probabilidades de que no sean cercanos lo suficiente como para verse con frecuencia, por lo que su contacto, si existe, está limitado al correo o el teléfono. Este tipo de arreglos a distancia representa un alejamiento radical del orden original de las comunidades monásticas asiáticas en donde la práctica zen se ha desarrollado durante siglos.

Dadas las disparejas corrientes de responsabilidades mundanas con que luchan los estudiantes de zen a diario, el ritmo acelerado de la vida y sus diversiones, no es de sorprender que tantas personas se vean atraídas al sesshin, y por lo general, a cambio del tiempo para vacaciones. De hecho, para muchos practicantes occidentales de zen, el retiro periódico se convierte en un refugio al que sienten el impulso de regresar una y otra vez, en busca del rejuvenecimiento espiritual. Es también la única exposición al entrenamiento zen real (y la que hay que distiguir de la práctica zen ordinaria) a la que muchos tienen acceso. La práctica zen ordinaria incluye a toda aquella persona que se "sienta" de manera regular, lo que la mayoría de los occidentales realiza en casa. El entrenamiento zen, por otro lado, es la práctica del zen realizada, durante largos o breves periodos, en una residencia bajo la guía de otros. Puesto que la mayoría de los practicantes de zen en Occidente habitan en casas [o departamentos], el sesshin resulta su único vínculo con la tradición monástica en la que el zen ha estado inmerso en su historia.

Dadas las significativas diferencias culturales entre los asiáticos y los occidentales, algunos lectores pueden preguntarse qué diferencias hay entre los sesshines contemporáneos occidentales y los descritos en *Los tres pilares del zen*. En cuanto a estructura, los sesshines llevados a cabo en el Centro Zen de Rochester (RZC) son muy parecidos a aquellos que realizaban nuestros ancestros asiáticos. Yasutani-roshi decía que el sesshin consistía en tres elementos básicos: zazen, teisho y dokusan; y los dirigidos en nuestros centros también consisten en los mismos elementos. Cada día hay zazen "formal" de unas diez horas, en el cual se mide el tiempo y el que es monitoreado por estudiantes avanzados; son intercalados con kinhin grupal (meditar caminando). Ésta es la tela básica del sesshin dentro de la cual tienen lugar el teisho y el dokusan, y por medio de la cual cobran vida.

Nuestros sesshines atraen casi de manera exclusiva a legos, a pesar de ser todavía monásticos en estilo (como los descritos en este libro). Un sesshin de siete días típico incluye, además de los más o menos doce residentes en el Centro —los cuales están en entrenamiento— los mismos "hombres y mujeres de negocios, profesionistas, artistas y amas de casa" cuyas historias de kensho aparecen en el libro, pero también vendedores, contratistas, escritores, programadores, granjeros, secretarias, científicos, jardineros, libreros, enfermeras, corredores de bienes raíces, administradores, artesanos, estudiantes y músicos. Cerca de la mitad de ellos vienen del área de Rochester y, el resto, de diferentes lugares en Estados Unidos, Canadá, México, Europa y otras partes del mundo.

A su llegada, los participantes encuentran todo arreglado para ellos: un cuarto (compartido con hasta ocho personas más), una tarea asignada para la hora diaria de trabajo manual, y un lugar asignado en el zendo. Como en Hosshin-ji (el monasterio, descrito en *Los tres pilares*, donde Philip Kapleau entrenaba), en la ceremonia de apertura esa misma tarde, se les recuerdan las dos recomendaciones más importantes: silencio absoluto y la mirada hacia abajo durante todo el tiempo que estén en el centro. Estos dos elementos solos brindan una importante ayuda a los participantes para tranquilizar la mente y alcanzar niveles más profundos de concentración en nuestra práctica. También tiene su parte la regla de no moverse durante el zazen, así como evitar movimientos que surgen de la inquietud y abstenerse de rascarse, que ayudan en gran medida a sostener el compromiso de uno para lograr la concentración en un solo punto, sea en la respiración o en un koan.

Es necesaria poca orientación en estos sesshines más largos, porque todos los participantes admitidos habrán asistido a algún sesshin de dos a cuatro días en el Centro Zen para probar su seriedad y su perseverancia. De cualquier manera, las exigencias del sesshin descritas en este libro pueden ser aquí igualmente desalentadoras. Los Cinco obstáculos clásicos para la práctica del budismo —deseo, aversión, inquietud, aburrimiento y duda— son retos universales y atemporales que fácilmente nos hacen darnos por vencidos. Por esta razón, se les pide a todos los participantes que firmen una garantía de que terminarán el sesshin. Sólo raramente ocurre que algún participante se va sin haber cumplido este compromiso crucial de perseverar a pesar de los obstáculos inevitables en el zazen intensivo y sostenido.

En sesshin se da dokusan tres veces al día. Como en Japón, se ofrece conforme los participantes van llegando y se atiende primero a los que llegan antes. Por la gran demanda que hay, no todos pueden esperar entrar todas las veces. En los años formativos del Centro, cuando la mayoría de nosotros tenía alrededor de veinte años, la prisa tumultuosa para dokusan era una característica establecida del drama del sesshin. En el mismo espíritu samurái, el kyosaku era objeto de un uso rudo sostenido a lo largo de la semana, tanto como los otros métodos de olla a presión descritos en *Los tres pilares*. Pero con el tiempo, el tono del sesshin ha cambiado al paso de la maduración de la sangha. Algunos de los participantes más jóvenes, por lo general hombres, todavía tienden a inquietarse en el zendo algunas veces, pero la nota principal es ahora la quietud vibrante.

Lo que ocurre en el dokusan mismo es mucho de lo que ocurre en nuestro sesshin, así como aparece narrado en *Los tres pilares*. Sin embargo, un obstáculo que los occidentales enfrentan y que no es mencionado en esas páginas, es uno que otros maestros y yo hemos llegado a ver a lo largo de años de trabajo cercano con numerosos estudiantes: la tendencia, aparentemente más pronunciada en los estadounidenses, a la autocrítica negativa. Un maestro budista estadounidense lo llamaba "odio a uno mismo" y otro, "la voz crítica interna". No es sólo una sensación de falta o una conciencia de las fallas de uno, sino una convicción tenaz, profunda, de que hay algo mal con uno mismo. El proceso de autoexcavación de la meditación comprometida lo expondrá a la larga, pero en la intimidad del dokusan, muchas veces se le revela al maestro, antes de que el alumno lo vea.

Esta sensación profunda de no valía parecería una ramificación de nuestra noción occidental del yo autónomo (en discusiones sostenidas en conferencias Oriente-Occidente, los maestros asiáticos no han podido comprender lo que queremos decir con esto). Puede ser visto como el otro lado de la celebración estadounidense del yo, o incluso la sombra proyectada por nuestro concepto judeocristiano de Dios. Puede estar bajo la máscara de la grandiosidad o la confianza en uno mismo, pero al quitar suficientes capas, las más de las veces, ahí está.

Como todo concepto, la imagen negativa de uno mismo no tiene sustancia y, por lo tanto, tampoco una realidad permanente. Pero logra minar nuestra fe en el ser verdadero, y junto con otras tendencias o inclinaciones culturales, puede crear un ramillete de conceptos sobre la práctica del zen y el logro. Después de absorber los ideales estadounidenses de libertad e igualdad y el mensaje de que podemos ser quienesquiera que deseemos ser, aspiramos a lograr la iluminación, que es nuestro derecho por nacimiento. Hasta aquí vamos bien. Pero cuando no "tenemos éxito" con el zen (tan pronto como quisiéramos o como otros que conozcamos pueden haberlo tenido), este "fracaso" refuerza la ilusión del ser fatalmente defectuoso. En este punto, algunos practicantes pueden dar paso a la resignación, mientras intentan salvaguardar su autoestima deslizándose al zen buji: la postura según la cual hablar de llegar a la iluminación es una contradicción de términos, puesto que todos estamos ya iluminados de manera innata. Roshi Kapleau advierte de esta evasiva filosófica —negar la validez de la experiencia de la iluminación— en *Los tres pilares*, pero el zen buji se está empezando a expandir en Occidente. Debería ser expuesto por lo que es: una pérdida de fe en el potencial de iluminación de uno mismo.

A los practicantes asiáticos también les preocupan el zen buji y otras complicaciones mentales relacionadas con éxito y fracaso, pero mientras más fuertemente está arraigada la idea estadounidense del yo, tiende a provocar que estos temas se cristalicen más en nosotros. Alejarse de los conceptos budistas clásicos como el renacimiento y el karma, que sitúan la liberación y la causalidad en un marco vasto y complejo, puede intensificar la autoculpabilización de los estudiantes estadounidenses y llevarlos a identificarse con una idea angosta del yo (y del tiempo) y a ver sus "fallas" como definitivas.

Mientras los estudiantes no comprendan directamente que no hay un núcleo de la personalidad —ni bueno ni malo— adentro suyo, el dokusan tenderá a resaltar este reflejo mental de autocrítica. En la mente del estudiante, de manera consciente o inconsciente, el maestro se sienta en la sala de dokusan esperando y juzgando, y reflejando de manera muy directa al estudiante que su práctica y su realización no están completas. Entonces, el tema de cuándo ir a dokusan y cómo utilizarlo es probablemente lo más problemático para el estudiante occidental, por lo menos al principio. Cualesquiera preocupaciones que uno pueda tener acerca de su desempeño y la aprobación o desaprobación por parte del maestro provocará que se distraigan antes, durante y después del dokusan. Así, el dokusan es un campo de fermento psicológico que es rico en su potencial de transformación personal.

En centros de práctica espiritual alrededor del mundo entero, pocos elementos de la rutina diaria pueden competir en importancia con las comidas. Todas las comidas servidas en el Centro Zen, tanto en sesshin como cuando no hay sesshin, son vegetarianas, de acuerdo con la antigua costumbre budista de evitar la complicidad en la matanza de otras criaturas. Dos de los tres alimentos diarios son tomados de manera formal, en silencio, excepto por los cantos tradicionales para las comidas. Debido a las condiciones de saturación, nos sentamos en el piso y comemos sobre mesas bajas, a la manera como se hace en Japón, pero hay en construcción un complejo para retiros en el campo cerca de Rochester que tendrá un comedor con mesas y sillas (como es la norma en templos zen en China y Corea). Comemos en platos comunes (planos y hondos), con tenedores y cucharas, y no en los elaborados platos japoneses utilizados en el ritual de *oryoki* (el juego de platos hondos usados tradicionalmente por monjes). Cuando el Centro fue fundado, Roshi Kapleau reconoció la importancia de ejercitar una sabiduría discriminante al adoptar las formas asiáticas de hacer las cosas. Por eso mismo, hemos procurado ser cautelosos en nuestro despliegue de caligrafía asiática y hemos buscado equivalentes apropiados para los términos y cantos tradicionales del zen japonés. La tentación de asir lo exótico es común en las prácticas espirituales importadas de Oriente, pero aferrarse a trampas extranjeras implica un contraservicio a la tradición zen.

Cuando se trata de obstáculos culturales entre Oriente y Occidente, posiblemente no hay nada en el budismo zen que sea más comúnmente convertido en exótico que la idea misma de la iluminación. Al no tener una tradición de iluminación propia, por decirlo así, los occidentales tienden a proyectar sus esperanzas y sueños más exaltados en una experiencia como tal. El sólo hecho de pensar en la iluminación se convierte en un apego mental y un obstáculo formidable en la práctica real del zen. Los estadounidenses, con nuestra ansia por los arreglos instantáneos, podemos ser los más susceptibles de todos a caer en esta trampa de la meditación. Los lectores de las experiencias de iluminación en *Los tres pilares del zen* pueden ser perdonados por idealizar el despertar como una panacea para todo dolor de la vida. A pesar de los sobrios recordatorios salpicados a lo largo del libro que dicen que la iluminación no es sino la primera puerta al zen, las historias personales son tan dramáticas y excitantes que los signos de alerta son por lo general olvidados. Entonces, repito: un despertar inicial revela la naturaleza no dual de la realidad, pero es comúnmente tentativo y ofrece sólo un pequeño vistazo de nuestra naturaleza esencial. Las fuerzas que tienen el hábito de actuar y reaccionar de manera egoísta están tan profundamente establecidas en nosotros que quedamos vulnerables ante ellas. Nuestro despertar puede ser profundizado con realizaciones subsecuentes, pero toma un largo tiempo, práctica devota después del kensho para desenraizar nuestras aflicciones emocionales más primitivas y para integrar nuestra comprensión a nuestras vidas diarias.

Aunque el despertar no es una bala de plata que cambie dramáticamente nuestras vidas como un relámpago, sí muestra el Camino —el camino medio por el cual podemos llegar a buenos términos con el sufrimiento inherente a la existencia mundana—. Ello en sí es el primer y más importante reto para los aspirantes estadounidenses al zen: aceptar que el dolor es una condición de la vida. Con nuestra extraordinaria creatividad y capacidad de encontrar recursos tecnológicos, los estadounidenses hemos logrado la maestría en la adversidad a un grado que habría sido inconcebible para nuestros ancestros. Como resultado, estamos condicionados desde nuestro nacimiento a ver el dolor como una especie de error, una ofensa intolerable frente a la manera como deberían ser las cosas. Esta actitud, a su vez, nos impulsa a perfeccionar aún más nuestro control de las condiciones de la vida. La experiencia budista revela que esta incesante "búsqueda de la felicidad", a pesar de figurar en nuestra *Declaración de independencia* como un "derecho inalienable", básicamente perpetúa nuestro sufrimiento. Es una búsqueda vana, no sólo porque es en el servicio del yo y de sus deseos, sino porque nuestra maestría en los fenómenos mundanos simplemente cambiará las *maneras* particulares como sufrimos y no nuestra comprensión de la naturaleza del sufrimiento.

La buena noticia es, por otro lado, que cuando por fin comprendemos a profundidad la Noble *Verdad* del sufrimiento, ya sea por una pérdida personal o por una crisis de la sociedad, tenemos una abundancia de recursos para ayudarnos a encontrar la manera de restablecernos. Somos los beneficiarios de un sistema, defectuoso como lo es, inspirado por valores que van al corazón de la enseñanza budista: libertad, igualdad y comunidad. De la misma manera, el *ethos* estadounidense, con su promesa de desarrollo basado en la iniciativa y el trabajo duro, es un área en que el zen está a sus anchas. De verdad, este espíritu pionero de "puedo hacerlo" es lo que dio a Philip Kapleau el arrojo para irse de su país —y de todo lo que conocía— como respuesta al llamado atemporal del ser, y aventurarse a la única tierra donde sabía que encontraría el zen.

La nuestra es una cultura extirpada de aquella Asia que nutrió al zen, y mucho de nuestro mundo ha cambiado desde la publicación original de *Los tres pilares del zen*. Al adaptar el zen a Occidente corremos el riesgo, como siempre previno Roshi Kapleau, de "tirar al bebé con todo y el agua de la tina [bañera]". Pero con el zazen podemos preservar la esencia de la tradición y transmutar nuestras tendencias hacia el individualismo egoísta y el privatismo hacia la realización de una fe compartida por el budismo y Occidente: el valor absoluto de todo ser humano.

Bodhin Kjolhede
Abad del Centro Zen de Rochester

Comentarios sobre la edición de aniversario

La edición del veinticinco aniversario de *Los tres pilares del zen* será bienvenida por nuevos lectores y por aquellos que se han apropiado, de corazón, del libro. El trabajo innovador de Roshi Philip Kapleau se ha convertido en la biblia para una generación de practicantes occidentales de zen, que no ha tenido par en la abundante literatura sobre el zen. Ha sido traducido a nueve idiomas: francés, español, alemán, holandés, italiano, sueco, portugués, polaco y chino.

Roshi Kapleau fue el primer occidental en escribir un libro sobre zen desde *dentro* de la tradición zen. Demostró que la práctica del zen y sus frutos son accesibles para cualquiera que tenga un interés sincero, que la iluminación no está limitada a los genios espirituales de eras anteriores. Puesto que el camino del zen debe ser "caminado, no hablado", una de las más importantes secciones del libro explica e ilustra siete posturas de meditación que tienen diferentes grados de dificultad. El mensaje es claro: siéntate y ten la experiencia tú mismo.

En estas páginas los lectores encontrarán también una gran riqueza de material sobre zen, budismo en general, y otras tradiciones espirituales asiáticas. Para aquellos que no han encontrado un maestro zen, las pláticas introductorias de Yasutani Hakuun Roshi (1885-1973) brindan un mapa excelente de las etapas iniciales de la práctica. Aunque los intercambios privados entre maestro y discípulo han sido mantenidos en secreto en el zen, Philip Kapleau fue autorizado para publicar los encuentros privados de Yasutani-roshi con diez estudiantes occidentales. Igualmente únicas son las narraciones de las experiencias de iluminación de practicantes contemporáneos. Si te intriga el título "Roshi" o necesitas distinguir *nirvana* de *parinirvana*, esta información es accesible en el glosario o el índice analítico.

De manera inevitable, la visión y la calidad de este libro dirigen la atención hacia su autor/compilador. Enfrentado a Japón primero como reportero en los juicios de la posguerra en Tokio, Philip Kapleau regresó a practicar el zen y permaneció allá durante trece años. Aunque su historia ha sido contada aquí y en otros lugares, su viaje ha sido en esencia un viaje interior. El drama real, él cree, ocurre en la meditación zen, "en la búsqueda solitaria hacia el vasto y oculto mundo de la mente de uno mismo..."

Durante los veinticinco años que han transcurrido desde la primera vez que *Los tres pilares del zen* fue publicado, Roshi Kapleau ha sido un importante exponente del zen en su nuevo estilo occidental. Ha fundado un fértil centro zen en Rochester, Nueva York, ha servido como guía incansable a cientos de discípulos personales y publicado tres libros adicionales. Sus alumnos formaron grupos afiliados en varias ciudades de Estados Unidos y en Canadá, Polonia, Suecia, Alemania, México y Costa Rica. Un maestro zen procura entrenar "a una persona o inclusive a media persona" para que continúe la enseñanza; hasta ahora Roshi Kapleau ha ordenado formalmente a cinco discípulos, uno de los cuales dirige ahora el Centro Zen de Rochester.

Como la buena música, *Los tres pilares del zen* puede ofrecer recompensas frescas cada vez que uno se encuentra con él. Conforme nuestra comprensión se profundiza, algo que inicialmente pudo pasar inadvertido, puede de pronto saltar a nuestra vista con gran fuerza. Aunque el libro puede ser leído como una curiosa narración sobre otro mundo, el acercamiento más fructífero es utilizarlo como una manera de señalar tu propia naturaleza verdadera, "tu rostro antes de que nacieran tus padres". Entonces empieza a brillar con la promesa del despertar transformador. Una mujer, ama de casa, canadiense, lo dice así: "Un día de primavera, cuando trabajaba en el jardín, el aire parecía vibrar de manera extraña, como si la secuencia común del tiempo se hubiera abierto a una nueva dimensión...".

Y esto es lo emocionante de *Los tres pilares del zen*, el vistazo que ofrece de una puerta —hacia nuestro interior— que podíamos no haber notado antes. Donde sea y como sea que tu jardín esté, éste es un libro que puede alterar la dirección de tu vida. De hecho, Philip Kapleau no regresó a casa con las manos vacías: nos trajo la palabra viva del zen.

KENNETH KRAFT

Notas sobre vocabulario zen y doctrina budista

En esta sección están definidos o explicados ampliamente los términos zen de orden técnico, así como nombres propios, palabras asociadas con zen (por ejemplo, *kendo*), terminología y frases budistas especiales, doctrinas budistas, sectas y sutras budistas que se mencionan en esta obra pero que no se explican sobre el texto mismo. Estas notas no intentan ser un diccionario de terminología zen, ni mucho menos aseveraciones definitivas sobre doctrina o filosofía zen. Sin embargo, son más que un glosario de definiciones académicas. Su propósito es ayudar a que el lector comprenda el texto, así como facilitar un estudio y práctica posteriores.

En vez de utilizar ideogramas chinos para nombres chinos y japoneses, que solamente tendrían sentido para los especialistas, he utilizado la transcripción románica. Cuando la palabra se conoce mejor en su nombre sánscrito o chino que en español o en japonés, aparece primero de acuerdo con su forma nativa, agregando en paréntesis su equivalente en español o japonés o ambos. Los nombres de los maestros chinos aparecen en el orden de acuerdo con la forma en que se pronuncian en japonés, con su forma china entre paréntesis. Los nombres de los sutras invariablemente aparecen en sánscrito y en japonés y en algunos casos en español.

Los nombres y palabras japoneses están marcados j.; sánscrito, sct.; y los chinos, ch. Solamente en esta sección se encuentran signos diacríticos.

Abhidharma (sct.): La tercera de las tres "canastas" o Tripitaka de la literatura budista. Las otras dos son el Vinaya —es decir, los preceptos o reglas morales que el Buda dio a sus seguidores— y los sūtras que consisten en la colección de los sermones, discursos y diálogos del Buda compilados después de su parinirvana. El abhidharma contiene elucidaciones muy abstractas y filosóficas sobre la doctrina budista.

***agura* (j.)**: La posición suelta de piernas cruzadas que no es loto completo ni medio loto.

Amitabha (sct.; j., Amida): Literalmente, "Luz sin límites", o *Amitāyus* "vida sin límite". Amitabha es el más venerado de los budas no históricos (es decir, Dhyani). De hecho en las sectas de la Tierra Pura (j., Jōdo) sobrepasa a Vairochana y al Buda histórico Shākyamuni.

Autorrealización: La realización de la mente; satori.

Avatamsaka (j., Kegon), sūtra del: Un profundo sūtra Mahāyāna que contiene los sermones que el Buda dio inmediatamente después de su iluminación perfecta.

Baso (ch., Ma-tsu): Uno de los grandes maestros zen chinos de la dinastía T'ang (murió en 788); discípulo de Nangaku (ch., Nanyueh).

Bodhidharma (j., Daruma): El vigésimo octavo patriarca en la línea del Buda y primer patriarca del zen en China. Los estudiosos están en desacuerdo en cuanto a si Bodhidharma fue a China desde la India, cuánto tiempo permaneció ahí y cuándo murió, pero por lo general se acepta en el budismo zen japonés que viajó en un barco de la India al sur de China alrededor del 520 y que después, tras fallidos intentos de establecer su enseñanza ahí, se fue a Lo-yang en el norte de China, donde finalmente se estableció en el templo Shaolin, localizado en el monte Sū. Aquí, por nueve años hizo zazen persistentemente, periodo que se ha llegado a conocer como "los nueve años de encarar la pared" (j., *mempeki kunen*).

Bodhidharma y Hui-K'e (j., Eka), su discípulo a quien transmitió el Dharma, son sujetos del kōan núm. 41, en el *Mumonkan*, así como protagonistas de la famosa pintura de Sesshū, el pintor más grande de Japón. Hui-K'e, estudioso de cierta reputación, se queja ante Bodhidharma (quien silenciosamente hace zazen) de que no tiene paz mental y le pregunta cómo puede alcanzarla. Bodhidharma lo corre, diciéndole que alcanzar la paz interior implica una disciplina larga y difícil y que no es para un presuntuoso débil de corazón. Hui-K'e, quien ha estado parado afuera en la nieve por horas, le implora a Bodhidharma que lo ayude. De nuevo, es rechazado. Desesperadamente se corta el brazo izquierdo y se lo ofrece a Bodhidharma. Ahora, convencido de su sinceridad y decisión, Bodhidharma lo acepta por discípulo.

Si estos episodios son históricamente ciertos o no, no es tan importante como el hecho de que simbólicamente revelan la importancia que los maestros zen otorgan al anhelo de Autorrealización, al zazen y a la sinceridad y humildad, a la perseverancia y fuerza como prerrequisitos para alcanzar la más alta verdad.

Bodhisattva (sct., j., *bosatsu*): Un ser iluminado que, dejando a un lado su propia budeidad total, se dedica a ayudar a otros a alcanzar la liberación. El Bodhisattva representa una etapa muy alta de budeidad, debido a su autodominio, sabiduría y compasión, pero aún no tiene la iluminación suprema: no es Buda perfecto. "Los Bodhisattvas, como los budas, no son meras personificaciones de principios abstractos... son prototipos de las etapas más altas de conocimiento, sabiduría y armonía que han sido realizados en la humanidad y tendrán que ser realizados una y otra vez..." (Govinda, p. 90).

Brahmajāla (sct.; j., Bommō), sūtra del: Aquí se encuentran los diez preceptos mayores y los cuarenta y ocho menores que forman la base ética del budismo Mahayana.

Buda (j., *bustu*): Palabra sánscrita utilizada en dos sentidos: *1*) Verdad última o Mente absoluta y 2) el que ha despertado, el iluminado a la verdadera naturaleza de la existencia. El Buda se refiere al personaje histórico con el nombre de Sidharta y el apellido de Gautama, quien nació en el año 563 a. C., hijo del gobernante de las Shākyas, cuyo pequeño reino se encontraba a las faldas de lo que hoy se conoce como Nepal. Con el tiempo, Sidharta llegó a conocerse como Shākyamuni ("el sabio silencioso" —es decir, muni— "del clan de los Shākya"). Se sabe que se casó a los dieciséis años y que tuvo un hijo, que después se convirtió en su discípulo. Profundamente perturbado por los sufrimientos de la vida humana y perplejo por el significado del nacimiento y la muerte, a los veintinueve años el Buda futuro ya no pudo soportar la vida de lujos y placeres en la que había nacido y abandonó el palacio de su padre para volverse un asceta, un buscador de la verdad en la soledad de los bosques. Por algún tiempo practicó las formas de ascetismo más severas para alcanzar la iluminación. Debido a tales austeridades llegó al punto de la muerte y al fin vio la futilidad de la automortificación, y la abandonó para finalmente alcanzar la iluminación perfecta, convirtiéndose en "el Buda". De ahí en adelante por cuarenta y cinco años, hasta su muerte a los ochenta, no sólo enseñó a su propio grupo de monjes-discípulos, sino que recorrió incansablemente los caminos de la India predicando a cualquiera que lo escuchase, siempre adaptándose a la capacidad de comprensión de los escuchas. Los hombres, conmovidos por su serenidad, su compasión y por la sabiduría de sus palabras, abrazaban el camino de emancipación que les ofrecía. Con el tiempo sus sermones y diálogos fueron registrados y ésos son los sūtras (escrituras) que ahora comprenden las doctrinas básicas del budismo.

La secta zen, en común con otras sectas budistas, acepta al Buda histórico no como una deidad suprema, ni como salvador que rescata a los hombres tomando él el peso de sus pecados. Más bien, es venerado como un ser totalmente despierto, perfectamente iluminado que alcanzó la liberación de cuerpo y mente a través de sus propios esfuerzos humanos y no por gracia de algún ser sobrenatural. El budismo tampoco contempla a Shākyamuni como el único Buda verdadero. Así como en otras épocas del mundo otros sabios han pasado por el mismo camino, han alcanzado el mismo nivel de perfección y han predicado el mismo Dharma, así habrá budas en ciclos subsecuentes para guiar a los hombres hacia la liberación. El Buda histórico, entonces, no es sino un eslabón en la cadena de budas que se extiende desde el pasado más remoto hasta el futuro inmensurable.

La frase tan familiar de los maestros zen de que todos somos budas desde el principio, debe comprenderse en el sentido de que *potencialmente* todos somos Buda, es decir, estamos inherentemente dotados con la naturaleza búdica inmaculada, pero que el candidato a la budeidad debe seguir un camino arduo hacia la iluminación si es que ha de *realizar* su perfección innata. Cualquiera que ha experimentado su naturaleza búdica, por más superficialmente que haya sido, ha realizado la primera etapa de la budeidad, puesto que en sustancia esta realización no es diferente de la del Buda Shākyamuni. Sin embargo, Shākyamuni Buda está por encima del hombre iluminado promedio debido a su grado de iluminación, así como a su grado de perfección de carácter y personalidad, es decir, en su ecuanimidad, compasión y sabiduría. Una analogía muy simple sería entre un pintor amateur y un Rembrandt; ambos son pintores, pero hay una gran diferencia en sus niveles respectivos de realización.

En los sūtras se encuentran varias clasificaciones sobre las etapas de budeidad. Un Buda en la etapa más alta no sólo está completamente iluminado, sino que es "Uno Perfecto, uno que se ha convertido en un *todo*, completo en sí mismo, es decir, uno en quien *todas* las facultades espirituales y psíquicas han llegado a la perfección, la madurez, a un estado de armonía perfecta y cuya conciencia abarca el infinito del universo. Tal ser no puede identificarse con las limitaciones de su personalidad individual, con su carácter y existencia individual, de él bien se puede decir que 'no hay cómo medirlo, no hay palabras para describirlo'" (Govinda, p. 41).

Un Buda tiene tres "cuerpos" o planos de realidad, aunque los tres son un todo interrelacionado. El primero se designa *dharma-kāya* (literalmente "cuerpo-ley"; j., *hossin*). Ésta es la experiencia de conciencia cósmica, de unidad que está más allá de cualquier concepción. El dharma-kāya incondicionado es el sustrato de la unidad y perfección, del cual surgen todas las formas animadas e inanimadas y el orden moral. Vairochana (j., Birushana), "El que Todo lo Ilumina", encarna este aspecto de conciencia universal. El segundo "cuerpo" es el *sambhogakāya* (literalmente "cuerpo de felicidad"; j., *hōjin*) que es la experiencia de la felicidad de la iluminación, de la Mente-dharma del Buda y los patriarcas, y de las prácticas espirituales que se han transmitido de generación en generación. Amitabha Buda en su Paraíso Occidental simboliza este "cuerpo de felicidad". El "cuerpo de transformación", *nirmānakāya* (j., *ōjin*), el tercer aspecto, es el cuerpo del Buda, radiante, transformado, personificado por Shākyamuni, el Tathāgata, como aparece en el mundo con sus treinta y dos señales de perfección.

La interrelación de estos tres puede ilustrarse con una analogía muy sencilla. El dharma-kāya puede compararse con el campo del conocimiento médico, el sambhoga-kāya con el entrenamiento que el doctor requiere para alcanzar su conocimiento, y el nirmāna-kāya con la explicación de este conocimiento en el tratamiento individual de pacientes, que gracias a ello pasan de la enfermedad a la salud.

En el zen existen pocas referencias de los budas no históricos, identificados con diferentes mundos y ámbitos, simbólicos de fuerzas espirituales particulares. Excepto Vairochana (j., Birushana) y Amitabha (j., Amida).

Budismo (j. *bukkyō*): El budismo, o, mejor dicho, el Dharma del Buda tiene dos ramas: la del sur o Theravada (Enseñanza de los Mayores), también conocida como el Hīnayāna (El Vehículo Menor; j., *shōjō*); y la rama del norte o Mahāyāna (Gran Vehículo, j., *daijo*). El Theravāda surgió en el sur de la India y se extendió hacia Ceilán, Birmania, Tailandia, Laos y Camboya, mientras que el Mahāyāna viajó desde el norte de la India hacia el Tíbet, Mongolia, China, Corea y Japón. En Vietnam se encuentran ambas escuelas.

A diferencia del budismo del sur cuya tendencia era permanecer conservador y ortodoxo en su aplicación de la doctrina, el Mahāyāna se adaptó a las necesidades de diversos pueblos con contextos raciales y culturales diferentes, variando los niveles de comprensión. Por tanto, en China, país al cual el budismo llegó en el siglo I, surgieron varias sectas que se concentraron en ciertos aspectos del Dharma del Buda en oposición a otras sectas que se encontraban bajo la influencia del taoísmo, el confucionismo y otras formas de cultura china. Destacan entre estas sectas la T'ien-t'ai (j., Tendai), la Ching-t'u-tsung, es decir, la secta de la Tierra Pura (j., Jōdo); Cha'an (j., zen); y la Esotérica (j., Shingon). Debido a la geografía tan singular, el clima y las condiciones de vida tan difíciles en el Tíbet los elementos tántricos del Dharma del Buda tuvieron una atracción preponderante en ese país, y surgieron sectas que enfatizaban esa parte de la enseñanza del Buda. En el siglo VI, el budismo que llegó a Japón desde China vía Corea se refinó todavía más y se adaptó de acuerdo con los japoneses, según su sociedad jerárquica, su sentido estético tan altamente desarrollado, y su cercanía a la naturaleza. El prototipo ideal del Mahāyāna es el Bodhisattva, siempre dispuesto a sacrificarse a sí mismo por aquellos perdidos en la ignorancia y la desesperación, aun mientras lucha por su propia iluminación suprema. En el Theravāda el prototipo es el Arhat, quien ha superado por medio de su mente las pasiones y el ego, y ha llegado a la propia liberación.

Budismo Tántrico (llamado a veces Esotérico) (j., *mikkyō*): El tantra budista consiste en sūtras de supuesta naturaleza mística que tratan de enseñar la relación interna entre el mundo externo y el mundo del espíritu, de la identidad de la mente y el universo. Entre los elementos utilizados en las prácticas de meditación tántrica están los siguientes:

1. Mandala. Esta palabra significa "círculo", "conjunto", "retrato". Esotérico son de dos tipos: el dibujo compuesto que muestra gráficamente diferentes tipos de demonios, deidades, budas y bodhisattvas (que representan diversos poderes, fuerzas y actividades) enmarcados dentro de círculos o cuadros simbólicos colocándose en el centro de una figura del Buda Vairochana, el Gran Iluminador y una representación diagramática compuesta de ciertas letras sánscritas sagradas (llamadas *bīja* o semillas), que sustituyen a las figuras.

2. Mantra. Estos sonidos sagrados, como Om, los transmite el maestro al discípulo a la hora de la iniciación. Cuando la mente del discípulo está adecuadamente concentrada, la vibración interna de esta palabra-símbolo, junto con las asociaciones que el discípulo hace de ésta en su conciencia, abren su mente hacia una dimensión más alta.

3. Mudrā. Éstos son gestos físicos, especialmente movimientos simbólicos de las manos que se realizan para evocar ciertos estados de la mente paralelos a los de los budas y bodhisattvas.

***Butsudan* (j.)**: Literalmente, "altar del Buda", un altar budista, cuya versión pequeña la mayoría de las familias budistas japonesas mantiene en sus hogares. Además de una figura de un Buda o Bodhisattva, dicho altar tiene una tablilla donde están grabados los nombres de los difuntos de la familia. Habitualmente se hacen ofrecimientos de comida y flores en memoria de los fallecidos, y en ciertas ocasiones también se cantan sūtras ante el altar.

Cinco Grados de Tōzan (j., *go-i*): Como los Diez Versos del Boyero, éstos representan diferentes niveles en la realización zen y fueron formulados por el maestro zen Tōzan Ryōkai (ch., Tung-shan Liang chieh). En japonés, estos cinco grados, en orden ascendente son: *1*) shō-chū-hen, *2*) hen-chū-shō, *3*) shō-chū-rai, *4*) hen-chū-shi, y *5*) ken-chū-tō. Los términos clave son *shō* y *hen*, que son dos aspectos relacionados mutuamente con el Uno. Algunos de sus atributos complementarios son los siguientes (en cada caso, el *shō* es seguido por el *hen*): lo absoluto, lo relativo, el vacío, forma y color; igualdad; diferencia; unidad, pluralidad; ser absoluto, ser relativo. El *chū* que puede significar "dentro de" o "entre" expresa la interrelación del *shō* con el *hen*.

1) *Shō-chū hen*. En este nivel de realización, el mundo dominante es el fenoménico, pero se percibe como una dimensión del Yo absoluto. *2*) Hen-chū-shō. En esta segunda etapa, los aspectos indiferenciados avanzan al frente mientras que la diversidad retrocede hacia el fondo. *3*) Shō-chū-rai. El tercer grado es un nivel de realización donde ya no queda conciencia alguna de cuerpo o mente: ambos "desaparecen" completamente. *4*) Hen-chū-shi. Con este grado se percibe la singularidad de cada objeto en su más alto grado de unicidad. Ahora, una taza es una Taza es una TAZA. *5*) Ken-chū-tō. En el quinto y más alto grado, la forma y el Vacío se penetran mutuamente a tal grado que uno ya no está consciente de ninguno de los dos. Las ideas de satori o de engaño se desvanecen completamente. Ésta es la etapa de libertad interior perfecta.

Cinco pecados mortales: *1*) matar al padre, *2*) matar a la madre, *3*) matar a un Arhat, *4*) derramar la sangre de un Buda, *5*) destruir la armonía de la *sangha* budista.

Conciencia (j., *shiki*): El budismo distingue ocho tipos de conciencia. Los primeros seis son los sentidos: la vista, el oído, el olfato, el gusto, el tacto y el pensamiento (intelecto). Mientras el intelecto interpreta la información de los sentidos y crea la ilusión de un sujeto "yo" opuesto a un mundo objetivo, en realidad no tiene una conciencia persistente de este "yo". Sólo en el séptimo tipo de (sub) conciencia (sct., *manas*) hay una atención constante hacia este ego-yo discreto. El *manas* también actúa como el vehículo de la semilla esencial de las experiencias sensoriales para el octavo nivel de (sub) conciencia (sct., *ālaya-vijñāna*). De este nivel, en respuesta a las causas y a las condiciones, el manas lleva "semillas" específicas de vuelta a los seis sentidos, precipitando nuevas acciones que a su vez producen otras "semillas". Este proceso es simultáneo e infinito.

El diagrama, basado en un esquema de Harada-rōshi, muestra la relación entre las ocho clases de conciencia y el nacimiento, la muerte, y el no nacimiento y la no muerte. La porción triangular representa la vida del individuo, revelando su vínculo con la conciencia pura o con Yo sin forma, algunas veces llamado el noveno nivel de conciencia. Esta vida es similar a una ola en el vasto océano del cual surgió y al cual retornó, y del cual volverá a surgir como una nueva ola. Del mismo modo, la conciencia individual surge de la conciencia pura y es indistinguible de ésta en su naturaleza esencial. Su elemento común, el Vacío viable, se muestra en el diagrama por el fondo blanco que todo lo abarca.

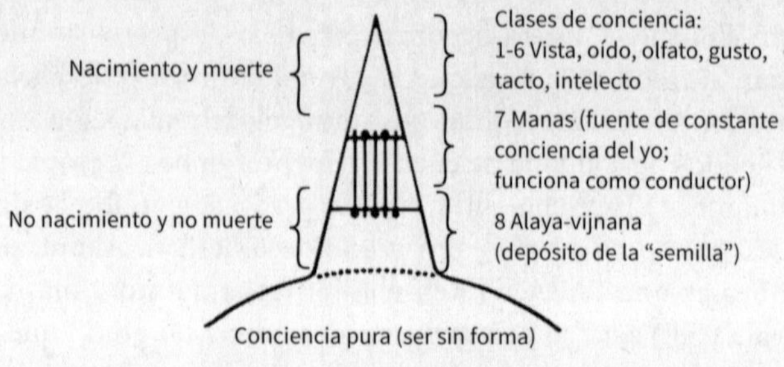

Confucio (ch., K'ung Fu-tzu; j., Kōshi): El celebrado sabio chino (551-479 a. C.). La espina dorsal de las enseñanzas morales y religiosas de Confucio se encuentran en sus *Analectos*.

Cuatro Modos de Nacimiento (j., *shishō*): *1*) nacimiento por la matriz, 2) nacimiento a través de huevos empollados fuera del cuerpo, *3*) nacimiento por humedad y *4*) nacimiento a través de la metamorfosis.

Cuatro Votos (j., *shiku seigan*): *1*) A todos los seres, innumerables, hago voto de liberar. 2) Pasiones ciegas sin fin, hago voto de arrancar. *3*) Las inmensurables puertas del Dharma, hago voto de penetrar. *4*) El Gran Camino de Buda, hago voto de lograr. Estos votos son tan viejos como el budismo Mahāyāna y son los mismos que hace un Bodhisattva. En un templo zen se recitan tres veces seguidas al finalizar el zazen. En el sūtra que lleva el nombre del Sexto Patriarca, éste hace una profunda interpretación de estos votos.

Cueva de Satán: También llamado "el hoyo de la seudoemancipación". Ésta es una etapa en el zazen, donde uno experimenta una serenidad absoluta y se engaña creyendo que es la Autorrealización. Se necesita un esfuerzo inspirado para romper este estado y trascenderlo.

Chisha (ch., Chih-i o Chih-k'ai): Fundador de la secta budista T'ient'ai (j. Tendai) en China. Véase también "Ocho Enseñanzas y Cinco Periodos".

Chuang-tzu (j., rōshi): Un sabio taoísta chino del siglo IV a. C., quien predicaba las doctrinas de Lao-tzu con ingenio y originalidad.

Chūhō Myōhon (ch., Chung-fêng Ming-pên: 1263-1323): Un maestro zen chino. Sus palabras, con frecuencia citadas, sobre el significado del koān aparecen en su obra *Shan-fang Yeh-hua* (*Pláticas vespertinas en una choza en la montaña*).

***daishi* (j.)**: Literalmente, "gran maestro", título budista que se confiere póstumamente.

Daitoku-ji (Templo de la Gran virtud): Un gran templo Rinzai en Kioto, Japón, fundado en 1327 por Daito-kokusti, es decir, Daito, Maestro de la Nación. Daitoku-ji guarda muchos tesoros de arte, entre ellos pinturas del artista zen Mu-ch'i (j., Mokkei).

***Denko-roku* (Registro de la Transmisión de la Luz)** por el maestro zen japonés Keizān; consiste en cincuenta y tres pláticas sobre el Buda y los patriarcas. Fue compilado por sus discípulos. No confundir con el *Dentoroku* (Registro de la Transmisión de la Linterna) por un maestro zen chino.

Dharma (sct.; j., *ho*): Un término budista fundamental que tiene varios significados, el más amplio es: *1*) "fenómenos". Todos los fenómenos son sujetos a la ley de la causalidad y esta verdad fundamental representa la base de la enseñanza budista. Por tanto, dharma significa: *2*) ley, *3*) realidad última, *4*) la enseñanza del Buda y *5*) las doctrinas del budismo.

Diamante, sūtra del (sct., Vajracchedikā Prajnā Pāramitā; j., Kongokyo): Uno de los sūtras Mahayana más profundos. Este sūtra concluye con las siguientes palabras: "Esta exposición sagrada será conocida como el sūtra Vajracchedikā Prajnā Pāramitā debido a que es dura y filosa como un diamante, que corta a través de todas las concepciones arbitrarias y conduce a la otra orilla de la iluminación".

diez actos de maldad: *1*) matar, *2*) robar, *3*) cometer adulterio, *4*) mentir, *5*) usar lenguaje inmoral, *6*) provocar chismes, *7*) vilipendiar, *8*) codiciar,

9) permitir la ira, 10) tener visiones equivocadas. Véase también "los cinco pecados mortales".

***diez direcciones* (j., *jippō*)**: Esto incluye todo el cosmos. Además de los mundos del norte, sur, este, oeste y los cuatro puntos intermedios de éstos, abarca el zenit y el nadir, totalizando diez puntos de referencia.

dokusan: Entrevista privada con el rōshi en su habitación de enseñanza. El término general para denominar cualquier entrevista formal con el rōshi es sanzen. Existen tres tipos de sanzen: *sōsan*, o escuchar las pláticas generales del rōshi sobre la práctica zen —esto se da en grupo y es obligatorio para los principiantes—; dokusan, el asistir individualmente ante el rōshi en periodos designados y es opcional; naisan, visitas "secretas" al rōshi a cualquier hora, día o noche, cuando alguna circunstancia especial así lo demanda. En los sesshines de Yasutani-rōshi había dokusan tres veces al día: a las 5 a.m., a las 3 p.m. y a las 7 p.m.

Dorin (ch., Tao-lin): Un maestro zen muy conocido del periodo T'ang. Popularmente se le llamaba Niao-k'ê (Nido de Ave), pues tenía el hábito de hacer zazen entre las ramas de los árboles. Véase también "Hakurakuten".

"duelo Dharma" (j., *hossen*): Una justa o batalla verbal de "ingenio" con respecto al Dharma, normalmente entre dos personas iluminadas. En la práctica a veces resulta difícil establecer una línea diferencial entre hossen y mondo, pero generalmente, un mondo se refiere a una pregunta y a una respuesta, mientras que el hossen puede ser un encuentro bastante largo. El duelo Dharma es la forma típica zen para demostrar la Verdad sin recurrir a conceptos lógicos. Véase también "mondo".

ego: Según el budismo, la noción de ego, es decir, la conciencia de uno mismo como una individualidad separada, es una ilusión. Surge debido a que nuestro intelecto (el sexto sentido) nos lleva a postular el dualismo entre "yo" y "otro", lo cual nos lleva a pensar y actuar como si fuéramos una entidad confrontada por un mundo externo a nosotros. Por tanto, en el inconsciente se fija la idea de "yo" o de la entidad del yo, y de ahí surgen patrones de pensamientos tales como "odio esto, esto me gusta, esto es mío, esto es tuyo". El ego-yo se nutre de esta falacia y llega a dominar la personalidad, atacando cualquier cosa que amenace esta posición, aferrándose a cualquier cosa que aumente su poder. El antagonismo, la codicia y la alineación culminan en el sufrimiento y son consecuencias inevitables de este proceso circular.

Eisai Myōhan (1141-1215): La secta zen en Japón comienza formalmente con Eisai, un sacerdote de alto rango que llegó a dominar las enseñanzas del budismo en el monte Hiei, el más destacado templo para el aprendizaje budista en Kioto durante la Edad Media. Realizó dos viajes a China, donde aprendió las prácticas del zen en varios monasterios, incluyendo el famoso monasterio de T'ien-t'ung (j., Tendō). Al regresar a Japón en 1191, trajo consigo las enseñanzas de Rinzai, así como semillas de té. Así pues, Eisai llegó a conocerse como el padre del zen y del cultivo de té en Japón.

engaño, pensamiento ilusorio: Ilusionarse es engañarse completamente. El engaño implica creer en algo que es completamente contrario a la realidad. La ilusión, por otra parte, sugiere que lo que se ve tiene una realidad objetiva pero que se está malinterpretando o se está viendo falsamente. En el budismo, el engaño significa ignorancia, una falta de conocimiento de la verdadera naturaleza de las cosas o del verdadero significado de la existencia. Nuestros sentidos nos engañan o nos desvían (se incluyen el intelecto y sus pensamientos discriminativos) en la medida en que nos hacen aceptar el mundo fenoménico como el Todo de la realidad y actuar como si el mundo fuera algo externo a nosotros cuando en realidad no es sino una reflexión de nosotros mismos. Esto no significa que el mundo relativo no tenga realidad alguna. Cuando los maestros dicen que todo fenómeno es ilusorio, quieren decir que, en comparación con la Mente misma, el mundo aprehendido solamente por los sentidos representa un aspecto parcial y limitado de una Realidad que es un sueño. Véase también "Los Seis Ámbitos de la Existencia".

Engaku-ji (Templo de la Iluminación Completa): Este famoso monasterio zen fue fundado en Kamakura, Japón, en 1282 por el regente Hōjō Tokimune, ardiente patrocinador del budismo. Engaku-ji es la matriz de muchos subtemplos dispersos por Japón.

Enō (su nombre completo, Daikan Enō-zenji; también Rokusodaishi, el Sexto Patriarca; ch. Hui-n-engo o Wei-land; 638-713): Uno de los más distinguidos maestros chinos de la era T'ang. La tradición zen abunda con historias sobre esta personalidad: que era tan pobre que vivía de vender leña para mantener a su madre viuda; que era analfabeto; que se iluminó cuando muy joven al escuchar un pasaje del sūtra del Diamante; que fue seleccionado para convertirse en Sexto Patriarca al haber escrito un verso donde demostraba su profunda comprensión.

Era de Kamakura: Periodo conflictivo en la historia de Japón (más o menos desde el 1192 hasta el 1337) que vio cambiarse la sede del gobierno a Kamakura y vio surgir las sectas zen, Nichiren y de la Tierra Pura.

estudiante: Como se utiliza en este libro, el término se refiere al que entrena zen, y no al que estudia zen académicamente.

***gasshō* (j.)**: El gesto de alzar las manos, palma con palma indicando respeto, gratitud, humildad o las tres cosas.

Genki Taji-rōshi: Un rōshi discípulo de Harada-rōshi. Murió en 1953 a los setenta y cuatro años.

***godō* (j.)**: En la secta Sōtō es el monje principal a cargo del zendo, y segundo en rango después del rōshi. La posición de *jikijitsu* en la secta Rinzai es similar a la del *godō*.

Hakuin Ekaku (1686-1769): Uno de los más versátiles y brillantes maestros zen japoneses. Hakuin es denominado con frecuencia el padre del Rinzai moderno, debido a que a través de su sistema de kōanes él solo revitalizó las enseñanzas de Rinzai que habían estado decayendo.

Hakuin no sólo fue un maestro destacado; también fue un gran pintor, caligrafista y escultor. *Sekishu* o "¿Cuál es el sonido de una sola mano?", ideado por Hakuin, es el kōan más conocido de todos los maestros zen japoneses. Su *Zazen Wasan* (Canto en Alabanza al Zazen) se recita con frecuencia en los templos zen y comienza: "Desde el principio, todos los seres son Buda" y termina: "Esta Tierra que pisamos es la Tierra Pura del Loto, y este mismo cuerpo el cuerpo de Buda".

Hakurakuten (ch., Pai Yueh T'ien): Cita de la tercera serie de *Ensayos sobre budismo zen*, de Suzuki: "Pai Yueh T'ien fue un gran poeta de la dinastía T'ang. Cuando ejercía como gobernador de cierto distrito, había un maestro zen dentro de su jurisdicción que popularmente era conocido como Nia-k'-e, o "Nido de Ave", pues solía meditar sobre un asiento de ramas en lo alto de algún árbol. El gobernador-poeta en cierta ocasión lo visitó y le dijo: "¡Qué peligroso asiento tienes en lo alto de ese árbol!". "¡El tuyo es mucho peor que el mío!", le respondió el maestro. "¡Soy el gobernador de este distrito y no sé qué peligro pueda tener eso!". "¡Entonces no te conoces! Cuando tus pasiones se incendian y tu mente no está en calma, ¿qué puede ser más peligroso que eso?". Entonces el gobernador preguntó: "¿Cuál es la enseñanza del budismo?". El maestro recitó este fragmento (que aparece en una serie de sūtras tanto mahāyāna como hīnayāna: "No hacer mal / practicar el bien / mantener el corazón puro / Ésta es la enseñanza de los budas". Pai, sin embargo, protestó: "Cualquier niño de tres años sabe eso". "Cualquier niño de tres años lo sabe, pero aun para un hombre de ochenta años resulta difícil practicarlo". Así concluyó el maestro zen arriba del árbol.

***hanka* (j.)**: La postura del medio loto. Véase también la sección IX.

***Hekigan-roku* (ch., Pi-yen lu; Colección de la Roca Azul)**: Probablemente el libro zen más famoso, que consiste en cien kōanes compilados por el maestro zen Hsüeh-tou Ch'ung-hsien (j., Setchō Jūken; 980-1052) con su propio comentario en verso que acompaña a cada koān. Cada koān está precedido por una introducción que contiene la esencia del koān, escrito por el maestro zen Yüan Wu (j., Bukka Engo; 1063-1135). El nombre del libro se deriva de una caligrafía que contenía los caracteres chinos "azul" y "roca" que colgaba en el templo donde la colección se recopiló, y que el compilador decidió utilizar como título de su obra.

Hō-koji (j.; ch., P'ang Yün): Literalmente "el discípulo lego Hō"; una gran figura zen de la dinastía T'ang. Hombre acaudalado que, según se sabe, tiró su fortuna entera en oro a un río y después se dedicó a deambular con su familia, ganándose la vida haciendo artículos de bambú y participando en "duelos Dharma" con famosos maestros zen.

Hosshin-ji (Monasterio para el Despertar de la Mente-Bodhi): Un monasterio de la secta Sōtō localizado en Obama, prefectura de Fukui, Japón, el cual dirigió Harada-rōshi como abad durante cuarenta años.

***hotsugammon* (j.)**: Un voto o una petición. El *hotsugammon* de Dogēn, compuesto por selecciones de su obra el *Shōbōgenzo*, se canta regularmente en los monasterios zen.

Hyakujō Ekai (ch., Pai-chang Huai-hai; 720-814): Maestro zen sobresaliente, el primero en establecer una comunidad monástica en China con reglas bien definidas, enfatizando además el trabajo físico.

Ikkyū Sōjun (1394-1581): Uno de los abades de Daitoku-ji, un gran monasterio Rinzai en Kioto. Ikkū es conocido dentro de la historia zen tanto por su profundo ingenio irreverente, expresado en numerosos versos, como por su profundo conocimiento zen. Ambas cualidades pueden verse en este poema, que escribió a los ochenta y siete años, cuando se acercaba a la muerte: Tenuemente por treinta años; / Imperceptiblemente por treinta años; / Tenue, imperceptiblemente por sesenta años; / al morir, excreto, y lo ofrezco a Brahma (traducción al inglés de R. H. Blyth).

iluminación: Autorrealización. Como se utiliza aquí, este término nada tiene que ver con el movimiento filosófico del siglo XVIII caracterizado por el racionalismo. Véase también "kenshō" y "satori".

***inka shōmei* (j.; sello de aprobación)**: Inka, como se llama popularmente, es un reconocimiento formal de parte del maestro hacia su discípulo de que ha terminado su entrenamiento bajo él; en otras palabras, se ha "graduado". Con los maestros que utilizan el sistema de koānes, esto significa que han pasado todos los koānes prescritos por el maestro. En el caso de maestros que no usan koānes, el otorgamiento del inka significa que están satisfechos con el nivel de comprensión del discípulo.

El que reciba inka puede o no tener permiso para enseñar, puesto que en gran parte depende de la profundidad de la iluminación del estudiante, su fuerza de carácter y la madurez de su personalidad. Obviamente mucho de esto también depende de las cualidades personales del rōshi mismo. Si es sabio y tiene una profunda realización, sus exigencias serán muy altas y no dará un permiso para enseñar a la ligera. Pero si es mediocre, muy probablemente como su discípulo, con inka o sin inka, será "un sello pobre de otro sello pobre". En el zen, con frecuencia se dice: "La fruta no puede ser mejor que el árbol que la produjo".

Jizō (j.; sct., Kshitigarbha): Este Bodhisattva de la bondad y la piedad es una figura muy querida en el budismo japonés. A nivel popular, Jizō es no sólo el protector especial de los niños sino también el tutor y guía de cualquiera que está en peligro de perderse. En las intersecciones de los caminos, o en algún lugar donde un niño ha sufrido una muerte no natural, se pueden encontrar estatuillas de piedra de Jizō, con su báculo de monje en una mano, y su cabeza afeitada.

Jōshu-Jūshin (ch., Chao-chou Ts'ung-shên: 778-897): Un conocido maestro del periodo T'ang. De todos los kōanes, el Mu, diseñado por él, es el más famoso. Chao-chou, se dice, alcanzó el kenshō a la edad de dieciocho años y a los cincuenta y cuatro el despertar absoluto. De los cincuenta y cuatro a los ochenta años peregrinó por China, quedándose con prominentes maestros zen y participando en "duelos Dharma" con ellos. No fue sino hasta los ochenta años cuando fundó formalmente un monasterio y comenzó a enseñar, hasta su muerte a los ciento veinte años.

Como su maestro Nan-ch'üan (j., Nansen), Chao-chou era de carácter suave. Evitaba la forma vigorosa y acción violenta de los Rinzai; sin embargo, su sabiduría y agudeza al tratar con sus alumnos era tal que podía transmitir más por medio de un sutil sarcasmo o alzando una ceja que lo que otros maestros lograban con un grito o rompiendo un kyosaku. Esto es evidente por los numerosos kōanes que giran alrededor de su figura. Chao-chou es sumamente admirado en Japón.

joya de la espada del rey Vajra: Expresión metafórica de la Mente indestructible. Véase también "Vajra".

kalpa: Uno de los sūtras define un kalpa como el periodo que tomaría a un ser celestial descender de los cielos una vez al año, y rozar con sus alas una montaña de una milla de alto para gastarla hasta que quedase al ras del suelo.

Kannon (j., también Kwannon, Kanzeon; sct., Avalokitesvara; ch., Kuan Yin): "El Gran Compasivo", Kannon es el Bodhisattva del amor y la benevolencia que todo lo abarca. Tiene un papel central en las prácticas devocionales de todas las sectas budistas. Aunque originalmente es una figura masculina, Kannon se ha convertido en una figura femenina a partir de la imaginación popular asiática.

karma (j., gō): Una de las doctrinas fundamentales del budismo. El karma es acción y reacción, el proceso continuo de causa y efecto. Así pues, nuestra vida presente y sus circunstancias son el producto de pensamientos y acciones pasados, del mismo modo que nuestros actos de esta vida moldearán nuestra forma de existencia futura. La palabra *karma* también se usa en el sentido de una mente inclinada hacia el mal debido a acciones malignas del pasado. Véase también "nacimiento y muerte", "conciencia" y "Seis Ámbitos de Existencia".

***katsu* o *kwatz* (j.; ch., *ho*)**: Aunque esta exclamación no tiene un significado exacto, transmite muchísimo en su expresión. Es utilizada por los maestros para limpiar la mente del estudiante de todo pensamiento dualista, y centrado en el ego. La expresión con frecuencia se asocia a la figura de Lin-chi (j., Rinzai) cuyos gritos y golpes con el kyosaku son legendarios en el zen. Lin-chi distinguía cuatro tipos de katsu: "Algunas veces es como la joya de la espada del rey Vajra; otras es como un león de pelaje dorado echado en el suelo; otras es como un señuelo con pasto en la punta, y otras ni siquiera es katsu".

Keihō Shūmitsu (ch., Kuei-fêng Tsung-mi): Un maestro muy sabio zen de la era T'ang.

keisu: Un gong de bronce en forma de tazón que se utiliza durante los cantos en las sectas budistas en Japón. Se toca pegando en el extremo de la boca del keisu con una especie de palo forrado y acolchonado que se toma con ambas manos.

Keizan Jōkin (1268-1325): El Cuarto Patriarca de la secta japonesa Sōtō después de Dōgen; fundador de Sōji-ji, uno de los monasterios Sōtō principales. El *Denkō-roku* es una compilación de sus obras.

***kendō* (literalmente, "el camino de la espada")**: Esgrima estilo japonés en la que se toma la espada con ambas manos. Tradicionalmente, los adeptos del kendō se disciplinan también en el zen para poder desarrollar mejor una respuesta alerta y de todo corazón, así como una aceptación sin miedo de la muerte.

***kenshō* (literalmente, "ver dentro de la propia naturaleza")**: Semánticamente, kenshō y satori tienen virtualmente el mismo significado y con frecuencia se utilizan de forma distinta. Al describir, sin embargo, la iluminación del Buda y los patriarcas, es costumbre utilizar la palabra *satori* en vez de kenshō, puesto que la primera expresa una experiencia más profunda. (La expresión exacta en japonés de iluminación total es *daigo tettei*). Cuando la palabra *godō* (literalmente, "el camino de la iluminación") se combina con el término *kenshō*, esta última cobra un significado más subjetivo y enfático.

kōan (ch., kung-an; se pronuncia en japonés en dos sílabas, kōan): Su significado original en chino es el de un caso que establece un precedente legal. En el zen, un koān es una formulación, en lenguaje paradójico, que apunta hacia la verdad última. Los koānes no pueden resolverse recurriendo al razonamiento lógico, sino sólo despertando un nivel de la mente más profundo, más allá del intelecto discursivo. Los koānes se construyen de las preguntas de los discípulos de la antigüedad junto con las respuestas de los maestros, de fragmentos de sermones o discursos, de líneas de sūtras y de otras enseñanzas.

La palabra o frase en que se resume el koān para ser resuelto se llama en japonés el *watō* (ch., *hua t'ou*). Por ejemplo: "¿Tiene un perro naturaleza búdica?", junto con la respuesta de Joshu, "¡Mu!" constituye el koān; "¡Mu!" es el watō.

En total hay alrededor de 1 700 kōanes. De éstos, los maestros zen japoneses usan alrededor de 500, puesto que muchos son repetitivos y otros resultan menos valiosos para la práctica. Cada maestro tiene sus propias preferencias, pero invariablemente emplean (si es que utilizan kōanes para trabajar) el *Mumonkan* y el *Hekigan-roku*, que constituyen recopilaciones de kōanes. Un discípulo que ha completado su entrenamiento bajo Yasutani-rōshi debe pasar los siguientes kōanes y otros tipos de problemas en el siguiente orden: kōanes diversos, 50; *Mumonkan* (con versos), 96; *Hekigan-roku*, 100; *Shōyō-roku*, 100; *Denkō-roku* (con versos), 110; *Jūjūkinkai* y otros, 90; en total son 546 kōanes.

Kōbō-daishi (774-835): Uno de los nombres más reverenciados en el budismo japonés. Khūkai, como se le conoció durante su vida, trajo el budismo Shingon a Japón desde China, donde había estudiado durante tres años. Es igualmente famoso como un maestro religioso sobresaliente, un talentoso hombre de letras, artista e insuperable caligrafista. Es también el inventor del silabario *hiragana* y reconocido en Japón como uno de sus más grandes benefactores.

Kōgaku-ji, literalmente "Templo que ve hacia la montaña" (La montaña es el Fuji): Fue fundado por el maestro zen Bassui y está localizado en el pueblo de Enzan, prefectura de Yamanashi, Japón.

kotsu: *Bastón* del rōshi, como de cuarenta centímetros de largo, cuya forma asemeja la de la espina dorsal. El rōshi lo utiliza para enfatizar algún punto, o a veces para golpear ligeramente al estudiante.

Kriyā, meditación: Un tipo de meditación utilizado en ciertas ramas del yoga.

Lat-tzu (J., rōshi): Aunque Lao-tzu comúnmente es reconocido como uno de los más grandes sabios de China, se sabe muy poco sobre su vida. Se dice que nació alrededor del 604 a. C. y que fue autor del libro *Tao Teh Ching* (El Camino y su Poder; j., Dotokkyō) considerado la biblia del taoísmo, nombre con el que se llegó a conocer la religión que se desarrolló a partir de este libro. El Tao se ha definido como la base de toda existencia, como el poder del universo.

loto: En el budismo, el loto es el símbolo de la pureza y la perfección de la naturaleza búdica que nos es intrínseca a todos. "Así como el Loto crece de la oscuridad del lodo hacia la superficie del agua, abriendo su flor sólo hasta haberse alzado por encima de la superficie, y sin ser tocado por la tierra ni por el agua que la nutrió, de la misma forma la mente, nacida en un cuerpo humano, desdobla sus verdaderas cualidades ('pétalos') después de haberse alzado por encima de las turbias inundaciones de la pasión y la ignorancia y transforma los oscuros poderes de las profundidades en el néctar radiantemente puro de la Conciencia-iluminada" (Govinda, p. 89).

loto, postura del: (sct., padmāsana): La posición en la que el Buda es representado iconográficamente, sentado sobre un loto. Véase sección IX.

Loto, sūtra del (también Sūtra del Loto de la Ley Maravillosa; sct., Saddharma Pundarīka: j., Myōhō Renge-Kyō, o también Hokkekyō): Este sūtra Mahāyāna data del siglo I y ha tenido una gran influencia entre los budistas de China y Japón. "En un lenguaje vívido, que sobrepasa la imaginación, relata el discurso final de Shākyamuni antes de entrar al Nirvāna. Aquí ofrece a sus discípulos reunidos una visión de los infinitos mundos búdicos, iluminados por budas que revelan la Verdad a innumerables discípulos, así como Shākyamuni lo hace en este mundo. Ésta es la prefiguración de una revelación posterior de que Shākyamuni no es sino una manifestación del Buda Eterno, que aparece en estos ámbitos infinitos siempre que el hombre se halla amenazado o rodeado por el mal... Shākyamuni procede a explicar por qué ha sido necesario que predique ante todo la doctrina Hīnayāna que busca el automejoramiento de los individuos como una preparación para la revelación final de la Salvación Universal..." (de *The Lotus of Wonderful Law*, traducción resumida de W. E. Soothill, citada en *Sources of Japanese Tradition*, editada por William Theodore de Bary, p. 121).

mandala: Véase "Budismo tántrico".

Manjusri: Véase "Samantabhadra y Manjusri".

mantra: Véase "Budismo tántrico".

māyā: Esta palabra sánscrita usualmente se refiere a la ilusión, pero māyā no es sino el medio por el cual medimos y valoramos el mundo fenoménico. Es el motivo de ilusión cuando se percibe incorrectamente este mundo de la forma como estático y sin cambios. Cuando se ve tal cual es (o sea, un flujo vivo, basado en el Vacío), māyā es Bodhi, o sabiduría inherente. Véase también "engaño".

Mencio (ch., Meng-tzu; j., Mōshi; siglo IV a. C.): Filósofo-sabio chino. *El libro de Mencio*, su principal obra, es considerado uno de los comentarios clásicos sobre los escritos confucionistas.

mente (j., *kokoro* o *shin*): Pregúntele a cualquier japonés dónde está su mente y con toda probabilidad apuntará hacia el corazón o el pecho. Haga la misma pregunta a un occidental y apuntará hacia su cabeza. Estas dos respuestas ilustran la diferencia de concepción de la mente en Oriente y Occidente. La palabra *kokoro*, que en inglés se traduce como *mente*, también significa "corazón", "espíritu", "psique" o "alma"; mente (con *m* minúscula), como se usa en este libro, significa mucho más que el asiento del intelecto. Mente (con M mayúscula) significa la realidad absoluta. Desde el punto de vista de la experiencia zen, la Mente (no la mente) es la conciencia total, en otras palabras *sólo* escuchar, *sólo* ver al mirar, etcétera.

La expresión "abrir el ojo de la mente" es otra forma de hablar de la experiencia del satori o de la Autorrealización. "Poner el ojo de la mente en..." significa "dirigir la atención, o enfocar la atención o concentrar todo el ser en".

Mente-bodhi (j., *bodai-shin*; sct., *bodhicitta*): Sabiduría intrínseca; el corazón-mente inherentemente iluminado, también la aspiración hacia la iluminación perfecta.

Miroku (j., sct., Maitreya, "El Grande que Ama"): El Bodhisattva que se convertirá en Buda en el próximo ciclo del mundo para llevar a los hombres a la autoliberación de la propia prisión.

***mokugyo* (literalmente "pescado de madera")**: El mokugyo es un instrumento de percusión hecho de un bloque de madera redondeado y ahuecado, tallado en forma de una criatura marina con una abertura larga y horizontal para crear resonancia. Se emplea en el acompañamiento del canto de sūtras en los templos budistas. Cuando se le suena con una especie de palo acolchonado, emite un sonido distintivo. Este tambor, originalmente chino, puede llegar a medir hasta un metro de alto o ser tan pequeño que pueda sostenerse en el regazo. Frecuentemente va laqueado de rojo brillante. Los peces, puesto que nunca duermen, son en el zen símbolo de la atención y el estado de alerta necesario en los aspirantes de la budeidad.

***mondō* (literalmente "pregunta y respuesta")**: Un tipo único de diálogo zen entre un maestro y un estudiante en el que el estudiante hace preguntas sobre el budismo que lo tienen profundamente perplejo y el maestro, evitando la teoría y la lógica, responde de tal forma que evoque una respuesta de los niveles más profundos de la mente intuitiva del estudiante. Véase también "duelo Dharma".

monje (sacerdote): El idioma japonés no observa distinción entre los dos tipos religiosos, descritos por las palabras en español *monje* y *sacerdote*. *Obo-san* (o de menor respeto, *bōzu*) es el término general para el discípulo ordenado del Buda. Existen dos expresiones relacionadas con esto: *unsui*, un novicio que entrena en un monasterio zen (véase "nubes y agua") y *oshō-san*, que designa al maestro o cabeza de cualquier templo budista. Los antiguos maestros zen chinos y japoneses y sus discípulos, que en español se designan como monjes, eran hombres que tomaron los votos Mahāyāna para andar el Camino del Buda y quienes, célibes, vivían la sencilla vida de los Buscadores-de-verdad, ya fuera como miembros de una comunidad monástica o como seguidores itinerantes del Camino. En el Japón actual, aquellos que más se acercan al ideal monacal son los rōshis de los monasterios zen y sus discípulos, a pesar de que a veces se encuentran entre éstos algunos hombres casados.

La palabra en español *sacerdote* normalmente se aplica a residentes obo-san de los templos, quienes realizan varios ritos budistas para sus miembros, ofrecen instrucción sobre la doctrina budista y ocasionalmente conducen clases de zazen si es que su templo pertenece a la secta zen. Aquellos con rango de rōshi organizan sesshines periódicos en sus propios templos o en algún otro sitio, principalmente para legos. La mayoría de los sacerdotes zen están casados, y viven con sus familias en el templo que heredaron de su padre. Hoy día ni la secta zen ni ninguna otra secta budista de Japón exige el celibato a sus sacerdotes, aunque las monjas zen, sean o no residentes de un convento (llamado en japonés *ni-sōdō*) o de su propio templo, tienen prohibido casarse. Véase también "templo".

mudrā: Véase "Budismo tántrico".

***Mumonkan* (j.; ch., Wu-mên-kuan; La Barrera sin Puerta)**: Este libro de cuarenta y ocho koānes, con comentarios en prosa y en verso hechos por el compilador, el maestro zen Wu-mên Hui k'ai (j., Mumon Ekai), es, junto con el *Hehigan-roku*, la colección de koanes chinos mejor conocida. El verso que acompaña cada koān normalmente se trata como un koān aparte.

nacimiento y muerte (j., *shōji*; skt., samsāra): El mundo de la relatividad; la transformación que todos los fenómenos, incluyendo nuestros pensamientos y sentimientos, sufren incesantemente de acuerdo con la ley de la causalidad. Nacimiento y muerte pueden compararse con las olas del océano. Cuando sube una ola, es un "nacimiento" y cuando rompe es una "muerte". El tamaño de cada una está condicionado por la fuerza de la ola previa, siendo ésta la progenitora de la siguiente. Este proceso se repite infinitamente en el nacimiento y la muerte. Véase también "Seis Ámbitos de Existencia", "karma" y el diagrama que aparece bajo "conciencia".

Nakagawa-rōshi: Véase "Sōen Nakagawa-rōshi".

Nangaku Ejō (ch., Nan-yuëh Huai-jang): Un maestro zen sobresaliente de la dinastía T'ang; discípulo de Hui-neng, el Sexto Patriarca.

Naturaleza-búdica (j., *busshō*): Una expresión concreta para denominar el sustrato de perfección, de lo completo, intrínseco tanto a la vida sintiente como no sintiente.

nirvāna (sct.; j., *nehan*): La extinción de la ignorancia y el deseo, y el despertar a la Paz y Libertad interiores; nirvāna (con *n* minúscula) se opone a samsāra, es decir, al ciclo de nacimiento y muerte. Nirvāna también se usa en el sentido de regresar a la pureza original de la naturaleza búdica después de la disolución del cuerpo físico, es decir, de la libertad perfecta del estado incondicional.

Nirvāna, sūtra del (j., Nehan-kyō; sct., Mahā-parinirvāna sūtra): Entre otras cosas, este sūtra contiene las últimas palabras del Buda.

Nōh: Una forma clásica japonesa de teatro-danza altamente refinada. Nubes y agua: los novicios en los monasterios zen son llamados *unsui* (literalmente "nube-agua") y con frecuencia los templos zen ostentan decoraciones de nubes y agua. Las nubes se mueven libremente, formándose y volviéndose a formar en respuesta a las condiciones externas y a su propia naturaleza, sin verse obstruidas por nada. "El agua cede, pero lo conquista todo. El Agua extingue al fuego, o, si se ve en peligro de ser vencida, se convierte en vapor para después volver a formarse. El Agua deslava la Tierra o, al enfrentarse a las piedras, busca rodearlas.

El Agua corroe el Hierro hasta convertirlo en polvo; satura la atmósfera hasta que el Viento muere. El Agua cede ante los obstáculos con humildad, pues no hay poder alguno que le impida llegar a su destino de alcanzar los mares. El Agua, al ceder, conquista: nunca ataca pero siempre gana la última batalla" (Tao-Ch-eng de Nan Yeo, estudioso taoísta del siglo XI, citado por Blofeld en la p. 78 de *The Wheel of Life*). Estas virtudes de las nubes y el agua son las virtudes del hombre zen que se ha perfeccionado y cuya vida se caracteriza por la libertad, la espontaneidad, la humildad y la fuerza interna, además de la flexibilidad para adaptarse a las circunstancias cambiantes sin forzarse o caer en la ansiedad.

Nyojō (ch., Ju-ching; 1163-1238): El maestro zen chino bajo el cual se iluminó Dōgen en China, en el monasterio T'ient-t'ung (j., Tendō).

Ōbaku Kiun (ch., Huang-po Hsi-yün; ?-850): Otro de los maestros zen sobresalientes del periodo T'ang. Uno de los discípulos más destacados de Lin-chi (j., Rinzāi).

Ōbaku, secta (j., Obaku-shū): Esta secta zen fue introducida a Japón, proveniente de China, por el maestro zen Yin-yuan (j., Ingen) en 1654. Su principal templo, construido en estilo chino, es Mampuku-ji, cerca de Kioto. Obaku es la secta zen con menos influencia actualmente en Japón.

Ocho Enseñanzas y Cinco Periodos: Clasificación de las enseñanzas del Buda desde el punto de vista de la secta Tendai, realizada por su fundador chino, Chih-i. Éstos se dividen en cuatro doctrinas más cuatro métodos para predicarlas y representan cinco etapas de instrucción que dio el Buda, desde la más temprana hasta la última y más alta.

Om: Esta sílaba sagrada es uno de los mantras principales del budismo tántrico.

pared de hierro y montaña de plata: Metáforas que describen el sentido de frustración de aquellos que llegan a cierto punto en la práctica y que no pueden sobrepasar. Uno es incapaz de derribar una pared de hierro o de escalar una montaña de plata.

parinirvāna: Literalmente, "extinción absoluta". Este término se utiliza con frecuencia para denotar el fallecimiento del Buda.

Patañjali: Compilador putativo de un libro de aforismos yoga que trata sobre la filosofía, los discípulos y las técnicas de meditación que "llevan al conocimiento de la Divinidad". Se sabe tan poco acerca de Patañjali que la fecha de su obra varía desde el siglo IV a. C. hasta el siglo IV d. C.

patriarcas (j., *soshigata*): Los patriarcas son los grandes maestros que han recibido y formalmente han transmitido el Dharma del Buda. Suman veintiocho en la India y seis en China (Bodhidharma fue tanto el vigésimo octavo en la India como el primero en China). El Sexto Patriarca, Hui-neng, nunca otorgó formalmente el patriarcado a su sucesor, así que se terminó. Sin embargo, los maestros sobresalientes de las generaciones siguientes tanto en China como en Japón son llamados libremente patriarcas por los japoneses o mayores por los chinos, como expresión de reverencia o respeto a sus altos logros.

Prajñā Pāramitā Hridaya (sct.; j., Hannya Haramita Shingyō): Este corazón del sūtra Prajñā Pāramitā se recita tan frecuentemente en el templo que la mayoría de los estudiantes zen lo saben de memoria. Su tema principal es: "La forma no es otra cosa que Vacío, el Vacío no es otra cosa que forma". Prajñā Pāramitā significa literalmente "la sabiduría que lleva a la otra orilla", es decir, la sabiduría intuitiva.

preceptos (j., *kairitsu*): Para ser formalmente un budista zen es necesario iniciarse, es decir, recibir los preceptos en una ceremonia formal (llamada *jukai* en japonés) donde uno promete entregarse por completo a los Tres Tesoros del budismo, esto es, guardar los diez preceptos cardinales, evitar el mal, practicar el bien y luchar hasta que todo ser sintiente se haya liberado. El maestro zen Dōgen escribió que tomar formalmente los preceptos es un paso esencial hacia la budeidad.

Los diez preceptos cardinales del Mahāyāna (j., *jūjū-kinkai*) lo exhortan a uno a evitar: *1*) matar, *2*) robar, *3*) la impureza sexual, *4*) mentir, *5*) vender o comprar bebidas alcohólicas (es decir, hacer que otros beban, o hacerlo uno mismo), *6*) hablar de los defectos de otros, *7*) alabarse a uno mismo y vilipendiar a otros, *8*) no ofrecer ayuda material o espiritual, *9*) la ira y *10*) vilipendiar los Tres Tesoros. Estos preceptos son tanto para legos como para monjes.

La observancia de los preceptos es importante no sólo por motivos éticos. Debido a que resulta imposible avanzar en un camino a la iluminación a menos que la mente se encuentre libre de los obstáculos que el comportamiento irreflexivo e irresponsable produce, los preceptos ofrecen una base para la práctica espiritual. Sin embargo, muy pocos novicios, independientemente de la fuerza de su resolución, tienen la capacidad de observar todos y cada uno de estos preceptos, de modo que es inevitable cometer transgresiones. Tales violaciones no evitan que uno pueda seguir buscando el Camino del Buda, mientras uno se dé cuenta y acepte sus transgresiones, se arrepienta de todo corazón y se esfuerce por vivir de acuerdo con los preceptos de ahí en adelante. A medida que uno avanza en el Camino y a medida que a través del zazen uno gana en pureza, fuerza e interiorización, las transgresiones se vuelven cada vez menos frecuentes. Pero lo que es verdaderamente nocivo y de hecho fatal para el progreso espiritual es la pérdida de la fe en el Buda, en la Verdad que reveló a través de su experiencia de iluminación y en las palabras de confirmación de los Patriarcas. En este caso, la iluminación total y con ella la erradicación del mal principal, es decir, la ignorancia y el engaño, es virtualmente imposible.

Restauración meiji: El suceso en la historia japonesa (1867) que marcó la caída del shogunato Tokugawa, la restauración del poder al emperador Meiji y el principio del periodo Meiji (1867-1912).

Rinzai Gigen (ch., Lin-chi I-hsüan; ?-867): El famoso maestro chino del periodo T'ang alrededor de cuyas enseñanzas se formó una secta especial. La obra de Rinzai, *Colección de dichos* (Rinzairoku), es un texto muy socorrido por los maestros zen Rinzai de Japón. Rinzai es famoso por su forma enérgica al hablar y por sus métodos pedagógicos exigentes y fuertes.

Rinzai, secta: Las enseñanzas Rinzai fueron establecidas firmemente en Japón por Fisai. La secta Rinzai es particularmente fuerte en Kioto, donde se localizan muchos de sus templos principales.

***rohatsu*, sesshin**: El sesshin en que se conmemora la iluminación del Buda, que se dice tuvo lugar un 8 de diciembre. Es el sesshin más severo no sólo porque es el más frío (es el último antes de suspender la temporada de sesshin durante la época de invierno), sino también porque el rōshi y los monjes principales exigen de forma más severa a los participantes de modo que alcancen el despertar.

rōshi (literalmente "venerable maestro"): Tradicionalmente el entrenamiento zen se realiza bajo un rōshi, que puede ser lego, monje o sacerdote. La función del rōshi es guiar e inspirar a sus discípulos a través del camino de la Autorrealización: no intenta dirigir ni controlar ni influir sobre sus vidas privadas.

En el pasado, el título de rōshi se alcanzaba con mucho trabajo y era otorgado por el público a aquel que hubiera dominado el dharma del Buda desde dentro (es decir, a través de su experiencia directa de la Verdad), que hubiera integrado esta experiencia a su vida diaria y que guiara a otros hacia la misma experiencia. Por lo menos implicaba un carácter puro y definido y una personalidad madura. Para llegar a ser un rōshi en todo el sentido de la palabra, se requieren años de práctica y estudio, la iluminación total y un sello aprobatorio de su propio maestro, seguido por años de maduración a través de "duelos Dharma" con otros maestros. Hoy día, las exigencias son menores, pero el título de rōshi, si es legítimo, es un título de distinción. Por desgracia, en el Japón actual a muchas personas se les llama rōshi simplemente como señal de respeto, debido a su edad avanzada y poco más que eso. En el verdadero sentido de la palabra, un Maestro es algo raro.

Ryūtaku-ji (Monasterio del Dragón del Estanque): Monasterio Rinzai fundado por Hakuin, localizado en las afueras de la ciudad de Mishima, en la prefectura de Shizuoka, Japón. El dragón (es decir, el oriental, no el occidental), con sus poderes sobrehumanos simboliza la Mente absoluta.

sacerdote: Véase "monje".

samādhi (sct.; j., *zammai* o *sammai*): Esta palabra tiene una variedad de significados. En el zen implica no sólo un equilibrio, tranquilidad y enfocarse en un solo punto, sino también un estado de concentración intensa y, sin embargo, no forzada, una absorción completa de la mente en sí misma, y una atención elevada y expandida. Desde el punto de vista de la Mente-bodhi iluminada, sāmadhi y bodhi son lo mismo. Desde el punto de vista de las etapas de desarrollo que conducen al despertar-satori, sin embargo, sāmadhi e iluminación son diferentes.

Samantabhadra y Mañjusri (sct.; j., Fugen y Monju): Samantabhadra es la corporización de la acción en calma, de la compasión, y de la sabiduría profundamente arraigada. Normalmente se le presenta montado sobre un elefante blanco (el elefante es conocido por su tranquilidad y sabiduría) y se sienta a la derecha del Buda. Por su parte, el Bodhisattva Mañjusri se sienta a la izquierda del Buda y va montado sobre un león mientras empuña en una mano la espada vajra que corta el engaño. Mañjusri representa el despertar, es decir, la realización repentina de la Unidad de toda existencia y el poder que surge de esto, el vigor del león es el símbolo de esto. Cuando la sabiduría obtenida a través del satori es empleada para el beneficio de la humanidad, la compasión de Samantabhadra se manifiesta. Cada uno de los Bodhisattvas es un brazo del Buda, representando, respectivamente la Unidad (o Igualdad) y la multiplicidad.

samsāra: Véase "nacimiento y muerte".

sangha (sct.): Originalmente, la orden monástica budista, pero de manera más general, la comunidad de gente que practica la manera del Buda. La sangha es uno de los tres tesoros o joyas del budismo, junto con el Buda y el Dharma.

satori (j.): Iluminación, es decir, Autorrealización, abrir el ojo de la Mente, despertar a la propia Verdadera-naturaleza y, por tanto, a la naturaleza de toda existencia. Véase también "kenshō".

Secta Nichiren: Una secta budista japonesa fundada por Nichiren (1222-1282). Los devotos del Nichiren recitan devotamente "Namu Myōhō Renge-kyō" (Confío en el Sūtra del Loto de la Ley Maravillosa) acompañados por el vigoroso sonido de un tambor.

Seis Ámbitos de Existencia (j., *rokudō*): En una escala ascendente están los ámbitos del infierno (j., *jigoku*), de los pretas (o espíritus hambrientos; j., *gaki*), de las bestias (j., *chikushō*), de los asuras (o demonios en lucha; j., *shura*) de los seres humanos (j., *ningen)* y de los devas (o seres celestiales, j., *tenjō*). Todas las criaturas de estos ámbitos se encuentran atadas al círculo incesante del nacimiento de la muerte, es decir, a la ley de causalidad, de acuerdo con la cual la existencia en cualquiera de estos planos se determina por acciones precedentes. En el budismo, estos planos se representan como los rayos de una "rueda de la vida". Esta "rueda" se echa a rodar por las acciones que surgen de nuestra ignorancia básica sobre la verdadera naturaleza de la existencia y por nuestras inclinaciones kármicas, que vienen de un pasado incalculable y que continúa girando debido a nuestro deseo de complacer a los sentidos y aferrarnos a éstos. Esto lleva a un ciclo infinito de nacimientos, muertes y renacimientos, a los cuales continuamos atados. Los Seis Ámbitos son los mundos de la no iluminación.

El budismo también cita cuatro ámbitos de existencia iluminada, que a veces se conocen como "los cuatro estados sanos". En orden ascendente están los mundos de los *sravakas*, *pratyekabudas*, *bodhisattvas* y los *budas* absolutos. Un sravaka es el que escucha la enseñanza del Buda y la acepta en su corazón, de modo que alcanza la iluminación. Un pratyekabuda ("buda privado") es el que lleva a cabo una práctica solitaria y alcanza la iluminación sin un maestro. Finalmente, en los dos niveles más altos de existencia iluminada se encuentran los Bodhisattvas y los budas absolutos.

A diferencia de los seres de los Seis Ámbitos inferiores, los iluminados conocen la felicidad de la paz interior y libertad creativa, ya que al haber trascendido su ignorancia y engaño a través del Conocimiento, son liberados de la esclavitud que representan las inclinaciones kármicas que surgen de acciones engañosas pasadas, y dejan de cosechar semillas cuyo fruto sería una nueva forma de lastre kármico. Sin embargo, la iluminación no suspende la ley de causa y efecto. Cuando un iluminado se corta un dedo sangra, y cuando come comida mala le duele el estómago. Asimismo, tampoco puede escapar a las consecuencias de sus acciones. La diferencia estriba en que acepta —es decir, puede ver y penetrar— su karma y, por ello, ya no está atado a él, sino que se mueve libremente dentro de él.

seiza: La postura tradicional japonesa para sentarse, con la espalda recta y las nalgas sobre los talones.

Sekitō Kisen (ch., Shih-t'ou Hsi-ch'ien, 700-790): Uno de los principales maestros zen chinos del periodo T'ang. Se le dio el nombre de Sekito (literalmente "cima de la roca") porque vivía en una choza que él mismo había construido sobre una roca grande y plana.

sentarse: Zazen inmóvil.

Sesshū Tōyō (1420-1506): Sesshū no sólo fue un destacado monje zen que pasó alrededor de veinte años en Shōkoku-ji, un gran monasterio zen en Kioto y uno de los centros de arte, cultura y aprendizaje del Japón medieval, sino también generalmente se le reconoce como el maestro de pintura *suiboku* (tinta china y agua) más destacado. El popular cuadro de Bodhidharma y su discípulo Huik'e (véanse pp. 167 y 390 para descripciones) fue pintado por Sesshū a los setenta y siete años.

Shingon (Palabras Verdaderas; sct., Mantrayana): Kūkai (mejor conocido como Kōbō-daishi) llevó las doctrinas y prácticas de esta secta desde China a Japón en el siglo IX. La disciplina y práctica Shingon giran alrededor de tres elementos de meditación: la mandala, el mantra y el mudrā. Véase también "Budismo tántrico".

Shōbōgenzō Zuimonki: Colección de pláticas de instrucción y comentarios del maestro zen Dōgen (1200-1253), recogidas por su discípulo y sucesor Ejō.

Shōyō-roku (ch., Ts'ung-jung lu; Registro de la Gran Serenidad): Libro de cien kōanes recopilado por Hung-chih Chêng-chüeh (j., Wanshi Shōkaku), un reconocido maestro zen chino de la secta Sōtō. El título se deriva de la ermita de Wanshi: Shōyō-an (Ermita de la Gran Serenidad).

Shushōgi: Clasificación de Shōbōbenzō de Dōgen, de acuerdo con las doctrinas de la secta Sōtō. Ésta fue realizada por Ouchi Seiran, un sacerdote y estudioso japonés de la época Meiji.

Sōen Nakagawa-rōshi: Antiguo abad de Ryūtaku-ji.

Sōji-ji: Uno de los dos templos principales de la secta Soto japonesa, fundado por el maestro zen Keizan en 1321. Actualmente se localiza cerca de Yokohama.

Sōtō (ch., Ts'ao-tung), secta: Una de las dos sectas zen dominantes de Japón. La otra es la Rinzai. Existen varias teorías acerca del origen del nombre Sōtō. Uno es que proviene del primer carácter en el nombre de los dos maestros chinos: Tōzan Ryōkai (Tung-shan Liang-chieh) y Sōzan

Honjaku (Ts'ao-shan Pên-chi). Otra teoría es que Sō se refiere al Sexto Patriarca, que en Japón también era conocido como Sōkei Enō.

La secta Sōtō japonesa venera a Dōgen como su fundador. Eihei-ji, uno de los dos templos base, en la prefectura Fukui, fue fundado por Dōgen en 1243. Actualmente consiste en un complejo monumental donde una vez sólo existió el pequeño monasterio de Dōgen, que fue destruido hace mucho por el fuego. La secta Sōtō sobrepasa ampliamente a la secta Rinzai en su número de monasterios, subtemplos y seguidores.

Sucesor dharma (j., *kassu*): Un discípulo zen que ha alcanzado el mismo grado de iluminación que su maestro y a quien se le ha otorgado permiso para continuar con la línea de enseñanza. Implica, por supuesto, *inka*. Un sucesor Dharma puede ser un lego. Hui-neng (j., Enō), el Sexto Patriarca, fue un lego que recibió el sello de la transmisión del Quinto Patriarca.

Sūrangama (sct.; j., Ryōgon), sūtra del: Esta profunda escritura, originalmente en sánscrito, es venerada ampliamente por todos los budistas Mahāyāna de diversos países. Entre otras cosas, este sūtra trata detalladamente sobre los pasos sucesivos para alcanzar la iluminación suprema.

sustancia: Como se utiliza en este libro, la palabra significa "naturaleza real" o "esencia". No debe tomarse como materia, por más diminuta que sea.

sūtras (sct.; j., *kyō*): Literalmente "hilo en el que se ensartan joyas". Los sūtra son las escrituras budistas, es decir, los diálogos y sermones del Buda Shākyamuni. Se dice que existen más de diez mil, de los cuales sólo unos cuantos han sido traducidos al inglés o al español. Los sūtras Hīnayāna fueron escritos originalmente en pāli, y los Mahāyāna en sánscrito.

La mayoría de las sectas budistas se fundamentan en algún sūtra particular para de ahí derivar su autoridad. Las sectas Tendai y Nichiren se basan en el sūtra del Loto (j., Hokke-kyō), la secta Kegon se basa en el Kegon-kyō (sūtra del Avatam-saka), etcétera. Sin embargo, la secta zen no se asocia con ningún sūtra y da a los maestros la libertad de utilizar las escrituras de la manera que crean necesaria, o de ignorarlas por completo. De hecho, la actitud del maestro es similar a la actitud de un médico muy hábil con respecto a las medicinas: puede indicar una o varias para alguna enfermedad en particular, o puede no recetar nada. La aseveración tan familiar de que el zen es una transmisión especial fuera de las escrituras, sin depender de palabras o letras, sólo significa que la secta zen piensa que la Verdad debe captarse directamente, y no ser aceptada con base en una autoridad, aunque ésta sea un sūtra y mucho menos buscarse en fórmulas y conceptos intelectuales y sin vida. Sin embargo, la mayoría de los maestros japoneses no ven mal que un discípulo que ha llegado al kenshō lea sūtras si éstos funcionan como un acicate para alcanzar la iluminación total.

Taihei-ji (Templo de la Paz Profunda): Un templo antiguamente ocupado por Yasutani-rōshi.

Taji-rōshi: Véase "Genki Taji-rōshi".

***takuhatsu* (j.)**: Literalmente "alzar el tazón"; mendicancia religiosa. Existen muchas formas de takuhatsu, pero los monjes zen que entrenan en un monasterio normalmente lo hacen en un grupo de diez o quince. Mientras caminan en línea por las calles de algún pueblo, cantan "Hō", es decir, Dharma. Los creyentes y simpatizantes, al escuchar este llamado, ofrecen su donativo en forma de dinero que ponen en el tazón de madera, o en forma de arroz crudo que cada monje recibe en una bolsa de tela que lleva especialmente para eso. El donador y el recipiente se hacen una reverencia mutua en señal de gratitud, humildad y respeto. El propósito que hay detrás del takuhatstu es que cada monje, que es guardián del Dharma, lo ofrezca al público en ejemplo de su propia vida y que en reciprocidad sea mantenido por los creyentes de la verdad del Dharma.

tan: Plataforma de madera cubierta con una tela de paja como de un metro de alto por dos de ancho, que se coloca pegada a las paredes del zendo. Durante el día se utiliza para hacer zazen y durante la noche para dormir.

tanden: palabra japonesa utilizada en lugar de la palabra china *tantien*. Literalmente, significa "campo de cinabrio" y se usa por lo general de manera intercambiable con la palabra *hara*. En realidad tanden se refiere a un punto más preciso de concentración dentro de la región hara: un punto localizado dentro de la parte baja del vientre, aproximadamente del ancho de dos dedos abajo del ombligo.

Tanka (ch., T'ien-jan de Tanhsia; ?-824): Maestro zen de la época T'ang y discípulo de Ma-tsu (j., Baso). El episodio donde éste destruye la estatua de un Buda y la utiliza como leña se cita con frecuencia y también con frecuencia se malentiende.

Tathāgata (sct.; j., Nyorai): La apelación que el Buda utilizó para referirse a sí mismo. Literalmente significa uno que "así viene", donde el "así" indica un estado de iluminación. "Tathāgata", por tanto, puede interpretarse como "Vengo de esta forma iluminado" y se aplicaría igualmente a Shākyamuni que a otros budas.

templo (j., *tera, o-tera*): En japonés, un templo o monasterio queda indicado por el sufijo *-ji* (es otra manera de leer el carácter japonés *tera*). Puede ser un conjunto de edificios que consistan en un salón principal, salón de pláticas, la sala del fundador y la sección habitacional. Se puede acceder a este conjunto ya sea pasando por una puerta-torre muy grande, o puede ser una pequeña construcción aislada. Si el templo tiene un sōdō (algunas veces llamado *semmon dōjō*, es decir, un lugar especial para el entrenamiento de los monjes bajo la dirección del rōshi) la palabra *monasterio* sería aplicable.

De todas las sectas budistas, sólo el zen mantiene un sistema monástico de buena fe, organizado bajo los principios y reglas que dispuso Hyakujō en China en el siglo VIII. Esta vida monástica se distingue por su frugalidad y simpleza. El objeto del entrenamiento es no sólo el despertar y su concomitante, el Autoconocimiento, sino también el cultivo del autocontrol, la fortaleza, la humildad, la gratitud —en otras palabras, el cultivo de un fuerte carácter moral—. Las disciplinas básicas del monasterio son el zazen diario y sesshines periódicos, el trabajo físico y el takuhatsu. En la secta zen, el novicio debe permanecer un promedio de tres años dentro del monasterio antes de poder ser designado sacerdote de algún templo. Una buena cantidad de legos asisten a los sesshin de los monasterios y con frecuencia son más numerosos que los monjes mismos. A estas personas se les permite vivir temporalmente bajo circunstancias especiales en el monasterio como monjes legos.

Tendai (ch., T'ien-t'ai): La secta japonesa Tendai se inicia con Saichō (767-822), conocido póstumamente como Dengyō-daishi, quien llevó esas enseñanzas de China en 805. Las doctrinas y prácticas Tendai se basan fundamentalmente en el sūtra del Loto y en la división de las doctrinas del Buda en Ocho Enseñanzas y Cinco Periodos designados por Chih-i, el fundador chino de esta secta.

Tierra Pura (j., Jōdo): Expresión metafórica del mundo de la verdad y la pureza que se revela con la iluminación.

Tierra Pura, secta de la (j., Jōdo-shū o Nembutsu-shū): La doctrina central de las sectas de la Tierra Pura es que cualquiera que evoque el nombre de Amida con sinceridad y fe renacerá en la Tierra Pura de la paz y la felicidad. La práctica de meditación más importante de las sectas de la Tierra Pura es, por tanto, constantemente pronunciar las palabras *namu*

Amida butsu (me entrego al Buda Amida). En japonés esta invocación se llama *nembutsu* (*nem* "desear", "rendirse a"; *butsu*, Buda).

La secta japonesa de la Tierra Pura fue establecida en el año 1175 por Honēn, un monje sabio y santo. Su ilustre discípulo, Shinran, se convirtió en la figura central de la secta de la Tierra Pura llamada Jōdō-Shin o Shin (Tierra Pura Verdadera). Véase también "Amitabha".

Tokusan Senkan (ch., Tê-shan Hsüan-chien 790-865): Otro de los grandes maestros de la era T'ang. Es sujeto de varios kōanes, y en el caso número veintiocho del *Mumonkan* se cuenta cómo alcanzó la iluminación cuando su maestro apagó una vela.

Tōzan Ryōkay (ch., Tung-shan Liang-chieh; 807-869): El Primer Patriarca de la secta Sōtō en China y formulador de los Cinco Grados (j., *Go-i*).

Tres Caminos del Mal (j., *sanakudō*): Los ámbitos del infierno, de los espíritus hambrientos y de los animales o bestias, es decir, los mundos subhumanos.

Tres Mundos (j., *sangaí*): Ésta es otra clasificación de la realidad de acuerdo con la cosmología budista. Estos tres mundos consisten, en orden ascendente, en los dominios del Deseo, la Forma y la No-Forma. Los que habitan ese primer y más bajo nivel aún están fuertemente aferrados a los sentidos. En el segundo mundo, se encuentran aquellos que tienen forma corpórea pero que ya no están aferrados al mundo de los sentidos. Los habitantes del tercer mundo no tienen corporalidad, es decir, se encuentran en un estado de conciencia pura. En el zen estos mundos también se consideran dimensiones de la conciencia humana.

Tres Tesoros o Joyas (sct., triratna; j., *sambō*): El budismo está fundado en los Tres Tesoros, y si no existe confianza y reverencia por éstos, no puede existir una vida religiosa budista. En el Mahāyāna éstos se conciben ampliamente como: *1*) Los Tres Tesoros Unificados (j., *ittai sambō;* literalmente "un cuerpo y tres tesoros"), *2*) Los Tres Tesoros Manifestados (j., *genzen sambō*) y *3*) Los Tres Tesoros Perdurables (j., *juji sambō*).

Por así convenir a su explicación, estos tres se subdividen aunque en la realidad son inseparables. Por tanto, son primero los Tres Tesoros Unificados del Buda Vairochana, que representan la realización del mundo del Vacío, de la naturaleza búdica y la Igualdad incondicional; segundo, el Dharma, es decir, la ley del devenir sin principio ni fin, al cual están sujetos todos los fenómenos de acuerdo con las causas y condiciones; y tercero, la fusión armónica de los dos anteriores, que constituye la realidad total tal como la experimenta el iluminado (véanse pp. 99-101 y 153-154).

El primero de los Tres Tesoros Manifestados es el Buda histórico, Shākyamuni, quien a través de su iluminación perfecta realizó en sí mismo la verdad del *ittai sambō*. El segundo es el Dharma, que comprende las palabras y sermones del Buda Shākyamuni donde expresó el significado del *ittai sambō* y su camino para realizarlo. El tercero incluye a los discípulos inmediatos del Buda Shākyamuni y otros seguidores de su época que escucharon, creyeron e hicieron real en sus propios cuerpos el *ittai sambō* que enseñaba.

En cuanto a los Tres Tesoros Perdurables, el primero es la iconografía de los budas que han llegado hasta nosotros; el siguiente comprende los sermones y discursos escritos de los budas, es decir, de los seres completamente iluminados tal como se encuentran en los sūtras y otros textos relativos; el tercero consiste en los discípulos contemporáneos que practican y realizan la verdad salvadora del *ittai sambō*, revelada primeramente por el Buda Shākyamuni.

Los Tres Tesoros están relacionados y son interdependientes. Uno que no ha llegado a la realización del *ittai sambō* no puede comprender lo profundo y trascendente de la iluminación del Buda Shākyamuni, ni puede apreciar lo infinitamente preciosas que son sus enseñanzas, ni puede apreciar como una realidad viva las imágenes y pinturas de budas. De nuevo, si el Buda Shākyamuni no hubiese hecho manifiesto en su propio cuerpo y su propia mente el *ittai sambō* y si no hubiera manifestado y predicado el Camino para realizarlo, el *ittai sambō* sería desconocido. Finalmente si no hubiesen seguidores iluminados del Camino del Buda en nuestro propio tiempo que inspiraran y dirigieran a otros por el Camino hacia la Autorrealización, el *ittai sambō* sería un ideal remoto, la realización de Shākyamuni y su vida serían una historia inerte y las palabras del Buda serían abstracciones sin vida. Además, a medida que cada uno de nosotros corporalizamos el *ittai sambō*, las bases de los Tres Tesoros no son otra cosa que nosotros mismos.

"¡un paso más!": Frase con frecuencia utilizada por el rōshi durante dokusan para implicar que la mente del estudiante ha llegado a un punto donde sólo necesita un último empujón o un esfuerzo más para llegar a la Autorrealización. No es una posición que pueda definirse, sino que se refiere a un estado que el rōshi intuye en cada individuo.

unidad: Esta palabra con "u" minúscula significa absorción al grado de olvidarse de uno mismo. Con "U" mayúscula se refiere a la experiencia de Vacío.

Ummun Bun'en (ch., Yün-mên Wên-yen; ?-949): Un connotado maestro de la era T'ang tardía, quien, como Lin-chi, utilizaba un lenguaje vigoroso y técnicas muy enérgicas para que sus discípulos alcanzaran la iluminación. Todos los estudiantes zen conocen las circunstancias de la propia iluminación de Yün-men. Yün-men fue a solicitar dokusan con el maestro Mu-chou (j., *Bokujū*), quien más adelante habría de ser su maestro. Yün-men tocó a la pequeña puerta junto a una verja muy grande que llevaba al templo de Mu-chou. Mu-chou replicó: "¿Quién es?" y Yün-men contestó: "Wen-yen". Mu-chou, cuyo hábito era aceptar en dokusan sólo a los más ardientes, quedó satisfecho de cómo tocó la puerta y de la voz de Yün-men, que reflejaba un deseo profundo por la verdad, así que lo dejó entrar. No acababa de entrar cuando Mu-chou, percibiendo el estado de su mente, lo tomó por los hombros exigiéndole: "¡Vamos, dilo, dilo!". Pero Yün-men, que aún no comprendía, no pudo responder. Para empujar su mente hacia la Comprensión, Mu-chou de pronto lo jaló echándolo hacia fuera y cerrando la puerta antes de que pudiera sacar una pierna, mientras gritaba: "¡Eres un bueno para nada!". Con un grito de "¡Ay!", Yün-men, cuya mente en ese momento se encontraba limpia de todo pensamiento, de pronto se iluminó.

Vairochana (sct.; j., Birushana): "El Que Todo lo Ilumina". De los budas no históricos, Vairochana es supremo y simboliza la conciencia cósmica, es decir, la Sabiduría-búdica trascendental.

vajra (literalmente "diamante" o "diamantino"): Símbolo del poder espiritual más alto, que se compara con la gema de valor supremo, el diamante. En la pureza y radiancia del diamante se reflejan otros tonos mientras éste permanece incoloro. Además, puede cortar cualquier otro metal sin romperse.

***wu-wei* (j., *mu-i*)**: Este controvertido término taoísta tiene el sentido literal de "no hacer" o "no luchar". No implica falta de acción o pasividad. Simplemente debemos dejar de esforzarnos por alcanzar lo irreal que nos ciega para ver nuestro verdadero Ser.

***Yama-rāja* (sct.; j., Emma-samma)**: En la mitología tanto budista como hindú, es el Señor o Juez de los Muertos, ante el cual debe llegar cualquiera que ha muerto para enfrentar un juicio. Yama-rāja levanta su Espejo del Karma, donde se reflejan todas las buenas y malas acciones del fallecido, y lo consigna entonces a un ámbito feliz o, si es que sus acciones fueron preponderantemente malas, a terribles torturas, de las cuales una es tragar una bola de hierro candente.

yaza: zazen después de las 9 p.m., que es la hora de retirarse en los monasterios zen.

***yin* y *yang* (j., *yo-in*)**: En la cosmología china, es el principio de la polaridad, es decir, cielo y tierra, femenino y masculino, etcétera.

yoga: En su sentido más amplio, este término sánscrito abarca toda una serie de disciplinas espirituales (incluyendo doctrinas y posturas corporales y ejercicios de respiración) para alcanzar la unidad (ése es el significado literal de *yoga*) con la conciencia universal. En la mente popular, yoga es sinónimo de hatha yoga, una rama del yoga que hace hincapié en ejercicios de respiración y posturas. Yoga también se asocia comúnmente con salud física o mental, o con poderes supranormales. En el budismo Mahāyāna el término ha sido empleado principalmente para describir las disciplinas y doctrinas de las sectas tántricas.

Yōga Gengaku (ch., Yung-chia Hsuan-chüeh; 665-713): Un gran maestro zen de la era T'ang y discípulo del Sexto Patriarca. Su "Canto de Realización" es un escrito zen popular.

zazenkai: Una reunión de un día de duración de practicantes zen para hacer zazen, escuchar alguna plática zen y recibir dokusan.

Zazen Yōjinki (Precauciones que hay que Observar en el Zazen): Éste es un escrito muy conocido sobre la práctica del zazen y fue escrito en el siglo XIV por Keisan-zenji, uno de los patriarcas de la secta Sōtō.

Zen: Abreviatura de la palabra japonesa *zenna*, que es una transliteración de la palabra sánscrita *dhyāna* (*ch'an* o *ch'anna* en chino), es decir, el proceso de concentración y absorción por medio del cual la mente logra primero tranquilizarse y llegar a un punto de concentración para después despertar. Como secta del budismo Mahāyāna, el zen es una religión libre de dogmas o credos cuyas enseñanzas y disciplinas van dirigidas hacia la Autoconsumación, es decir, hacia el despertar absoluto que el mismo Buda Shākyamuni experimentó bajo el árbol Bo después de una disciplina extenuante. En Japón, la secta zen abarca las sectas Sōtō, Rinzai y Obaku.

***zendō* (sōdō)**: Un salón o habitación muy grande (en los templos muy grandes o en los centros constituye un edificio aparte) donde se practica zazen.

zenji: La última sílaba de esta palabra da el sentido eufónico de *shi*, que significa "maestro"; por tanto, la expresión completa significa gran o reconocido maestro zen. Este título se confiere póstumamente, aunque algunos maestros han alcanzado tal distinción durante su vida.

Índice analítico

Los números en itálicas se refieren a las páginas en las que los términos están definidos o descritos en detalle. Los números entre paréntesis se refieren a notas de pie de página.

Esta obra se imprimió y encuadernó
en el mes de noviembre de 2025,
en los talleres de Impregráfica Digital, S.A. de C.V.
Avenida 11 463, interior Bodega 2,
colonia San Nicolas Tolentino,
C.P. 09850, Iztapalapa, Ciudad de México